河北省疾病预防控制中心年鉴

HEBEISHENG JIBING YUFANG KONGZHI ZHONGXIN NIANJIAN

《河北省疾病预防控制中心年鉴》编委会　编

2016卷

河北科学技术出版社

图书在版编目（CIP）数据

河北省疾病预防控制中心年鉴.2016卷／《河北省疾病预防控制中心年鉴》编委会编. —石家庄：河北科学技术出版社，2016.12
ISBN 978-7-5375-8797-6

Ⅰ.①河… Ⅱ.①河… Ⅲ.①疾病预防控制中心-河北-2016-年鉴 Ⅳ.①R197.2-54

中国版本图书馆CIP数据核字（2016）第309610号

河北省疾病预防控制中心年鉴（2016卷）

《河北省疾病预防控制中心年鉴》编委会 编

出版发行 河北科学技术出版社
地　　址 石家庄市友谊北大街330号（邮编：050061）
印　　刷 河北新华第二印刷有限责任公司
开　　本 880×1230 1/16
印　　张 21.5
字　　数 590千字
版　　次 2016年12月第1版
　　　　 2016年12月第1次印刷
定　　价 130.00元

2015 年 11 月 23 日，省政协副主席段惠军到我中心调研

2015 年 6 月 15 日，省卫生计生委主任张绍廉到我中心调研

2015 年 2 月 12 日省卫生计生委党组副书记、副主任梁占凯出席河北联合大学与河北省疾控中心研究生创新实践基地揭牌仪式

2015 年 5 月 28 日省卫生计生委党组副书记、副主任梁占凯出席 2015 年度卫生专项资金项目预算执行座谈会

2015 年 1 月 7 日省卫生计生委巡视员赵瑜同志视察中心廉政和安全生产工作

河北省疾病预防控制中心 2015年大事记

1月 · JANUARY

1月，省疾控中心印发《河北省疾病预防控制中心工作人员行为规范》（试行）。

4日，省疾控中心开始执行省物价局、省财政厅《河北省卫生监测收费项目及标准》（冀价行费[2015]3号），修订后的收费标准保留了原收费项目328项，调整186项，新增48项，废止98项，最终确定河北省卫生监测收费项目共11大类561项，标志着自2007年5月开始的收费标准修订工作圆满结束。

5日，省疾控中心在新世隆宾馆召开2014年度中层干部述职述廉及民主测评大会，中心领导、中层干部、正高级专业技术人员及职工代表等共138人参加了会议。

7日上午，省卫生计生委巡视员赵瑜在疾控处处长翟京波、食品处处长陈平的陪同下，到省疾控中心调研廉政建设和安全稳定工作，中心领导班子全体成员，办公室、监察室、安保处等相关处室人员参加调研座谈会。

8日上午，省直工委副书记郎晓甘、工委宣传部长申双全等一行三人在省卫生计生委机关党委副书记邢国涛陪同下，莅临省疾控中心检查指导国家级文明单位创建工作。中心主任崔泽、党委书记李琦、副主任高立志、党委办公室和相关处室及各支部负责人参加了汇报会。

15日，省疾控中心党委召开党风党纪征求意见座谈会，中心党委书记李琦、副主任高立志，裕华区人大代表刘晓丽，群众代表张富斌、赵娜，石家庄办公区各党支部负责人和省疾控中心相关处室工作人员参加了会议。

18 ~ 20 日，省疾控中心在张家口市举办“同绘保障图 助圆冬奥梦”京津冀申办冬奥公共卫生保障研讨会，来自北京市、天津市、河北省疾控中心和北京军区疾控中心主任、副主任以及应急、环境卫生、食品安全、传染病防控等专业技术人员，河北医科大学、河北联合大学公共卫生学院院长，北京市、天津市和河北省相关市、县、区疾控中心主任等共计 50 余人参加了研讨会。会上，京津冀疾控中心与北京军区疾控中心初步达成了合作意向，为签订合作框架协议奠定了基础。

2 月 FEBRUARY

1 ~ 3 日，云南省和昆明市疾控中心一行 17 人到省疾控中心交流雾霾监测工作，中心主任崔泽，副主任李建国、蒋东升及中心相关处室负责人参加了交流会。

2 日，省卫生计生委安全生产督导检查第二工作组对省疾控中心安全生产工作进行检查。中心主任崔泽、党委书记李琦、副主任高立志以及安全保卫处、办公室、质检处、后勤服务中心、药械处等相关处室负责人参加了督导检查工作会。

5 日，在中心应急指挥中心召开健康过春节主题知识宣传媒体沟通会。《河北日报》《燕赵晚报》《河北青年报》《河北工人报》、河北电视台、河北电台、人民网、长城网、河北新闻网、河北共产党员网等近 20 家媒体记者参加，并对相关知识进行了宣传、报道。

6 日，省疾控中心在新落成的综合楼 3 楼会议室召开 2014 年度总结表彰大会，省卫生计生委巡视员赵瑜、食品处处长陈平、疾控处处长翟京波和中心部分老领导、老同志及领导班子、全体干部职工参加。会议结束后，举行了“2015 年迎新春联欢会”。

9 日，省疾控中心领导班子召开以“严格党内生活，严守党的纪律，深化作风建设”为主题的民主生活会，中心人大代表，各支部、处室代表 12 人列席，省卫生计生委巡视员赵瑜、监察室主任高红、机关党委副书记邢国涛到会指导。

11日，省疾控中心召开老干部迎新春座谈会，高立志副主任代表中心党委向老同志、老党员汇报了一年来的工作情况，并向老干部致以节日的问候。

12日，河北联合大学与省疾控中心研究生创新实验基地签字揭牌仪式在省疾控中心应急指挥中心举行，省卫生计生委副主任梁占凯，河北联合大学校长袁聚祥、校长助理王胜本、研究生学院院长苑杰、公共卫生学院院长冯福民，中心主任崔泽、党委书记李琦、副主任高立志、纪委书记王岩及各处室负责人参加揭牌仪式。仪式上，宣读了河北联合大学与河北省疾控中心研究生创新实践基地协议书内容。

12～15日，“十二五”国家科技支撑项目——“中国重要心血管病患病率调查及关键技术研究”课题组在哈尔滨召开2014年度工作总结会暨黑龙江省调查现场经验交流会。课题负责人阜外医院高润霖院士、哈尔滨医科大学校长杨宝峰院士、中国疾控中心金水高教授、哈尔滨医科大学黄永麟教授、全国29个省项目执行负责人及主要参与人员等80余人参加了会议。省疾控中心荣获项目实施先进集体称号。

28日，石家庄市委组织部一行4人到省疾控中心考察拔尖人才。

28日，全国精神文明建设工作表彰暨学雷锋志愿服务大会在北京举行，省疾控中心被中央精神文明建设指导委员会授予第四届“全国文明单位”。

3月 MARCH

1～3日，省疾控中心在定兴县组织召开HPV项目三个现场的阶段性工作总结会，大名县、定兴县、正定县三个基地的业务骨干和中心疫苗所的相关人员等60余人参加了会议。

3日，省疾控中心召开2015年健康传播研讨会。

9~10日，国家麻疹疫情防控调研组到河北省调研，听取了省疾控中心工作汇报，并现场调研石家庄市和栾城区。

9日，山西医科大学公共卫生学院、省疾控中心教学工作座谈会在中心举行。山西医科大学公共卫生学院党委书记任朝生、中心副主任李建国及中心相关教学科室负责人、山西医科大学实习生参加会议。

10 日，省疾控中心妇委会组织全体女职工到封龙山举行主题为“运动健康、快乐分享”的登山比赛，参观了被誉为世界尖端数学研究发祥地的“河北封龙书院”。

16 日，省卫生计生委派出由赵瑜巡视员带队的考核组一行五人到省疾控中心，对省疾控中心领导班子、领导干部进行 2014 年度考核测评。中心领导班子、中层干部、正高级职称人员等 150 余人参加考核会。考核采取领导班子、领导干部大会述职述廉述党建、6 张票进行民主测评、谈话和查阅资料等方式。赵瑜同志强调了考核的目的，崔金山同志介绍了考核程序，会议由中心主任崔泽主持，并代表领导班子就 2014 年度工作做述职、述廉、述党建；随后，党委书记李琦、副主任李建国、高立志，纪委书记王岩先后进行个人述职、述廉、述党建。

17 ~ 18 日，全省疾病预防控制工作暨爱国卫生工作会在石家庄亚太大酒店召开。

17日，中国全球基金项目终期总结大会在北京举行。全国31个项目省、直辖市和自治区的代表共170余人参加会议。国家卫生计生委国际司任明辉副司长、国家卫生计生委疾控局夏刚副局长、司法部戒毒管理局王俭副局长、中国疾病预防控制中心王宇主任、联合国艾滋病规划署驻华代表 Catherine Sozi、世界卫生组织驻华代表 Fabio Scano 出席会议并讲话。中国疾控中心韩孟杰副主任代表中国全球基金执行机构对包括河北省疾控中心在内的省级项目执行机构进行嘉奖。

19日，省疾控中心派专业人员到邢台隆尧县开展人体重点寄生虫病现场调查工作，标志着我省第三次全国寄生虫病调查工作正式启动。

20日，省疾控中心在定州市举行以“科学就医”为主题的健康燕赵行省级健康巡讲活动。定州市直各医疗卫生单位、各社区、各乡镇医务人员共计180余人参加。

22日，省疾控中心主任崔泽、党委书记李琦、副主任高立志和职工代表为韩旭同志举行欢送会。韩旭同志是经省卫生计生委推荐、世界卫生组织西太区考试和专题培训后选拔出来，被世界卫生组织西太区派往塞拉利昂开展埃博拉疫情防控。

23日，省疾控中心组织党委班子成员和党支部书记赴冀南革命教育纪念馆参观学习。

23～26日，省疾控中心在军兴宾馆召开2015年河北省疾控系统化学污染物及有害因素监测技术培训班。省疾控中心副主任李建国，各设区市，定州市，辛集市疾控中心主管主任，检验科（所）长及业务骨干等100余人参加了培训。

24日，在全国爱国卫生工作会议暨全国城乡环境卫生整洁行动现场会上，国家卫生计生委对在疾病预防控制工作中取得突出成绩的单位进行了表彰。省疾控中心被授予“全国疾病预防控制工作先进集体”荣誉称号，中心免疫规划管理所所长张振国被授予“全国疾病预防控制工作先进个人”荣誉称号。崔泽主任代表中心上台领奖。

24日，由省、市、区卫生计生行政部门和疾控中心，省胸科医院、省防痨协会、石家庄市第五医院等多家单位联合举办的世界防治结核病日现场宣传活动在石家庄市鹿泉区职教中心举行。省卫生计生委疾控处副处长刘波、中心副主任陈素良参加了现场宣传活动。

25～27日，省疾控中心在张家口市举办2015年河北省健康巡讲师资培训班，省卫生计生委宣传处副处长杨秋义出席会议并讲话。来自石家庄市、唐山市、保定市、邯郸市、沧州市、邢台市、秦皇岛市、承德市、廊坊市、张家口市、定州市、辛集市疾控中心以及张家口市各县疾控中心、县医院的健康教育负责人和健康巡讲专家130余人参加了培训。

24～26日，省疾控中心在石家庄市举办全省食品安全风险监测采样和质量管理技能培训班，全省11个设区市、华北油田、辛集市、定州市疾控中心食品安全风险监测采样负责人、理化微生物采样负责人、质量管理负责人以及56个县（区）级疾控机构采样负责人等120余人参加了培训。

26日，省疾控中心在新三楼会议室举办了《医学伦理审查的意义和审查的申请》学术讲座，中心200余名专业技术人员参加了会议。免疫规划管理所副所长、中心伦理委员会主任委员郭玉主讲。

29日，河北省护理学会举办了“河北省首届伤口病例大赛”，共收到病例40份，最终评出一等奖1名、二等奖2名、三等奖3名及优秀奖5名。

29日，河北省中西医结合学会在衡水市成立脑心同治专业委员会。

3月，省疾控中心组织相关单位在全省开展8月龄至4周岁儿童麻疹类疫苗查漏补种活动。共摸底调查常驻儿童5046513人、流动儿童131367人，发现麻疹类疫苗漏种第1剂次80895人、补种77980人、补种率为96.40%，麻疹类疫苗漏种第2剂次118772人、补种114891人、补种率96.73%，共发现漏卡儿童数2780人、补卡儿童数2333人。

4月 APRIL

本月，省卫生计生委通报委直属单位领导班子及领导干部2014年度考核情况，中心领导班子2014年度考核结果为实绩突出单位，这也是中心领导班子连续十四年获此荣誉。中心主任崔泽考核等次为优秀。

1 日，《河北省疾病预防控制中心差旅费管理办法》正式实施。

1 ~ 2 日，省疾控中心在石家庄市召开了 2014 年河北省健康素养促进行动项目（职业卫生）启动暨培训会。各设区市疾控中心、职业病防治院（所），定州市、辛集市疾控中心主管主任、职业卫生科负责人和项目负责人等 40 余人参加了会议。中心副主任李建国布置 2014 年河北省健康素养促进行动项目（职业卫生）工作，中国疾控中心专家进行了“企业健康促进”专题讲座，并详细讲解该项目基线调查表的填写和注意事项。

3 日，省疾控中心在大名县疾控中心举行疫苗临床研究基地—大名县疾控中心授牌仪式。中心主任崔泽、党委书记、副主任李琦，邯郸市卫生局副局长周海英、疾控处处长梁金峰，邯郸市疾控中心主任董伯森、副主任邓建，大名县主管县长王江波及相关科室共 50 余人出席了授牌仪式。

7 日，省疾控中心参加了由省卫生计生委在石家庄市西清公园组织的第 66 个世界卫生日宣传活动，主题是“食品安全—食源性疾病防控”，并重点对食品安全风险监测、食源性疾病防控、营养与健康等相关知识内容进行了宣传，对群众关心的食品安全问题做了科学详尽的解答。

8日，省疾控中心在综合楼三楼会议室召开省直管县（市）疾病预防控制工作对接会，中心主任崔泽，党委书记李琦，副主任李建国、高立志、陈素良，纪委书记王岩和石家庄办公区38个处（所）室负责人，10个省直管县（市）卫生局主管局长、中心主任和相关部门负责人等130余人参加了会议。会议由李建国副主任主持，李琦书记做了工作汇报。

7～9日，省疾控中心在石家庄市召开河北省学校教学环境监测培训会议，来自11个设区市、辛集市、定州市、华北石油管理局等地教育局学校卫生科负责人、疾控中心学校卫生科长和专职检测人员等30余人参加了培训会。

9～10日，省疾控中心在石家庄市召开2015年全省食源性疾病监测培训班，省卫生计生委食品处处长陈平，中心副主任李建国出席了开班仪式。各设区市、华北石油、定州市、辛集市等疾控中心主管主任、业务科长及业务骨干，全省17家承担病原检验任务的哨点医院主管院长、业务主任及业务骨干等90余人参加了会议。

9～11日，省疾控中心纪委书记王岩带领办公室、人事处、党办室、监察室、财务处等重点职能处室负责人，先后到江苏、浙江、吉林三省疾控中心交流学习。

10 ~ 11 日，在石家庄市成立了河北省中西医结合学会检验医学专业委员会。

13 ~ 15 日，省疾控中心在石家庄市召开 2015 年全省艾滋病性病丙肝防治工作年会，11 个设区市、10 个省直管县（市）、第三轮艾滋病综合防治示范区所在县（市、区）疾控中心主管主任、艾滋病科科长及市级哨点监测、疫情评估人员等 90 余人参加了会议。

17 日，省疾控中心在辛集市举行了以“科学就医免疫规划”为主题的健康燕赵行省级健康巡讲活动。辛集市直各医疗卫生单位、各乡镇卫生院主管院长、健康教育专业人员、计划免疫专业人员共计 120 余人参加了培训。

21 日，省疾控中心主任崔泽带领科培处处长卢安、办公室副主任彭世强到怀来县疾控中心调研指导，这也是中心 4 月 8 日召开省直管县（市）工作对接会后调研的第一家省直管县疾控中心。

21 ~ 24 日，省疾控中心在石家庄市举办了 2015 年河北省食品微生物及其致病因子检验培训班，中心副主任李建国出席开班仪式并讲话，来自全省 11 个设区市、10 个省直管县（市）和 21 个重点县疾控中心的 160 余名微生物检验技术骨干参加了培训。

23 日，省卫生计生委、省疾控中心、石家庄市卫生计生委、石家庄市疾控中心、长安区卫生局和长安区疾控中心等多家单位联合在石家庄市长安区建明社区联合开展了 2015 年全国儿童预防接种日宣传活动。省卫生计生委巡视员赵瑜、省疾控中心主任崔泽等领导参加了现场宣传活动，并现场调研了谈固社区卫生服务中心预防接种门诊，向群众发放预防接种相关知识宣传品。中心免疫规划所所长张振国现场接受了媒体的采访。河北日报、河北工人报、河北广播电台、河北电视台今日资讯、民生 6 号线、长城网、中国网、河北共产党员网等 10 家媒体参加了现场宣传活动，并对活动主题和预防接种知识进行了报道。

23 日，河北省卫生计生委首次发布 3 项河北省辖区内强制执行的食品安全地方标准，并将于 2015 年 5 月 1 日起开始实施。其中《食品中诺如病毒检测》是中心受省卫生计生委委托起草的。该标准规定了贝类、生食叶类蔬菜和包装饮用水等食品中诺如病毒普通 RT-PCR 和实时荧光 RT-PCR 检测方法，适用于河北省贝类、生食叶类蔬菜和包装饮用水等食品中 G Ⅰ型和 G Ⅱ型诺如病毒的检测。

24 日，省疾控中心，石家庄市疾控中心、石家庄市第五医院和新乐市疾控中心等单位联合在新乐市邯邰镇集市举办了“全国疟疾日”现场宣传活动。省卫生计生委疾控处处长翟京波、中心副主任陈素良参加了现场宣传活动。

27日上午，河北省庆祝“五一”国际劳动节暨表彰大会在河北会堂隆重召开，来自全省的456个先进集体和个人受到表彰。省疾控中心病毒病防治所被授予2015年河北省“工人先锋号”称号，是省直卫生计生系统唯一获此殊荣的先进集体。省疾控中心选派19名先进集体和职工代表参加了大会。

28日，省卫生计生委、省安全生产监督管理局、省疾控中心、省卫生计生委综合监督执法局、石家庄市卫生计生委、石家庄市安全生产监督管理局、石家庄市职业病防治院等多家单位联合在中国电子科技集团公司第五十四研究所（西区）举行《职业病防治法》现场宣传活动。省卫生计生委疾控处处长翟京波、中心副主任李建国参加了现场宣传活动，职业卫生与职业病防治所所长赵春香现场接受了媒体的采访。河北电台、河北电视台民生六号线、河北工人报、长城网、河北共产党员网等多家媒体参加了现场宣传活动。

28 日，国家卫生计生委在南京召开国家卫生计生系统全国文明单位创建工作表彰暨培训班，为 22 个新晋第四届全国文明单位和 29 个继续保留荣誉称号的全国文明单位颁奖，省疾控中心党委书记李琦代表中心上台领奖。

28 ~ 30 日，省疾控中心在石家庄市举办了河北省麻疹监测管理培训班。中心党委书记、副主任李琦出席培训并讲话。11 个设区市、华北石油和省直管县（市）疾控中心主管主任、免疫规划科（所）负责人、麻疹监测相关业务人员等参加了培训。

29 日，西藏阿里地区卫生局局长巴桑央宗率领的西藏阿里地区卫生系统考察团一行 8 人，在省卫生计生委疾控处副处长刘波等领导的陪同下，到省疾控中心交流学习。省疾控中心主任崔泽、党委书记李琦、副主任陈素良、纪委书记王岩和相关处所负责人参加了座谈会，现场参观了理化和病毒实验室。

29 日上午，省疾控中心在河北师大举行主题为“携手‘二次创业’共筑疾控梦想”的第 11 届职工运动会，中心主任崔泽、党委书记李琦、副主任高立志、陈素良，纪委书记王岩参加了开幕式，来自石家庄、保定两个办公区 8 个代表队的 400 余名干部职工及进修、实习学员参加了田径、趣味类共 11 个大项 22 个小项的激烈角逐。

29 日下午，省卫生计生委巡视员赵瑜在省疾控中心主任崔泽陪同下，到涿州市卫生局和疾控中心调研工作。

27 日，团中央联合 17 个行业（系统）共同下发《关于命名 2013—2014 年度全国青年文明号的决定》（中青联发 [2015]11 号），授予省疾控中心办公室“2013—2014 年度全国青年文明号”荣誉称号。

4 月，随着全球基金结核病项目耐药领域在我省的顺利结束，全球基金结核病项目在我省正式毕业。

5月 MAY

5月2日，省疾控中心病毒病防治所韩旭同志作为世界卫生组织的短期顾问，圆满完成在塞拉利昂的埃博拉防控任务并顺利回国。中心领导到机场迎接，并表达了全体干部职工的亲切慰问和深深敬意。

6日，省疾控中心团委组织青年职工20余人在中心红色教育基地—井陉县洞阳坡开展了“整理英雄林”主题团日活动。中心党委书记李琦参加了活动。

8日，河北省2015年中国职业人群“健步走激励”干预项目在石家庄市井陉矿区举行启动仪式，中国疾控中心慢病中心综合防治室主任蒋炜、省卫生计生委疾控处副处长刘波、省疾控中心主任崔泽、井陉矿区区委书记张旭、区长栾建英等领导出席。来自省疾控中心、石家庄市疾控中心、井陉矿区疾控中心的相关工作人员，矿区健康生活方式指导员、健步走竞赛参赛队员等200余人参加了启动仪式。

8 日，河北省红十字会与石家庄市红十字会、鹿泉区红十字会在鹿泉区市政广场共同举办“2015 年红十字博爱周”宣传活动。省疾控中心组织健康教育、艾滋病防治和结核病防治等专家在现场提供健康知识咨询，同时发放折页、手册、海报等宣传品 3000 余份。驻省会 40 余家医疗单位、近百名志愿者、省市区三级红十字会工作人员共 500 余人参加了此次宣传活动。

11 ~ 13 日，省疾控中心病毒病防治、慢性病防治、健康教育等有关专家在邢台市清河县、桥东区和邯郸市开展了三场健康巡讲活动，旨在通过深入基层、送健康知识，促进各类人群健康行为的形成。

13 日，新疆若羌县疾控中心主任王旭萍带领艾防科、地病科、检验科，且末县疾控中心主任冀清萍带领检验科、计免科负责人等一行 8 人到省疾控中心考察学习。中心主任崔泽，副主任陈素良、蒋东升，纪委书记王岩和相关科室负责人参加了座谈会，考察组一行参观了免疫所、理化所实验室，并到唐山市、邢台市疾控中心考察学习。

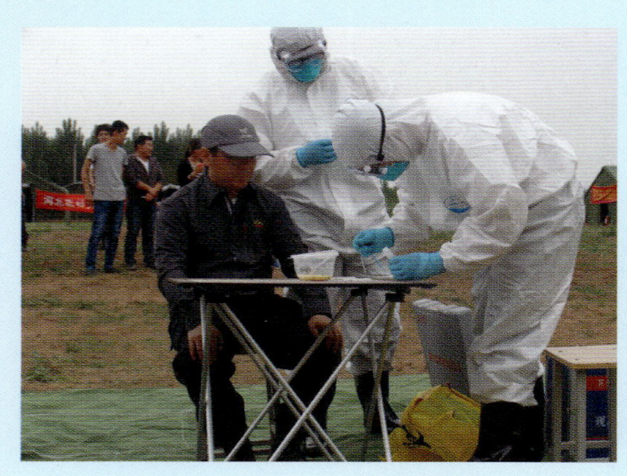

13 ~ 15 日，省卫生计生委在邯郸磁县举办 2015 省级卫生应急队伍自然灾害（地震）卫生应急实战拉练。省政府应急办副主任张平，省卫生计生委党组副书记、副主任梁占凯，委应急办主任李建法、省疾控中心党委书记兼副主任李琦，省疾控中心、省人民医院、委监督局、省胸科医院、省儿童医院、省鼠防所、武警河北总队医院和河北医科大学第一医院、河北医科大学第二医院、河北医科大学第三医院、河北医科大学第四医院等单位组成的 11 支省级卫生应急队伍，共计 130 余名应急队员参加了拉练。

15 日，在省直单位学习贯彻习近平总书记全国劳模表彰大会重要讲话精神座谈会上，省疾控中心病毒病防治所所长齐顺祥上台接受“河北省工人先锋号”表彰。

15 日，第 22 个“防治碘缺乏病日”在邢台市临西县政府广场举行。由省卫生计生委主办，省疾控中心、邢台市疾控中心、临西县疾控中心协办，省、市、县三级供销、盐业、盐务等部门单位及主管领导出席了活动。

18 日，省疾控中心聘请新闻媒体、免疫规划以及健康教育领域有关专家对“我身边的预防接种故事”有奖征文参赛作品逐一讨论打分，最后评选出一等奖 1 名，二等奖 3 名，三等奖 5 名，纪念奖 16 名，标志着省疾控中心 4 月 9 日至 5 月 4 日开展的为期一个多月的“我身边的预防接种故事”有奖征文活动圆满结束。

18 ~ 21 日，省疾控中心在石家庄市举办布鲁氏菌病（简称布病）防治项目培训班。来自各设区市、华北石油、省直管县（市）疾控中心（地方病防治所）和张北、阳原、围场、邢台县 4 个国家级布病监测点的疾控中心相关工作人员和技术骨干等 60 余人参加了培训。

20 日，以“天天好营养，一生享健康”为主题的中国首届“全民营养周”河北省启动会暨学生营养与健康示范学校授牌仪式在石家庄外国语教育集团小学部举行。河北省营养学会，省疾控中心，石家庄市裕华区、长安区疾控中心，石家庄外国语学校等多家单位参加。仪式由中心副主任李建国主持。

20 日，针对丰宁县麻疹疫情，省疾控中心组织召开“麻疹防控工作媒体沟通会”，为民众答疑解惑。

21 日，省疾控中心举办《培养健康生活方式远离心脑血管疾病》学术讲座，由药物研究所李国风博士主讲，中心职工、实习生及进修人员共 100 余人参加了培训。

22 日和 29 日，省疾控中心工会组织 260 余名职工，分两批到水泉溪进行“疾控梦 健康行”主题登山活动。

22 ~ 23 日，由绵阳市委、市政府主办，绵阳市委宣传部、平武县委、县政府承办的“恩重如山·绵阳永驻感恩情”绵阳市第四届感恩文化节在平武县举行。河北省卫生计生委药政处处长马剑、省疾控中心主任崔泽、河北省第六人民医院院长栗克清等一行 6 人代表团应邀参加了文化节，与当地人民一起重温援建情，感受新变化。

24 日，河北省医学会在石家庄市举办第二届河北省青年医学科普能力比赛。省内多家医疗卫生单位参赛。经过激烈角逐，省疾控中心职工张怡宁从 14 名参赛选手中脱颖而出，荣获二等奖。

26 日，华北理工大学公共卫生学院院长冯福民一行到省疾控中心就国务院学位委员会、教育部开展 2014 年 MPH 学位授权点专项评估工作进行座谈。中心主任崔泽、党委书记李琦以及有关部门负责人参加座谈会。

28 日，省卫生计生委党组副书记、副主任梁占凯到省疾控中心调研预算管理工作，对加强疾控专项资金管理、加快预算执行、保障资金安全等工作提出要求。

28 ~ 31 日，省疾控中心分三批完成了河北医科大学 2015 届研究生论文答辩。2015 年共有 1 名博士，8 名硕士完成了研究生的全部课程，成绩合格，并完成了导师指定的实验内容，经河北医科大学审查合格，允许答辩。

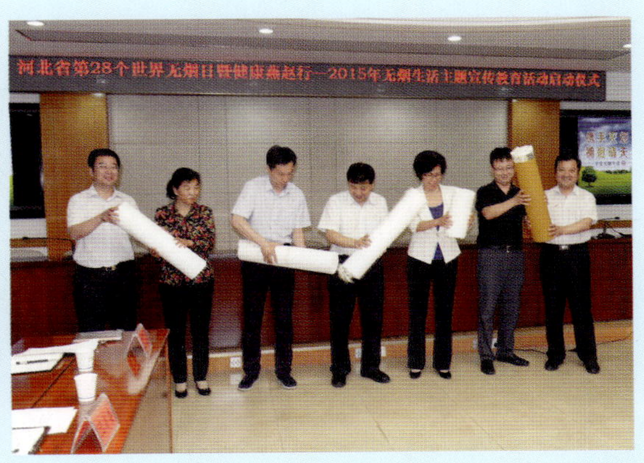

29 日，河北省第 28 个世界无烟日暨健康燕赵行——2015 年度无烟生活主题宣传教育活动启动仪式在省卫生计生委举行。省卫生计生委、省文明办、省爱卫办、省教育厅、省新闻出版广电局、团省委、省科协等七个省直部门主管领导和负责人，委直相关单位、省直医院、省卫生计生委控烟领导小组成员等相关人员，共计 70 余人参加活动。省疾控中心党委书记李琦、健康教育所、公共卫生信息所及后勤服务中心相关负责人参加了活动。

11 日，省疾控中心在秦皇岛市举办了河北省预防接种异常反应调查诊断专家培训班。全省第二届预防接种异常反应调查诊断专家，各设区市卫生计生行政部门相关工作负责人，省医学会专家，秦皇岛市、县疾控中心主管主任参加培训。

15 日，省卫生计生委主任、党委书记张绍廉在委办公室主任尹文晶的陪同下到省疾控中心调研，实地查看了收样大厅、理化实验室、脊灰麻疹实验室、网络直报、P3 实验室、食堂和综合楼三楼会议室，中心主任崔泽、副主任李建国、高立志、陈素良、纪委书记王岩和相关处室负责人陪同。

18 日上午，省卫生计生委副主任赵瑜、疾控处处长翟京波、食品处处长陈平等一行 6 人到省疾控中心进行“三严三实”和“党风廉政建设”蹲点调研。

18 日，省疾控中心邀请石家庄友备消防培训中心教官在综合楼三楼会议室对全体干部职工进行消防安全知识培训。

23 ~ 26 日，受国家卫生计生委委托，由中国疾控中心性病控制中心副主任龚向东带队的一行 4 人专家组对我省唐山和承德市的 8 家医院性病报告疫情影响因素进行调研。专家组对我省整体性病防治工作给予了充分肯定并提出了 6 点建议。

24 日，省直工委在省直党校举办了省直青年党员“学党章学宪法”知识竞赛活动。省疾控中心 3 名青年党员代表省卫生计生委参加了竞赛。

24 ~ 26 日，省疾控中心在石家庄市举办了全省人体重点寄生虫病防治技术培训班。各设区市、省直管县（市）和承担第三次寄调任务的县（市、区）疾控中心的有关工作业务骨干，约 80 人参加培训。

22 ~ 25 日，省疾控中心在石家庄市举办“河北省主要蚊种分类技术培训班”。11 个设区市、辛集市、定州市疾控中心和 44 个县（市）疾控中心病媒生物监测人员共 80 余人参加了培训。

25 日，省疾控中心特邀军事医学科学院微生物流行病研究所病原微生物国家重点实验室主任、国家生物医学分析中心分析微生物实验室主任杨瑞馥教授在综合楼三楼会议室做了《从 SARS 到 MERS》的专题学术报告。

26日，省疾控中心在综合楼三楼会议室举办“中国梦 劳动美”学习践行社会主义核心价值观主题演讲比赛，中心党委书记李琦出席并致辞。8个支部的8名选手参加了演讲比赛，经过评委综合评分，科研培训处张怡宁《疾控梦铸就中国梦》荣获一等奖，病毒病防治所李岩《榜样照我前行》荣获二等奖；办公室高珊《我的疾控梦》荣获三等奖；免疫规划所王亚菲《宝宝健康我护航》、健康教育所王坤《张开梦想的翅膀》、生物制品供应管理所刘曙光《脚踏实地，追逐梦想》、后勤服务中心齐士伦《劳动让生活更美好》、地方病防治所李桐《劳动，让梦想照进现实》分别获优秀奖。

26日，国家“十二五”科技支撑计划课题“全国脑血管病流行病学专项调查总结表彰大会”在北京召开。省疾控中心和迁西县、磁县、武安市、宣化县疾控中心被授予该项工作先进集体奖，刘玉环、曹亚景等18人被授予先进个人荣誉称号。

28日，省疾控中心开展2015年度公开招聘工作人员面试工作。按照中心岗位需求，经过网上报名、资格审查、笔试和资格复审的层层选拔，流行病与卫生统计学、公共卫生预防医学、营养与食品卫生学、社会医学与卫生事业管理等四个专业25名考生获得面试资格。最终，共有20名考生参加现场面试。

29 日，省疾控中心举办食品安全风险监测实验室开放日活动，省卫生计生委食品处处长陈平、副处长辛扬，中心副主任李建国，食品所、理化所、微生物所、放射防护所、质检处等相关处室，以及来自河北日报、中国卫生画报、燕赵都市报、河北电视台民生 6 号线、长城网、共产党员网等 6 家媒体以及企业代表和大学生代表参加活动。

29 日，京津冀新发传染病及免疫规划工作研讨会在天津市召开。京津冀三地疾控中心主任、主管主任及相关业务部门负责人参加会议。会议特邀山东省疾控中心有关业务人员参加。

30 日，省疾控中心党委书记李琦、副主任高立志分别带队走访慰问建国前入党的老党员和生活困难的老党员，送去慰问品和节日的祝福。

6 月，省疾控中心完成北戴河暑期专项监测工作，共监测 370 份样品，涉及检测项目 600 余项次。

7月 JULY

2 ~ 3 日，省疾控中心在秦皇岛市举办河北省 2015 年度健康教育专业人员培训班，中心党委书记李琦出席开班仪式并讲话，11 个设区市、华北油田和 10 个省直管县疾控中心主管主任和健康教育科负责人、业务骨干及 2014 年度健康促进试点医院主管院长、健康教育科科长、戒烟门诊医生等 120 余人参加了培训。

4 ~ 5 日，2015 年国家医师资格考试实践技能考试（公卫类别）河北考区工作在省疾控中心举行，来自全省各级医疗卫生机构的 200 余名公共卫生类别从业人员参加了考试。

4 ~ 5 日，河北省针灸学会小儿推拿专业委员会在石家庄市成立。

6 ~ 10 日，省疾控中心在秦皇岛举办一期河北省慢病综合监测培训班，11 个设区市、10 个省直管县（市）、18 个国家级和省级慢病综合防控示范区以及其他国家级慢病监测点疾控中心的有关工作负责人和技术骨干等 130 余人参加了培训。

7 日，省疾控中心在综合楼三楼会议室召开 2015 年推进党风廉政建设工作暨警示教育报告会，中心主任崔泽，党委书记李琦，副主任李建国、高立志，纪委书记王岩，全体中层干部、高级职称人员、重点科室重点岗位工作人员等参加了会议。会议由崔泽主任主持，纪委书记王岩进行了廉政集体谈话，党委书记李琦做重要讲话，观看了《作风建设在路上（第三集）》，中心领导与分管处室签订责任书。

8日，由省委省直工委主办、省直工会承办的“中国梦·劳动美”省直干部职工演讲比赛决赛在省直工委党校圆满落幕。省疾控中心科研培训处张怡宁在60余名参赛选手中表现优异，荣获省直“中国梦·劳动美”主题演讲比赛三等奖。

10～12日，由中华医学会科普分会主办、北京大学第一医院承办的“扬子江杯·第二届全国医学科普能力大赛决赛”在北京举行，省疾控中心职工张怡宁、河北医科大学第一医院葛怡然两位选手代表河北赛区参加全国决赛，均获得优秀奖的好成绩。

13～17日，省疾控中心在石家庄市举办三期全省职业病报告培训班，对全省各市县疾控中心、职业病防治院(所)及取得资质机构的职业健康检查机构和职业病诊断机构的322名从业人员进行了培训。

14～16日，省疾控中心在石家庄市举办全省登革热监测与防控技术培训班，各设区市疾控中心和满城、无极、永年、吴桥、玉田五个省级蚊媒监测点县疾控中心的有关业务骨干约40人参加了培训。

16日，中国疾控中心下发五大症候群病原学检测盲样考核结果通知，省疾控中心参加的发热呼吸道症候群和发热伴出疹症候群的考核以全部满分的优异成绩通过了此次的盲样考核。

17日上午，省疾控中心开展了“践行‘三严三实’·奉献一片爱心”主题无偿献血活动。中心职工献血总量达11800毫升。

16 ~ 18日，省疾控中心在石家庄市北方大厦召开2015年重点职业病监测与健康风险评估项目启动暨培训会。11个设区市、华北石油、10个省直管县（市）卫生计生委疾控处处长、疾控中心（职业病防治院 / 所）主管主任、职业卫生科科长、项目负责人等80余人参会。会上对2015年重点职业病监测与健康风险评估工作进行了布置并提出了具体要求。

21 ~ 22日，2015年全国突发急性传染病防控和突发中毒事件应急处置技能竞赛全国复赛活动在京举办。省疾控中心细菌病防治与消毒所贾肇一同志与其他3名队员一起代表我省参加突发急性传染病竞赛，最终荣获二等奖，为中心及我省赢得了荣誉。

20 ~ 23日，中国疾控中心传染病预防控制处陈秋兰副研究员和施玉静一行2人对河北省、石家庄市、平山县和正定县布鲁菌病防控工作开展情况进行了调研。省疾控中心副主任陈素良、省动物疫控中心副主任路广计、石家庄市卫生计生委、石家庄市疾控中心、石家庄市动物疫控中心、平山县和正定县疾控中心及动物疫控中心的相关负责人员参与了调研。

21～24日，省疾控中心在秦皇岛市举办2015年丙肝临床治疗和管理培训班。各设区市、省直管县（市）疾控中心丙肝管理工作相关人员，各设区市及重点县区综合医院或传染病专科医院相关科室从事丙肝治疗工作的临床一线医生等约100人参加了培训。

27日，中国疾控中心崔爱利、许松涛两位专家，对省疾控中心进行了课题现场检查验收工作。省疾控中心党委书记、副主任李琦和病毒病防治所、免疫规划所负责人陪同。

28日，省疾控中心举办《科学就医、免疫规划、健康素养》健康知识竞赛抽奖活动。此次活动共有1万余人通过网上和纸质答卷参与答题竞赛活动，参赛人群遍及全国21个省（市、自治区），共收回有效答卷6201份。省疾控中心党委书记李琦、副主任高立志，以及来自《河北日报》、河北新闻网、长城网、河北电台、河北名医网等媒体的记者参加了活动并进行了抽奖，在监督员的监督下抽出纪念奖100名、三等奖12名、二等6名、一等奖2名，所有获奖人员名单在河北疾控网、《河北卫生计生》杂志上进行了公布。

28日，江苏省疾控中心主任周明浩，副主任武鸣，行政办主任陈昌挺，南京市、苏州市、常州市疾控中心主任等一行6人到省疾控中心、交流十三五规划编制情况。次日，到石家庄市疾控中心交流。

28 日，省疾控中心在应急指挥中心先后召开班子会议和科室主任会，传达当日省卫生计生委会议精神，治理超标用房。

29 ~ 31 日，京津冀三地护理学会联合在张家口市举办了主题为“安全、质量、品牌”的“首届京津冀内科护理学术论坛”，来自三地各级医院的主管院长、护理部主任、护士长及护理骨干等共计 580 余人齐聚一堂进行学术交流。

31 日，河北省第三届老年健康文化节—健康进社区公益活动在省会石家庄市方北小区正式启动。此次活动由省卫生计生委、石家庄市卫生计生委和中国卫生画报社主办，省疾控中心、河北医科大学第一医院、省老年医学会协办，省老年病医院、石家庄市裕华区卫生计生局具体承办。

31 日，传染病疫情分析预警系统硬件部分顺利完工并通过了验收。

8 月 AUGUST

3 日，省直工会对在 2014 年职工经济技术创新暨合理化建议活动中做出突出贡献的先进单位和先进个人予以了通报表彰。省疾控中心工会荣获 2014 年度“省直职工经济技术创新暨合理化建议活动优秀组织奖”，健康教育所副所长郭晓亮等 11 名同志荣获“省直经济技术创新暨合理化建议活动积极分子”称号。

6 日，省卫生计生委通报表扬贾肇一等代表我省参加全国突发急性传染病中毒事件应急技能竞赛的队员。

8～9 日，由省疾控中心和张家口市疾控中心联合举办的河北省疾控系统第二届“疾控杯”羽毛球锦标赛，在 2022 年冬奥会举办城市——张家口市圆满落幕。省疾控中心主任崔泽、党委书记李琦、副主任高立志，张家口市卫生计生委副主任丁明参加开幕式。来自全省 11 个设区市、部分省直管县（市）、华北石油疾控中心，石家庄市职防院、保定市职防所、张家口市地病所、衡水市结防所和省疾控中心的 22 支代表队 120 余名运动员参加了比赛。

12 日，省疾控中心参加省卫生计生委组织的河北省暑期和抗战胜利 70 周年纪念活动卫生应急实战演练。

13日，省疾控中心召开科室主任会，王岩书记、高立志副主任分别传达省卫生计生委8·11处置不合格党员工作动员会和8·12全省暑期和抗战胜利70周年纪念活动期间卫生保障工作会议精神，李琦书记就处置不合格党员、卫生应急保障工作提出了具体要求，同时传达了8·13省卫生计生委“十不准”文件精神，崔泽主任强调部署近期工作。

10～14日，中国疾控中心－礼来基金会在张家口市为我省举办耐多药结核病防治管理师资培训班。省、各市疾控中心（结核病防治所）及市级定点医疗机构耐多药防治工作专业人员共40余人参加培训。中国结核病控制中心陈明亭副主任、省疾控中心陈素良副主任、张家口市疾控中心任岗主任出席培训班。

15～21日，省疾控中心在邯郸市分两期举办了全省结核病定点医疗机构痰抗酸杆菌涂片检查培训班。各设区市、省直管县（市）疾控中心、衡水市结防所主管结核病实验室工作负责人和技术骨干，各市、县两级已转型定点医疗机构检验人员约130人参加培训。

17～18日，省疾控中心在石家庄市组织召开了全省农村环境卫生监测工作启动暨培训会，11个设区市及45个项目县疾控中心项目负责人和技术人员参加了会议。

17～20日，省卫生计生委在秦皇岛市举办了2015年河北省成人慢性病与营养监测工作培训班。来自该项工作国家监测点的9个设区市、13个市、县、区的卫生计生行政部门和疾控中心有关工作负责人及调查员，省疾控中心相关业务人员等260余人参加了培训。

18日下午，由省卫生计生委党组成员、省中医药管理局局长段云波带队的省卫生计生委安全生产督查组一行4人对省疾控中心的安全生产工作进行检查，中心党委书记李琦、副主任高立志陪同检查。

19 日，省疾控中心在应急指挥中心召开处置不合格党员动员会暨“三严三实”教育座谈会，中心党委书记李琦、各党支部书记参加了会议。

19 日，由国家卫生计生委疾控局和全民健康生活方式行动国家行动办公室支持，中华预防医学会主办，中华预防医学会慢性病预防与控制分会承办的“全民健康生活方式知识传播竞赛”全国总决赛在北京举行。来自北京、天津、重庆、广东、山东、江苏、浙江、辽宁、福建、河北、四川等 11 个省（市）的代表队参加角逐。通过知识问答、快速抢答、一战到底三个竞赛环节展开激烈角逐，河北省定州代表队获得全民健康生活方式知识传播竞赛全国总决赛三等奖。

22 ~ 23 日，省疾控中心在秦皇岛市举办了药物临床试验质量管理规范和疫苗临床试验培训班。来自保定市、邯郸市、沧州市和迁安市、正定县疾控中心从事疫苗临床试验工作的专业技术人员等共计 170 余人参加了培训。

22 日，河北省中西医结合学会小儿外科专业委员会在石家庄成立。

28 ~ 29 日，河北省中西医结合学会医学影像专业委员会在沧州成立。

7月27日至8月20日，省卫生计生委抽调省、市疾控机构健康教育专家成立两个督导组，分别由省卫生计生委宣传处副处长杨秋义和省疾控中心党委书记、副主任李琦带队，完成对石家庄、唐山、沧州、邢台、定州等五个项目市（县）共计18所健康促进试点医院的终期评估验收工作。

26日，省疾控中心在石家庄市举办了河北省预防接种异常反应信号侦测培训班。11个设区市、华北油田和181个区（县）的AEFI工作人员共计240余人参加了培训。

24～26日，省疾控中心在北戴河举办全省疫情及信息管理培训班，各设区市疾控中心主管主任、信息科科长、疫情管理人员、VPN管理员和全死因监测人员，省直管县（市）疾控中心疫情管理人员参加了培训。

24～28日，省疾控中心在张家口市举办河北省流感等病毒性疾病监测技术培训班。各设区市、辛集市、定州市疾控中心，出血热国家级监测点及全国流感监测哨点医院的主管领导和技术骨干等约120人参加了培训。

27日，省疾控中心在石家庄市举办了2015年全省农村义务教育学生营养改善计划营养健康状况监测评估培训班。保定市、承德市、张家口市疾控中心和22个试点县疾控中心的主管主任和业务骨干等共60余人参加了培训。

29～30日，省疾控中心在秦皇岛市举办全省结核病定点医疗机构防治技术培训班。来自全省11个设区市疾控中心或结防所的结核科科长或业务骨干，全省定点医疗机构负责结核病诊治的临床医生和结核病信息录入与统计人员等160余人参加了培训。

9月 SEPTEMBER

1日，高立志副主任带领人事处、老干部处负责同志冒雨赶赴保定办公区，与保定后勤服务中心的同志一同到两位抗战老干部家中，向他们颁发纪念章并致以特别的问候和崇高的敬意。

2日上午，省疾控中心在实验楼二楼会议室举行中国人民抗日战争胜利70周年纪念章颁发仪式，向中心12位抗战老干部代表颁发纪念章。中心副主任高立志主持仪式，中心党委书记李琦为老干部佩挂中国人民抗日战争胜利70周年纪念章并讲话，副主任李建国、陈素良，纪委书记王岩及部分科室工作人员参加仪式。7位抗战老干部代表出席了此次的颁发仪式。

7日，省疾控中心实验室检测出沧州市疾控中心上报的一例多脏器功能损伤病例为新布尼亚病毒核酸阳性，确诊为发热伴血小板减少综合征（SFTS），该病例为我省首例SFTS病例。

8～10日，省疾控中心病毒所所长齐顺祥带领科室相关人员到现场对上报的SFTS病例进行流行病学调查。

8 日，由省卫生计生委主办，省疾控中心承办的全省结核病防治规划终期评估培训会在石家庄市召开。省卫生计生委疾控处处长翟京波，省疾控中心副主任陈素良，各设区市、省直管县（市）卫生计生委（卫生局）疾控处（科）处长（科长）、疾控中心或结核病防治所主管主任（所长）、结核科科长和统计监测人员等共 100 余人参加了培训会。

8~12 日，省疾控中心在秦皇岛市举办职业中毒、物理因素职业病诊断医师及职业健康检查主检医师培训班，中心副主任李建国参训并授课，来自 11 个设区市、部分县疾控中心、职业病防治院（所）及取得职业健康检查资质的 82 家职业健康检查机构的主检医师等 140 人参加了培训。

10 日，省直工会副主任梁毅一行到省疾控中心调研职工创新工作室—齐顺祥病毒检测技术创新工作室开展情况，中心副主任高立志及相关处室负责人参加了座谈会。

10 ~ 12 日，省疾病中心在北戴河气功疗养院召开全省疾控中心主任会，11 个设区市、10 个省直管县、市疾控中心主任、办公室主任，各专业院（所）长、办公室主任等参加了会议。

11 日，省疾控中心在秦皇岛市召开全省疾病预防控制机构工作会暨管理培训班，各设区市、华北石油、省直管县（市）疾控中心主任、办公室主任及各专业院（所）长、办公室主任等 50 余人参加会议。会议邀请中国管理科学院研究院领导科学研究所副所长、研究院吴新华教授做了“领导力与执行力”专题讲座。

13 日上午，省疾控中心派性病艾滋病、结核病、慢性病、病毒病、健康教育等专业的专家参加了省卫生计生委和石家庄市卫生计生委联合在石家庄市西清公园举行的“服务百姓健康行动”大型义诊活动，来自省会 20 家医疗卫生机构的 90 多位专家为市民进行了义诊和健康知识宣传。

15 日，省疾控中心健教所邀请中国疾控中心政研传播中心主任王林在综合楼三楼会议室做了“公共卫生风险沟通”专题报告会。

15 ~ 16 日，2015 年河北省疾控系统健康教育技能竞赛省级决赛在省疾控中心综合楼三楼会议室举行，决赛包括科普演讲、微视频科普作品展播、现场知识竞赛三部分。来自 11 个设区市和省直管县（市）疾控系统及基层社区卫生服务机构的 33 名参赛选手演绎了一场健康教育专业才艺大比拼的饕餮盛宴，达到了“以赛促学、以赛促练、以赛促能”的良好效果。

18 日，省疾控中心在邢台市举行全省健康促进县（区）试点项目工作培训班，承德市、邢台市、定州市、辛集市的健康促进县（区）项目主管领导及负责人约 50 人参加了培训。

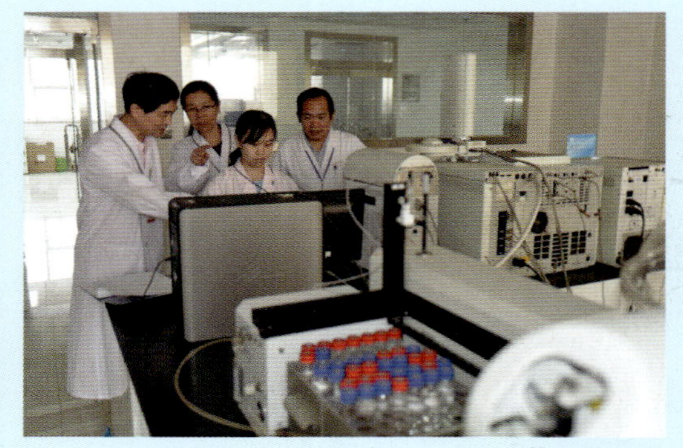

18～19日，国家认证认可监督管理委员会和中国合格评定国家认可委员会（CNAS）委派8位评审专家，对省疾控中心进行实验室认可、国家计量认证、食品检验机构资质认定“三合一”复评审和扩项现场评审。本次评审是中心自2005年首次获得国家实验室认可和国家计量认证（实验室资质认定）以来第三次复评审，食品检验机构资质认定的第一次复评审。

22日，国家卫生计生委发布了《食品安全国家标准食品添加剂 碳酸钠（GB 1886.1-2015）等127项食品安全国家标准和2项修改单的公告》（2015年第8号），其中《食品安全国家标准食品添加剂 冰乙酸（又名冰醋酸）》（GB 1886.10-2015）等9项由河北省疾控中心修订完成。

23日，由省疾控中心工会与慢性非传染性疾病防治所联合举办的“日行一万步·健康新常态”主题职工健步走竞赛活动正式启动。本次活动为期56天，中心全体职工佩戴计步器计数步行量，结合赛前、赛后问卷，评估运动效果。

24日，省疾控中心组织召开健康迎双节主题知识宣传媒体沟通会。来自《燕赵都市报》《燕赵晚报》《河北青年报》、河北电视台、河北电台、人民网、河北新闻网、河北共产党员网、河北卫生计生网等10余家媒体的记者参加了座谈会，并对相关知识进行了报道。

25日，河北省中西医结合学会重症肌无力专业委员会在石家庄市成立。

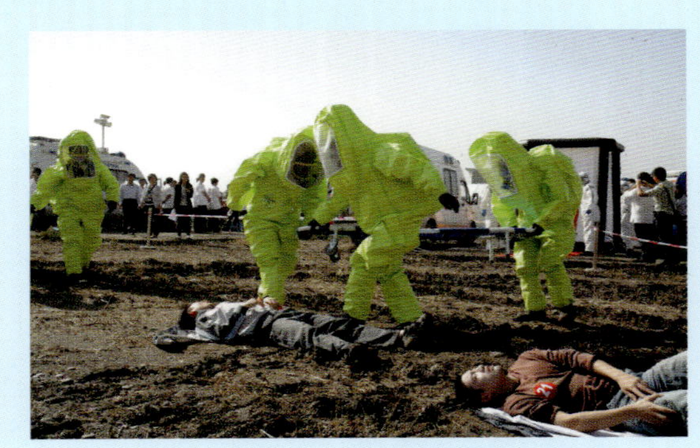

24～25日，京津冀三地卫生计生行政部门联合在天津市宁河县开展卫生应急综合演练。在此次演练中，省疾控中心打破常规，采取省、市疾控中心联合组队的形式，与唐山市疾控中心组队参加，切实锻炼了队伍。

30日上午，省委省政府在石家庄市举行2015年国庆招待会。来自社会各界的嘉宾欢聚一堂，共同庆祝中华人民共和国成立66周年。省委书记赵克志，省委副书记、省长张庆伟，省委副书记赵勇，省政协主席付志方等领导同志及其他省级干部出席招待会。省疾控中心主任崔泽应邀参加了招待会。

9月，省卫生计生委组织对全省各设区市进行消除疟疾市级评估。经资料审查、现场考评，11个设区市全部达到《河北省消除疟疾考核评估实施细则（2014年版）》通过要求，标志着2015年我省如期实现消除疟疾目标。

9月，省疾控中心党委开展“守纪律、讲规矩”主题宣传活动，向各支部印发关于认真组织学习《河北省卫生计生系统党员干部守纪律讲规矩实用手册》并参加答题活动的通知，共收到答卷两百多份。

10月 OCTOBER

《河北省疾病预防控制机构服务能力调查报告》由河北科学技术出版社正式出版，标志着历时两年的全省疾病预防控制机构服务能力调查工作圆满结束。

14日，省疾控中心主任崔泽到衡水市疾控中心调研。

14日，中国疾控中心免疫规划中心流行病三室李艺星主任、宁桂军副研究员、传染病预防控制所高源副研究员等专家一行4人到我省高碑店市调研百日咳监测工作。

12～17日，省疾控中心对承德县、围场县、隆化县的12所农村义务教育学生营养改善计划学生营养健康状况监测学校进行工作督导。

16日，省疾控中心在石家庄市召开全省疾控机构办公室管理培训班。各设区市、华北石油、辛集市、定州市疾控中心办公室主任，各专业院所办公室主任等共25人参加了培训。

19～20日，省疾控中心参加省卫生计生委在涞水县组织开展的全省重大自然灾害医疗卫生救援暨突发急性传染病防控工作应急实战拉练。省卫生计生委党组副书记、副主任梁占凯出席了演练，省政府应急办常务副主任翟生现场观摩了演练，中心主任崔泽为此次演练的副总指挥长。

19 ~ 21 日，省疾控中心在应急指挥中心举办2015年新聘工作人员入职教育活动，对 2015 年公开招聘的毕业生、复转安置及新调入的 14 名工作人员进行岗前培训。中心主任崔泽做了题为“勤奋好学、严肃活泼、团结务实”的讲话。

22 日，省疾控中心举行华北理工大学 2014 级公共卫生硕士（MPH）论文开题报告会。华北理工大学公共卫生学院院长冯福民教授，中心主任、硕士研究生导师崔泽教授出席报告会。中心相关科室带教老师和所有在读研究生参加。华北理工大学和中心的专家教授组成答辩委员会。华北理工大学 2014 级 MPH 曹洋等四名同学进行了详细报告。

20 ~ 23 日，由北京市疾控中心主办，天津市、河北省疾控中心协办的京津冀健康教育骨干健康传播技能培训班在北京举办。这是京津冀首次合作开展的高规格健康传播技能培训。中国健康教育中心主任李长宁、北京市疾控中心主任邓瑛、天津市疾控中心主任顾清、河北省疾控中心主任崔泽、世界肺健基金会技术顾问 Tom Carroll 等专家、领导出席开幕式。来自三地疾控机构的健康教育骨干 200 余人参加了培训。

26～28日，省疾控中心在秦皇岛北戴河召开河北省地方标准——创伤弧菌检验项目专家论证会。

28～30日，省疾控中心在石家庄市举办全省食品安全风险监测数据分析培训班。全省11个设区市及辛集市、定州市疾控中心食品安全风险监测相关业务人员70余人参加了培训。

29～31日，第四届全国分子流行病学暨第八届晋冀鲁豫流行病学学术会议在河南省开封市召开。会议由中华预防医学会流行病学分会和山西、河北、山东、河南省预防医学会流行病学分会主办，郑州大学公共卫生学院、新乡医学院公共卫生学院、开封市中心医院承办。来自全国的中华预防医学会流行病学分会代表和晋冀鲁豫四省疾控系统以及医学院校代表共300余人参加了会议。河北省疾控中心派出17人参加会议。

30日，省疾控中心在综合楼会议室召开“解放思想 抢抓机遇 奋发作为 协同发展”大讨论活动动员会,全面启动和部署中心“解放思想大讨论”活动。中心主任崔泽主持大会，党委书记李琦作动员讲话。班子成员和全体中层干部参加了大会。

30日，由中国疾控中心、中国卫生摄影协会、人民网、中华预防医学会联合举办的2015年全国疾控纪实摄影大赛颁奖会在《人民日报》新媒体大厦举行，省疾控中心荣获优秀组织奖。

10月29日和11月5日，省疾控中心分两批组织230余名在职、内退、进修人员到井陉县仙台山开展“解放思想·勇攀高峰”主题登山活动。

10月，我省流感网络实验室参加中国疾控中心病毒病预防控制所组织的流感盲样考核，以满分成绩全部通过全国性考核，这是自2009年国家首次组织考核以来我省连续第7年取得这样的成绩，全国仅有5个省获此成绩。

10月，我省启动成人慢性病与营养监测现场调查工作，本次调查涉及石家庄市、保定市、廊坊市、张家口市、承德市、邯郸市、邢台市、沧州市、秦皇岛市等9个设区市的13个县（市、区），约8000名18岁及以上成年居民和390名孕妇，通过问卷调查、医学体检、实验室检测、膳食调查等方式，了解我省成人居民高血压、糖尿病、血脂异常、肥胖等主要慢性病的流行现状。

11月 NOVEMBER

1日，北京市中医药学会会长赵静、天津市中医药学会会长张大宁、河北省中医药学会副会长兼秘书长武智在天津达成《京津冀中医药学会协同发展框架协议书》。

9日下午，省疾控中心与石家庄市第五医院在河北省艾滋病抗病毒治疗质控中心实验室楼2楼举行了艾滋病抗病毒治疗管理工作的交接会议。中心副主任陈素良、省质控中心书记张娟参加了会议。会议明确，省质控中心加快完善相关设施建设，2016年1月1日全部完成移交工作。省疾控中心在过渡期提供技术支持。

2 ~ 4 日，河北省艾滋病综合防治示范区管理办公室在石家庄市召河北省 2015 年第三轮艾滋病综合防治示范区工作汇报会。全省 7 个示范区卫生计生委（局）、疾控中心主管领导和示范区工作人员，11 个设区市疾控中心艾滋病科科长等共计 40 余人参加了会议。

16 ~ 18 日，以国家卫生计生委疾控局副局长雷正龙为组长的国家评估组一行 6 人，对我省《中国消除疟疾行动计划（2010—2020 年）》（以下简称《行动计划》）执行情况进行现场评估。评估组通过听取汇报、资料审核、调查访谈、现场量化打分等方式，对我省 2011 年以来消除疟疾各项工作进行评估，最后量化得分为 94.4 分，总体评价为优秀等次。省卫生计生委巡视员赵瑜、疾控处处长翟京波、省疾控中心副主任陈素良等领导及有关工作人员陪同检查。

18 日，省疾控中心在石家庄市井陉矿区开展了以“无烟生活　健康河北”为主题的“健康燕赵行——2015 年度省级健康巡讲启动暨世界慢阻肺宣传活动”。中心党委书记李琦、井陉矿区副区长崔朝辉、石家庄市疾控中心主任赵川、矿区政协副主席王玉廷、矿区卫计局局长吴宁出席启动仪式。

23日，省政协副主席段惠军带领部分省政协常委、委员，到省疾控中心就我省疾病预防控制体系和能力建设情况进行调研。省卫生计生委巡视员赵瑜，省疾控中心主任崔泽，副主任高立志、陈素良，石家庄市疾控中心主任赵川、长安区疾控中心主任武立歆、赞皇县疾控中心主任马学志，以及中心有关科室负责人参加了调研座谈会。

25日，省疾控中心OA办公自动化系统试运行，同时部署了SSLVPN系统。

24日，省疾控中心在石家庄市召开了2014年河北省健康素养促进行动（职业卫生）专家评估会。邀请省内职业卫生和健康教育宣传专家6名，对摄影作品和各市项目工作总结进行打分评比。评比结束后，各位专家讨论了该项目技术报告编写提纲，并就2015年项目工作实施内容发表了意见。

26日，传染病分析预警系统测试版上线。

27日，省政府在石家庄市召开省防治艾滋病工作委员会全体会议。省委宣传部、省发改委、省教育厅、省科技厅、省工信厅、省民宗厅、省公安厅、省民政厅、省财政厅、省人社厅、省交通厅、省文化厅、省卫生计生委等25家成员单位参加会议，省疾控中心相关人员参加了会议。

27 日，省疾控中心在正定县疾控中心举行“疫苗临床研究基地”——正定县疾控中心授牌仪式。中心主任崔泽、党委书记李琦，正定县卫生局局长戴云峰、副局长郝玉辉等出席仪式。

28 日，河北省防痨协会第五次会员代表大会在石家庄市召开。来自全省各市、县结核病医疗和防治单位工作人员共 226 人参加了会议。中国疾控中心副主任、中国防痨协会理事长刘剑君，省卫生计生委疾控处处长翟京波、省疾控中心主任崔泽出席会议。

30 日，省疾控中心召开会议传达 11 月 23 日省卫生计生委开展巡视工作动员会会议精神，中心领导班子及科室负责人参加会议。

26 日和 30 日，省疾控中心分两批组织全体在职党员在综合楼三楼会议室，采取集中测试方式进行了《中国共产党廉洁自律准则》《中国共产党纪律处分条例》知识答题。

16 ~ 19 日，省疾控中心寄生虫病所赴上海接受国家对我省寄生虫调查数据的考核和验收。本次调查共检测 29578 人次，健康知识问卷调查 4057 人次。通过随机抽取部分相关原始资料与上报数据进行对比核查发现，调查数据完整、准确、规范，完全符合《全国人体重点寄生虫病调查实施细则》要求，我省一次性通过国家审核验收，标志着 2015 年河北省人体重点寄生虫病调查工作圆满完成。

本月，《动物源性食品中多溴联苯醚的测定》获批地方标准立项。

12 月 DECEMBER

1 日，省卫生计生委、省疾控中心、石家庄市卫生计生委、石家庄市疾控中心等多家单位联合在河北科技大学理工学院开展“世界艾滋病日”现场宣传活动。通过悬挂条幅、摆放展牌、设立咨询台、发放宣传品等方式传播艾滋病防治知识。省卫生计生委巡视员赵瑜、疾控处处长翟京波，省疾控中心副主任陈素良等领导莅临现场参与活动。全省多家医疗卫生单位和社会团体、健康教育志愿者以及科大师生等共计 1000 余人参加了现场宣传。

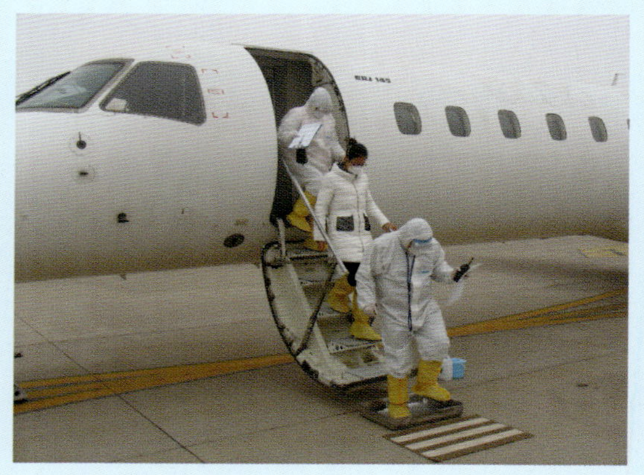

1 日，省卫生计生委联合石家庄正定国际机场开展了突发急性传染病防控应急演练。省政府应急办调研员张平、省疾控中心主任崔泽、各市卫生计生委应急办主任和疾控中心主管主任到现场观摩了演练，中心应急队参演。

3日，由国家卫生计生委和共青团中央共同举办的“全国卫生计生系统青年文明号创建工作表彰推进会”在上海举行。会议对全国卫生计生系统中获得2013—2014年度“全国青年文明号”称号的92个集体进行了表彰，省疾控中心办公室名列其中，获得了表彰。

3日，省疾控中心邀请新加坡艺思高科技有限公司中国区市场经理范俊虎先生到中心做《实验室生物安全防护与案例分析》学术报告。石家庄市、定州市、辛集市疾控中心相关工作人员，以及中心专业技术人员共100余人参加了报告会。

4日，省疾控中心内网正式更名为“河北省疾病预防控制综合管理平台”。

5～6日，省疾控中心在全省范围内对满2月龄至3岁儿童（即2012年1月6日出生至现场接种日满2月龄的儿童）开展脊灰疫苗补充免疫活动。

9～10日，省疾控中心在综合楼会议室举办全体干部职工解放思想提升能力培训班。中心全体干部职工，石家庄市疾控中心领导班子以及正定县、定兴县和大名县疾控中心主任300余人参加培训。培训班特邀清华大学继续教育学院特聘讲师，著名的心理学家、管理学者、战略人力资源管理专家刘向明老师和著名压力与情绪管理专家，中华企管培训网特聘讲师，北京大学医学部精神卫生研究所心理治疗博士，澳洲格林威治大学中国部MBA韩菁老师授课。两位老师分别以执行力和压力管理为题，就如何提高个人效能、任务效率、流程效率，提升执行力，如何舒缓情绪、调试压力、管理健康、平衡工作与生活等内容进行了精彩讲解。

10 ~ 11 日，省疾控中心在石家庄市举办了河北省人体重点寄生虫病监测技术培训班。各设区市、华北石油、定州、辛集市疾控中心有关工作人员 50 余人参加了培训。

15 ~ 16 日，省疾控中心在石家庄市北方大厦举办了河北省水和环境卫生项目培训班，全省 11 个设区市、重点监测县、定州市、辛集市疾控中心实验室相关人员共 198 人参加了此次培训班，并现场授予国家 I 类学分 4 分。

18 日，省疾控中心在定兴县疾控中心举行河北省疾控中心“疫苗临床研究基地”——定兴县疾控中心授牌仪式。中心主任崔泽、党委书记李琦，定兴县副县长王承先、卫生局局长李献国等出席仪式。相关科室工作人员参加了授牌仪式。

18 日，河北省科技厅、河北省实验动物管理委员会组织专家对省疾控中心“SYXK（冀）2010–0043 实验动物设施使用许可证”换证申请进行现场考核验收。中心如期获得河北省科学技术厅颁发的“实验动物使用许可证 SYXK（冀）2015–0043”（有效期至 2020 年 12 月 21 日）。

本月，由省疾控中心主任崔泽主编的《现代仪器分析技术》一书顺利通过结题验收。

29 日，河北针灸学会获得 4A 级学会荣誉称号。

12 月底，我省慢病及营养监测工作圆满完成。13 个慢病及营养监测点共完成了 39 个乡镇 / 街道，78 个村 / 居委会，3510 户，8000 余人问卷调查及 400 余名孕妇现场问卷调查和相关数据的录入工作。

《河北省疾病预防控制中心年鉴》（2016卷）

编　委　会

前　言

《河北省疾病预防控制中心年鉴》是在记载和传承河北疾病预防控制事业建设发展的年度资料性文献，对保存河北省疾病预防控制工作综合资料的连续性、完整性具有重大意义，对社会各界了解疾病预防控制工作发展，各级领导把握疾病预防控制工作现状，科学决策和管理全省疾病预防控制工作具有重要作用，对传承疾控文化，积累史志资料，具有重要的参考和借鉴价值。

《河北省疾病预防控制中心年鉴》（2016 卷）共分精彩回眸、基本情况、重要会议报告、重要文件选摘及主要发文目录、综合管理工作、主要业务工作进展六个篇目。以专业翔实的数据，全面客观地记录了 2015 年河北省疾病预防控制中心全体干部职工，在省卫生计生委的正确领导与大力支持下，深入学习贯彻习近平总书记系列重要讲话精神，围绕中心，服务大局，突出重点，狠抓落实，用力做事、用情做事、用心做事，圆满完成年度任务目标，各项工作取得的新进展、新成绩，是对 2015 年全省疾病预防控制建设发展成果进行的集中展示。

世界瞬息万变，历史亘古永存。一本年鉴虽远不能反映我们为保护人民生命健康、维护社会和谐稳定、推动经济繁荣昌盛以及促进公共卫生事业快速发展所做出的努力、所付出的艰辛，但它客观真实地反映了疾控人努力开拓创新、敢于展现自我的勇气以及积极搭建平台、着力打造品牌的信心和决心。让我们把年鉴的出版作为深入推进疾控文化建设的重要契机，聚人心、鼓斗志，努力把疾控人在防病灭病进程中所形成的精神气质、经验方法世代传递下去，为不断开创疾病预防控制事业发展的新局面贡献一份力量。

此外，《河北疾病预防控制中心年鉴》（2016 卷）的编撰，得到了各部门及相关人员的大力支持，在此，对所有关心、支持年鉴编撰出版工作的人员表示诚挚的谢意！

河北省疾病预防控制中心主任

目 录

基本情况

重要会议报告

重要文件选摘及主要发文目录

综合管理工作概述

主要业务工作进展

基本情况

河北省疾病预防控制中心简介

河北省疾病预防控制中心（加挂河北省卫生检测中心、河北省医学科学院、河北省职业病防治院、国家食品安全风险监测河北中心）是根据国家和河北省卫生体制改革总体部署，在撤并原省卫生防疫站、省地方病防治所、省职业病防治所、省放射卫生研究所、省结核病预防中心、省医学科学院等6家单位基础上组建成立的省卫生厅直属事业单位，2001 年 8 月正式挂牌运行。主要承担 7 项职责：①疾病预防与控制。②突发公共卫生事件应急处置。③疫情报告及健康相关因素信息管理。④健康危害因素监测与干预。⑤实验室检测分析与评价。⑥健康教育与健康促进。⑦技术管理与应用研究指导。河北省疾控预防控制中心是全省疾病预防控制工作的业务技术指导中心。

中心现设 40 个处（所）室，挂靠有省防痨协会、地方病协会和中医、中西医、针灸、护理六个省级学会；共有高级专业技术人员 164 人，有博士、硕士学位者 109 人，省管专家、省中青年专家和享受政府特殊津贴等人员 22 人，省级劳模 4 人。

河北省疾控中心建有生物安全三级实验室，脊髓灰质炎、艾滋病确认、病毒学检验、消毒、毒理学检验等 10 余个实验室，有医学病毒学、食品安全风险监测实验室、心脑血管病防治 3 个省级医学重点学科，是河北医科大学、河北大学、华北理工大学、山西医科大学等 4 所省内外高校本科生、研究生教学基地。拥有超高效液相 - 四级杆质谱/质谱联用仪、超高效液相色谱仪、ICP - MS、DNA 合成仪、定量 PCR 仪、液 - 质 - 质联用仪、气 - 质联用仪、原子吸收分光光度计、气相色谱仪、离子色谱、氨基酸分析仪、全自动微生物鉴定/药敏分析系统等大型及高精仪器设备 584 台件，其中百万元以上仪器设备 15 台，总价值 1.1 亿元。具有以国家实验室认可和计量认证为代表的国家和省以上相关部门认证的资质 17 项，是全省公共卫生领域开展检测项目范围最广的检测机构，涉及食品、保健食品、化妆品、水与涉水产品、农药、各种病原微生物等卫生检验检测项目 737 项，检验检测结果得到国际五十多个国家和地区的认可。

中心成立后，连续四次被评为全国卫生系统先进集体，连续六届被省委省政府评为“省级文明单位”，并于今年首次被命名为“全国文明单位”。先后获得了全国抗震救灾重建家园工人先锋号、全国抗震救灾医药卫生先进集体、全国卫生应急先进集体、全国结核病防治先进集体、全国消灭脊髓灰质炎工作先进集体、全国地方病防治先进集体、全国精神文明建设工作先进单位、全国医药卫生系统创先争优活动先进集体、河北省“7 · 21”和 10 号台风抗洪抢险救灾先进集体、河北省五一奖状等各种荣誉 200 余项。

当前，全省正努力由经济大省向经济强省、从文化资源大省向文化强省跨越，中心全体职工将以更加饱满的热情、更加务实的精神，为建设和谐河北经济强省、维护社会稳定、保障人民健康做出新的更大的贡献而不懈努力！

河北省疾病预防控制中心获得能力资质清单

（截至2015年12月31日）

序号	资质名称	相关部门	有效期限	颁发证书/认证机构	备注
1	实验室认可证书	中心1	2012年11月14日至2015年11月13日	中国合格评定国家认可委员会	国家级
2	实验室资质认定证书	中心1	2012年11月23日至2015年11月22日	国家实验室认证认可监督管理委员会	国家级
3	食品检验机构资质认定证书	中心2	2012年11月23日至2015年11月22日	国家实验室认证认可监督管理委员会	国家级
4	国家食品复检机构资质	中心2	国家认监委关于首批食品复检机构名录的公告（2011年第26号）2011年9月16日发（无限期）	国家实验室认证认可监督管理委员会、卫生部、农业部	国家级
5	保健食品注册检验机构	中心2	2015年1月1日起，有效期5年	国家食品药品监督管理总局	国家级
6	国家农药毒理学检验鉴定机构资质	毒理	农业部公告第1876号2012年12月19日发布，有效期5年	农业部、卫生部	国家级
7	职业卫生技术服务机构资质（甲级）	职业卫生	2014年6月16日发，有效期至2017年6月15日	国家安全生产监督管理局	国家级
8	河北省健康相关产品检验机构资质	中心2	参照执行 卫监发【1997】第58号（无限期）	河北省卫生厅（未颁发证书）	省级
9	河北省消毒鉴定实验室资质	消毒	1999年8月发（无限期）	河北省卫生厅	省级
10	河北省职业卫生技术服务机构资质	放射	2013年7月28日至2017年7月27日	河北省卫生厅	省级
11	河北省职业健康检查机构资质	职业卫生	2013年7月28日至2017年7月27日	河北省卫生厅	省级
12	河北省职业病诊断机构资质	职业卫生	2013年7月28日至2017年7月27日	河北省卫生厅	省级
13	河北省新药临床前药理毒理研究资质	药研	2004年5月10日发（无限期）	河北省食品药品监督管理局（证明信）	省级
14	河北省实验动物使用许可资质	毒理	2010年12月22日至2015年12月21日	河北省科技厅	省级

说明：

中心1，微生物、细菌、免疫、病毒、药研、艾滋病、职业卫生、理化、地方病、放射、有害生物。中心2，理化、微生物、毒理。中心3，质检、环境、理化、微生物。

重要会议报告

抢时间　赶进度　促发展
确保全年工作任务目标顺利完成

——省疾病预防控制中心主任崔泽在2015年收心会暨全体中层干部会议上的讲话

（2015年3月6日）

同志们：

大家新年好。今天是正月十六，在这里，我首先代表领导班子给大家拜个晚年，祝愿同志们在新的一年：身体健康、工作愉快、梦想成真！同时，向节日期间坚守值班岗位的同志们，表示崇高的敬意！

过去的2014年，我们抢抓机遇搞建设，突破难点强能力，服务大局干事业，“二次创业”取得明显成效，疾病防控、应急处置、技术服务和综合管理能力不断提升，先后荣获10多项荣誉称号，实现了“省级文明单位”六连冠，并被中央文明委授予“全国文明单位”；国家卫计委王国强副主任、省政府许宁副省长和省卫计委领导先后到中心考察，对我们的工作给予了充分肯定。这些都有力地印证了我们是一支团结一心、踏实肯干、锐意进取、奋斗不止的疾控队伍。在这里，对大家一年来所付出的辛苦和努力表示衷心的感谢！

今天会议的主要目的是收心，同时部署重点工作，强化任务落实，确保年度目标顺利完成。下面，我代表领导班子讲两点意见：

一、突出重点，全面做好各项工作

今年是依法治国的开局之年，全面深化改革的关键之年，“十二五”规划的收官之年，也是中心“二次创业”的承转之年，意义重大，作用深远。关于今年的工作任务，中心已经制订了工作思路与要点，近日即将下发，希望大家能够认真负责地对待并努力完成。做好今年工作的总体要求是：贯彻落实全国、全省卫生计生工作会议精神，围绕一个目标，抓住两个重点，加强三项建设，提高四种能力，做好五方面工作。

“围绕一个目标”：就是要围绕“全面加快‘二次创业’步伐”这个总目标，继续巩固发展基础，加强内涵建设，提升综合实力，创新业务工作，加强对基层疾控机构和医疗卫生机构的专业技术指导，积极促进基本公共卫生服务均等化，努力提高全省人民群众健康水平。

“抓住两个重点”：一是深化京津冀疾控工作协同发展。深入落实三地疾控工作合作框架协议，抓好现有合作项目，促成新项目，推动京津冀疾控合作由环首都地区向全省拓展。并加强沟通，积极制定2015年合作清单，推进信息、技术、人员、物资等共享平台和食源性疾病监测联合平台建设，增强科研联合攻关能力，抓好申办冬奥会公共卫生保障。同时，积极促成与北京军区疾控中心签订正式合作协议，实现军民联动、大华北地区联防，推动京津冀疾控合作实现新突破。二是开展“十二五”规划收官和“十三五”规划编制。狠抓艾滋病、结核病、疟疾等重点传染病和地方病防治等各项“十二五”规划及行动计划落实，扎实开展“十二五”规划终期评估，努力实现各项目标指标。集中全省疾控系统的力量和智慧，组织编制我省疾控业务工作“十三五”发展规划。

“加强三项建设”：一是加强体系建设。贯彻落实国务院关于加强传染病防治人员安全防护的意见，协助省卫计委起草我省实施细则，在防疫津贴调整、临时性工作补助等方面为职工提供更多便利。深入落实疾控机构编制标准指导意见，加强与编办等部门的沟通协调，尽快落实我省疾控系统人员编制的核定。加快修订进度，争取年内出台中心新的制度汇编，为各项工作开展提供制度保障。二是加强精神文明建设。以荣获“全国文明单位”为契机，继续深化“修强铸”主题实践活动，积极开展先进职工之家、职工先锋号、巾帼建功立业创建活动，增强干部职工的归属感和荣誉感。充分发挥党、政、工、团、妇等各级组织的作用，开展妇女节登山赛、职工运动会、困难帮扶、走访慰问、老干部服务等活动，继续落实带薪休假制度，努力保障职工正常福利待遇。加强对扶贫村—邢台临西县百户寨的帮扶，开展科室结对子、职工入农户等帮扶活动，叫响“全国文明单位”称号。三是加强党风廉政建设。狠抓群众路线教育实践活动整改事项的落实，建立反对“四风”长效机制。认真落实党风廉政建设党委主体责任和纪委监督责任，理清职责，明确分工、细化措施。深入推进党性党风党纪和反腐倡廉教育，完善权力运行监控机制建设，严格执行“八项规定”“九不准”“十严禁”和《中心工作人员行为规范》，坚决杜绝违法违规违纪事件和腐败行为。

“提高四种能力”：一是提高综合管理能力。重点抓好绩效考核、队伍建设、项目管理、财务及审计、后勤保障和安全生产等项工作，提高综合管理的科学性和实效性。绩效考核方面：协助省卫计委尽快出台全省二级以上公立医院公共卫生考核标准，积极完善市级疾控机构绩效考核标准，加快中心内部考核办法修订，由一季度一考核转为一月以考核，激发工作积极性。队伍建设方面：根据工作需要，进一步调整、充实中层干部队伍；继续坚持请进来、走出去，邀请专家教授对中层干部进行封闭培训，赴兄弟省份疾控中心参观学习；力争引进博硕士研究生 18 人。项目管理方面：进一步加强项目执行进度定期通报和重点项目盯办督办，完善项目管理机制，保障各个项目执行按进度、实施讲质量、成效有评价。特别是对于涉及多个执行部门的项目，项目办要切实负起管理责任，发挥牵头作用，做好工作任务统筹和资金使用审核，严防资金争抢和责任推诿现象。财务及审计方面：尽快出台新的差旅报销办法，规范报销流程，缩短报销时间；努力完成对下属相关企业的审计工作。后勤保障方面：认真做好河北省职业病防治院建设的前期筹备工作，加快 P3 实验楼环评进度，争取 6 月底前完成荣誉室、OA 办公自动化等筹建工作，加快物资库房、职工食堂、档案室和部分科室的搬迁以及周围环境整治美化工作进度。并根据实际情况，适时对行政办公楼进行升级改造，规范办公用房，优化办公环境。同时，加强对地方病职工宿舍的规范管理。安全生产方面：要按照“谁主管谁负责”的原则，确保责任到人、任务到岗、措施到位，杜绝各类安全事故发生。二是提高科研创新能力。争取在自然基金、科技支撑计划、重大专项等领域取得更大突破，加大对专业技术人员的科研奖励力度，激发中心科研热情。加强学术活动日常化管理，建立专业技术人员业务档案，规范外出学习、培训和进修等工作，保证岗位培训率达到 100%。加强与河北医科大学、河北大学、河北联合大学、山西医科大学等高校的合作，充分发挥研究生实践创新基地优势，推动研究生带教上档次、上规模，力争成为全省一流的公共卫生研究生培养实习基地。积极邀请两院院士，尽快召开科技大会。三是提高应急处置能力。狠抓网络直报，保持传染病疫情报告质量综合排名全国前十的位置。完善应急预案体系，加强联防联控，严防埃博拉疫情输入，选派专业人员赴非参与处置埃博拉疫情。加强应急队伍培训与演练，深入开展卫生应急示范区创建，提高应急处置能力，确保全省突发公共卫生事件处置率和及时率 100%。四是提高技术服务能力。全力做好 2015 年全省食品安全风险监测工作，确保完成国家下达的检测任务，加强监测数据网络直报培训，做好营养监测和食品放射性污染监测项目，不断提升食品安全监测、分析、预警和评估能力。规范职业健康检查、职业病诊断与鉴定，加强职业病报告与防治工作，实施好重点职业病哨点监测项目和医用辐射防护监测项目。力争年内饮用水监测覆盖 70% 的乡镇，城市空气（PM2.5）污染与人群健康影响研究重大专项取得阶段成绩。扎实做好学生常见病防控和学生健康影响因素监测等工作。积极开展全省健康巡讲和全民健康素养促进行动，普及健康生活方式，不断提高公众防病意识和能力。

“做好五方面工作”：一是做好免疫规划管理工作。力争年底前完成省级免疫规划信息数据中心建设，实现全省联网，提高接种监测信息报告质量。11 种常规疫苗接种率保持在 90% 以上，继续维持无脊灰工作状态，降低麻疹发病水平，加强预防接种异常反应监测与处理工作，积极引入预防接种异常反应商业补偿机制。当前，需重点抓好3月份的麻疹疫苗查漏补种工作。二是做好艾滋病防治工作。在全省范围内全面推动由疾控系统主导的艾滋病病人免费抗病毒药物治疗向医院移交工作，完善救治机制。继续深入开展艾滋病防治数据质量年活动，探索“以治促防”的工作模式，扩大艾滋病检测和治疗规模，加大遏制艾滋病经性传播。扎实做好高危人群干预、示范区管理、梅毒防治规划中期评估及性病、丙肝防治工作。三是做好结核病防治工作。建立结核病防控工作督导检查机制，加大肺结核患者发现力度，确保新涂阳肺结核患者的治愈率保持在85%以上。加快结核病实验室建设步伐，力争年底前80%的县级结核病实验室达到生物安全Ⅱ级要求。继续加强耐多药肺结核诊治，以设区市为单位覆盖率达到90%。四是做好其他重点传染病防治工作。保证流感监测网络正常运转，加大对常规流感、甲流、人禽流感的监测力度，防患于未然。密切关注手足口病病原特征、传播风险和重症病例等情况，及时采取有效应对措施。加强霍乱监测，提高医院腹泻病例检索率。认真分析研究我省出血热、布病高流行地区存在的问题，创新防治手段，控制高流行态势。继续维持全省无本地感染疟疾病例状态。市级病媒生物监测完成率保持100%，县级病媒生物监测总体开展率达到75%。五是做好慢性病和地方病防治工作。一方面，进一步扩大国家级慢性病示范区范围，力争省级慢性病示范区覆盖所有设区市；继续做好基本公共卫生服务项目—高血压、糖尿病管理工作，认真抓好慢性病相关危险因素监测、死因监测、农村地区癫痫防治管理等项目工作，努力降低慢性病发病率。另一方面，加大碘盐监测力度，落实碘缺乏病、氟中毒、大骨节病、克山病等地方病防治措施，有效降低地方病危害。做好全国碘缺乏病实验室及氟检测实验室外质控考核工作，力争合格率100%。

二、改进作风，认真抓好工作落实

今年的任务很多、时间很紧、工作很重、责任很大，需要大家以强烈的事业心和高度的使命感，团结一心克时难，甩开膀子放手干。具体来说，就是要做到“三讲、三提、三服务”：

“三讲”：一是讲学习。这是一个永恒的主题，要以永远学不够、学不满的精神，坚持在学中干，在干中学，力争做到精通本职、掌握相关、了解全面，增强自身综合素质。全体干部职工，特别是返岗人员，要加强对法律法规和中心制度的学习，增强纪律意识，把“重规矩、守纪律”作为工作的一面镜子、一种自觉、一种习惯，内化于心，外化于行。不要认为纪律是“纸老虎”“稻草人”，吓唬人的，今后谁如果不重视纪律，那就让纪律来重视谁，能授予权利，就能收回，能给予奖励，就能停下。当前一段时间，主要抓一些迟到早退、自由散漫、工作拖拉的典型。二是讲团结。要以宽广的胸怀干事、非凡的气度容人，逐步增进了解、加深理解、消除误解、取得谅解，大家只有做到相互补台，才能好戏连台。各部门之间要加强沟通和协作配合，特别是行政科室要端正态度、提高效率，服务好一线业务部门，杜绝各自为政，事不关己高高挂起，互相看不上眼。大力提倡首问负责制，谁第一个受询问，或事情先到谁手上，谁就要负责到底，涉及哪个部门，哪个部门要无条件做好配合，不能一句不知道、不清楚、不会做就当起“甩手掌柜”，绕着责任走。三是讲实干。要坚持“实”字当先、“干”字当头，把各项职责履行好，把各项工作落实好，做到实中求进、实中求新，创造性地开展工作。不能总是四平八稳，不温不火，干个几年依然涛声依旧，要增强新形势下做好工作的本领，真正做到老办法管用、新办法会用、软办法顶用、硬办法敢用。

“三提”：一是提神。要振奋精神，鼓足干劲，保持一个饱满昂扬的工作状态和负重奋进的拼搏精神，以“慢不得”的紧迫感和“坐不住”的责任感，勇于担当，知难而进，全力推动各项任务目标如期完成。二是提质。任何时候都不能就放松对质量的要，严把质量关口，严格标准要求，保证各项任务指标既守数量、更重质量，使汗水不白撒、工作不白干。三是提速。各部门要针自身工作的进度和差距，建立台账，明确责任，抓早抓快，所有工作向前赶，快节奏、高效率、高质量地开展工作。

“三服务”：一是服务“四个全面”。要以疾病预防控制为主线，从效能疾控、创新疾控、法治疾控、廉洁疾控等入手，来服务和保障全面建成小康社会、全面深化改革、全面依法治国、全面从严治党的战略大局。二是服务京津冀协同发展。要站在保障京津冀协同发展这个国家重大发展战略的高度，继续在深化京津冀疾控合作上做文章。各部门要积极从联防联控、应急演练、技术合作、人员交流等方面入手，提出本部门的合作思路和建议，推动京津冀疾控合作上水平。三是服务中心“二次创业”。要坚定自信，立足实际，总结经验，针对薄弱，攻坚克难，使“二次创业”在第三个年头看到实实在在的成效，推动中心综合实力和服务能力实现一个新的提升。

总之，“一年之计在于春”。做好一季度的工作非常关键和重要。今年春节比较晚，是本世纪最晚的一个春节，比去年晚了整整19天，除去双休日，能利用起来的工作时间就剩半个月了，一季度转眼就过。大家一定要收心聚力，刻不容缓地行动起来，早准备、早安排、早动手，全身心、满负荷地投入到工作中，切实做到心中有责、脑中想事，科学谋划，合理安排，保证各项工作首季开门红，为全面完成年度工作任务目标起好步、开好局。

谢谢大家。

把握新形势　增强使命感
奋力开创全省疾病预防控制工作新局面

——省疾病预防控制中心主任崔泽在全省疾病预防控制中心主任工作会议上的讲话

（2015年9月11日）

尊敬各位领导、同志们：

大家上午好。在这清爽宜人的初秋时节，我们相聚在百年避暑胜地——北戴河，召开全省疾控中心主任工作会议。这是我省近年来规模最大、人数最多的一次省级疾控中心主任会，新设立的8个省直管县是首次参加省级主任会议。首先，我代表省疾控中心，向8个新加入的省直管县表示热烈欢迎！向全省疾控系统的各位同仁表示诚挚问候！

这次会议之所以选在北戴河召开，一方面，是想在这个疗养胜地，给大家提供一个放松心情、交流经验的机会，为接下来的工作冲刺积蓄力量。另一方面，也是支持一下我们疾控系统走出的“老防疫人”——刘波院长的工作，祝气功疗养院在新院长的带领下再掀发展高潮。

6月份，国家疾控中心召开了全国疾控中心主任会，国家卫生计生委王国强副主任从疾控工作当前面临的形势和机遇、成绩和发展、困难和挑战、任务和责任等方面作了深入分析和研判；国家疾控中心王宇主任从全球公共卫生援助和国内疾病防控等方面回顾了2014年以来的主要工作，并对近期重点工作进行了安排部署。会上，国家疾控中心副主任高福以及上海、广东、云南疾控中心主任分别从援非抗击埃博拉、疾病综合监测新模式、应急处置能力和尼泊尔地震灾后卫生防疫等方面作了工作报告，各省疾控中心主任分组进行了讨论。本次会议，我认为主要释放了三个信号：一是2014年全国疾控工作取得了较好成绩，是值得点赞的。二是疾控工作面临的困难和挑战依然严峻，境外传染病输入威胁加大，重点传染病防控难度陡增，慢病负担越来越沉重，基层医疗机构疾控服务能力依然薄弱，等等。三是疾控工作的发展机遇也很大，去年下发的“关于疾控机构编制标准的指导意见”和今年年初国务院印发的“关于加强传染病防治人员安全防护的意见”，给全国疾控系统注入了新的活力，大大提振了疾控队伍士气，使疾控人看到了又一个“疾控春天”。

下面，我重点就今年以来全省疾控工作取得的主要成绩以及如何做好新常态下疾控工作和近期重点任务谈三点意见：

一、狠抓落实，全省疾控工作呈现良好发展

态势

今年以来，在省卫生计生委和各级卫生计生行政部门的正确领导下，全省各级疾控机构密切联系，团结协作，各尽其责，推动各项工作措施有效落实，重点工作取得了较好成绩。概括起来，主要体现在以下八个方面：

一是以全国技能竞赛和卫生应急演练为依托，应急处置及时高效。上半年全省共报告突发公共卫生事件16起，有效处置率100%。埃博拉出血热、中东呼吸综合征等重点疫情防控做到了应防、尽防、不漏防。省疾控中心职工韩旭以及石家庄疾控中心的2名同志作为世界卫生组织专家组成员，赴塞拉利昂参与了埃博拉疫情防控，受到上级部门的认可和表彰。我省卫生应急队在全国应急处置技能竞赛中，也取得了传染病竞赛组二等奖、中毒组三等奖的优异成绩。

二是以预防接种服务落实年和麻疹疫苗强化免疫为抓手，免疫规划工作继续保持国内先进地位。常规疫苗接种率保持在98%以上，麻疹发病数较去年同期下降26%，麻疹疫情高发态势得到有效遏制，有力处置了承德丰宁县麻疹疫情事件，继续维持了无脊灰工作状态，预防接种异常反应引入商业保险补偿工作稳步推进。

三是以数据质量年和项目管理为载体，艾滋病防治工作质量不断提高。全省100%的乡镇卫生院建立了艾滋病病毒检测点，开展抗病毒治疗工作的县扩展到168个，172个县全部开展了艾滋病预防干预工作，各项指标均达到国家指标要求。截至6月底，全省累计报告现存活艾滋病病人和感染者5000多例，继续保持了艾滋病低流行态势。

四是以落实“十二五规划”为主线，结核病防治各项措施有效落实。2011年以来，全省共发现肺结核患者15.35万例，完成“十二五”规划指标的85.26%。11个市级结核病实验室全部具备药敏试验能力，50%以上的县级疾控中心完成结核病P2实验室建设工作。

五是以强化综合防治为手段，其他传染病防治扎实有效。今年以来，手足口病、流感、布病、流脑、乙肝等重点传染病发病数较去年同期全部下降，有效防止了疫情大规模暴发流行；霍乱防控、消除疟疾等工作有序开展，11个设区市和129个县开展了病媒生物监测工作。

六是以示范区建设和病区防治为重点，慢性病和地病防治工作稳步推进。建立了国家慢性病综合防治示范区11个，创建省级慢性病综合防治示范区8个，全民健康生活方式行动覆盖96%的县（市、区）。局部地区大骨节病和克山病情稳定，全省非高碘地区碘盐覆盖率、合格率、食用率全部达到国家消除碘缺乏病标准，高碘地区无碘食盐率达到95.31%。

七是以检验能力和技术保障为支撑，公共卫生服务水平不断提升。经过近8年不懈努力，40多次修订完善，新的《河北省卫生监测收费项目及收费标准》正式获得批准，并于今年1月4号正式执行，为全省疾控机构检验检测工作提供了新的制度保障。上半年，食品安全风险监测超额完成国家任务要求，职业病防治和放射防护工作稳步推进，雾霾对人群健康影响监测网络初步形成，并与省医大一院、省儿童医院、省气象服务中心、山西医科大学、河北医科大学等单位签署了合作协议，共同开展空气污染对人群健康影响的研究，农村饮用水监测覆盖乡镇数扩大到70%。

八是一些地市的工作特色鲜明、亮点突出，涌现出许多好的做法和经验，值得借鉴和推广。如：石家庄疾控中心的伤害干预工作在全国创出了特色，唐山疾控中心在“全省应急处置技能竞赛”中拔得头筹，保定疾控中心各项免疫规划指标在全省处于领先水平，邯郸疾控中心的“医防结合”工作走在了全省前列，邢台疾控中心被市委、市政府树为“优质服务窗口单位”，张家口疾控中心借助申办冬奥的契机极大地增强了公共卫生服务能力，承德疾控中心的新型结核病防治模式得到国家和省卫生计生委的充分肯定和高度赞扬，秦皇岛疾控中心协助北戴河疾控中心成功完成了暑期保障工作，等等。

这些成绩的取得，是省卫生计生委和各级卫生计生行政部门正确领导的结果，是各级疾控机构勤奋进取、务实创新的结果，也是我们深入开展“三严三实”专题教育活动、切实加强作风建设的成果。在此，我代表省疾控中心向各级疾控机构表示衷心的感谢！

二、适应新常态，进一步增强做好疾控工作的责任感和使命感

当前，中国正在进入经济社会发展新常态，这是一个充满挑战、渐入佳境的新常态。如何认识和适应新常态，是摆在各行各业面前一道非解不可的命题。疾控机构是政府主办的事业单位，关系着群众生活质量的高低，影响着经济社会发展的优劣，必须正确认识、主动把握、积极适应新常态，切实增强做好疾控工作的责任感和使命感，以实际行动践行“三严三实”，为人民群众身体健康保驾护航，为“四个全面”提供有力保障。

（一）打造“效能疾控”，保障全面建小康社会。疾控机构是守护人民群众健康的“排头兵”，是全面建成小康社会的“生力军”，在人民群众健康需求逐步多样化、高水平化和新发传染病不断出现、人口老龄化明显提速、慢性病患者数量快速增长、深化医药卫生体制改革纵深推进等一系列新形势、新任务和新挑战的叠加下，必须要尽快找到适应新常态的“金钥匙”，破瓶颈、补短板、升能力，努力打造“效能疾控”，提高工作效率，增强服务能力，释放疾控价值，努力使人民群众有更多的公共卫生服务“获得感”，为全面建成小康社会贡献疾控力量。

（二）打造“创新疾控”，助力全面深化改革。疾控机构是医药卫生体制改革的“主战场”，是全面深化改革的“助推器”，在体制机制、绩效评价、队伍建设、人才培养和区域公共卫生服务资源整合等各项改革中，既有压力与挑战，又有动力与机遇，必须要摘掉全额财政保障的“旧眼镜”，认识和适应新常态“有减有增”的特征，做好财政收紧、项目规范、权力精简的“减法”和职能扩大、责任加重、任务增多的“加法”，完善奖惩制度，激发队伍活力，提高创新水平，切实打造“创新疾控”，为新常态下加快要素驱动向创新驱动转变提供疾控推动力。

（三）打造“法治疾控”，服务全面依法治国。疾控机构是社会和谐的“稳定器”，是全面依法治国“实践者”，在传染病防控、自然灾害救援、突发应急事件处置和重大活动公共卫生保障中，发挥着保护人民生命安全、维护社会和谐稳定等不可替代的作用。工作中，必须要进一步坚定法治导向，自觉用法治思维开展工作，站正疾控服务的“靶姿”；自觉用法治方式解决问题，握紧履行职责的“靶标”；自觉用法治武器维护群众健康利益，瞄准为民服务的“靶心”，努力创造依法履职、依规工作、依据办事的“法治疾控”环境。

（四）打造“廉洁疾控”，忠于全面从严治党。疾控机构是党密切联系群众的“服务窗”，是全面从严治党的“燃灯者”，在历来讲政治、顾大局、敢担当、肯奉献的基础上，要继续深入开展“三严三实”专题教育，切实把党在心中的位置放到最高处，做到心中有党；把人民健康利益摆在第一位，做到心中有民；把制度“笼子”扎的更紧，做到心中有责；把权力运行照的更亮，做到心中有戒，用力营造廉政环境、用心构筑免疫屏障、用情做实疾控服务，打造百毒不侵的“廉洁疾控”，维护人民群众享有公平的公共卫生服务权利。

三、突出重点，确保全年任务目标顺利完成

目前，距年底结束还有不到4个月的时间，各项工作到了该出成绩、出精品、出亮点的时候。大家一定要紧盯年初制定的各项任务目标，抓紧最后4个月的冲刺时间，努力把各项工作往前赶，推上新高度，取得新突破。不能忙碌了一年，激不起一点浪花，依然涛声依旧。我认为，当前重点要抓好以下五个方面：

一是认真完成“十二五”规划终期评估工作。今年是“十二五”规划的收官之年，疾控机构规划多、任务重、责任大。目前，我们已经陆续开展了地方病、艾滋病、消除疟疾和结核病等“十二五”终期评估工作。各地要对照国家和我省的“十二五”规划要求，查漏补缺，迎头赶上，确保各项规划指标的如期完成；同时，认真总结工作成绩和亮点，及时发现工作缺陷和不足，为制定“十三五”规划提供科学依据。

二是着力抓好卫生应急监测预警。当前，埃博拉出血热、中东呼吸综合征等疫情进入流行末期，越是末期越不能麻痹大意；并且近期我省新发现了一例发热伴血小板减少综合征病例（也就是原来的蜱虫病），一旦流行，后果十分严重，因此，各地一定要继续抓好应急值守和监测预警，确保一旦有病例出现，能够及时发现和处置。同时，针对在“传染病报告管理现状调查”中发现的问题，各地一定要引起高度重视，进一步加强对基层疾控机构和乡镇卫生院的监督检查和指导力度，严禁迟报、漏报、零缺报。

三是全面做好重点传染病防控。要保证全年任务指标力争上游、提早实现。重点加快推进省级免疫规划信息数据中心建设进度，争取年底前实现全省联网；推动由疾控系统主导的艾滋病病人免费治疗向医院移交工作，完善救治机制；确保年底前完成80%的县级结核病实验室改造工作，达到生物安全Ⅱ级要求；加强以流感、肠道传染病、麻疹、手足口病等为重点的秋冬季传染病疫情监测，积极与新闻媒体沟通，加大秋冬季常见传染病防治知识的宣传力度，着力提高群众的自我防护能力，严防大面积暴发流行。

四是不断提高项目执行能力。疾控工作项目多，涉及资金量大，由于拨付晚、限制紧等种种原因，执行进度一直相对滞后。各地要根据本地工作实际，进一步加强对各个项目的盯办督办，保障各个项目执行按进度、实施讲质量、成效有评价。特别是管好、用好各种专项资金，能执行的项目要尽快执行完，暂时不能执行的项目也要提前做好执行预案，保证一旦到位，立马执行，充分发挥资金效益，让人民群众得到更多实惠。

五是切实加强行业作风建设。各级疾控机构要把开展“三严三实”专题教育与推动疾控工作结合起来，认真落实中央八项规定和医疗卫生行风建设“九不准”，坚决治理迎来送往、铺张浪费等问题，大力防止和纠正损害群众利益的不正之风。特别是各级疾控机构“一把手”应该明白，不敢作为和乱作为都要承担“主体责任”的，都要被约谈和问责的，所以大家要切实履职尽责，用更多的时间和精力干工作、抓落实、促发展，推动疾控工作取得更大成效。

同志们，做好新常态下的疾控工作任务艰巨，既是挑战，更是考验。我们必须要进一步增强责任感和紧迫感，紧密结合本地实际，突出重点、难点和热点，创造性地开展工作，争取在体制性、机制性、结构性和业务瓶颈等问题上取得突破，不断开创全省疾控工作新局面，为全省经济社会发展贡献疾控正能量。

最后，感谢兄弟单位——气功疗养院的热情服务，我们将大力支持院长的工作。预祝会议取得圆满成功，祝大家会议期间心情愉快，身体健康！

谢谢大家。

在解放思想大讨论动员会上的讲话提纲

省疾病预防控制中心主任　崔泽

（2015年10月30日）

同志们：

现在开会。今天会议的主要任务是：贯彻落实省委、省卫生计生委关于“解放思想、抢抓机遇、奋发作为、协同发展”大讨论活动的有关精神，全面启动和部署中心“解放思想大讨论”活动，通过大讨论，推动中心思想观念大转变、工作作风大改观、工作能力大提升。

下面，首先请李琦同志作动员讲话。

……

刚才，李琦同志全面阐述了开展解放思想大讨论活动的重要意义、实施办法和保障措施。这次解放思想大讨论是省委、省政府审时度势、把握经济社会发展新常态、顺应京津冀协同发展新要求、综合考虑河北未来发展趋势和条件后，提出的一项重大活动。会后，中心将下发《活动方案》，各部门要认真对照方案细则，深挖思想根源，查摆突出问题，特别是科室负责人，更要率先垂范，以身作则，带头学习研讨，带头整改落实，一个步骤不落，一个措施不漏，不仅要补齐工作上的短板，更要补齐思想上的短板，真正使大讨论成为破解发展瓶颈的契机，推动中心“二次创业”取得更大成绩。

下面，结合领导班子分工、近期安排以及最后2个月相关工作冲刺，我再强调以下七点：

一是关于领导班子分工。按照中央关于纪委书记要聚焦主业，立足监督本位的要求，经研究决定，中心纪委书记不再分管行政及业务工作。调整之后，班子成员具体分工如下：

我主持中心全面工作，具体分管办公室、项目办、内审处和慢病防治所。

李琦同志负责人事、党建和精神文明建设工作，具体分管人事处、党办室、免规所、病毒所、疫苗临床研究所、应急办、健教所、生物制品供应管理所、科培处、药研所、医研所、有害生物防治所和学会办公室。

李建国同志具体分管职业病防治所、放射防护所、质检处、理化所、微生物所、食品所、环境所和学校卫生所。

高立志同志负责信访及群众工作，具体分管财务处、老干部处、工会、后勤、保定后勤、药械处和安保处。

陈素良同志具体分管细消所、艾滋病防治所、信息所、毒理所、寄生虫病防治所、艾滋病高危人群干预工作队、结核病防治所、地方病防治所、安国中草药种植试验场。

王岩同志作为专职纪委书记，负责中心纪委工作，具体分管监察室，不再承担其他行政及业务工作。

蒋东升同志目前还在援疆中，暂不安排分管工作。

二是信息工作。今年，中心的信息报送数量和质量下滑比较厉害，大部分信息为会议或培训，千篇一律，没有新意。比如：一个培训信息，国家或别的部门已经报道了，一些科室直接抄袭过来，甚至改都不改就报送上来，极不认真，极不负责。大家回去看看中心的《疾控报》或《疾控信息》，每一期会议、培训、督导等信息得占到一半多，工作干了不少，也奉献了不少，为什么就总结不出、疲于应付？年底前，各部门要在抓好工作的前提下，挤时间把工作好好总结一下，多在内容上下功夫，总结出工作精品，展示出亮点特色，树立起典型事迹或典型人物，多报送一些高质量的信息，争取在省内、甚至国内形成一定影响，提高中心的知名度。

三是档案工作。中心档案室10月14日已经开始了搬迁。各部门负责人要强化对本部门的档案管理，做好档案预立卷工作。对于以前因为旧档案室容量有限放在科室内部的档案，各部门要尽快移交到档案室，确保档案室的整体搬迁进度和中心档案的集中统一管理。同时，实验仪器设备档案整理工作要加快进度，必须明确时间节点，不能无限期拖延，耗着人力、物力。

四是其他工作。目前，中心OA系统正在办公室内部试运行，下一步要开展全员培训，在中心全面推开，大家要切实重视起来，尽快转换思想，跟上发展步伐，不能这边都办公自动化了，你那边思维还停留在纸上，拿着一张旧船票登新客船。去年，由于综合楼会议室竣工比较晚，春节联欢会准备的比较仓促，今年由工会负责牵头，要及早准备，调动起大家积极性，展现职工多才多艺的一面。中心荣誉室也要争取年底前完成，办公室负责素材整理，各个部门要无条件配合，让老干部在看联欢会的时候也能参观上荣誉室，看看中心的发展历程和辉煌成绩。

五是值班工作。根据规定，中心应急值班和疫情值班补助已经取消，相关值班人员一直在义务值班，做出了很大奉献。下一步，参照省卫生计生委值班模式，中心将采取全员轮岗，领导带班，双人双岗值班。具体工作由办公室统一协调安排，编制值班表，人事处提供在职人员名单。值班人员根据具体值班时间可补休一到两天。

六是关于各项任务目标。当前，离年底仅剩2个月的时间，各项工作已经进入最后冲刺阶段，各部门对自己承担的任务指标要进行一次“回头看”，认真梳理和排查，确保各项任务目标如期完成。一些距离年终任务目标差距大工作，要迎头赶上；一些影响中心在全国排位的业务指标，必须要完成的；一些重点工作，要力争上游，多出特色、多出亮点。

七是关于干部职工培训。我们已经连续三年开展了“中层干部封闭培训”，2012年在平山温塘，2013年在清华大学，去年在植物园，都取得了不错的效果。但是，与理想效果还有一定差距，一些干部还是因循守旧，缺乏干事热情、担当意识和创新精神，带队能力和管理水平原地踏步，依然靠惯性、凭经验办事，个别同志甚至连QQ、微信等没有，也不愿意去学习新知识、接触新事物，怎么解放思想？怎么以身作则？怎么跟上新常态？今年，我们计划将管理培训与解放思想大讨论结合起来，聘请清华大学老师走进中心为大家授课。时间初步定在11月份，地点就定在这个会议室，范围扩大到全体干部职工，让每个职工都能切身感受到名师名家的风范，真正思想受教育，素质得提升，品味上档次，工作有创新，学会如何去认识新常态、适应新常态、引领新常态，学会如何在新常态下做人、做事、做一名优秀职工，使中心“二次创业”热情激情燃烧。

谢谢大家。散会。

围绕大局求发展　“二次创业”谱新篇

——省疾病预防控制中心主任崔泽在2015年度总结表彰大会上的讲话

（2016年1月26日）

尊敬的各位领导，同志们：

大家上午好！刚才，我们对24个先进处室、13项单项工作奖、2个单项工作特别奖、74名先进工作者、10个教学先进集体，35名教学先进个人，3个先进党支部、10个先进党小组、4名优秀党务工作者、31名优秀党员、2名优秀团员，3个先进工会分会、5名先进工会工作者和48名工会积极分子，进行了表彰奖励。在此，我代表中心领导班子，向刚刚受到表彰的先进集体和先进个人表示热烈的祝贺！向一年来为中心建设与发展付出艰辛劳动的全体干部职工，致以诚挚的问候和崇高的敬意！同时，向长期以来一直关心和支持我们工作的各位领导、老干部、老同志，表示衷心的感谢！

时序更替，梦想前行。2015年是我国经济社会步入新常态的起始之年，也是我们加快“二次创业”的重要一年，大事多、喜事多，成绩多、感触多。这一年，纪念抗战胜利70周年“大阅兵”隆重举行、2022年冬奥会申办成功、中国科学家首次获得诺贝尔医学奖，让我们心潮澎湃，为之动容。这一年，“十二五”规划的圆满收官，“四个全面”战略布局和“五大发展理念”明确提出，“打虎拍蝇”毫不手软，精准扶贫全面实施；从向污染雾霾宣战，到“全面两孩”放开，改革攻坚屡克难题，民生指标全线飘红，让我们步伐坚定，信心倍增。这一年，“三严三实”深入人心，解放思想大讨论凝智聚力，“经济强省、美丽河北”建设扬帆起航。这一年，在省卫生计生委的正确领导下，全体干部职工服务大局、配合医改，真抓实干、创优争先，推动优势工作显特点，重大工作出亮点，薄弱工作除盲点，整体工作创看点，“二次创业”站高点，让我们印象深刻，铭记于心。

一、预防“利剑”铸担当，披荆斩“疾”促健康

我们始终把公共卫生职能担在肩上，把人民健康权益放心在头，把预防为主“利剑”握在手中，完善策略，狠抓落实，重大疾病防控取得显著成效。一是夯实基层基础，免疫规划管理工作保持国内先进。深入开展脊灰、麻疹等四轮疫苗查漏补种和强化免疫活动，无脊灰状态得到继续巩固，麻疹高发态势得到有效遏制；11种常规疫苗全部保持在95%以上的高接种率水平，麻疹及脊灰实验室分别连续15年和25年通过世界卫生组织考核。继续加强儿童预防接种信息化建设，家长满意率达95.7%，全年无疫苗质量和接种事故报告。二是突出工作重点，重大传染病防治能力明显提升。全省共报告法定传染病28.573万例，发病率10万分之387，较去年同期下降9%。艾滋病防治网络不断扩大，形成了以省、市、县三级防治组织、70个国家级监测哨点、183个高危行为干预工作队、521个自愿咨询门诊、612个初筛实验室、2194个乡镇社区检测点为主体的综合防治体系。自愿咨询检测和"四免一关怀"政策深入落实，全年共检测各类人群387万余人次，干预高危人群近153万人次，免费治疗3787人，全省艾滋病疫情继续保持全国第22位的低流行态势。全省全年发现肺结核患者2.9万余例，规范化治疗率超过90%，11个市疾控中心全部具备了耐多药检测能力，70%的县级疾控中心建立了结核病实验室，全民结核病防治知识知晓率达到87.6%。在全国率先开展蝇类和蟑螂监测质量控制工作；12家流感网络实验室连续7年以满分成绩通过国家考核；手足口病发病数较去年下降38.61%，实现零死亡；连续8年没有出现霍乱病例；布病发病数在连续5年递增之后首次呈下降趋势；全省如期实现消除疟疾目标。三是坚持以点促面，慢性病和地方病防治屡创佳绩。7个国家级慢病监测点报告心脑血管发病率为10万分之555；8个项目县累计治疗癫痫患者近5千人，超额完成国家要求；健康生活方式行动、减盐预防脑卒中等项目扎实开展；基本公共卫生服务项目——高血压和2型糖尿病规范管理率分别为89%和88%，大幅超过国家60%的要求。顺利通过国家地方病"十二五"规划考核，全省累计完成改水工程1.7万个，高碘地区无碘盐使用率稳步提升，6个克山病和7个大骨节病病区县全部达到消除标准。省级碘缺乏病实验室连续16年以满分成绩通过国家考核，保持了全国领先优势。

二、协同发展提水平，应急处置快准精

我们坚持把应急处置作为总体工作的重中之重，未雨绸缪，"内外兼修"，综合处置和快速应对能力不断提高。一方面，切实加强京津冀联防联控。认真落实三地疾控合作框架协议，多次联合举办传染病疫情会商、免疫规划研讨、申办冬奥公共卫生保障研讨和健康教育骨干培训等活动，签署了《京津冀健康教育协同发展合作框架协议》，推进信息、技术、人员、物资等资源共享，加速疫情防控和应急处置一体化平台建设。模拟天津港"8·12"事件开展卫生应急演练，携手应对埃博拉出血热疫情，累计对183位疫区归国人员进行健康监测，严防病例输入我省、威胁京津。另一方面，着力提升全省疾控系统应急处置水平。严格落实24小时疫情浏览和应急值守，定期开展突发公共卫生事件风险评估，确保早发现、早准备、早防范。加强预案修订、疫情监测、业务培训和桌面推演，更新试剂、装备等应急物资1300余件，密切与公安、检验检疫等多部门协作，突发公共卫生事件应急处理能力进一步增强。全省报告各类突发公共卫生事件22起，有效处置率保持100%，有力发挥京津公共卫生安全"护城河"作用。组队参加全国突发急性传染病防控和突发中毒应急处置技能比赛，分别荣获二等奖和三等奖优异成绩。

三、公卫监测广布网，技术服务勤深强

我们切实把公共卫生技术支撑作为服务民生的重要载体，健全网络、加大频次，服务质量和效果不断提升。一是食品安全风险监测更加全面。食源性致病菌、放射性污染、化学污染物和有害因素等各类食品安全风险监测样品数量全部超过国家要求，顺利完成春节、中秋节、北戴河暑期等各类专项食品安全风险监测。食源性疾病监测点扩大到361家，共报告病例1万多例，对82件爆发性疫情开展了食物中毒流行病学调查，积极维护群众饮食安全。二是职业卫生和放射卫生工作更加主动。圆满完成重点职业病哨点监测任务，累计开展职业健康检查义诊324次，先后对3779家企业的57万多人进行了职业健康体检；全年共报告各类新发职业病768例，较去年下降27.5%。同时，医用辐射防护监测项目和职业性放射性疾病监测项目完成数量分别是国家计划的1.8倍和2倍，先后对112家医院进行了放射卫生防护检测与评价，检测个人剂量1171人次。三是环境卫生监测更加有力。逐步扩大雾霾健康影响监测网络，先后在中心和张家口新设监测采样点3个，与省医大一院、山西医科大学、河北医科大学等多家单位签署协议、联合加强空气污染健康影响研究。全年共采集雾霾样品2000余份、获取监测数据1万余项，为解决公众“心肺之患”贡献疾控力量。完成农村及城市生活饮用水样品监测1.1万份，学校教室环境监测239所。四是健康教育成效更加明显。先后在电视媒体投放公益广告2642次，《母乳喂养》连续三年蝉联优秀公益广告作品二等奖。累计开展省、市、县三级健康巡讲活动2100多场，受益人群达49万余人次。成功举办了全省首届疾控系统健康教育技能竞赛，在全国健康微科普大赛中获得了5个奖项。全年进行专题采访和专家访谈40多次，在健康报、河北电台以及中心微信公众号等载体刊发健康相关知识500余篇，有效地倡导健康文明的生活方式，提高公众健康意识和防病能力。

四、“二次创业”正扬帆，单位面貌展新颜

我们继续把“二次创业”作为毫不松懈的主旋律，抢抓机遇，真抓实干，推动管理水平和综合实力实现新的跨越。一是综合管理不断加强。实现OA办公系统试运行，保障各类公务和应急用车8000余台次，全省范围内维修冷链冷库96台次，疫苗运输安全行使26万余公里，妥善处理民事纠纷5起。及时走访慰问离休老干部、老党员和特困职工，帮助职工子女入学入园，落实“生日蛋糕”、绩效奖励、带薪休假等福利待遇。尽心尽力落实扶贫任务，筹资100多万元为村民办好事、干实事，联系点邢台临西百户寨村被评为“全省民族工作示范村”。后勤、财务、审计、安保等方面工作也都取得新的进步和成绩。二是基础条件大为改善。全年更新仪器设备150余台件。目前，中心仪器设备总价值超过1.1亿元，单位总建筑面积达3万余平方米，分别较“二次创业”初期增加37.5%和19.6%。新会议室、新档案室和新食堂全面投入使用，一些风味小吃满足了职工群众舌尖上的需求。三是队伍素质持续提升。邀请清华老师走进中心，首次针对全体干部职工开展专题管理培训，组织部分中层干部赴江苏、浙江、吉林等省疾控中心学习交流，不断开阔视野、增长才干。面向社会公开招聘11人，博硕士职工人数达117人，是“二次创业”初期的1.6倍，队伍结构更趋合理、素质逐步提高、活力日益迸发。四是科研培训众采纷呈。全年累计发表论文82篇，其中SCI期刊11篇，较“二次创业”前增长了10倍；获得省优秀医学科技一等奖4项、二等奖3项。共计培养研究生32人、本科生58人、“手拉手”活动和新疆进修人员15人，开展继续教育培训26场。中心被命名为“华北理工大学研究生创新实践基地”，正定、定兴和大名3个县疾控中心正式挂牌中心疫苗临床研究基地，省中医药、针灸、护理、中西医结合4个学会被省民政厅评为4A级以上学会。《河北省疾病预防控制机构服务能力调查报告》正式出版发行，研究成果走在全国前列。五是党建和精神文明建设相得益彰。以“三严三实”专题教育为契机，着力创新形式、丰富内涵，全面推进思想建设、组织建设和作风建设，党委的政治核心作用和党支部的战斗堡垒作用得到充分发挥。坚持把纪律和规矩挺在前面，铁腕落实“八项规定”和“两个责任”，领导班子带头清理超标办公用房；先后组织开展“3·23赶考日”、廉政知识竞答等活动，对落实“一岗双责”不力的10个处室负责人进行了约谈，防治权力失控，决策失误，行为失范，全年没有发现任何违规违纪行为。先后组织开展“学雷锋日”下乡服务、职工运动会、全省疾控系统羽毛球赛、燕赵书画大讲堂、登山比赛、健步走等群体性问题活动，全体干部职工的归属感、自豪感和荣誉感有效提升，凝聚力、创造力和战斗力不断增强，精神文明建设实现新跨越、攀上新高峰。一年来，我们先后荣获“全国文明单位”“全国巾帼文明岗”“全国青年文明号”“河北省工人先锋号”等各种荣誉称号20余项；省政协段惠军副主席、省卫生计生委张绍廉主任等领导同志先后亲临视察，对中心的工作给予充分肯定和高度评价；韩旭、达利亚、贾肇一、张怡宁等45名同志得到上级部门的表彰或奖励。

荣誉印证了大家的奋斗，成绩展现了我们的担当。翻开一年来的记忆，有四点启示或经验需要我们在“二次创业”的征程中秉持和弘扬。一是以时代潮流引领发展。凡益之道，与时偕行。各项工作都要自觉服从和服务于“一个中国梦”“两个一百年”“四个全面”和“五大理念”治国理政新要求，摆脱“约拿情结”、薪酬焦虑和浮躁心态，培养敏锐而深邃的时代感悟，更好地担当起引领全省疾控事业发展的重任，让我们的“疾控梦”与“中国梦”同频共振。二是以创新精神干事创业。“昨天的太阳永远晒不干今天的衣裳”。当前，一些职工被全额财政保障固化了思维方式、消磨了创新棱角，跟不上“新常态”的步伐。我们必须要自我加压、自我革新，夙兴夜寐、激情工作，敢啃“硬骨头”、敢解“挠头事”，增强创新力、创造新业绩。大家一定要相信，“你若盛开、清风自来”，平凡岗位同样能书写精彩人生。三是以法治理念履行职责。依法治国是大政方针，履职尽责是基本要求。“金箍棒”有威力，是因为背后有“紧箍咒”支持。全体干部职工都要自觉用法治思维统一思想、站正“靶姿”；用法治方式解决问题、寻找“靶标”；用法治武器推动工作、瞄准“靶心”，确保在法治的轨道上履职尽责，重大举措于法有据、重大事项有法必依。四是以优良作风砥砺德行。浩渺行无极，廉洁行久远。随着权力“笼子”的逐渐扎紧和廉政纪律的通电加压，大家决不能再无所顾忌、一切照旧。必须切实转变观念，给自己打好“预防针”，防止履职不实、学术不端、行为不正；练好八项规定、三严三实等“组合拳”，增强担当感、责任心和行动力；涤荡各种“精神雾霾”，不断修品德、正思维、务实干。尽管疾控工作点多面广责任大、吃苦受累待遇低是不争的事实，但越是这样越能纯洁我们的品质、锤炼我们的作风、提升我们“静心工作、无愧过往”的境界。

成就代表过往，创业任重路长。回顾一年来的工作，一些问题和不足也客观存在。比如：对新常态认识不够到位，适应不够主动；协同发展深度不够，政策壁垒和机制障碍尚未破除；人才建设力度不大，综合管理缺乏活力，“二次创业”动力不足等等。需要我们今后高度重视，并认真加以解决。

同志们，拨开一帘寒意，正是春风扑面。伴随着“十三五”卫生计生规划蓝图的绘就，“大健康、新医疗”战略的推行，京津冀协同发展的加速，以及深化医改的推进，疾控工作正在迎来前所未有的发展机遇和创业舞台。我们坚信，有省卫生计生委的坚强领导，有社会各界的大力支持，有全体干部职工团结奋斗，中心“二次创业”之路一定能够走得更快、更稳、更健康，大家的收获和进步也一定能够更多、更大、更理想！

最后，提前给大家拜个早年，祝大家新春愉快，身心安康，阖家幸福！

谢谢大家。

关于“十三五”期间全省疾病预防控制事业基本发展思路的几点思考

省疾病预防控制中心主任　崔泽

（2015 年 1 月 26 日）

“十三五”时期，是我省全面深化改革、转变发展方式、加快绿色崛起，建设全面小康的河北、富裕殷实的河北、山清水秀的河北关键时期，疾病预防控制工作将面临京津冀协同发展全面深化、新型城镇化建设不断加快、人口老龄化明显提速、居民健康需求日益增长、深化医药卫生体制改革纵深推进等一系列新形势、新机遇、新挑战和新任务，职责任务和运行压力将会不断加大，在经济社会发展全局中的作用和地位也将更加突出。以重大战略、重大任务、重大项目和重大工程为框架，认真谋划“十三五”基本发展思路，对于推进全省疾病预防控制事业科学发展，意义重大，作用深远。

一、重大战略

（一）坚持政府主导、公益性质。疾病预防控制事业是公益性社会事业，肩负着提高人民群众健康水平和促进经济社会稳定发展的光荣使命，是各级政府保障民生的重要职责，具有从根本上体现社会公平的特殊属性，不能因为政府缺位而依靠市场机制配置资源。要强化政府主导地位和投入责任，尽快建立起公益、完善、长效的投入机制，以及适应经济社会发展的薪酬制度和人才激励政策，确保全额预算政策落实到位，满足各级疾病预防控制机构履行公共卫生职能需要。

（二）坚持固本强基、提升能力。尽管自“非典”以来，全省疾病预防控制体系建设取得较大进展，但与国家标准要求和实际需求相比，无论是在资源配置和基础条件方面，还是管理水平和服务能力方面，都还存在诸多问题和差距，难以适应人民群众日益增长的健康需求和日益复杂严峻的公共卫生形势。要在坚持公益性质的前提下，按照政府主导、填平补齐、软硬结合、综合提升的原则，以完善基础条件、加强队伍建设、提升服务水平为重点，继续加强疾病预防控制体系和能力建设。

（三）坚持需求导向、服务大局。省卫生计生委党组书记、主任杨新建同志多次强调：“抓公共卫生就是抓经济、抓发展、抓项目、抓稳定”。疾病预防控制是公共卫生工作的重要组成部分，具有保障人民健康、改善群众生活、促进经济发展、维护社会稳定等独特作用。要自觉把疾病预防控制工作摆到事关经济社会发展全局，保障深化医改目标实现的高度来谋划和推进，瞄准全省经济社会发展重大任务、人民群众健康需求和重大公共卫生问题，进一步健全工作网络、创新工作举措，加大落实力度，切实抓好重大疾病防控和突发公共卫生事件应急处置工作，力争各项业务指标全面达到或超过国家要求。

（四）坚持联防联控、群防群控。疾病预防控制工作是一项社会系统工程，需要与加强社会管理结合起来，组织政府各部门、社会各方面共同参与，建立健全跨部门、跨机构、跨领域的合作机制，防止相关规划、政策和工作局部化、碎片化。要采取“医防结合、内外协作；区域联动、全民动员；横向到边、纵向到底”的策略，建立健全区域联防联控，部门密切协作，社会广泛支持，群众积极参与的工作机制，进一步完善防控网络、整合各方资源、强化工作合力，共同开创疾病预防控制工作新局面。

二、重大任务

（一）加强重大疾病防控。继续实施扩大国家免疫规划，不断巩固免疫屏障，确保常规疫苗接种率保持90%以上；对重点地区、重点人群和重点环节采取针对性措施，积极遏制麻疹疫情高发态势；研究脊髓灰质炎疫苗使用策略，开展预防接种异常反应补偿机制试点工作，探索引入商业保险机制。进一步扩大艾滋病检测咨询覆盖面，加强重点地区和高危人群、青年学生等重点人群的防控和干预，扎实做好示范区防治工作，加大梅毒、性病和丙肝防治力度。健全结核病防控工作督导检查机制，加强疫情报告和转诊工作评估，以及对定点医疗机构病例筛查和规范诊疗的监督指导，提高耐多药肺结核可疑者筛查率，扩大耐多药肺结核治疗覆盖面，抓好新增结核病患者健康管理服务项目。加强霍乱、出血热等重点传染病防控，严防大面积暴发流行。推进包虫病等寄生虫防治和消除疟疾工作。加强重点地方病监测、控制和消除评价，研究完善碘缺乏病防控策略，提高消除和控制氟中毒危害病区县、消除大骨节病病区村、消除克山病病区乡的比例。

（二）加大慢性病综合防控力度。着力加强慢性病综合防控示范区建设，总结成果，积累经验，抓点扩面。加强慢性病发病、患病、死亡、危险因素和营养状况监测，加强多来源、大数据分析利用。深入落实相关基本公共卫生服务项目，扩大癌症、心脑血管病、糖尿病等重点慢性病早期干预适宜技术覆盖面。以高血压、糖尿病防治管理为突破口，探索建立慢性病全程防治管理模式。针对省内部分地区食管癌、胃癌高发和地方病流行问题，联合开展科研攻关。

（三）提升公共卫生技术服务水平。保持食品安全风险监测网络全覆盖，认真落实国家和我省食品安全风险监测计划，进一步提升加大监测力度，提升监测质量，加强结果反馈。加强职业、放射、环境、学校“四大卫生”工作，着力提升职业病防治能力，规范开展职业健康检查、职业病诊断与鉴定，加强职业病报告和防治情况统计；强化质量控制，实施好重点职业病监测与职业健康风险评估和医用辐射防护监测项目；进一步扩大饮用水监测和空气污染对人群健康影响监测覆盖面，实施农村饮水安全工程防病改水效果评估和卫生学评价，加强公共场所健康危害因素监测和农村环境危害因素评价能力建设；健全学校卫生工作机制，做好学生健康影响因素监测和学生常见病防控工作。

（四）增强突发公共卫生事件应急处置能力。进一步完善应急预案和技术方案，提高应急队伍装备和物资储备水平，加强业务培训和实战演练，建立健全演练评估机制，有效提高应急队伍实战能力。强化传染病疫情和突发公共卫生事件网络直报系统功能，逐步建立应急状态下二级以上医疗机构症状监测系统，以及省级突发公共卫生事件相关信息舆情监测系统，加强监测信息的综合利用；进一步强化应急监测预警系统建设，提高运用地理信息系统技术（GIS）、网络技术、通讯技术的指挥调度水平。

（五）加强疾病预防控制队伍建设。根据中央编办、财政部、国家卫生计生委 2014 年印发《疾病预防控制中心机构编制标准指导意见》要求，按照常住人口的万分之 1.75 的比例核算，全省疾病预防控制队伍编制数量应为 12000 多人。但调查结果显示，现有编制数量仅为 8000 左右，缺口 37%。要加快落实指导意见，重新核定各级疾病预防控制机构编制标准，并且明确的岗位名称、职责任务、工作标准和任职条件，尽快扩充县级疾控机构编制数量。在此基础上，加强专业技术人员配备，制定严格的人员准入制度，灵活的人才引进和分配激励政策。落实《关于加强传染病防治人员安全防护的意见》，用足用好相关政策，提高疾病预防控制人员待遇水平，加快年轻人才、高学历、高层次专业人员引进；注重人才结构建设，优化高、中、初级职称机构比例，形成合理人才梯队；面向基层、结合实际，大力开展专业技术培训，继续深化“手拉手”基层帮扶活动，不断提高整体素质和实战能力。

（六）改善全省疾病预防控制系统基础条件。《疾病预防控制中心建设标准》（建标 127－2009）规定，省市县三级疾病预防控制中心人均建筑面积分别为 70、65 和 60 平方米。按照最新人员编制标准测算，省市县三级疾病预防控制机构建筑面积分别缺少 2.9 万、7 万和 14 万平方米。对照《省、地、县级疾病预防控制中心实验室建设指导意见》要求，省市县三级疾病预防控制机构 A、B、C 类设备种类及数量分别缺口 13% 和 12%、30% 和 31%、8% 和 49%。要进一步加强实验室能力建设，根据国家标准和要求改善试验用房比例，按标准改造实验室，完善辅助设施，按照添平、补齐原则按标准完成装备任务，并设立专项资金维修维护和及时更新。落实《食品安全风险监测能力（设备配置）建设方案》，逐步使地市级具备《生活饮用水卫生标准》规定的 106 项水质指标检测能力，县级具备水质常规检测能力。提高市县两级疾病预防控制机构人均建筑面积，弥补省疾病预防控制中心建筑面积缺口。

（七）强化全省疾病预防控制系统科技实力。继续加强重点学科建设，并在人、财、物上给予倾斜和支持，充分发挥现有三个省级医学重点学科的作用，通过以点带面，促进更多学科快速健康发展，进入省级医学重点学科。抓住京津冀协同发展重大机遇，对内积极整合人力、物力资源和科研力量，形成科学研究，增强技术实力；对外推行“走出去、请进来”的战略，加大与省内、国内相关医学院校、科研机构、兄弟单位和国际组织的交流与合作，强化协同攻关，引进先进技术，提高全省疾病预防控制工作科技含量。

（八）推进京津冀疾病防控一体化。深入落实《京津冀协同发展疾病预防控制工作合作框架协议》，扎实推进三省市疾病防控一体化平台建设。完善重大疫情和突发公共卫生事件联防联控机制，逐步建立和完善重大传染病防控和突发公共卫生事件应急处置统一指挥调度系统，实现信息、技术、人员、物资等资源共享。逐步开展多领域、全领域的深入合作，带动市县两级疾控中心相互对接，密切合作，不断提升京津冀区域疾病预防控制能力。

（九）建立医防结合的疾病防控模式。进一步落实“预防为主”的卫生工作方针，以公立医院改革为契机，全面强化公立医疗机构公共卫生职责，推进医疗机构公共卫生科建设，并纳入疾病预防控制体系管理。争取出台我省医疗机构疾病预防控制工作规范，逐步建立以疾病预防控制机构为中心，以医院为监测哨点并提供临床技术支撑，以城乡社区医疗卫生机构为基础，“三位一体”、分工协作的工作网络，实现“关口前移、重心下沉”。深化与农业、质检、教育、水利、环保、交通等相关部门以及新闻媒体的交流与合作，加强信息沟通、明确工作职责、深化务实合作，进一步增进工作合力。加大健康教育与促进力度，提高广大人民群众健康素养和防护能力，动员社会力量和城乡居民参与支持，形成群防群控、内外联动的疾病预防控制工作格局。

（十）完善疾病预防控制机构财政投入长效保障机制。目前，我省仅有四分之三的县级疾病预防控制机构由财政拨款，且大多数投入不足，尚有四分之一靠创收来维持生存。要坚持疾病预防控制事业公益性质，进一步明确基层政府的投入责任，争取纳入政府考核指标和医改考核内容，建立健全考核问责机制，推动基层疾病预防控制机构的全额预算政策落到实处，保障人员工资、运转经费、发展经费以及设备专款、应急专款等足额及时到位，正常履行公共卫生职能。

三、重大项目

（一）疾病预防控制体系建设项目。按照国家标准和指导意见要求，开展新一轮基本建设，改善房屋条件、提高人均面积，配齐仪器设备、建立更新机制，以改建、改造和完善辅助设施为重点加强实验室能力建设，进一步改善省市县三级疾病预防控制机构硬件条件；重新核定各级疾病预防控制机构人员编制，建立准入制度，按照国家卫生计生委疾病预防控制中心岗位设置管理指导意见严格定编、定岗、定责。完善人才引进和待遇保障政策。大力开展基层专业技术人员培训，提高现场流行病学调查和实验室检验检测能力。依托现有技术、设备、场地等资源，建设全省冷链维修中心，确保疫苗质量和运输安全。

（二）重大疾病防控项目。从制度和政策层面研究工作中的难点和瓶颈问题，加强重大疾病防治策略和保障政策研究，对现行重大疾病防治策略进行全面评估，结合疾病负担和影响因素现状分析，提出与我省经济社会发展水平相适应、与深化医改目标相一致的防治策略和政策建议，改变现行“一病一策”防治模式。强化综合性措施落实，保持常规疫苗高接种率水平，提升艾滋病、结核病等重点传染病防治能力，严防其他重点传染病发生大面积暴发流行，重点地方病病情处于国家控制标准。

（三）慢性病防治项目。深入推动慢性病示范区建设，开展“经验推广年”活动，提升慢性病防治工作能力。进一步健全监测网络，扩大覆盖面和监测人群，掌握慢性病流行原因和规律。大力开展全民健康生活方式行动，消除和减少影响健康的危险因素，总结高血压、慢性病等基本公共卫生服务项目实施经验，探索建立慢性病防治新模式。针对我省磁县、涉县和赞皇等地区的食管癌、胃癌高发和地方病流行问题，开展联合攻关，提出防控建议。

（四）公共卫生技术服务项目。进一步健全食品安全风险监测网络、职业卫生与职业病防治网络、生活饮用水水质及水性疾病监测网络、学校卫生防病监测网络、放射危害因素监测网络和营养与膳食监测网络，加强健康危险因素监测力度。加大各种职业病、放射病、食源性疾病、水性疾病、学生常见病等的干预和防控力度，不断增强公共卫生技术服务能力。逐步扩大职业健康检查覆盖面，开展职业健康风险评估和预警。建立健全职业性放射病和放射事故医学应急网络体系，加强核事故医学应急准备。

（五）突发公共卫生事件应急能力建设项目。完善预案体系，建设应急指挥决策系统。修订应急物资储备目录，合理确定物资储备种类、方式和数量，建设市级应急物资储备库，健全调用机制。加强人员培训、队伍装备、仪器配备和应急检测能力建设，提高人禽流感、埃博拉等急性突发传染病和重大突发公共卫生事件处置能力。定期开展日常风险评估和专题风险评估，提高各类突发公共卫生事件综合分析能力。争取将突发公共卫生事件应急处置纳入政府因公致病、残、死的补助和抚恤等制度保障范围，制定应急人员补助和奖惩制度。

（六）京津冀疾病防控一体化平台建设项目。加强联防联控机制和互联互通制度建设，建立和完善重大传染病防控和突发公共卫生事件应急处置统一指挥调度系统，推进三地疾病预防控制体系逐步融合，共同开展京津冀地区公共卫生服务。围绕传染病监测、疫情报告、实验室检测与评价等重点信息和技术资源，加强能力建设，建立和完善信息、技术、人员、物资等资源共享平台。建立“河北省免疫规划数据监测中心”，实现与北京市、天津市免疫规划数据特别是流动儿童接种数据的交流和共享。

四、重大工程

（一）省职业病防治院“职业病防治综合楼”。抓住国家推进职业病防治体系和能力建设重大机遇，争取立项建设职业病防治综合楼，解决所需职业性健康体检、检验、功能检查室、分析室，职业病诊断、治疗、康复室，职业病档案、仪器室，以及必要配套设施，统筹人防工程缺位和建筑面积不足等问题。估算工程投资8800万元，建筑面积22层22000平方米。

（二）全省疾病预防控制系统实验室建设。按照国家标准，为省市县三级疾病预防控制机构配齐设备，并建立长效运维和更新机制；提高试验用房比例，按标准改造实验室，完善辅助设施。据调查，省市县三级疾病预防控制机构分别短缺5485件、20188件和4991件，总计30624件，资金缺口10亿。其中：A类设备分别短缺28件、401件和5056件，资金缺口7531万元。省级加快生物安全三级实验室改造，建设或改建新发传染病预警研究实验室、环境卫生（空气污染、水污染）监测实验室、菌毒种保藏中心和生物样品库、代谢组学实验室、化学品毒性和健康安全评价中心等实验室。

重要文件选摘及主要发文目录

关于下发《河北省人体重点寄生虫病现状调查实施细则》的通知

各设区市疾病预防控制中心：

为做好 2015 年我省人体重点寄生虫病现状调查工作，我中心组织制定了《河北省人体重点寄生虫病现状调查实施细则》（见附件），现印发给你们（已发至各市邮箱），请认真遵照执行。

附件：河北省人体重点寄生虫病现状调查实施细则

河北省疾病预防控制中心

2015 年 1 月 8 日

附　　件

河北省人体重点寄生虫病现状调查实施细则

为保证我省人体重点寄生虫病现状调查工作顺利开展，特制定本细则。

一、调查前准备工作

省卫生计生委负责本次调查的组织领导工作，成立河北省人体重点寄生虫病现状调查办公室，负责调查日常工作，办公室设在省卫生计生委疾控处。地方各级卫生计生行政部门负责组织领导本辖区的调查工作。

（一）制定实施细则

省疾控中心负责制定本次调查的实施细则，各级疾控机构负责制定本辖区的实施细则、工作计划，会同相关部门具体实施。

（二）调查启动与培训

省卫生计生委发文启动本次调查工作，省疾控中心按照方案和实施细则组织国家级培训班，参照《河北省人体重点寄生虫病现状调查实施细则》，对本省相关专业人员进行逐级培训。

（三）现场调查准备工作

在调查县（市、区）卫生计生委（卫生局）领导下开展宣传工作，做到家喻户晓，取得村民的密切合作。村（居委会）的负责人指定专人负责清查整理户口总册，摸清调查点常住人口数（包括外来人口居住超过 6 个月者，但排除当地人口外出超过 6 个月以上者），以确定受检对象及受检人数。调查点总人数是调查点的本地（以自然村/居委会为单位）常住人口并包括尚未报户口的正式户口者子女。

（四）调查点受检率说明

受检率不低于 85%，应检人数以调查点常住人口为准。拒检者、漏检者必须作应检对象统计，不能充作外出人口。一定要注意受检率、实检人数和应检人数三者关系。每个调查点发放粪盒不多于 300 个，回收粪样不应少于 250 份。每点记录实际发放粪盒数并上报。受检率计算公式如下：

$$受检率（\%）=\frac{实检人数}{应检人数}\times 100\%$$

二、调查范围及病种

调查范围为河北省 11 个设区市，调查病种为土源性线虫病（包括钩虫病、蛔虫病、鞭虫病、蛲虫病）、带绦虫病、华支睾吸虫病和肠道原虫病。

三、调查对象和抽样

（一）调查对象

土源性线虫病、带绦虫病和肠道原虫病调查对象为调查点的农村常住人口（包括外来人口居住超过6个月者，但排除当地人口外出超过6个月者），各病种的调查应包括各年龄段、各种职业、不同性别的人群，但蛲虫病调查对象为3～6岁儿童。华支睾吸虫病调查对象为调查点的农村常住人口和城镇人口，调查应包括各年龄段、各种职业、不同性别的人群，12岁以下儿童不超过调查人口的1/3。

（二）抽样方法与结果

1．土源性线虫病、带绦虫病和肠道原虫病：本次调查全省总样本量为26000人，按照全国血吸虫病调查经验，每个点需250人，全省共需抽取104个调查点。104个调查点平均分配到4个生态区（内蒙古高原中东部生态区、燕山—太行山山地生态区、京津唐生态区和华北平原生态区），每个生态区26个调查点。按照第一和第二次寄调经验，每县设3个调查点（调查点数不能被3整除时，可为2个或4个点）。

（1）抽取调查县：每个生态区需要26个调查点，每县三个，因此每个生态区均需要9个县参加调查，因我省仅有4个县属内蒙古高原中东部生态区，26个点平均分配到4个县。

全省土源性线虫病、带绦虫病和肠道原虫病抽样以生态区划为主层，以各县（市、区，以下简称县）农民年人均纯收入划分（以各地2011年统计年鉴为标准）为第一副层进行抽样，随机抽取参加本次调查的县（以下简称中签县）。抽样结果见表1。

（2）抽取调查点：含3个调查点的县抽样：中签县首先将所辖的乡镇按照农民年人均纯收入水平由高到低进行统一编号（最高的编号为1），完成编号后，按收入水平分为1类、2类和3类三个类别；采取随机抽样的方法（抓阄，随机数字表法等）在每个类型里分别抽取一个乡镇；每种类型的中签乡镇将所辖的自然村分别编号，完成编号后，然后采用随机抽样的方法（抓阄、随机数字表法等）每种类型的乡镇随机抽取一个自然村。最终完成22个县，66个调查点的抽样。

含4个以上调查点的县抽样：本次调查我省共有1个县需抽取4个调查点，2个县需抽取6个调查点，2个县需抽取7个调查点。首先将县辖乡镇按照农民年人均纯收入水平分为1类、2类和3类三个类别；在1类、2类和3类三个类别中采用抽签的方法分别抽取一个乡镇，作为中签乡镇。①4个调查点的县：先在抽取的每个乡镇下辖的自然村中随机抽取1个作为调查点，共产生3个调查点；然后在被抽取的所有乡镇中随机抽取1个乡镇，并在其下辖的自然村中随机抽取一个作为第4个调查点。②6个和7个调查点的县：在抽取的3个乡镇中，按照人口比例等比例分配调查点数，然后采用随机方法抽取自然村作为调查点。

含2个调查点的县抽样：按照乡镇所属生态区类型和农民年人均纯收入水平分为1类和2类两个类别，每个类别随机抽取一个乡镇，在抽取的乡镇中随机抽取一个自然村作为调查点。抽样结果见表2。

表1 寄调农村抽样结果（土源性线虫、带绦虫、肠道原虫、华支睾吸虫农村调查）

生态区	抽中县（市）	点数分配	点数
内蒙古高原中东部生态区	康保县	6	26
	沽源县	6	
	张北县	7	
	尚义县	7	
燕山——太行山山地生态区	沙河市	3	7
	怀来县	4	
	平泉县	2	5
	卢龙县	3	

续表

生态区	抽中县（市）	点数分配	点数
燕山——太行山山地生态区	曲阳县	3	14
	宣化县	3	
	万全县	3	
	青龙满族自治县	3	
	行唐县	2	
京津唐生态区	三河市	3	26
	乐亭县	3	
	香河县	3	
	大厂回族自治县	3	
	唐海县	3	
	滦南县	3	
	滦县	3	
	昌黎县	3	
	玉田县	2	
华北平原生态区	涿州市	3	9
	容城县	3	
	徐水县	3	
	宁晋县	3	12
	河间市	3	
	任县	3	
	隆尧县	3	
	枣强县	2	5
	盐山县	3	
合　计	31	104	104

表2　寄调农村抽样结果（土源性线虫、带绦虫、肠道原虫、华支睾吸虫农村调查）

生态区	抽中县（市）	分组因素（地形、经济）	总乡镇数	中签乡镇名	中签乡镇总自然村数	中签自然村及编号
内蒙古高原中东部生态区	康保县（6）	1类	6	土城子镇	20	01＝土城子村 02＝南坊子
		2类	5	屯垦	25	03＝屯垦村 04＝五棚村
		3类	4	忠义	14	05＝南村 06＝马莲卜
	沽源县（6）	1类	4	高山堡	10	01＝盐淖
		2类	6	闪电河	12	02＝石头坑 03＝大西营
		3类	4	西辛营	22	04＝艾好沟 05＝白达营 06＝五合庄
	张北县（7）	1类	6	馒头营乡	23	01＝馒头营村 02＝豆腐夭村 03＝黑麻糊村
		2类	7	油篓沟	30	04＝玻璃采村 05＝曹碾沟村
		3类	5	大囫囵镇	22	06＝土茂营村 07＝红沙滩村
	尚义县（7）	1类	3	小蒜沟镇	17	01＝小蒜沟 02＝包满沟
		2类	2	三工地镇	10	03＝三工地村 04＝王油坊村
		3类	9	八道沟镇	22	05＝八道沟 06＝博岱华 07＝西塞
燕山—太行山山地生态区	沙河市（3）	1类	4	白塔镇	33	01＝栾卸村
		2类	4	新城镇	21	02＝三王村
		3类	4	刘石岗乡	19	03＝渡口村
	怀来县（4）	1类	8	沙城镇	23	01＝宋家营
		2类	5	狼山乡	12	02＝三营 03＝八营
		3类	4	孙庄子乡	15	04＝孙庄子
	平泉县（2）	1类	7	杨树岭镇	25	01＝官窑
		2类	6	道虎沟乡	14	02＝河北村

续表

生态区	抽中县（市）	分组因素（地形、经济）	总乡镇数	中签乡镇名	中签乡镇总自然村数	中签自然村及编号
燕山—太行山山地生态区	卢龙县（3）	1类	4	蛤泊乡	50	01 = 东街
		2类	4	下寨乡	37	02 = 下寨
		3类	3	潘庄镇	27	03 = 潘庄
	曲阳县（3）	1类	3	羊平镇	9	01 = 西羊坪村
		2类	3	恒州镇	18	02 = 西河流村
		3类	3	郎家庄乡	11	03 = 郎家庄
	宣化县（3）	1类	3	顾家营镇	15	01 = 黑山底村
		2类	7	赵川镇	27	02 = 黄土坡村
		3类	3	崞村镇	42	03 = 龙门坡村
	万全县（3）	1类	4	旧堡乡	6	01 = 柳沟村
		2类	3	安家堡乡	14	02 = 安静庄村
		3类	4	北新屯乡	26	03 = 南堡村
	青龙县（3）	1类	9	青龙镇	28	01 = 三杈榆树
		2类	9	大巫岚镇	29	02 = 大巫岚村
		3类	7	龙王庙乡	14	03 = 龙王庙村
	行唐县（2）	1类	5	只里乡	19	01 = 南州
		2类	8	安香乡	15	02 = 胡家庄村
京津唐生态区	三河县（3）	1类	3	李旗庄镇	32	01 = 崔家窑
		2类	3	皇庄镇	49	02 = 韶道庵
		3类	4	杨庄镇	36	03 = 侯各庄
	乐 亭（3）	1类	4	毛庄镇	39	01 = 毛庄
		2类	5	中堡镇	29	02 = 王庄村
		3类	5	闫各庄镇	42	03 = 闫各庄村
	香河县（3）	1类	3	渠口镇	48	01 = 康庄
		2类	3	安平镇	29	02 = 高庄
		3类	3	安头屯乡	25	03 = 铁佛堂
	大厂回族自治县（3）	1类	1	夏垫镇	30	01 = 褚各庄村
		2类	2	祁各庄镇	20	02 = 冯兰庄村
		3类	2	陈府镇	21	03 = 刘各庄村
	曹妃甸区（3）	1类	5	十一农场	7	01 = 李家灶村
		2类	2	三农场	6	02 = 场部
		3类	5	一农场	13	03 = 祥和村

续表

生态区	抽中县（市）	分组因素（地形、经济）	总乡镇数	中签乡镇名	中签乡镇总自然村数	中签自然村及编号
京津唐生态区	滦南县（3）	1类	3	倴城镇	49	01 = 吴东庄
		2类	6	程庄镇	47	02 = 潘家戴庄村
		3类	7	方各庄镇	29	03 = 魏各庄
	滦县（3）	1类	4	响嘡镇	51	01 = 响嘡
		2类	5	安各庄镇	43	02 = 安各庄
		3类	4	古马镇	29	03 = 古马村
	昌黎县（3）	1类	6	刘台庄镇	26	01 = 毛河北
		2类	5	十里铺乡	12	02 = 十里铺村
		3类	5	葛条港乡	8	03 = 葛条港村
	玉田县（2）	1类	6	孤树镇	36	01 = 宋庄子
		2类	7	林头屯乡	15	02 = 东范家坞村
华北平原生态区	涿州市（3）	1类	5	松林店镇	28	01 = 南马村
		2类	5	高官庄镇	32	02 = 交渠村
		3类	5	林屯乡	37	03 = 沙庄村
	容城县（3）	1类	2	南张镇	13	01 = 南张村
		2类	3	大河镇	15	02 = 大河村
		3类	3	八于乡	20	03 = 大八于村
	徐水县（3）	1类	5	崔庄镇	14	01 = 西崔庄
		2类	5	户木乡	16	02 = 屯庄
		3类	4	釜山乡	13	03 = 东街
	宁晋县（3）	1类	4	贾家口镇	21	01 = 延白
		2类	5	换马店乡	27	02 = 北及桥
		3类	5	北河庄乡	29	03 = 塔底
	河间市（3）	1类	6	米各庄	31	01 = 米各庄
		2类	6	兴村	43	02 = 张庄
		3类	8	郭村	20	03 = 民台头
	任　县（3）	1类	2	天口镇	23	01 = 曲辛庄
		2类	3	任城镇	35	02 = 河头
		3类	3	大屯乡	35	03 = 吴岳
	隆饶县（3）	1类	4	东良	21	01 = 周村
		2类	4	莲子	24	02 = 莲子
		3类	4	尹村	23	03 = 大霍

续表

生态区	抽中县（市）	分组因素（地形、经济）	总乡镇数	中签乡镇名	中签乡镇总自然村数	中签自然村及编号
华北平原生态区	枣强县（2）	1 类	7	新屯镇	57	01 = 东皇甫
		2 类	4	肖张镇	13	02 = 肖张
	盐山县（3）	1 类	4	千童镇	29	01 = 石寨子
		2 类	4	圣佛镇	42	02 = 朱庄
		3 类	4	杨集乡	16	03 = 杨集村
合　计	31		405		2191	104

2. 华支睾吸虫病：华支睾吸虫调查在农村、城区和镇区三类地区开展。在农村地区开展华支睾吸虫病的调查，可与土源性线虫病调查同时进行。城区和镇区（定义见附件 1）调查根据 2004 年 27 省重点流行区华支睾吸虫病调查结果，全国划分为Ⅰ、Ⅱ、Ⅲ、Ⅳ、Ⅴ，5 类流行区，我省属于 第Ⅴ类流行区（感染率 <0.1%）。

城镇地区最小抽样单位为居委会，每单位 250 人。经随机抽样参加本次华支睾吸虫城区、镇区调查的调查点分配见表 3、表 4。

表 3　河北省华支睾吸虫病调查点汇总表（城区）

所属市	中签城区	总街道数	中签街道及编号
石家庄	裕华区	10	01 = 裕翔街道办事处
	井陉矿区	4	02 = 贾庄镇
承德	双桥区	7	01 = 西大街街道办事处
	营子矿区	4	02 = 寿王坟镇
廊坊	安次区	3	01 = 光明西道街办事处
	广阳区	5	02 解放道街道办事处

表 4　河北省华支睾吸虫病调查点汇总表（镇区）

市	县	乡镇类别	中签街道名	居委会总数	中签居委会及编号
邯郸	魏县	县政府所在乡镇	魏城镇	19	01 = 东关
		非县政府所在乡镇	德政镇	9	02 = 德政
唐山	乐亭	县政府所在乡镇	乐亭镇	12	04 = 茂源社区
		非县政府所在乡镇	古河镇	25	05 = 古河村
保定	徐水	县政府所在乡镇	安肃镇	23	04 = 青庙营
		非县政府所在乡镇	留村	18	05 = 留村

四、标本收集与编号

（一）土源性线虫病、带绦虫病和肠道原虫病

农村土源性线虫病、带绦虫病和肠道原虫病标本收集采用入户调查的方式，由调查县疾控中心负责组织、指导调查点乡镇卫生院或村卫生室具体实施。标本收集现场工作前，完成调查点（自然村）常住人口摸底工作，只登记符合调查要求的人员信息。

1. 当抽中自然村常住人口约为 300 人时，从第一户开始，将住户编号，依次发放便盒，直至发放 300 个。接受便盒的村民视为受检对象（下同），每人填写一张《个案登记表》（附表 1）。

2. 当抽中自然村常住人口远大于300人时，可随机抽取1~2个生产队（组），将所含住户统一编号，依次发放便盒，直至发放300个。

3. 当抽中自然村常住人口不足300人时在临近自然村补足。

采样工作第一天，由乡镇卫生院医生或村医将便盒逐一下发至受检村民。第二天上午回收便盒，回收率不低于85%。如回收比例不足，应在第三天上午补齐。

采样工作第二天清晨，采用透明胶纸法对受检村民中3~6岁儿童肛周采样，用于蛲虫检测。

（二）华支睾吸虫病

农村人口华支睾吸虫感染率调查与土源性线虫病、带绦虫病和肠道原虫病同时进行，采用同份粪便标本。

城区、镇区居民华支睾吸虫调查，如果抽中的居委会人数超过300人，那么再从该居委会抽取1个小区，如果小区人数仍超过300人，那么继续从中抽取1幢楼或该楼临近的楼层构成300人单位作为调查点。采样要求见1.1至1.3。

（三）编号规则

1. 调查县号：用7位数表示，其中前2位为省号，第3位为类型（农村=1，镇区=2，城区=3），第4位为生态区（华支睾吸虫病调查点=0），第5位为经济水平（高=1，中=2，低=3，华支睾吸虫病调查点=0），第6~7位为县号，见表5、表6。如果同一个县既是农村点所在县，也是镇区点所在县，那么县的编号相同，但是第3、4和5位编号不同。

2. 个案号：用7位数表示，其中第1~2位是调查点编号（见表2中签自然村名及编号），第3~5位为该点内的户编号，第6~7位是该户内的人口序号。如：第2调查点第3户第1个人的编号为："0200301"，每户01号为户主。若同一个县既是农村点所在县，也是镇区点所在县，那么先按顺序依次编农村点，再接着农村点的顺序依次编镇区点。如农村点按01、02、03依次编，则镇区点接着按04、05、06依次编。

表5 河北省农村调查抽样结果编号

生态区	抽中县（市）	总编号	备注
内蒙古高原中东部生态区	张北县	1311301	
	康保县	1311302	
	沽源县	1311303	
	尚义县	1311304	
燕山——太行山山地生态区	沙河市	1312105	
	怀来县	1312106	
	平泉县	1312207	
	卢龙县	1312208	
	曲阳县	1312309	
	宣化县	1312310	
	万全县	1312311	
	青龙满族自治县	1312312	
	行唐县	1312313	

续表

生态区	抽中县（市）	总编号	备注
京津唐生态区	三河市	1313114	
	乐亭县	1313115	兼城镇肝吸虫调查
	香河县	1313116	
	大厂回族自治县	1313117	
	唐海县	1313118	
	滦南县	1313119	
	滦　县	1313120	
	昌黎县	1313121	
	玉田县	1313122	
华北平原生态区	涿州市	1314123	
	容城县	1314124	
	徐水县	1314125	兼城镇肝吸虫调查
	宁晋县	1314226	
	河间市	1314227	
	任　县	1314228	
	隆尧县	1314229	
	枣强县	1314330	
	盐山县	1314331	

表6　河北省城镇调查抽样结果

分　类	市辖区	总编号	备　注
镇区（每个县分别在县政府所在地随机抽取1个居委会，在其他乡/镇政府所在地随机抽取1个居委会）	魏　县	1320032	
	乐　亭	1320015	兼农村调查点调查
	徐　水	1320025	兼农村调查点调查
城　区	安次区	1330033	
	广阳区	1330034	
	鹰手营子矿区	1330035	
	双桥区	1330036	
	裕华区	1330037	
	井陉矿区	1330038	

五、调查方法

本次调查采用改良加藤厚涂片法（Kato－Katz法）检测肠道蠕虫卵，用试管滤纸培养法鉴别钩虫虫种，用透明胶纸肛拭法查蛲虫，采用直接涂片法检测肠道原虫，每位受检者的个案信息与检测结果均录入附表4。

（一）改良加藤厚涂片法（Kato－Katz法）

1．材料

（1）透明液配制：蒸馏水100ml、纯甘油100ml、3%孔雀绿（或亚甲基蓝）1ml。

（2）亲水性透明玻璃纸。厚 40μm，大小为 25mm×40mm 的亲水性透明玻璃纸需在透明液中浸泡 24h 以上。

（3）尼龙绢网（80 目）。

（4）塑料定量板。规格为 30mm×40mm×1mm，中央孔为圆台形，其短径 3mm，长径 4mm，高 1mm，容积为 38.75mm^3。刮棒长 60mm，宽 6mm，厚 2mm。

2. 步骤

（1）将尼龙绢（5cm×5cm）放在粪便上，用刮片从尼龙绢上方刮取粪液。

（2）将定量板放在载玻片中部，并将通过尼龙绢刮出的粪样填入定量板的中央孔中，填满刮平为止。

（3）小心取下定量板，粪便就留在载玻片上。

（4）取一张经透明液浸泡的亲水玻璃纸，抖掉多余的浸泡液后，盖在粪便上。用另一块载玻片轻压，使粪便均匀展开至玻璃边缘。

（5）待粪便透明后及时镜检。

3. 注意事项

（1）为保证制片（一粪两检）的需要，受检者需提供足量的粪样，约 50g（鸡蛋大小）。

（2）粪便标本必须保证新鲜，未受土壤、尿液和其他动物粪便污染。

（3）涂片放置时间长短是关键。一般室温 25℃、75%湿度下，涂片放置不宜超过 2 小时。若温度低，空气湿度大，涂片放置时间可适当延长。总之，涂片放置的时间取决于粪样透明度，只要透明了，就应及时镜检，否则透明过度，薄壳虫卵易变形看不清楚，会造成漏检或误判。

（4）用圆台形孔塑料定量板，每孔所容粪便重量平均为 41.67mg，每片所得虫卵数乘以 24 即得每克粪便的虫卵数。

4. Kato－Katz 厚涂片虫卵计数方法：每张片发现的蛔虫卵、鞭虫卵、钩虫卵、华支睾吸虫卵等其他蠕虫卵都要计数。镜检所用显微镜统一目镜为 10×的镜头。有时一张涂片某种虫卵数达数千甚至数万个，计数比较费时，为此对 Kato－Katz 厚涂片虫卵计数作以下规定：每张涂片首先随意粗查几个视野，若每个视野虫卵数在 10 个以上，可以暂不计数该虫卵。先读完全片的其他虫卵数，再用定视野抽查法推算全片该虫卵数。具体步骤是：

（1）按图 1 分布固定抽查 10 个视野，并算出抽查的 10 个视野虫卵总数。

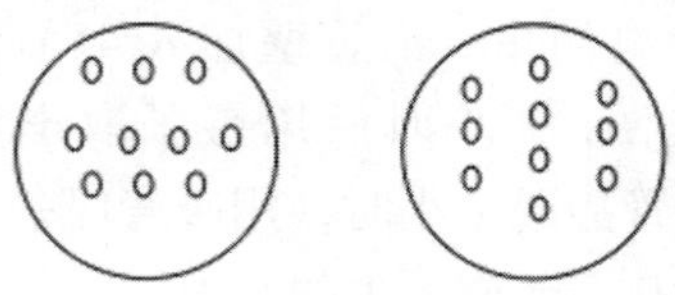

图 2　10 个视野分布

（2）计算出该涂片粪膜视野数，再推算出全片虫卵数。

按一定的规律，如自左而右，自上而下，再自右而左，一行接一行，一个视野接一个视野地用推行器移动涂片，数出全片粪膜视野数，则：全片粪膜虫卵总数＝抽查的 10 个视野虫卵数之和×全片粪膜视野÷10，例如：抽查的 10 个视野蛔虫卵（或华支睾吸虫卵）数相加为 366，全片粪膜视野数为 78，则全片粪膜蛔虫卵（或华支睾吸虫卵）总数＝366×78÷10＝2854.8＝2855

要求：粪检结果分别记录两张片的虫卵数。

（二）试管滤纸培养法鉴别钩虫虫种

1. 材料：锥形离心管（长 11.5cm、管口内径 1.5cm）或类似试管形状的塑料袋。试管架、吸管、载玻片、盖玻片（20mm×20mm）、小镊子、显微镜、温箱、解剖镜或放大镜、滤纸条（宽度略大于试管直径，长度略短于试管，约 9.0cm×1.6cm，滤纸条要用剪刀剪，防止毛边）、竹签、旧报纸、橡皮筋。

2. 步骤

（1）每管内加入冷开水约 2ml。

（2）将滤纸条沿长轴纵折，以保持挺直。

（3）用竹签取 0.5g 粪便，涂于滤纸中段，左右各留 0.5cm，上端留 1cm，下端留约 2cm 空白，不涂粪便。

（4）将涂布粪便的滤纸插入管中，但不应该接触管底，滤纸条插入管中的深度以水只接触纸条而不碰到粪便为度。

（5）在培养管上贴上标签并写上受检者的姓名和编号。

（6）每 30～50 管用橡皮筋扎住，上下均包以旧报纸，再用橡皮筋扎紧。

（7）将培养管置于31℃温度中培养4天，或置于26～30℃温度中培养6～8天。以保证所有幼虫都有足够的时间发育到感染期幼虫。

（8）分离幼虫：沿管壁加入45℃温水，淹没滤纸上的粪便，1小时后用镊子取出滤纸条，弃去。将培养管静置1小时，用吸管吸去上清液，幼虫留于管底0.5ml或更少的水内。

（9）用放大镜（4×以上）或解剖镜以侧照法检出沉淀物内有无活的幼虫。如有活的幼虫，可先将管底部浸于50～60℃的热水内抑制活动。

（10）将沉淀物置于低倍镜下（10×10）检查，为使可折光的幼虫易于观察，检查时要尽量缩小光圈减弱光线，如需详细辨认幼虫，可加上盖玻片，在高倍镜下（40×10）检查，必要时可用目镜测微计测量幼虫。每份样本鉴定钩蚴100条，不足100条，全部鉴定记数。发现其他种类的线虫只记录虫种名不记数。

3. 注意事项

（1）如载玻片上的幼虫蠕动过快，难于观察，可用以下方法制动：①将载玻片放在90℃的热水上用热气熏。②从一侧加3%～5%福尔马林一滴使之慢慢渗入。③加入1∶4000的稀碘液一滴，使之慢慢渗入，不仅可制动，而且满视野内几乎无色，不影响观察。但不可加通常用的卢戈碘液，因其可使幼虫过度着色，内部结构模糊不清，难以辨认。

（2）如遇土壤污染，在粪便培养中可出现自由生活的线虫成虫和幼虫必须与人体寄生虫的幼虫相鉴别。

（三）透明胶纸肛拭法检查蛲虫卵

1. 材料

（1）透明胶贴（胶贴产品专利已申报）。

（2）载玻片。

2. 步骤

（1）检测时在胶贴纸上记录受检者编号等信息，将胶贴纸撕下，有黏性一面向外。

（2）用食指和拇指分开受检儿童的肛门，尽量分开肛周褶皱，将胶贴纸在肛门口反复黏压。

（3）将采样后的胶贴纸贴至载玻片，尽量抹平胶贴纸，以免产生气泡。

（4）将载玻片置于显微镜下镜检。

3. 要求

（1）3～6岁儿童检查1次。

（2）虫卵不计数，只记录阴性、阳性。

（四）直接涂片法查肠道原虫包囊或滋养体

1. 材料

（1）耗材：载玻片、盖玻片（18mm×18mm）、竹签。

（2）试剂。

卢戈碘液：先用30ml左右水溶解碘化钾6.0g，然后加碘4.0g，溶解后加蒸馏水至100ml，充分混匀，贮于褐色瓶中。

生理盐水配制：氯化钠8.5g，加蒸馏水至1000ml。

2. 步骤：在载玻片上滴加卢戈氏碘液1滴，用竹签从粪便各部分（如有黏液、血液、应尽可能采取黏液、血液部分）沾取如火柴头大小的粪便（约3mg）在碘液中均匀涂布，加盖玻片，镜检。

3. 要求

（1）每份标本做一张碘液直接涂片，对新鲜的稀粪或脓血便加做一张生理盐水涂片，操作同上。

（2）要求能准确鉴别溶组织内阿米巴/迪斯帕内阿米巴、结肠内阿米巴、蓝氏贾第鞭毛虫及人芽囊原虫等。

4. 注意事项

（1）涂片的厚度以看清报纸上的字迹为度，太薄易漏查，太厚难以观察。

（2）因为虫体大小在鉴定上是重要的依据，因此显微镜必须装备有目镜测微尺，还要有低倍、高倍。由于原虫很小，用低倍镜常易漏检，所以要用40×物镜检查。

（3）滋养体主要见于新鲜的稀便或黏液便中，需作生理盐水涂片，必要时加温使其微热后镜检。

（五）流行因素调查

每个调查点填写一张河北省人体重点寄生虫病调查点基本情况登记表（附表2，附表3）。

（六）问卷调查

各市分别从农村调查县、肝吸虫城区调查县和肝吸虫镇区调查县中随机抽取50%的调查县进行问卷调查，在被选中县的每个调查点，从粪检人群中随机选取60人，尽量覆盖不同年龄段和性别。防治知识部分，调查员根据括弧内的正确答案判断被调查者是否知晓该内容。问卷内容见附件2、附件3。

六、样本保存

（一）保存量

1. 内蒙古高原中东部生态区：康保、沽源；燕山－太行山山地生态区：平泉、行唐；京津唐生态区：香河、玉田；华北平原生态区：枣强、盐山。保存全部加藤片。

2. 沧州市盐山县，保存所有检查的粪便样本。

（二）保存方式

1. 加藤片置标本盒中4℃保存，待复核。

2. 粪样取5克，置含5毫升75%酒精的15毫升带盖塑料离心管中，集中室温保存，待运。

（三）样本信息

要求涂片载玻片及塑料离心管上均有明确的编号，与受检者信息统计表上的编号一致。

（四）运送

由调查点将样本及相应信息集中到各市疾控中心后，统一运送到省疾控中心寄生虫病所保藏中心。

（五）入库

保藏中心管理人员接收样本和资料，核对信息，做入库处理。

（六）管理

加藤片保存应不少于3个月，废弃的加藤片应按照实验室生物安全有关要求销毁。其他样本按中心样本管理制度管理。

七、数据管理

（一）数据收集

县（市）级疾控中心应确定专人负责调查数据的收集和整理，确保数据的准确性、完整性。收集完成后上报市疾控中心。

（二）数据录入

数据录入程序由省疾控中心统一提供。各市安排专人负责数据录入、核对和逻辑纠错。数据录入完成后，将数据库及原始数据一并上报我中心。

（三）数据审核

省疾控中心按照原始记录录入数据库，与市疾控中心上报数据库比对，发现问题及时纠正。合并各市上报数据库，形成河北省寄生虫病现状调查数据库。省疾控中心组织专家负责数据审核。

八、质量控制

（一）准备阶段

1. 调查方案：由省疾控中心寄生虫病所制定统一的调查方案和实施细则，规范调查方案和技术方法。

2. 调查器材：由省疾控中心寄生虫病所规范Kato－Katz定量板规格，检测试剂的配制及相关器材的规格和尺寸等。

3. 调查表与数据库：由省疾控中心寄生虫病所规范调查表，建立统一数据库（电子版），完成编制数据库的数据录入程序。

4. 人员培训：由各市疾病预防控制机构对调查专业人员进行调查方案、实施细则、病原学检测技能及生物安全防护知识的培训，经考核合格的专业人员才能参与调查。

5. 档案保存：各市调查中完成的原始文件、数据整理备份后，作为工作档案提交保存于省疾控中心寄生虫病所。

（二）实施阶段

1. 技术指导。各市成立技术指导组负责本市的调查指导和质量控制。

2. 保证受检率。各调查县通过多种形式的组织发动，宣传本次调查的目的、意义，争取各级领导、群众的支持和配合，组织村干部和乡村医生挨家挨户收集标本，并发放知情告知书（见附件4），使受检者了解本次调查的目的和意义，保证受检率不低于85%。

3. 督导和检查。省疾控中心组织专家，不定期赴各地进行现场质量检查和工作督导。

4. 样本抽查复核。省疾病预防控制机构组成镜检专家组对加藤片进行同步复核，阳性片复核10%（阳性者不足10人，复核全部阳性片），阴性片复核5%。同时，接受全国人体重点寄生虫病现状调查办公室组织镜检专家随机抽查，选1个县复核10%的阳性片（阳性者不足10人，复核全部阳性片）和5%的阴性片，如果总符合率低于90%，全部加藤片重新检测。加藤片复核表见附表4。

5. 人体新感染虫种鉴定。调查中新发现的或者罕见的虫种在保存标本的前提下，应及时上报上一级疾病预防控制机构，并经国家专家组鉴定后录入河北省新发寄生虫数据库。

（三）总结分析阶段

1. 由省疾控中心、负责成立数据分析小组，对河北省的调查数据进行整理、查错、汇总，建立河北省调查数据库。

2. 根据全省汇总的调查数据库完成调查报告。

3. 由省疾控中心、负责撰写河北省调查报告，并组织专家对报告进行论证与修改完善。

九、时间安排

2014年10月：参加国家级师资培训。

2014年12月8～12日：省级师资培训。

2014年12月至2015年2月：完成市级以下培训、宣传、器材与耗材准备。

2015年3～5月：全省开展现场调查工作。

2015年6月至2016年3月：完成数据录入、汇总、统计分析、调查报告撰写，上报中国疾病预防控制中心寄生虫病所。

关于正式启用中国免疫规划信息管理系统疑似预防接种异常反应信息管理模块的通知

各设区市、华北石油疾控中心，辛集、定州市疾控中心：

根据中疾控免疫发〔2014〕470号文件要求，我省于2015年1月1日零时正式启用了中国免疫规划信息管理系统AEFI信息管理模块（简称新系统），为确保我省AEFI监测信息网络直报工作顺利开展，现将有关事宜通知如下：

1. 新系统试运行期间的数据已于2014年12月31日进行了清零（新系统地址http://www.nipis.chinacdc.cn），同时，原全国AEFI信息管理系统（地址为http://219.141.175.204）的新增个案功能已关闭，已经录入原系统的个案不得再录入至新系统中，以避免数据重复。

2. 除新增个案功能外，原系统中的个案修订、审核、统计分析、导出及其他功能暂时保留。请尽快开展原系统中数据订正、审核等工作，及时将原系统的数据进行备份。

3. 原系统中历史数据向新系统的迁移工作将在新系统运行稳定后再行开展，具体迁移时间和相关事项另行通知。

4. 请各设区市疾控中心尽快通知所辖县（区）疾控机构和乡级防保组织（接种单位），做好使用新系统的AEFI报告工作。

5. 新系统启用后系统开发公司将提供技术服务工作，如发现系统运行故障和问题，请及时与系统软件运行维护人员联系。如发现其他问题，请及时与我中心免疫规划所联系。

省疾控中心免疫规划所联系人：孙丽　王亚菲

联系电话：0311－86573434

邮箱地址：hebaefi@163.com

系统软件运行维护人员联系方式（中国疾控中心提供）：

李佳（13601366837）

邮箱地址：lijia@css.com.cn

柳岩（18810871676）

邮箱地址：liuyan@css.com.cn

刘英明（18810881676）

邮箱地址：94315518@qq.com

张鹏（信息中心，负责新系统的网络及硬件运维协调，联系电话010－58900415）

邮箱地址：zhangpeng@chinacdc.cn

河北省疾病预防控制中心

2015年1月12日

关于2014年河北省职业病监测情况的报告

省卫生计生委：

2014年河北省职业病网络报告工作已经结束，经数据审核、统计汇总分析，现将有关情况报告如下：

一、各类新发职业病报告情况

截至2014年12月31日，累计报告尘肺病34479例，死亡12729例，年终现患尘肺病21750例，年内晋期病例70例。2014年共报告各类新发职业病1153例，其中新发尘肺1004例、职业中毒5例。

（一）新发尘肺病报告情况

2014年全省共报告确诊尘肺病新病例1004例，占新发职业病的87.15%。其中矽肺724例（占72.11%），煤工尘肺238例（占23.71%）。

地区分布：新发尘肺病病例主要集中在张家口、承德、邯郸、唐山等地区，分别为324人（占32.27%）、319人（占31.77%）、186人（占18.53%）、126人（占12.55%）。

行业分布：主要集中在采矿业853人，其中有色金属矿采选业所属企业369人（占36.75%），黑色金属矿采选业所属企业252人（占25.10%），煤炭开采与洗选业所属企业136人（占13.55%），开采辅助活动所属企业93人（占9.26%）；制造业67人（占6.67%）。

经济类型分布：公有经济所属企业684例（占68.13%），非公有经济所属企业320人（占31.87%）。

企业规模分布：中型企业486例（占48.41%）、小型企业281例（占27.99%），大型企业223例（占22.21%）。

发病工种分布：矿山主要工种703例（占70.02%），矿山其他工种215例（占21.41%），工厂主要工种58例（占5.78%），工厂其他工种28例（占2.79%）。小于5年工龄的174例（占17.33%），5~9年工龄的322例（占32.07%）。

年龄分布：35~45岁170例（占16.93%），发病工龄短，年龄偏小仍是值得注意的问题。

（二）职业中毒等职业病发病情况

到2014年12月底，全省报告急性职业中毒2例，慢性职业中毒病例3例，物理因素所致职业病26例，职业性耳鼻喉口腔疾病64例（均为噪声聋），职业性传染病50例（均为布氏杆菌病），职业性肿瘤2例，职业性皮肤病1例，职业性放射性疾病1例。

二、疑似职业病报告情况

2014年全省共报告疑似职业病人994例，其中急性职业中毒3例，慢性职业中毒8例，职业性传染病4例，职业性眼病1例，职业性耳鼻喉口腔疾病157例，职业性尘肺病及其他呼吸系统疾病821例。

三、职业性健康体检情况

2014年对全省3365家企业开展了职业性健康体检，共体检职业人群519669人。体检人数较多的是唐山、石家庄、邯郸地区，分别为128774人（占24.78%）、65029人（占12.51%）、50959（占9.81%）。

不同规模企业职业健康体检率差别很大。519669名职业体检工人中，大型企业253914人（占48.86%），中型企业148832人（占28.64%），小型企业111181人（占21.39%），微型企业5288（占1.02%）。

各种职业病危害因素接触人群体检情况：粉尘作业213799人，化学因素作业124826人，其中高毒作业67679人，物理因素作业181044人。

通过对519669名职业人群职业性健康体检，共检出疑似职业病人1019人，职业禁忌证3529人，疑似职业病人检出率和职业禁忌证检出率分别为0.20%、0.68%。

河北省疾病预防控制中心

2015年1月12日

关于进一步加强安全稳定工作的通知

各处（所、中心、队）室：

当前，天气寒冷干燥，春节日益临近，正值安全事故易发多发期。特别是元旦期间，全国接连发生“上海踩踏事件”“哈尔滨1·2火灾”等多起重特大安全事故，造成重大人员伤亡和财产损失，教训十分惨痛。为贯彻落实省政府、省卫生计生委关于做好安全稳定工作一系列会议精神和要求部署，切实加强中心安全稳定工作，坚决防范各类事故发生，现就有关要求通知如下：

一、高度重视，严格落实安全稳定责任

各处（所、中心、队）室（以下简称部门）必须深刻认识安全稳定工作面临的严峻形势，认真汲取外省区市发生的重特大安全事故和严重事件的惨痛教训，牢固树立安全既是疾控工作生命线和责任线的意识，更是疾控工作底线和红线的意识，把思想和行动统一到省委、省政府和省卫生计生委的部署要求上来，把安全稳定工作摆在全局高度和突出位置，按照“谁主管、谁负责”的原则，严格落实领导责任，分级管理，层层负责，责任到岗，目标到人。对因责任不落实、措施不得力或监管不到位造成安全事故的，将严肃追究责任，特别是相关领导和责任人的责任。

二、突出重点，认真落实各项安全稳定防范措施

（一）要把消防安全作为安全稳定工作的重中之重，加强对办公区、生活区、单身宿舍等重点部位和人员密集场所进行监督检查，认真查找漏洞和薄弱环节，对水、电、消防设施的使用等情况进行彻底排查，及时消除事故隐患，严防火灾事故发生。落实消防安全责任制，确保防火预案可行、消防设施完好、疏散通道畅通。加强人员消防技能培训，增强安全意识、法律意识和自救互救能力。

（二）加强内部治安保卫工作，监控室、配电室要实行24小时值班制度，落实重点部位定期巡视、夜间保安不间断巡逻制度，确保工作环境安全；开展安全教育，尤其是新聘工作人员和门卫上岗人员的安全教育，提高防范意识；严格门卫登记制度，加强出入中心人员、车辆的检查力度，确保中心治安安全。

（三）加强各部门文件、档案等资料清理、归类、封存，防止失泄密事件发生；严格现金、有价证券管理规定，单位禁止存放大量现金；严格落实《公务用车管理规定》，禁止将机动车交由他人或非驾驶人员驾驶，公务用车实行封存式管理。

（四）加强实验室安全管理，健全完善管理制度和操作规程，突出抓好菌（毒）株的安全管理，要明确专人负责保管，专人对实验过程实施全程安全监督，严防发生实验室感染等事件。要认真检查危险化学品、放射源以及压力容器等管理情况，严格执行末班巡视登记制度，确保不发生爆炸、泄漏、丢失等安全事故。

（五）加强网络信息安全工作，开展信息工作人员教育培训，提高安全意识和防范能力。积极采取有效技术手段，及时查找和修补系统漏洞，切实保障信息数据安全，严防数据泄露事件发生。

三、消除隐患，继续开展安全生产大检查

针对岁末年初特殊情况，开展全方位的安全生产大检查，全面彻底排查整治各种安全隐患，尤其要加强对容易引发事故的重要场所、重点部位和重点环节的排查，做到不放过任何细节，不遗漏任何隐患。1月15～31日为部门自查自纠和整改阶段（确定1～2名安全员，名单报保卫处），2月1～4日中心组织对各部门自查整改情况进行检查，确保隐患查得出、改得掉，切实把各类安全隐患消灭在萌芽状态。

四、强化源头治理，做好信访维稳工作

要牢固树立“高压政策难保稳定；化解矛盾才能久安；解决问题才能不出问题”的工作理念，抓好信息收集、及时报告、提前介入，深入化解信访积案，有效稳控重点人员，妥善处置预防接种异常反应、职业病鉴定案件等信访问题。要将长期闹访人员进行梳理，严盯死守、稳控到位。组织开展矛盾纠纷排查，重心下移、关口前移，确保把各种不稳定因素稳控在源头、处置在基层。

五、强化应急值守，做好突发事件应急处置准备工作

各相关部门要完善相关应急预案和方案，开展必要的技术培训和应急演练，提高应急能力；要对车辆进行检修和维护，保持车辆状态良好；做好物资储备，清查、储备必要的应急药品、防护用品、试剂、器械等，确保处置突发事件的需要；强化应急值守，严格落实24小时疫情值班、领导带班和信息报告制度，应急队员必须保持24小时通讯畅通，确保一旦发生突发事件，能够迅速、有序、有效、妥善处置。

河北省疾病预防控制中心

2015年1月15日

关于开展2015年春节期间食品安全风险专项监测工作的通知

各设区市疾病预防控制中心：

为保障2015年春节期间食品安全，根据省卫生计生委要求，我中心决定在11个设区市组织开展2015年春节期间食品安全风险专项监测，对春节期间市场上销售的白酒、葡萄酒、熟肉制品、食醋和牛肉等产品进行相关指标专项监测，并制定了专项监测方案（见附件），请按照方案要求保质保量完成监测任务。

附件：2015年春节期间食品安全风险专项监测方案

河北省疾病预防控制中心

2015年1月21日

附　　件

2015年春节期间食品安全风险专项监测方案

一、监测目的

了解我省流通环节春节前销售的酒类、熟肉制品、食醋和牛肉等产品污染状况，及时发现和排除食品安全风险和隐患，保障春节期间的食品安全。

二、监测食品种类、项目和数量

（一）白酒

采集中、低档定型包装和散装白酒，每个设区市采集10份，共采集110份，监测项目为甲醇。

（二）干红葡萄酒

采集中、低档干红葡萄酒，重点监测超市或其周围买一赠一的活动产品，以及价格较低的葡萄酒产品，以秦皇岛市昌黎和张家口市沙城生产的产品为主，全省每个设区市采集10份，共采集并监测110份，监测项目为苋菜红和胭脂红。

（三）熟肉制品

熟肉制品包括各种禽（鸡、鸭等）、畜（猪肉、牛肉等制品）类各种熟食，全省每个设区市采集10份，共采集并监测110份，监测项目为亚硝酸盐。

（四）食醋

主要采集和监测中小品牌或散装食用醋产品，每个设区市采集10份，共110份，监测指标为矿酸。

（五）牛肉及内脏

监测地区分别为石家庄市、邢台市、保定市和唐山市，每市分别采集牛肉9份、牛肝3份和牛肾

3 份，送唐山市疾控中心实验室检测，四个市共监测 60 份，监测指标为瘦肉精：克伦特罗、沙丁胺醇、莱克多巴胺、特布他林等。

三、采样要求

本次监测覆盖我省石家庄、邯郸、邢台、沧州、衡水、保定、廊坊、唐山、秦皇岛、张家口和承德 11 个设区市，采样环节主要采集流通环节的超市、集贸市场和零售摊点销售的产品，采样点应尽量分散，优先采集本省产品，应尽量避免重复采集同一厂家出产的同一种食品。采样量每份样品不少于 500 克（白酒和干红葡萄酒不少于 500ml），尽量保持原（定型）包装；同时做好采样信息记录。

采集的样品要分开放在不同的采样袋中，保证样品在储存和运输过程中不被污染、原始性状无改变。

四、时间要求及结果报告

（一）2015 年 1 月 23 日前完成采样，并将样品送实验室，实验室应在 1 月 23 日前将有关实验材料和仪器设备准备到位。

（二）2015 年 1 月 30 日前，完成实验室检验工作，汇总实验室检测结果及判定。2 月 1 日前将检测结果数据报省疾控中心。

五、质量控制与其他事宜

（一）各设区市要严格按照监测方案要求组织实施，不得随意变更监测食品类别和监测时间。

（二）采样要严格按照要求进行，确保采样数据的真实性和可溯源性，完整记录监测信息汇总表（附件 2），在填写附件 2 时不留空项，对于散装食品当没有确定的信息时填写“不详”；在市场采样时，有固定摊位编号的应填写摊位号码。

（三）实验室检测依据相关标准和检测方法，要有效实施内部质量控制，控制手段包括与检验样品同时进行空白样品、平行样和必要的质控样品（加标回收）检验，制备校准曲线；遵守数据修约规则（GB8170），使用受控的格式文件及时、客观、准确、完整的完成原始记录和检测报告，并按照要求上报。

（四）注意加强对检验结果进行审核，并对异常检测结果或阳性结果进行复核和验证，未经审核的结果数据不能使用。

（五）专项监测有关科室和人员联系方式

1．省疾控中心

食品所：梁勇

0311－86573316，13231151636

理化所：卢振敏

0311－86573442，13623305705

2．唐山市疾控中心

实验室：孙仕萍

0315－2726358，13831534638

附表：1．2015 年春节期间食品安全风险监测食品和项目及任务分配表

2．监测样品信息登记表

附表 1

2015 年春节期间食品安全风险监测食品和项目及任务分配表

序号	监测品种	监测份数	监测指标	采样时间	检测时间	采样分配	数据上报时间
1	白酒	110	甲醇	1 月 8～16 日	1 月 17～30 日	每市采样 10 份	1 月 30 日前
2	葡萄酒	110	苋菜红、胭脂红				
3	醋	110	矿酸				
4	熟肉制品	110	亚硝酸盐				
5	生牛肉、肝、肾	60	克伦特罗、沙丁胺醇、莱克多巴胺、特布他林等			石家庄、唐山、保定、邢台各 15 份	
合计		500					

附表2

监测样品信息登记表

采样地区： 采样日期：2015 年____月____日

序号	样品编号	采样日期	采样点名称	商品名称	注册商标	产品类别	样品产地	生产企业	地址及联系方式	包装方式	批号	采样数量	备注
1													
2													
3													
4													
5													
6													
7													
8													
9													
10													

采样人：

关于加强仪器设备档案管理工作的通知

各处（所、中心、队）室：

为加强和规范中心仪器设备档案的管理，切实保证仪器设备档案整理归档各环节工作顺利开展，根据相关规范和文件，结合中心实际，特制定《仪器设备档案管理办法》，该办法自 2015 年 1 月 1 日起实施，同时，就 2014 年及以前仪器设备档案整理归档工作要求如下：

2013 年及以前采购的仪器设备档案整理归档工作由质量检验管理处负责，药械供应管理处和其他相关处室配合；2014 年采购的仪器设备档案整理归档工作由药械供应管理处负责，质量检验管理处和其他相关处室配合。上述仪器设备档案整理归档工作要按照及时、完整、真实、准确的原则进行，并务于 2015 年 12 月底前移交中心档案室保管。请各处室认真履行职责，切实做好仪器设备档案整理归档和移交工作。

附件：仪器设备档案管理办法

河北省疾病预防控制中心

2015 年 1 月 22 日

附　　件

河北省疾病预防控制中心
仪器设备档案管理办法

一、目的

为加强和规范中心仪器设备档案的管理，建立完备的仪器设备档案资料，根据相关规范、质量手册及程序文件，结合中心实际，特制定本办法。

二、适用范围

适用于中心全部的仪器设备档案。

三、职责分工

（一）药械供应管理处负责仪器设备档案的建立与管理，组织协调相关处所完成仪器设备建档，以及仪器设备的使用、维修、报废、调拨等记录归档工作。

（二）质量检验管理处负责按照相关规范及程序文件制定仪器设备自编号、计量检定及相关资料的收集、汇总，并报备至药械供应管理处。

（三）档案室按照中心档案管理相关制度，负责对药械管理供应处移交的仪器设备档案进行保管。

（四）仪器设备使用所室协助做好仪器设备档案的建立与管理工作，负责收集仪器设备相关信息，做好仪器设备日常使用、检修等记录，并定期汇总报备至药械供应管理处。

四、工作程序

（一）药械供应管理处建立仪器设备供应商名录，索取保留供应商有关资料。

（二）仪器设备到货后，由药械供应管理处向质量检验管理处索取仪器设备自编号，并会同使用所室、供应商进行验收安装。安装调试合格后，由使用所室填写仪器设备验收记录。

（三）仪器设备使用所室配合药械供应管理处填写仪器设备档案卡，并将随机附件清单、使用说明书、随机软件、仪器设备验收记录等全部资料自验收后 15 日内交到药械供应管理处组建档案。

仪器设备档案卡内容包括：自编号、仪器设备及其软件名称、制造商名称、型号、技术指标、系列号或出厂号、接收日期、接收时状态、启用日期、设备来源、设备价值、需否检定、存放地点、保管使用人等。

（四）仪器设备使用期间，质量检验管理处要按照相关规范及程序文件对仪器设进行计量检定及相关资料的收集、汇总，并报备至药械供应管理处。

（五）药械供应管理处按照中心档案管理相关制度，及时移交仪器设备档案资料到中心档案室保管。

五、仪器设备档案内容

中心仪器设备档案应包括以下内容：

（一）仪器设备购置申请表；

（二）仪器设备调研论证的技术报告；

（三）仪器设备招标文件；

（四）订货合同书；

（五）装箱单；

（六）安装调试报告；

（七）仪器设备验收记录；

（八）仪器设备使用说明书及附件；

（九）仪器设备历年检定证书；

（十）仪器设备历年的使用、维修、维护、故障、改装记录；

（十一）仪器设备报废或调拨审批表；

（十二）期间核查记录；

（十三）档案资料借阅记录。

关于 2014 年度市级麻疹/风疹实验室职能考核结果的通报

各设区市、华北石油疾控中心，辛集、定州市疾控中心：

为加强全省麻疹/风疹实验室质量控制和标准化管理，保持麻疹/风疹实验室网络良好运转，根据世界卫生组织麻疹/风疹网络实验室工作要求及《全国麻疹监测方案》和《2012 年消除麻疹项目技术方案》要求，我中心对全省 11 个设区市、华北石油疾控中心，辛集、定州市疾控中心共 14 个麻疹/风疹实验室进行了职能考核，主要内容包括血清盲样考核、抽样复核和部分市的现场考核，现将考核结果通报如下。

一、血清盲样考核情况

2014 年度市级麻疹/风疹实验室血清盲样考核10 份标本全部在 3 个工作日报告结果，结果准确性、完整性和有效性均为 100%（见附件 1）。

二、血清学复核情况

血清学抽样复核了麻疹 IgM 阳性、风疹 IgM 阳性和双阴性标本，石家庄市、衡水市、廊坊市和秦皇岛市各项考核指标全部满分（对华北油田没有要求上送复核血清），邢台、邯郸、沧州、保定、唐山市和辛集市因没有风疹病例没有送风疹 IgM 复核血清，承德市和张家口市风疹 IgM 复核成绩较差，定州市有麻疹确诊病例而未送麻疹阳性复核血清（见附件 2）。

三、现场考核情况

现场考核内容有最近 12 个月内的血清学检测工作质量、分子生物学检测质量、生物安全标准操作和实验室基本建设情况等，具体标准参照世界卫生组织麻疹/风疹网络实验室资质认定标准执行，石家庄市、保定市和沧州市成绩为满分，邯郸市和张家口市成绩不太理想（见附件 3）。

四、存在的主要问题

我省市级麻疹/风疹实验室 2013～2014 年整体工作有较大发展，开展了麻疹/风疹核酸检测、对县级实验室进行质量控制和接受了省级职能考核等方面取得了较大成绩，在麻疹病例血清学诊断和病原学诊断方面提供了大量的技术支持，对麻疹控制工作发挥了较大作用。但仍存在以下问题：一是没有对新进入实验室人员进行乙肝、麻疹和风疹等保护性免疫预防；二是实验过程没有进行科学规范的内部质量控制，不能保证实验结果准确可靠；三是与流行病人员交流不足，实验数据利用率低；四是秦皇岛市、廊坊市未按《麻疹监测方案》要求采集咽拭子标本或核酸检测阳性标本未送省实验室；五是邯郸市采集咽拭子标本后没有及时进行核酸检测。

五、工作要求

（一）市级麻疹/风疹实验室检测工作是控制麻疹工作的一部分，检测结果对控制麻疹疫情提供技术支持，各市要高度重视，2014 年度麻疹/风疹实验室职能考核成绩较差的地市，要尽快查找原因，采取措施。

（二）新的《全国麻疹监测方案》已经下发并实施，负责流行病和实验室人员要加强沟通，使麻疹/风疹实验室检测工作适应当前控制麻疹工作需要，提高麻疹疫情的实验室诊断率。

附件：

1. 市级麻疹/风疹实验室盲样考核成绩汇总表
2. 市级麻疹/风疹实验室血清学复核成绩汇总表
3. 市级麻疹/风疹实验室现场考核成绩况汇总表

河北省疾病预防控制中心

2015 年 1 月 22 日

附件 1

市级麻疹/风疹实验室盲样考核成绩汇总表

实验室名称	结果准确性		7 天内报告结果及时性	报告结果完整性	报告结果有效性	质量控制受控状态
	麻疹	风疹				
邯郸市	100%	100%	100%	100%	100%	优
邢台市	100%	100%	100%	100%	100%优	
石家庄市	100%	100%	100%	100%	100%	优
衡水市	100%	100%	100%	100%	100%	优
沧州市	100%	100%	100%	100%	100%	优
保定市	100%	100%	100%	100%	100%	优
廊坊市	100%	100%	100%	100%	100%	优
唐山市	100%	100%	100%	100%	100%	优

续表

实验室名称	结果准确性		7 天内报告结果及时性	报告结果完整性	报告结果有效性	质量控制受控状态
	麻疹	风疹				
秦皇岛市	100%	100%	100%	100%	100%	优
承德市	100%	100%	100%	100%	100%	优
张家口市	100%	100%	100%	100%	100%	优
华北油田	100%	100%	100%	100%	100%	优
定州市	100%	100%	100%	100%	100%	优
辛集市	100%	100%	100%	100%	100%	优

附件 2

市级麻疹/风疹实验室血清学复核成绩汇总表

地区	上送标本数	麻疹符合数	麻疹符合率	风疹符合数	风疹符合率	阴性符合率
邯郸市	10	5	100%	–	–	100%
邢台市	10	5	100%	–	–	100%
石家庄市	25	10	100%	5	100%	100%
衡水市	15	5	100%	3	100%	100%
沧州市	10	5	100%	–	–	100%
保定市	10	5	100%	–	–	100%
廊坊市	12	5	100%	2	100%	100%
唐山市	15	10	100%	–	–	100%
秦皇岛市	15	5	100%	5	100%	100%
承德市	13	5	100%	2	67%	100%
张家口市	11	4	80%	0	0	100%
华北油田	–	–	–	–	–	–
定州市	15	–	–	–	–	100%
辛集市	10	5	100%	–	–	100%
河北省	171	69	98.57	17	85%	100%

注：“–”为没有送复核标本。

附件 3

市级麻疹/风疹实验室现场考核成绩况汇总表

实验室名称	考核成绩	实验室名称	考核成绩
邯郸市	95.0	唐山市	98.5
邢台市	98.5	秦皇岛市	98.0
石家庄市	100	承德市	98.0
衡水市	98.0	张家口市	95.0
沧州市	100	华北油田	未考核

续表

实验室名称	考核成绩	实验室名称	考核成绩
保定市	100	定州市	未考核
廊坊市	97.0	辛集市	未考核

关于参加2015年国家碘缺乏病参照实验室外质控考核的通知

各市疾病预防控制中心、张家口市地方病防治所，辛集、定州市疾病预防控制中心：

按照国家碘缺乏病参照实验室《关于开展2015年全国碘缺乏病实验室质量控制考核的通知》要求，为持续保持我省各级碘缺乏病实验室检测质量，为全省碘盐监测、病情监测和地方病防治“十二五”规划评估提供准确可靠的检测数据，我中心决定组织参加国家碘缺乏病参照实验室外质控考核。现将具体事宜通知如下：

一、参加考核单位

（一）省级、11个设区市级实验室参加尿碘、水碘、盐碘国家级考核，石家庄市7个县（市）、沧州市2个区市、廊坊市4个县（市）、保定市5个县（市）、辛集、定州市参加国家级尿碘考核。

（二）28个县级、辛集市、定州市盐碘实验室参加国家级考核（名单详见附件1）。

（三）未参加国家级考核的县级盐碘实验室全部参加省级考核。

二、质控样品检测

尿碘采用尿中碘的砷铈催化分光光度测定方法（WS/T 107－2006），盐碘采用直接滴定法（GB/T 13025.7－2012 2.1），水碘采用“适合缺碘及高碘地区水碘检测的方法研究”［中国地方病学杂志，2007，26（3）：333～336］中0－100μg/L范围的测定方法，分别进行三轮检测（三个工作日），每轮对样品进行平行测试。

三、质控样品发放

样品分为盐样、尿样和水样三类，每类均包含高、低两个浓度的样品。我中心将于2015年1月31日前将国家考核的尿碘、水碘、盐碘外质控盲样、省级考核的盐碘外质控盲样以及由我中心统一订购的尿碘、水碘、盐碘标准物质下发给各设区市疾控中心（地病所），各设区市疾控中心负责将盐碘盲样及标准物质转发至参加质控考核的所辖县（市、区）疾控中心。

四、结果反馈

（一）尿碘、盐碘结果上报：各市负责收集、汇总参加国家级考核县（市、区）盐碘考核结果，务必于4月10日前将本级尿碘、盐碘考核结果及被抽取的县（市、区）级盐碘考核结果通过国家碘盐监测直报网络上报。额外参加国家尿碘考核县的结果汇总（电子版）统一上报省级，参加省级盐碘考核的县各市4月10日前汇总（电子版）统一上报我中心地方病防治所。

（二）请各市将水碘考核结果电子版于2015年4月10日前报我中心地方病防治所。

省疾控中心邮箱地址：dfbdiansys@163.com

（三）参加国家级考核合格的实验室将获得国家级年度合格证书，我中心将对参加省级考核的县级盐碘实验室考核情况进行通报，参加国家、省级各类考核结果将纳入2015年市级综合考评指标。

附件：

1. 参加国家级盐碘质控考核名单［共30个县（市、区）］

2. 参加国家级尿碘质控考核名单［共20个县（市、区）］

3. 河北省市级碘缺乏病实验室水碘外质控考核报表

河北省疾病预防控制中心

2015年1月28日

附件1

参加国家级盐碘质控考核名单［共30个县（市、区）］

市　级	县（市、区）级
石家庄	鹿泉市、新乐市、无极县、裕华区
张家口	下花园区、阳原县、康保县
承　德	宽城县、兴隆县
唐　山	玉田县、迁西县
秦皇岛	青龙县
廊　坊	大城县、永清县
保　定	雄县、望都县、清苑县、新市区
沧　州	新华区、东光县
衡　水	武强县、故城县
邢　台	任县、南和县、临城县
邯　郸	鸡泽县、广平县、武安市
	辛集市、定州市

附件2

参加国家级尿碘质控考核名单［共20个县（市、区）］

市级	县（市、区）级
石家庄市	元氏县、赵县、晋州市、深泽县、平山县、井陉县、赞皇县
廊坊市	三河市、霸州市、文安县、大城县
沧州市	新华区、任丘市
保定市	高碑店市、涞水县、徐水县、定兴县、唐县
	辛集市、定州市

附件3

河北省市级碘缺乏病实验室水碘外质控考核报表

检测单位：

检测方法：

水碘质控样品编号	结果1（μg/L）	结果2（μg/L）	检测日期
	第一次		
	第二次		
	第三次		

续表

水碘质控样品编号	结果 1（μg/L）	结果 2（μg/L）	检测日期
	第一次		
	第二次		
	第三次		

任意一轮标准曲线：

标准浓度（μg/L）：0　20　40　60　80　100

吸光度：

检测人：　　　　　　　　　　　　　　　　　　　　　　负责人：

关于河北省 2014 年艾滋病检测实验室质量考评结果的通报

各设区市、华北石油疾控中心，辛集、定州市疾控中心：

根据《全国艾滋病检测工作管理办法》《全国艾滋病检测技术规范》（2009 版）要求，我中心于 2014 年 10 月 10 日至 11 月 10 日组织开展了河北省艾滋病检测实验室质量考评工作，现将考评结果通报如下：

1. 参加河北省 2014 年艾滋病检测实验室质量考评的实验室共 564 家，参加率 100%。考评优秀的实验室 246 个，良好的实验室 242 个，合格的实验室 75 个，不合格的实验室 1 个，合格率 99.8%（详见附件）。

2. 本次考评实行分级管理，省市联合考评，省确证中心实验室对 12 家艾滋病筛查中心实验室（包括艾滋病确证实验室）进行考评，各市筛查中心实验室对各自辖区内的筛查实验室进行考评。考评内容包括血清样品检测、职能工作质量考评和现场抽查。

考评结果显示，大部分实验室基本能够按照考评要求如实上报结果，大部分筛查实验室具有较强的艾滋病抗体检测能力，实验室管理和质量控制能力，生物安全设施完善，实验室制度落实较好。个别实验室存在实验记录不规范，质控图信息不全，个别筛查中心实验室对辖区内筛查实验室现场督导记录不全。

3. 2015 年各市要继续加强艾滋病检测实验室能力建设和质量管理，做好辖区内筛查实验室人员培训、技术支持和现场督导，积极参加全国能力验证活动，提高检验质量，保证全省艾滋病实验室网络高质量运行。

附件：河北省 2014 年艾滋病检测实验室质量考评结果

河北省疾病预防控制中心

2015 年 1 月 30 日

附　　件

河北省2014年艾滋病检测实验室质量考评结果

一、市级疾病预防控制机构（12个）

（一）优秀实验室（9个）

石家庄市疾病预防控制中心
邢台市疾病预防控制中心
唐山市疾病预防控制中心
衡水市疾病预防控制中心
张家口市疾病预防控制中心
保定市疾病预防控制中心
廊坊市疾病预防控制中心
沧州市疾病预防控制中心
承德市疾病预防控制中心

（二）良好实验室（3个）

邯郸市疾病预防控制中心
秦皇岛市疾病预防控制中心
华北石油疾病预防控制中心

二、县区级疾病预防控制机构（172个）

（一）优秀实验室（89个）

石家庄市长安区疾病预防控制中心
石家庄市裕华区疾病预防控制中心
石家庄市桥东区疾病预防控制中心
井陉县疾病预防控制中心
栾城县疾病预防控制中心
平山县疾病预防控制中心
赵县疾病预防控制中心
鹿泉市疾病预防控制中心
邯郸市峰峰矿区疾病预防控制中心
邯郸县疾病预防控制中心
成安县疾病预防控制中心
大名县疾病预防控制中心
涉县疾病预防控制中心
磁县疾病预防控制中心
永年县疾病预防控制中心
馆陶县疾病预防控制中心
曲周县疾病预防控制中心
武安市疾病预防控制中心
邢台市桥东区疾病预防控制中心
巨鹿县疾病预防控制中心
平乡县疾病预防控制中心
威县疾病预防控制中心
清河县疾病预防控制中心
沙河市疾病预防控制中心
保定市定州市疾病预防控制中心
雄县疾病预防控制中心
顺平县疾病预防控制中心
蠡县疾病预防控制中心
安新县疾病预防控制中心
高阳县疾病预防控制中心
阜平县疾病预防控制中心
沧州市运河区疾病预防控制中心
沧县疾病预防控制中心
海兴县疾病预防控制中心
盐山县疾病预防控制中心
泊头市疾病预防控制中心
黄骅市疾病预防控制中心
河间市疾病预防控制中心

邢台市桥西区疾病预防控制中心
邢台县疾病预防控制中心
临城县疾病预防控制中心
内丘县疾病预防控制中心
柏乡县疾病预防控制中心
任县疾病预防控制中心
迁安市疾病预防控制中心
饶阳县疾病预防控制中心
故城县疾病预防控制中心
阜城县疾病预防控制中心
冀州市疾病预防控制中心
廊坊市安次区疾病预防控制中心
霸州市疾病预防控制中心
三河市疾病预防控制中心
秦皇岛市海港区疾病预防控制中心
秦皇岛市山海关区疾病预防控制中心
秦皇岛市北戴河区疾病预防控制
青龙满族自治县疾病预防控制中心
昌黎县疾病预防控制中心
抚宁县疾病预防控制中心
卢龙县疾病预防控制中心
承德市双桥区疾病预防控制中心
承德市双滦区疾病预防控制中心
承德县疾病预防控制中心
兴隆县疾病预防控制中心
滦平县疾病预防控制中心
唐山市开平区疾病预防控制中心
唐山市曹妃甸区疾病预防控制中心
滦县疾病预防控制中心
乐亭县疾病预防控制中心
迁西县疾病预防控制中心
玉田县疾病预防控制中心
隆化县疾病预防控制中心
丰宁满族自治县疾病预防控制中心
宽城满族自治县疾病预防控制中心
围场满族蒙古族自治县疾病预防控制中心
张家口市桥东区疾病预防控制中心
张家口市桥西区疾病预防控制中心
张家口市宣化区疾病预防控制中心
张家口市下花园区疾病预防控制中心
宣化县疾病预防控制中心
张北县疾病预防控制中心
康保县疾病预防控制中心
沽源县疾病预防控制中心
尚义县疾病预防控制中心
蔚县疾病预防控制中心
阳原县疾病预防控制中心
怀来县疾病预防控制中心
涿鹿县疾病预防控制中心
赤城县疾病预防控制中心
崇礼县疾病预防控制中心

（二）良好实验室（71 个）

石家庄市桥西区疾控中心
石家庄市新华区疾控中心
正定县疾病预防控制中心
灵寿县疾病预防控制中心
深泽县疾病预防控制中心
赞皇县疾病预防控制中心
无极县疾病预防控制中心
元氏县疾病预防控制中心
辛集市疾病预防控制中心
藁城市疾病预防控制中心
晋州市疾病预防控制中心
邯郸市邯山区疾病预防控制中心
邯郸市丛台区疾病预防控制中心
隆尧县疾病预防控制中心
南和县疾病预防控制中心
宁晋县疾病预防控制中心
新河县疾病预防控制中心
广宗县疾病预防控制中心
南宫市疾病预防控制中心
涿州市疾病预防控制中心
博野县疾病预防控制中心
曲阳县疾病预防控制中心
易县疾病预防控制中心
望都县疾病预防控制中心
容城县疾病预防控制中心
唐县疾病预防控制中心

邯郸市复兴区疾病预防控制中心
临漳县疾病预防控制中心
肥乡县疾病预防控制中心
邱县疾病预防控制中心
鸡泽县疾病预防控制中心
广平县疾病预防控制中心
魏县疾病预防控制中心
沧州市新华区疾病预防控制中心
青县疾病预防控制中心
肃宁县疾病预防控制中心
南皮县疾病预防控制中心
吴桥县疾病预防控制中心
献县疾病预防控制中心
孟村回族自治县疾病预防控制中心
任丘市疾病预防控制中心
唐山市路北区疾病预防控制中心
唐山市古冶区疾病预防控制中心
唐山市丰南区疾病预防控制中心
唐山市丰润区疾病预防控制中心
滦南县疾病预防控制中心
遵化市疾病预防控制中心
衡水市桃城区疾病预防控制中心
枣强县疾病预防控制中心
徐水县疾病预防控制中心
涞水县疾病预防控制中心
清苑县疾病预防控制中心
满城县疾病预防控制中心
保定市南市区疾病预防控制中心
保定市北市区疾病预防控制中心
保定市新市区疾病预防控制中心
武邑县疾病预防控制中心
武强县疾病预防控制中心
安平县疾病预防控制中心
景县疾病预防控制中心
深州市疾病预防控制中心
廊坊市广阳区疾病预防控制中心
永清县疾病预防控制中心
香河县疾病预防控制中心
大城县疾病预防控制中心
文安县疾病预防控制中心
大厂县疾病预防控制中心
承德鹰手营子矿区疾病预防控制中心
平泉县疾病预防控制中心
怀安县疾病预防控制中心
万全县疾病预防控制中心

（三）合格实验室（12 个）

石家庄市井陉矿区疾控中心
行唐县疾病预防控制中心
高邑县疾病预防控制中心
新乐市疾病预防控制中心
临西县疾病预防控制中心
保定市高碑店市疾病预防控制中心
安国市疾病预防控制中心
涞源县疾病预防控制中心
定兴县疾病预防控制中心
东光县疾病预防控制中心
唐山市路南区疾病预防控制中心
固安县疾病预防控制中心

三、采供血机构（15 个）

（一）优秀实验室（14 个）

河北省血液中心
邯郸市中心血站
邢台市中心血站质控科
邢台市中心血站检验科
保定市中心血站
沧州市中心血站
廊坊市中心血站
唐山市中心血站
承德市中心血站
张家口市中心血站
秦皇岛市中心血站
保定邢邑单采血浆站
河间单采浆血站
怀安县大安单采血浆站

（二）良好实验室（1 个）

衡水市中心血站

四、医疗保健机构（365 个）

（一）优秀实验室（135 个）

石家庄市第一医院
石家庄市第三医院
石家庄市第四医院
河北医科大学第四医院
河北医科大学第三医院
石家庄市妇幼保健院（新华路）
河北医科大学第二医院
河北省人民医院
河北省儿童医院
石家庄市第五医院
正定县医院
栾城县妇幼保健所
平山县人民医院
藁城市人民医院
新乐市中医院
石家庄市五院
邯郸市妇幼医院
大名县妇幼保健院
涉县妇幼保健院
武安市第一人民医院
邯郸市钢铁集团有限责任公司职工医院
邯郸市中心医院
邯郸市第三医院
河北工程大学附属医院
邯郸市第一医院
邯郸市传染病医院
中煤第一建设公司岭北医院
冀中能源峰峰集团总医院（北院区）
冀中能源峰峰集团有限公司总医院（南院）
临漳县医院
成安县人民医院
大名县人民医院
涉县医院
磁县医院
永年县第一医院
鸡泽县医院
广平县人民医院
沙河市妇幼保健院
邢台市妇幼保健院
临城县妇幼保健院
邢台医专一附院
邢台眼科医院
邢台市第二医院
邢台市第三医院
邢台医专二附院
邢台市第五医院
邢台县医院
巨鹿县医院
清河县中心医院
清河县人民医院
河北省定州市人民医院
雄县医院
蠡县中医医院
唐县中医院
唐县人民医院
清苑县妇幼保健院
清苑县人民医院
保定市妇幼保健院
保定市第五医院
保定市传染病医院
保定市第一医院
中国人民解放军第二五二医院
保定市第三中心医院
沧州市妇幼医院
沧州市中西医结合医院东院区
沧州市中心医院
中西医结合医院
沧县人民医院
青县人民医院
盐山县人民医院
肃宁县人民医院
南皮县人民医院
泊头市人民医院
黄骅市人民医院

馆陶县人民医院
曲周县医院
武安市中医院
邯郸市第二医院
唐山市工人医院
华北煤炭医学院附属医院
唐山眼科医院
滦县人民医院
滦南县医院
乐亭县医院实验室
迁西县人民医院
玉田县医院
遵化市人民医院
唐山市丰南区人民医院
唐山市曹妃甸区医院
玉田县中医医院
衡水市第五人民医院
衡水市第四人民医院
衡水市妇幼保健站
安平县二分院
故城县人民医院
中国石油天然气集团公司中心医院
永清县医院
河北燕达医院
三河市燕郊人民医院
秦皇岛港口医院
秦皇岛海港医院
秦皇岛军工医院
青龙满族自治县人民医院
昌黎县人民医院
秦皇岛市第二医院
河间市人民医院
唐山市丰润区二院
唐山市协和医院
唐山市人民医院
秦皇岛市第一医院
秦皇岛市中医院
秦皇岛妇幼保健医院
围场满族蒙古族自治县医院
承德医学院附属医院
中国人民解放军第二六六医院
承德县中医院
承德县县医院
兴隆县医院
隆化县医院
丰宁满族自治县医院
宽城满族自治县医院
承德市中心医院
崇礼县医院
张家口市建国医院
解放军第二五一医院
张家口市第三医院（市妇幼）
河北北方学院附属第一医院
张家口市传染病医院
张家口市宣化区医院
张家口市妇幼保健站
康保县医院
阳原县医院
怀来县医院
张家口市肺科医院
张家口市第二医院

（二）良好实验室（166 个）

河北省中医院
石家庄市第一医院中心医院院区
石家庄心脑血管病医院
河北省胸科医院
石家庄市第一眼科医院
石家庄市中医院
河北以岭医院
石家庄市妇幼保健院（建国路）
河北医科大学第一医院
河北友爱医院
石家庄金域临床检验所
井陉县医院
灵寿县中西医结合医院
高邑县中医院
高邑县医院
深泽县医院

河北省干细胞应用工程技术研究中心
石家庄市第二医院
石家庄肾病医院
冀中能源井陉矿业集团总医院
赵县妇幼保健院
辛集市第一医院
辛集市第二医院
辛集市中医院
藁城市中西医结合医院
石家庄石炼医院
晋州市人民医院
新乐市医院
鹿泉市人民医院
河北大安制药有限公司
邯郸市峰峰矿区妇幼保健院
临漳县妇幼保健院
成安县妇幼保健院
磁县妇幼保健院
肥乡县妇幼保健所
永年县妇幼保健院
鸡泽县妇幼保健院
曲周县妇幼保健院
邯郸市第四医院
邯郸县医院
肥乡县医院
永年县中医院
邱县中医院
邱县中心医院
馆陶县中医院
魏县人民医院
魏县中医院
宁晋县妇幼保健院
河北民政总医院
临城县医院
内丘县医院
隆尧县医院
任县人民医院
南和县医院
宁晋县医院
新河县医院
赞皇县医院
无极县医院
平山县妇幼保健院
元氏县中医院
蠡县医院
曲阳县人民医院
安新县医院
望都县医院
望都县中医院
涞源县医院
容城县人民医院
高阳县医院
石油物探职工中心医院
河北大学附属医院
沧州市传染病医院
沧州南大港管理区医院
东光县人民医院
盐山阜德医院
吴桥县医院
献县人民医院
黄骅市博爱医院
沧州渤海新区人民医院
东光县中医院
献县中医院
泊头市妇幼保健院
唐山市妇幼保健院
滦县妇幼保健院
迁安市中医院
唐山市开滦医院
唐钢医院
唐山铁路医院
唐山市中医医院
唐山市第三医院
开滦林西医院
开滦赵各庄医院
唐山市开平区医院
唐山市传染病医院
唐山市丰润区中医院
唐山市丰润区二局医院
唐山市丰润区二十二冶医院

威县医院
临西县人民医院
南宫市人民医院
沙河市医院
邢台市人民医院
河北省高碑店市医院
博野县医院
唐山市第四医院
唐山市丰南区中医院
唐山市丰润区人民医院
迁安市传染病院
唐山市曹妃甸区南堡开发区医院
滦南县中医院
滦南县京东医院
唐山市曹妃甸区冀东监狱医院
衡水市哈励逊国际和平医院
衡水市第二人民医院
衡水市第三人民医院
衡水市桃城区妇幼保健院
枣强县医院
枣强县妇幼保健院
武邑县人民医院
武邑县中医院
武强县人民医院
饶阳县医院
饶阳县中医院
安平县中医院
故城县中医院
景县人民医院
景县妇幼保健院
阜城县人民医院
阜城县县妇幼保健院
冀州市人民医院
冀州市中医院
冀州市妇幼保健院
唐山市丰润区南厂医院
滦县中医院
乐亭县中医院实验室
迁西县中医院
遵化市第二医院
迁安市人民医院
二五五医院
深州市医院
廊坊市人民医院
廊坊市中医院
香河县人民医院
三河市医院
卢龙县医院
秦皇岛山海关区人民医院
秦皇岛市工人医院
秦皇岛北戴河区人民医院
抚宁县人民医院
秦皇岛市第四医院
秦皇岛市骨科医院
承德钢铁公司职工医院
承德鹰手营子矿区第六医院
平泉县医院
滦平县医院
滦平县中医院
张家口市第一医院
宣化县医院
张北县医院
张家口仁爱医院
尚义县医院筛查实验室
开滦集团蔚州矿业公司医院
蔚县妇幼保健院
万全县县医院
万全县妇幼保健院
赤城县第一人民医院
华北石油总医院

（三）合格实验室（63 个）

石家庄市井陉矿区妇幼保健站
河北慈佑医院
石家庄文博医学检验所
井陉县妇幼保健院
无极县妇幼保健院
元氏县医院
元氏县妇幼保健院
赵县人民医院

正定县中医院
正定县妇幼保健院
栾城县医院
行唐县人民医院
行唐县妇幼保健院
灵寿县医院
深泽县妇幼保健站
赞皇县妇幼保健院
河北省第七人民医院
河北省涿州市妇幼保健院
保定市第二中心医院
涿州市医院检验科
顺平县医院
易县医院
定兴县医院
徐水县人民医院
阜平县医院
涞水县医院
保定市第七医院
满城县医院
保定市第一中心医院
保定市第三医院
保定恒兴中西医结合医院
保定市第二医院
沧州华美医院
沧州市人民医院中捷院区
海兴县人民医院
孟村回族自治县人民医院
（三）不合格实验室（1 个）
无极县中医院
赵县中医院
辛集市妇幼保健院
藁城市妇幼保健院
鹿泉市妇幼保健院
威县妇幼保健院
广宗县医院
安国市妇幼保健院
安国市医院
任丘市人民医院
黄骅市神农居医院
黄骅市育康医院
沧州市人民医院
黄骅市中医院
唐山市第二医院
武强县妇幼保健院
安平县人民医院
深州市中医院
廊坊市广阳区妇幼保健院
文安县医院
文安县中医院
秦皇岛市第三医院
隆化县妇幼保健院
河北北方学院附属第二医院
张家口市宣钢医院
沽源县医院
蔚县人民医院
怀安县医院

关于做好2015年全省人体重点寄生虫病防治工作的通知

各设区市、华北石油疾控中心，定州、辛集市疾控中心：

为做好我省以消除疟疾和人体重点寄生虫病现状调查为重点的寄生虫病防治工作，现就有关要求通知如下：

一、做好以县为单位消除疟疾工作

（一）继续贯彻《中国消除疟疾行动计划2010—2020年》，按照《消除疟疾技术方案（2011年版）》要求，做好我省以县为单位消除疟疾工作。

1. 加强疟疾防治知识和疟原虫血检技术培训，稳定疟防队伍，进一步提高全省疟防人员的防治水平，特别是医疗机构相关人员的疟疾诊治水平。

2. 加大高疟区来往人员的登记管理，及时发现输入性疟疾病例，切实做好病例的报告、个案调查、疫点处置、实验室检测（血涂片镜检的同时应加做RDT快诊试剂检测）和抗疟治疗等各项工作，规范处置率保持100%。各级疾控中心要及时、逐级复核阳性血片，收集相应血涂片、滤纸血和/或全血标本并上送。疟疾RDT快诊试剂已由我中心统一配发各设区市疾控中心。

3. 以县为单位继续落实不明原因发热病人疟原虫血检措施，每月5日前收集、汇总血检数据，通过寄生虫病防治信息管理系统（专报系统）上报。市级疾控中心以县为单位随机抽取不少于3%的阴性血片复核、保存，于6月和12月分两次送我中心寄生虫病防治所复核。

4. 围绕“全国疟疾日”开展多种形式的宣传教育和健康促进活动，提高广大群众疟防意识和参与消除疟疾行动的自觉意识。

5. 加强对所辖县（市、区）消除疟疾工作的督导检查，每年不少于1次，并于11月30前将督导工作总结报我中心寄生虫病防治所。

（二）进一步加强领导，提高认识，明确责任，统筹安排，按照国家和省卫计委消除疟疾考核评估相关文件要求，做好消除疟疾市级评估的各项准备，如期提出评估申请，确保市级评估顺利进行。

（三）认真汇总、分析消除疟疾及其考核评估相关资料和数据，撰写年度工作总结，于12月15日前上报。

二、做好人体重点寄生虫病现状调查工作

按照《河北省人体重点寄生虫病现状调查方案》（冀卫办疾控〔2014〕20号）和《河北省人体重点寄生虫病现状调查实施细则》（冀疾控字〔2014〕3号）要求，我省11个市38个调查县（市、区）要完成全部现场调查任务。

1. 各市要加强领导，建立技术指导组，明确责任和任务，协调相关部门人员，合理分工，保质保量按时间要求完成各项工作任务。

2. 结合本市实际情况，制定本辖区切实可行的实施方案和具体的工作计划，加强人员培训和技术指导，确保调查工作质量。

3. 各地要加强资料和数据的管理，专人负责，妥善保存，确保调查数据安全、准确、完整，按要求建立统一的数据库。

4. 各市每月5日前上报工作进展情况（附件1），及时汇总、分析调查资料和数据，撰写阶段性调查报告，于6月底前上报上半年阶段总结，12月15日前上报年度总结，同时填写附件2、3，与工作总结一并上报。

三、做好其他寄生虫病防治工作

落实《防治包虫病行动计划（2010－2015年）》，安排专业人员及时浏览国家疾病监测信息报告管理系统，对报告的与本地相关的包虫病例（包括本地报告病例和外地报告本地病例）及时开展流行病学调查，填写个案调查表（见《全国包虫病流行情况调查方案》），追溯可能的传染来源，必要时采取相应措施。处理完成后，及时撰写流调

报告，与个案表一并上报。

附件：1. 河北省人体重点寄生虫病现状调查进度信息收集表

2. 河北省人体寄生虫病现状调查结果（粪检）汇总表

3. 河北省人体寄生虫病现状调查结果（蛲虫肛拭）汇总表

河北省疾病预防控制中心

2015 年 2 月 2 日

附件 1

河北省人体重点寄生虫病现状调查进度信息收集表

设区市名称	调查县（市、区）名称	方案细则制定			培训			物资、人员准备			现场调查工作			备注
		完成	正在开展	拟开展时间	完成	正在开展	拟开展时间	物资准备	人员准备	拟完成时间	开展时间	拟开展时间	拟完成时间	
石家庄	市本级													
	行唐县													
	桥西区													
	井陉矿区													

注：1. 请在空格内填入相应时间或打“√”；2. 请在备注中说明未开展或未达到进度要求的原因。

附件 2

河北省人体寄生虫病现状调查结果（粪检）汇总表

设区市名称	调查县（市、区）名称	调查点（乡、村）名称	调查时间	调查人数	虫卵阳性人数						肠道原虫阳性人数		
					蛔虫卵	钩虫卵	鞭虫卵	蛲虫卵	华支睾吸虫卵		溶组织阿米巴	蓝氏贾第鞭毛虫	人芽囊原虫

注：1. 发现肠道原虫和其他虫卵，请依次填入表中，列数不足请增加；2. 待鉴定虫种保留标本同时将数量分类填入最后 1 列中。

附表 3

河北省人体寄生虫病现状调查结果（蛲虫肛拭）汇总表

设区市名称	调查县（市、区）名称	调查点（乡、村）名称	调查时间	调查人数	蛲虫卵阳性人数

关于做好全省2015年手足口病监测工作的通知

各设区市疾控中心，定州、辛集市疾控中心：

为进一步做好全省2015年手足口病监测工作，现就有关要求通知如下：

一、流行病学调查

（一）重症（死亡）病例调查

对所有手足口病重症病例、死亡病例必须进行流行病学个案调查，详细了解病例的基本信息、临床症状、发病就诊治疗过程、感染传播情况、病原检测结果，以及引起重症及死亡病例的主要危险因素等，填写手足口病重症或死亡病例个案调查表，并录入Epidata数据库。

（二）聚集性和暴发疫情调查

县（区）级疾控机构接到聚集性或暴发疫情报告，或在主动搜索、进行网络直报信息审核，以及发现聚集性或暴发疫情时，应当及时按照《手足口病聚集性和暴发疫情处置工作规范（2012版）》要求进行调查处置并做好记录，填写《手足口病暴发疫情调查主要信息登记表》，撰写调查处置报告或结案报告。

二、病原学监测

各市以县（区）为单位，每月最少需采集5例首次就诊的普通病例标本。当月县（区）病例总数少于5例时，全部采样。所有重症和死亡病例均需采样，每人份病例标本应包括咽拭子、肛拭子（粪便）。每起暴发疫情至少采集5例病例标本。

所有标本采集后4℃暂存并在12小时内送达实验室，-20℃以下低温冷冻保藏，需长期保存的标本存于-70℃冰箱。市级疾控中心对手足口病病例标本进行检测，将检测结果填入手足口病病例临床标本检测结果登记表（见附件1）。

病例标本采集、送样及检测请参考《手足口病预防控制指南2009版》中“肠道病毒标本的采集、运送、保存和实验室检测指南”。

三、血清学监测

各市全年采集10例（5例EV71，5例CA16）以上重症或住院病例急性期和恢复期双份血清（相隔2-4周）血清，填写手足口病病例血清标本登记表（附件2）。标本和登记表一并送我中心病毒病防治所。

四、标本和相关信息上送

市级务于每月5日前将上月所有采样检测病例的手足口病病例临床标本检测结果登记表（附件1，Excel电子表格）、手足口病重症或死亡病例个案调查表（Epidata数据库，每月累增数据）和手足口病聚集性和暴发疫情一览表（附件3）电子版报我中心病毒病防治所。

各市疾控中心每两个月报送手足口病普通病例标本和重症病例标本，用于标本核酸复核及病毒分离，其中重症病例和死亡病例的标本需要全部送检。普通病例标本每两个月35份，（EV71阳性10份，CoxA16阳性10份，其他肠道病毒阳性10份，实验室检测均阴性5份）。并填写手足口病病例临床标本送检件（附件4），随标本附纸质版送检表，同时报电子版。

邮箱地址：yuqiuli@126.com（附件1、2、3、4）
szkyqz2009@163.com（数据库数据）

六、结果反馈

各市疾控中心在完成检测后要及时将检测结果以正式报告形式反馈至当地县（区）疾控中心以及医疗机构，医疗机构收到正式反馈结果后立即对已报告病例进行订正，并注明肠道病毒的型别。

联系人：于秋丽　刘莹莹

联系电话：0311-86573420（传真）
86573424

附件：

1. ________市手足口病病例临床标本检测结果登记表

2. ________市手足口病病例血清标本登记表

3. ________市手足口病聚集性和暴发疫情一览表

4. ________市手足口病病例临床标本送检表

河北省疾病预防控制中心

2015 年 3 月 4 日

附件 1

________市手足口病病例临床标本检测结果登记表

编号	姓名	性别	年龄	现住址	发病日期	临床诊断		标本类型				采样日期	检测日期	RT－PCR 结果			结果
						轻症	重症	便	咽拭子	疱疹液	其他			HEV71	CoxA16	其他 HEV	

报告单位：______________ 填表人：__________ 填报日期：__________ 联系方式：__________

附件 2

________市手足口病病例血清标本登记表

编号	姓名	性别	年龄	现住址	发病日期	临床诊断		采样日期	RT－PCR 结果		
						轻症	重症		HEV71	CoxA16	其他 HEV

续表

编号	姓名	性别	年龄	现住址	发病日期	临床诊断		采样日期	RT－PCR 结果		
						轻症	重症		HEV71	CoxA16	其他 HEV

报告单位：＿＿＿＿＿＿＿＿＿＿　填表人：＿＿＿＿＿＿　填报日期：＿＿＿＿＿＿　联系方式：＿＿＿＿＿＿

附件 3

手足口病聚集性/暴发疫情病例一览表

事件名称	报告地区（市、县/区）	报告单位（疾控中心）	报告时间	结束时间	是否采样检测	检测人数	HEV71阳性人数	CoxA16阳性人数	其他肠道病毒阳性数	发病数	死亡数	学校类型	首次报告首例病人发病时间	本次报告末例病人发病时间	是否网络报告	事件波及人口数	学生数	班级数	教职工数	学校环境	是否有住校生	住校生比例	发病班级是否采取停课措施	班级停课开始日期	班级停课结束日期	学校停课开始日期	学校停课结束日期	学校是否开展消毒	消毒剂名称	备注

续表

事件名称	报告地区（市、县/区）	报告单位（疾控中心）	报告时间	结束时间	是否采样检测	检测人数	HEV71阳性人数	CoxA16阳性人数	其他肠道病毒阳性数	发病数	死亡数	学校类型	首次报告首例病人发病时间	本次报告末例病人发病时间	是否网络报告	事件波及人口数	学生数	班级数	教职工数	学校环境	是否有住校生	住校生比例	发病班级是否采取停课措施	班级停课开始日期	班级停课结束日期	学校停课开始日期	学校停课结束日期	学校是否开展消毒	消毒剂名称	备注

报告单位：____________ 填表人：________ 填报日期：________ 联系方式：________

附件4

______市手足口病病例临床标本送检表

编号	姓名	性别	年龄	现住址	发病日期	临床诊断		标本类型				采样日期	检测日期	检测结果
						轻症	重症	便	咽拭子	疱疹液	其他			

报告单位：____________ 填表人：________ 填报日期：________ 联系方式：________

关于做好全省2015年肾综合征出血热防制工作的通知

各设区市、华北石油疾控中心，定州、辛集市疾控中心：

肾综合征出血热是我省重点防制的传染病之一，近两年全省出血热疫情呈明显上升趋势，报告发病数在全国居前五位，部分县市人间疫情仍较严重，鼠密度和鼠带毒率较高，防制形势严峻。为做好全省2015年肾综合征出血热的防制工作，现就有关要求通知如下：

一、人间疫情监测

（一）血清学核实

对临床诊断或疑似出血热的病例应采集急性期血清标本进行核实诊断，核实率应达到85%以上，有记录（包括采用的方法、结果及原始记录等）。我中心向各市提供诊断试剂，各市完成检测后一个月内将血清标本（阳性、阴性）冷冻送我中心复核。

（二）个案调查

各市对报告出血热临床诊断病例和实验室确诊病例抽样进行个案调查，年报告病例数在50例以上的县至少抽样30例，病例数在20～50例的至少抽样20例，病例数不超过20例的全部调查。按照国家统一的个案调查格式填报，数据录入数据库，于每月10日前将个案调查表上报我中心病毒病防治所。

（三）漏报调查

各市每半年至少对HFRS疫情报告进行一次漏报调查，发现较大疫情要及时与我中心联系，以便及时妥善处理。

二、宿主动物监测

（一）调查点的选择

各市根据疫情分布情况和地理景观至少选一个代表性县（区）为监测点（不包括国家监测点县），各监测点选2～3个村庄为监测样地（选择有代表性的、既往有出血热病人发生的自然村）在居民区和野外同时开展调查。

（二）监测时间

每年3月和9月各调查一次。

（三）调查方法

采用夹夜法或黏鼠板调查鼠密度。

居民区：各调查点每夜布夹数不少于100夹次，晚上将鼠夹放在鼠类经常出没活动的场所和室内，室内每房间（约15m^2）放鼠夹一个。

野外：各调查点村外布夹应在距村100～500米范围内，每夜布夹数不少于200夹次，鼠夹应放在有鼠活动的地方，行距30m以上，夹距5m。

（四）标本上送

为使数据具有统计学意义，每次每个监测点居民区捕鼠数不少于30只，各市实验室检测的阳性鼠肺及时送我中心进行复核，按照《监测方案》要求的统一表格进行调查和上报。

三、做好国家级监测点工作

各市疾控中心要对辖区内县级国家监测点的监测工作进行技术指导和督导。

各监测点要严格按照监测方案要求，对所有上报病例全部进行个案调查，数据及时录入数据库，于每月10日前上报。对上报病例全部进行血清学核实，经核实诊断为阳性的病例还要采集恢复期血清标本，每个阳性病例的急性期和恢复期双份血清标本要冷冻及时送我中心病毒所。

各监测点春秋季在居民区和野外同时开展监测，居民区捕鼠数不少于50只，对采集的鼠肺及时送我中心进行检测。

四、加强督导检查

各市要强化考核，加强督导，按照绩效考核指标要求对所辖县（市、区）进行考核，掌握工作动态，突出重点，分类指导，发现问题及时解决，确保全省肾综合征出血热防制工作取得实效。

河北省疾病预防控制中心

2015年3月4日

关于进一步加强人口死亡信息登记管理系统信息安全管理工作的通知

各设区市疾病预防控制中心，定州、辛集市疾病预防控制中心：

根据《中国疾病预防控制中心关于进一步加强人口死亡信息登记管理系统信息安全管理的通知》（中疾控慢社发〔2015〕44号）和省卫生计生委、省公安厅、省民政厅《关于进一步规范人口死亡医学证明和信息登记管理工作的通知》（冀卫发〔2014〕3号）要求，为确保我省人口死亡信息登记管理系统信息安全，现就有关要求通知如下：

1. 加强系统用户管理，做到专人、专机运行人口死亡信息登记管理系统，严禁使用公共场所（如网吧）的计算机登录本系统，应在运行本系统的计算机上安装杀毒软件、防火墙，定期杀毒，尽量使用Windows自带的IE浏览器登录系统，不使用带插件的或被篡改过的其他浏览器登录本系统。

2. 加强本级用户或直报用户的权限管理，逐一排查所辖所有用户信息，如遇问题账户，需先清理账户权限，及时向同级系统管理员和上级业务管理员报告，再进行详细调查，调查有明确结论后采取下一步措施。

3. 建立业务管理员年度备案制度，上级业务管理员应对下级业务管理员进行备案（格式见附件），市级务于2015年4月30日前将2015年人口死亡信息登记管理系统市级业务管理员备案表报我中心慢病所，同时报电子版，邮箱地址：hbcdczf@126.com。

其他各级于2015年4月30前完成备案工作。

4. 系统将于2015年4月7日强制停用尚未修改初始密码用户，或密码长度小于8位或密码字符均为数字的用户，如工作需要可向本单位业务管理员重新提交申请，经领导批准后方可开通用户权限。

5. 指导医疗机构做好死者家属安全意识教育，责任医疗机构在出具《死亡医学证明书》的同时，应向家属进行防诈骗宣传，以避免诈骗行为的发生。为排查信息泄漏隐患，自2015年3月3日起系统已暂时关闭家属联系人电话号码录入功能，开通时间另行通知。

附件：2015年人口死亡信息登记管理系统市级业务管理员备案表

河北省疾病预防控制中心

2015年4月3日

附　　件

2015年人口死亡信息登记管理系统市级业务管理员备案表

用户姓名：	登录名：
单位：________疾病预防控制中心 部门：	
手机号：	身份证号：
办公室电话：	邮箱：
QQ号：	
本人签字： 年　月　日	主管领导签字 （加盖单位公章）： 年　月　日

关于参加2015年度全国地方病防治机构实验室氟测定质控考核工作的通知

各设区市疾病预防控制中心、张家口市地方病所，各省直管市（县）疾病预防控制中心：

为提高全省地方性氟中毒监测质量，保证我省地方性氟中毒项目工作顺利开展，我中心决定组织参加2015年度全国地方病防治机构氟测定实验室质控考核工作。现将有关事宜通知如下：

一、考核范围

（一）13个市级及承担地方性氟中毒项目监测任务的10个县级实验室参加国家考核（名单见附件1）。

（二）随机抽取21个县级实验室参加省级考核（名单见附件2）。

二、质控样品发放

2015年4月初，国家考核的水氟外质控盲样以及由我中心统一订购的水氟标准品将下发至各设区市疾控中心、张家口市地方病防治所，请及时将水氟盲样及标准样品转发到参加质控考核的县（市、区）疾控中心。

三、质控样品检测

水氟测定采用国标法GB/T8538－2008，或本实验室常规工作验证的准确可靠的方法测定统一的含氟盲样的氟含量。每个质控样品分别在3个工作日进行检测，每个工作日进行双样平行测定。测定水氟盲样前，将样品FS20150101稀释10倍，将样品FS20150102稀释100倍，报告稀释后的测定结果。

四、结果反馈

参加考核的实验室要按照检测记录表（见附件3）测定统一发放的含氟盲样，参加考核的市、县务于2015年5月20日前将检测结果报送我中心地方病防治所。参加国家考核且考核合格的实验室将由中国疾控中心地病中心统一发放2015年度氟检测能力合格证书。我中心将对省级考核的结果进行通报。

附件：1. 参加国家级水氟质控考核的市（县、区）名单

2. 参加省级水氟质控考核的市（县、区）名单

3. 水氟盲样检测结果记录表

河北省疾病预防控制中心

2015年4月8日

附件 1

参加国家级水氟质控考核的市（县、区）名单

市	市（县、区）
石家庄市	赵县
张家口市	尚义县
承德市	平泉县
唐山市	玉田县
秦皇岛市	
廊坊市	大城县
保定市	定兴县
沧州市	盐山县
衡水市	故城县
邢台市	南宫市
邯郸市	大名县
辛集市	
定州市	

附件 2

参加省级水氟质控考核的市（县、区）名单

市	市（县、区）
石家庄	桥西区、井陉县、元氏县
张家口	下花园区、阳原县
承德	双滦区、围场县
唐山	乐亭县、迁西县
秦皇岛	青龙县
廊坊	固安县
保定	新市区、涞水县、望都县
沧州	海兴市、孟村县
衡水	阜城县
邢台	临西县、隆尧县
邯郸	武安市、曲周县
省直管市（县）	迁安市、宁晋县、涿州市、怀来县、任丘市、景县、魏县

附件3

水氟盲样检测结果记录表

河北省　　　　　　　　　　单位：＿＿＿＿＿＿＿＿（盖章）

水氟盲样编号	测定结果（mg/L）	测定日期
水中氟成分分析样品 FS20150101		
水中氟成分分析样品 FS20150102		
检测方法：		
备注		

左表为水氟盲样检测结果表

含氟盲样检测说明：

1. 由中国疾病预防控制中心地方病控制中心地氟病防治研究所（地病中心氟病所）制备含氟盲样，按各省的考核需求统一发放到省级，由省级逐级发放至市、县级样品检测实验室。

2. 各实验室使用国家标准方法或本实验室常规工作验证的准确可靠的方法测定统一发放的含氟盲样中的氟含量。

3. 测定水氟盲样前，将样品FS20150101稀释10倍，将样品FS20150102稀释100倍，报告稀释后的测定结果。

4. 每个样品分别在3个工作日进行检测，每个工作日进行双样平行测定，将检测结果、检测日期、检测方法，等信息填入左表。

5. 各实验室上报的结果必须包括电子版表格和加盖公章的纸版表格。各市、县于2015年5月20日前将参加考核的实验室盲样检测结果整理，统一报送省疾病预防控制中心地方病防治所。

6. 联系人：梁索理

电话：0311－86573428

E－mail：suoli2008@ sohu. com

邮编：050021

单位：河北省疾病预防控制中心地方病防治所

地址：石家庄市槐安东路97号

关于成立中国疾病预防控制中心－礼来基金会耐多药结核病全球合作项目河北省培训基地的通知

石家庄市疾病预防控制中心、石家庄市第五医院：

为保证中国疾病预防控制中心－礼来基金会耐多药结核病全球合作项目在我省顺利实施，根据项目工作要求，决定成立中国疾病预防控制中心－礼来基金会耐多药结核病全球合作项目河北省培训基地，设协调小组和协调小组办公室，负责项目的管理协调，开展具体工作。名单及职责如下：

一、河北省培训基地协调小组

组长：崔　泽

成员：李　琦　高立志　陈素良

赵　川　许尊贵

职责：协调小组定期召开例会，负责培训基地建设和管理、培训计划审定、师资队伍建设、项目资金使用、培训效果追踪与考核。

二、河北省培训基地协调小组办公室

主任：陈素良

成员：朱小波　李志伟　陈海峰

卢　安　张会民　周吉坤

王瑜玲　朱建良　王海宾

职责：协调小组办公室在协调小组领导下开展具体工作。负责起草培训计划、培训班的日常管理、培训总结上报。

三、省级培训师资队伍

请按照以下条件推荐省级耐多药结核病防治培训师资：

（一）具备中级及以上职称，有5年以上的结核病防治/临床/实验室工作经验。

（二）应接受过国家级耐多药结核病防治技能培训，名额分配见附件1。

（三）请将推荐表（见附件2）于2015年4月15日前报我中心结核病防治所。

联系人：张会民

联系电话：0311－86573416

附件：1. 名额分配表

2. 推荐表

河北省疾病预防控制中心

2015年4月9日

附件1

名额分配表

单位	专业	人数
河北省疾病预防控制中心	结核病防治	3名
	实验室	1名
石家庄市疾病预防控制中心	结核病防治	1名
	实验室	1名
石家庄市第五医院	结核病临床	2名
	实验室	1名

附件 2

推荐表

<table>
<tr><td>姓名</td><td></td><td>性别</td><td></td><td>出生年月</td><td></td></tr>
<tr><td>单位</td><td colspan="3"></td><td>职务</td><td></td></tr>
<tr><td>职称</td><td></td><td>工作年限</td><td></td><td>从事结防工作年限</td><td></td></tr>
<tr><td>办公电话</td><td></td><td>手机</td><td></td><td>Email</td><td></td></tr>
<tr><td colspan="6">是否从事过培训工作：1. 是，　　　　2. 否</td></tr>
<tr><td colspan="6">主要工作经历：</td></tr>
<tr><td colspan="6">主要科研奖励：</td></tr>
<tr><td colspan="6">单位意见

领导签字：　　　　　　　　单位盖章
年　　月　　日</td></tr>
</table>

关于下发《2015年河北省艾滋病防治数据质量评估方案》的通知

各设区市和省直管县（市）疾病预防控制中心：

为保证全省艾滋病防治数据信息质量，切实落实各项防治措施和任务，按照中国疾控中心性艾中心工作要求，我中心组织制定了2015年河北省艾滋病防治数据质量评估方案（见附件），现下发。请认真按照方案要求开展评估工作。

各单位要充分认识艾滋病防治数据质量的重要性，制定详细的实施计划，及时开展培训，强化质控管理，严格按时限要求完成，对数据评估过程中发现的问题及时更正，并更新到艾滋病综合防治数据信息管理系统相关数据库中。2015年对艾滋病防治七大领域数据质量进行评估，并且和艾滋病防治指标相整合，互为补充，一并纳入年终考核范围。

附件：2015年河北省艾滋病防治数据质量评估方案

河北省疾病预防控制中心

2015年4月15日

附　　件

2015年河北省艾滋病防治数据质量评估方案

为保证全省艾滋病防治数据信息质量，落实《艾滋病综合防治数据信息管理手册》《HIV/AIDS病例报告网络直报工作指南（试行）》《全国艾滋病哨点监测实施方案（试行）》《国家免费艾滋病抗病毒治疗手册》《滥用阿片类物质成瘾者社区药物维持治疗工作方案》《高危行为干预工作指导方案（试行）》提出的工作标准和任务要求，对艾滋病病例报告、哨点监测、感染者/病人管理、检测咨询、抗病毒治疗、社区美沙酮维持治疗和高危行为干预相关工作的数据质量进行全面评估，特制定本方案。

一、评估目的

通过评估艾滋病防治工作中相关数据的质量，及时发现和解决相关工作中的问题，为下一步健全、完善艾滋病综合防治数据信息系统，有针对性地制定与采取有效措施，切实提高工作质量提供科学依据。同时，为评价我省艾滋病防治工作效果、制定政策提供可靠的数据支持。

二、评估内容

对7类数据信息的质量开展评估。具体包括艾滋病综合防治信息系统中的艾滋病病例报告、感染者/病人管理、检测咨询、抗病毒治疗、社区美沙酮维持治疗和高危人群干预数据，以及哨点监测数据共计7类数据。

三、评估指标与方法

（一）病例报告数据质量

核查内容为2014年7月1日至2015年6月30日期间新发现并报告病例及相关资料、HIV检测份数表、监管场所检测数据。

1. 确证阳性上报率

指标定义：核查期间，确证报告单检测结论为阳性的病例（有痕迹资料证明为重卡的除外），上报至“艾滋病防治信息管理系统”的比例。

计算公式：$\dfrac{\text{上报至信息系统的病例数}}{\text{实际检查确证报告阳性的病例数}}\times 100\%$

评估方法：从确证实验室获得核查期间内出具给抽样县区的所有阳性HIV抗体确证检测报告单或确证试验记录，随机抽查10份，现场核查上报至艾滋病综合防治数据信息系统的情况，少于10份的全部检查。县级自查辖区内责任报告单位收到的所有阳性 HIV 抗体确证检测报告单是否上报至艾滋病综合防治数据信息系统的情况。

2. 报卡合格率

指标定义：所报告病例中，“中华人民共和国传染病报告卡”（以下简称“传染病报告卡”，含订正报告卡）“传染病报告卡艾滋病性病附卡”（以下简称“艾滋病性病附卡”）和首次“个案随访表”重点信息完整、录入准确，且无逻辑错误，则该报卡或报表为合格。

计算公式：$\frac{\text{合格上报至信息系统的报卡数}}{\text{实际检查报卡数}} \times 100\%$

评估方法：抽查 10 例确证并报告病例，县级自查辖区内报告的所有病例。通过该病例的报告及随访过程中获取的信息进行重点信息核实，包括姓名、身份证、疾病名称、接触史、最可能传播途径、既往检测史、主要死因等；逻辑错误指疾病名称为“艾滋病”的病例“个案随访表”无 CD4 检测结果或临床表现结果支持；最可能传播途径为既往采血浆及输血/血制品，但无相关证明材料；15 岁以下儿童的传播途径无合理依据；18 个月以下儿童的确证方式非核酸检测等。

3. 监管场所监测质量

3. 1 报告一致率

指标定义：2015 年 1 月 1 日至 2015 年 6 月 30 日监管场所筛查的实验室记录数、上报“监管场所检测数据”（根据中疾控艾发〔2014〕3 号文）与“艾滋病防治信息管理系统”的“HIV 检测份数表”模块定时统计“羁押人群来源”检测数一致；

评估方法：现场查看抽查县区级疾控中心（或监管场所医院）实验室资料及现场记录，从实验室获取监管场所样本检测数，与 HIV 检测份数表羁押人群来源检测数及上报“监管场所检测数据”的数是否一致。负责监管场所检测的县级自查上述三项是否一致。如核查期内实验室监管场所样本检测数、上报“监管场所检测数据”及“羁押人群来源”检测数一致为 100%，不一致为 0。

3. 2 报告合格率

监管场所现场记录中的信息与“监管场所检测数据”信息一致，且有高危行为的记录需有身份证信息，即为合格。

计算公式：$\frac{\text{合格上报的记录数}}{\text{实际检查记录数}} \times 100\%$

评估方法：现场随机抽查县区级单位的 10 人监管场所现场记录，查看全部信息与上报“监管场所检测数据”信息是否一致，有高危行为的记录是否有身份证信息。负责监管场所检测的县级自查全部报告记录情况。

（二）感染者/病人随访管理数据质量

1. 尚未接受艾滋病抗病毒治疗的艾滋病病毒感染者及病人 CD4 结果与实验室数据一致率

指标定义：在随访管理数据库中录入日期在 2014 年 7 月 1 日至 2015 年 6 月 30 日期间的尚未接受抗病毒治疗的艾滋病病毒感染者/病人，且“自上次随访以来，做过 CD4 检测____次”填写大于等于 1 的“个案随访表”中，“最近一次 CD4 检测结果”和“检测日期”均与原始报告填写一致的“个案随访表”份数的比例。计算公式：

$$\frac{\text{“最近一次 CD4 检测结果”和“检测日期”均与原始记录填写一致的随访表份数}}{\text{规定时间内有 CD4 检测结果且未接受艾滋病抗病毒治疗感染者/病人的随访表份数}} \times 100\%$$

评估方法：采用网络直报中随访数据库分析与现场检查相结合的方法。现场核查过程填写“实验室数据一致率核查表”（表 1－1）。县（区）对全部填写过 CD4 检测结果且尚未接受艾滋病抗病毒治疗的艾滋病病毒感染者/病人的随访表进行自查，并对自查发现不一致的随访表在信息系统中据实修改。省级现场抽查“个案随访表”份数的原则见表 1－2。

2. 随访表中配偶信息一致率

指标定义：在随访管理数据库中，录入日期在 2014 年 7 月 1 日至 2015 年 6 月 30 日期间，配偶信息与之前最近一次随访相比发生变化（配偶阳转、配偶阴性变为阳性、有配偶变为无配偶、无配偶变为有配偶）的随访表中，配偶信息与实际情况相符的比例。

计算公式：$\frac{\text{与实际情况核实一致的随访表份数}}{\text{规定时间段内配偶信息发生变化的随访表份数}} \times 100\%$

评估方法：采用网络直报中随访数据库分析和现场检查相结合的方法。由省疾控中心提供分母中规定时段内配偶信息发生变化的感染者/病人随访表名单，各县（区）按照名单对相应随访表中的配偶信息进行自查，自查发现填写有误的配偶信息需在纸质随访表及信息系统中据实修改，并将结果填入“配偶信息一致率核查表”（表1－3）中。

3. 随访表中阳性配偶卡片编号一致率

指标定义：在随访管理数据库中，录入日期在2011年1月1日至2015年6月30日期间显示配偶阳性的随访表中，阳性配偶卡片编号与疫情库卡片可关联且逻辑相符的表格的比例。

计算公式：$\frac{\text{阳性配偶卡片编号与疫情库可关联且逻辑相符的随访表份数}}{\text{规定时间段内显示为配偶阳性的随访表份数}} \times 100\%$

评估方法：采用网络直报中随访数据库分析的方法。由省疾控中心提供分母中规定时段内其阳性配偶卡片编号未填写或者与疫情库关联无此人的感染者/病人随访表名单，各县（区）按照名单对相应随访表中的阳性配偶的卡片编号进行自查，并据实在纸质随访表及信息系统中进行填写和修改。省疾控中心将下载截至2015年8月31日的随访库，计算录入日期在2011年1月1日至2015年6月30日期间随访表中，阳性配偶卡片编号与疫情库可关联且逻辑相符的随访表格的比例作为核查结果。

（三）哨点监测数据质量

从哨点运行情况、运行质量、监测数据上报质量和新发感染检测质量四个方面考核哨点监测数据质量，其中哨点运行、监测数据上报、新发感染检测质量根据各市落实国家艾滋病哨点情况进行评分，结合现场抽查哨点情况在附表填写评估结果。

1. 哨点运行质量

评估内容：按照全国艾滋病哨点监测方案要求，对现场工作记录、样本量、样本来源、监测期，按时上报数据进行考评。

评估方法：

县级自查：哨点所在县级自查辖区内所有哨点。

省级考评：核查抽样县区内的所有哨点。进行现场哨点相关资料检查，对抽到的每一个哨点按照下面四项分别评估。

（1）样本来源质量

评估内容：符合方案要求且与实际运行情况一致。包括哨点机构的选择、调查员的培训，监测对象的选择是否符合方案要求、对不同来源的对象是否存在选择偏倚以及调查对象的拒访情况等。

评估方法：

1）哨点培训通知、签到表、照片等；

2）样本抽样框架或高危场所摸底数据或分布图（近两年以内的）；

3）哨点监测现场调查问卷采血、拒访人员登记表、医疗机构门诊日志；

4）其他记录及与哨点现场有关的文字、图表、照片等材料。

根据方案中各人群纳入标准核实现场完成样本量的可能性。

（2）问卷质量

a. 问卷合格率

指标定义：抽查10份哨点纸质问卷中合格问卷的比例。

评分规则：纸质问卷上填写信息清晰、完整、准确，上报信息与纸质问卷内容一致。问卷字迹清晰、信息完整，无缺项、漏项，行为学信息关键问题（吸毒者的吸毒行为、暗娼和男男性行为人群的性行为和安全套使用情况）不能出现拒答，无逻辑错误的问卷定义为合格，与以上任何一项不符的定义为不合格问卷。每个哨点抽查10份哨点问卷。

b. 问卷信息上报一致率

指标定义：抽查10份哨点纸质问卷信息与相关记录一致的百分比。

评价规则：问卷的调查日期、样本来源与现场工作记录（门诊日志、调查对象清单等）、实验室采样或收样记录一致且无明显逻辑错误；问卷的编号及检测结果与血样编号及结果一一对应；问卷内容与客户端上传数据一致。每个哨点抽查10份哨点问卷。

（3）样本量

指标定义：哨点实际完成样本量占达到国家要求样本量的比例。评估方法：

$$\frac{\text{完成现场调查和实验室检测数}}{\text{全国艾滋病哨点监测方案要求的样本量}} \times 100\ (\%)$$

分子：完成现场问卷调查、采血及实验室检测的人数，包括 HIV 既往阳性者。

分母：除青年学生哨点样本量要求 800 人，其他人群样本量均要求 400 人，近 3 年 HIV 抗体阳性检出率维持在 10% 水平及以上的监测人群哨点，在本年开展监测时分母可降低至 250 人。

2. 哨点监测数据上报

a. 监测数据上报及时率

指标定义：本省哨点在 2015 年 7 月 31 日前通过哨点客户端上报至网络的问卷数占方案要求样本总量的比例。

评价规则：

$$\frac{\text{本省哨点首次上传服务器时间在 7 月 31 日之前的问卷数}}{\text{全国艾滋病哨点监测方案要求的样本量}} \times 100\ (\%)$$

b. 监测结果一览表一致率

指标定义：哨点监测结果一览表与监测结果一致的哨点数占本省所有哨点数的比例。

（四）检测咨询数据质量

1. 艾滋病病毒抗体筛查阳性者落实确证检测率

指标定义。综合考虑：①HIV 检测份数表数据库中，填报时间在 2014 年 7 月 1 日至 2015 年 6 月 30 日期间的筛查阳性人次数与现场核查的原始数据的一致性；②原始数据筛查阳性人数中实际进行确证检测人数的比例。

计算公式：艾滋病病毒抗体筛查阳性者落实确证检测率 = 筛查阳性一致率 ×0.5 + 筛查阳性者确证检测比例 ×0.5

（1）筛查阳性一致率

$$\frac{\text{规定时间内原始 HIV 检测登记表中筛查阳性人次数}}{\text{规定时间内上报的“艾滋病病毒抗体检测情况统计报表”中筛查阳性人次数}} \times 100\%$$

若现场核查发现“分子 > 分母”，则公式为：

$$\frac{\text{规定时间内上报的“艾滋病病毒抗体检测情况统计报表”中筛查阳性人次数}}{\text{规定时间内原始 HIV 检测登记表中筛查阳性人次数}} \times 100\%$$

（2）筛查阳性者确证检测比例

$$\frac{\text{分母中实际进行确证检测的人数}}{\text{规定时间内原始 HIV 检测登记表中的筛查阳性人数}} \times 100\%$$

评估方法：现场核查疾控中心或医疗机构，数据来源于信息系统中“HIV 检测份数表”模块。在填报时间为 2014 年 7 月 1 日至 2015 年 6 月 30 日期间的 HIV 检测数据库中，根据各县（区、市）疾控中心或医疗机构在规定时间内报告筛查阳性人次数的多少，选择核查时间段内若干月份的数据进行核查。对疾控中心或医疗机构网络上报的 HIV 筛查阳性人数进行现场个案核查。根据个案信息与网络直报情况进行核对，并将相关信息填入表 2 中。

备注：此指标适于各级核查。各级疾控中心在进行核查时，对发现的网络上报的错误信息应及时更正，省级现场核查时以信息系统中实时统计数据作为核查数据。各地填报“艾滋病病毒抗体检测情况统计报表”按中疾控艾发〔2014〕85 号文件执行，现场核查筛查数据上报情况时参考文件相关要求。

（五）抗病毒治疗数据质量

1. 抗病毒治疗数据一致率

指标定义：分为实验室数据一致率和抗病毒治疗处方一致率。实验室数据一致率为抽样病人上报的治疗表格中实验室检查结果与原始实验室报告填写一致的表格份数占现场核对表格份数的比例。抗病毒治疗处方一致率为抽样病人上报的治疗表格中抗病毒治疗处方与现场病人领药记录一致的表格份数占现场核对表格份数的比例。两个指标各占 50% 权重。

指标说明：实验室数据一致率需经现场核查原始报告单与信息系统服务器端收到的表格上所有化验结果均一致，该份表格方可判为“一致”；各治疗点应保留原始实验室检查结果，若有无法核对的项目，则该页表格判为“不一致”；分母只包含“一致”和“不一致”的表格，不包含“无须核对”的表格。抗病毒治疗处方一致率需现场核查病人领药记录与信息系统服务端收到的表格上的药品名称、发药量及本次随访日期（或抗病毒治疗开始日期）均一致，该份表格方可判定为“一致”。

评估方法：现场抽样调查，抽样病人来自2014年7月1日至2015年6月30日上报治疗表格的病人。治疗县区如果过去一年上报表格人数超过30人，则随机抽取30人。如果不超过30人，则检查所有病人。核对其中有实验室数据的全部基本情况表和随访表的实验室数据和处方一致情况。评估结果填写表3-1。复核时每个县区重新随机抽取15人现场复核。

2. 疑问数据核改及时率

指标定义：截至2014年9月30日，抗病毒治疗信息系统数据库中各市（自治区、直辖市）及时核实/改正的疑问数据条数占2015年前两个季度反馈的疑问数据总条数的比例。

计算公式

分子：分母中及时核实/改正的疑问数据条数。

分母：2015年前两个季度反馈的疑问数据条目总数。

评估方法：省疾控中心每季度提供疑问数据名单，分子、分母分别按季度累加，统一公布结果。

省疾控中心每季度初将日常数据监测过程中发现的疑问数据汇总后发布一期疑问数据名单，在本季度内核实、改正完毕者为"及时"，经核实认为无需更改者请通过Email（logart@chinaaids.cn）及时说明情况，逾期未核改者为"不及时"，未及时核改的数据将自动转入下一期的疑问数据名单。分子分母逐季累加，即得一年总的及时核实/改正比例。

备注：疑问数据主要包括以下几类。

1）随访延迟——在治病人末次随访之后190天仍未有任何后续随访信息上报者。

2）待修改数据——服务器端经查重后审核状态标记为待修改的数据。

3）非法值——比如时间格式不正确，如2080-21-21。

4）身份证号错误——身份证号位数不对，或其他问题。

5）逻辑错误——随访时间在开始治疗时间之前、死亡表重复、转出机构有晚于转出终止时间的随访表，疫情库和治疗库之间存在死亡状态和时间不一致，临床处置结果与抗病毒治疗处方不一致等。

6）关键信息缺失——开始抗病毒治疗时间、随访时间、性别、出生日期等。

7）其他错误。

3. 抗病毒治疗药品账物相符一致情况

指标定义：药品管理机构和抗病毒治疗机构的实际抗病毒治疗药品库存数量与账目相符的情况

评估方法：

县级自查：检查县区内所有药品管理机构和抗病毒治疗机构。

省级核查：在抽样县区里，每个县选择1所药品管理机构及1所抗病毒治疗机构。

指标说明：

对于药品管理机构（即不直接为病人发放药物的机构），随机抽取3种该机构所辖治疗机构的患者正在使用的抗病毒治疗药品，核对实际药品库存数量与抗病毒治疗药品管理系统（以下简称药品管理系统）显示库存数量是否一致。若3种药物均一致，且2015年7月1日至核查日期间没有不合理平库记录，则该机构判断为实际药品库存数量与账目相符的机构。具体操作时，可先核对不合理平库记录，如果任何一个待查药物存在不合理平库记录，则该机构即可判断为账物不相符的机构，不需要再核对库存数量。评估结果填写表3-2-1。

对于抗病毒治疗机构（即直接为病人发放药物的机构），核对替诺福韦TDF（如果没有TDF，则另外随机选取一种）的实际库存数量是否与系统显示库存量与本月尚未录入系统的患者发药总量（按现场病人领药记录汇总）的差一致。若一致，且2015年7月1日至核查日期间没有不合理平库记录，则该机构判断为实际药品库存数量与账目相符的机构。具体操作时，可先核对不合理平库记录，如果存在不合理平库记录，则该机构即可判断为账物不相符的机构，不需要再核对库存数量。评估结果填写表3-2-2。

（六）美沙酮维持治疗门诊数据质量

1. 病人基线和随访问卷正确上报率

指标定义：美沙酮门诊病人基线和第一次随访问卷正确上报的比例。

$$\text{计算公式：}\frac{\text{现场核对病人基线和随访问卷正确上报的份数}}{\text{现场核对病人基线和随访问卷的份数}}\times 100\%$$

评估方法：现场调查。在美沙酮门诊现场随机抽取开诊至 2014 年 12 月 31 日期间在该门诊入组治疗达到第一次随访时间要求的病人的病历资料 10 份，不足 10 份的全部抽取，查看病人入组时的基线问卷和第一次随访问卷正确上报美沙酮维持治疗信息系统的情况。病人入组 6 个月后有服药记录，即达到第一次随访时间要求。

首先，核查入组病人基线调查问卷填答是否完整、逻辑无误，是否与上报信息系统的内容一致（问卷填答与信息系统录入不一致的以问卷为准），正确上报的计为合格，填写现场评估记录表（表 4－1）。其次，核查该病人入组后第一次随访问卷填答是否完整、逻辑无误，是否与上报信息系统的内容一致（问卷填答与信息系统录入不一致的以问卷为准），正确上报的计为合格，填写现场评估记录表（表 4－1）。

2．实验室检测结果正确上报率

指标定义：美沙酮门诊在规定时间内完成尿检、HIV、HCV 和梅毒实验室检测并准确上报到信息系统中的比例。

$$\text{计算公式：}\frac{\text{现场核对 4 项实验室检测符合要求并准确上报病历数}}{\text{现场核对的病历数}}\times 100\%$$

评估方法：现场调查 2014 年 7 月 1 日至 2015 年 6 月 30 日期间尿检、HIV、HCV、梅毒检测数据。在上述时间段内已上报至信息系统的检测记录中，每项检测随机抽取 5 份病历，不足 5 份的全部抽取。核对内容包括：①上报检测结果与检测结果报告单的一致性（病人编号、检测结果及采血日期，以检测结果报告单为准）；②检测时间是否符合规定的入组和随访检测的要求（病人入组时各项均需检测，治疗期间尿检每月检测一次，HIV 每 6 个月检测 1 次，HCV 和梅毒每 12 个月检测 1 次，HIV、HCV 阳性后不再检测，梅毒即使阳性仍继续检测）。评估时计算实验室检测上报合格率（检测结果一致并符合时间要求计为合格），并填写现场评估记录表（表 4－2）。

（七）高危行为干预信息数据

1．上报数据与原始记录的符合率

指标定义：上报至高危行为干预数据库的干预信息报表中，其相关干预现场原始工作记录（如现场干预活动记录、采血检测相关记录等）保存齐全且与上报数据相符合的份数所占的比例。

$$\text{计算公式：}\frac{\text{与原始记录信息完全符合的份数}}{\text{数据库中抽取的干预信息报表份数}}\times 100\%$$

评估方法：现场调查。在 2014 年 7 月 1 日至 2015 年 6 月 30 日的高危行为干预数据库中，每个季度随机抽取 1 份高危干预信息报表，共抽取 4 份，将其原始工作记录（如现场干预活动记录、采血检测相关记录等）与信息报表相互验证，确定两者符合的份数所占的比例，并填写现场评估记录表（表 5－1）。

2．数据真实性评价

指标定义及评估方法：在评估“上报数据与原始记录的符合率”的基础上，现场随机抽取 1－2 份高危行为干预现场活动记录，到干预现场（如娱乐场所、MSM 活动场所等）进行核查，通过询问业主及有关目标人群，定性评价相关工作记录的真实性，活动记录与现场调查情况完全符合者评为“好”、基本符合者评为“中”、基本不符合者评为“差”，并填写现场评估记录表（表 5－2）。

四、组织实施

艾滋病防治数据质量评估分为县（区）级自评、市级考评和省级考评。市级疾控中心负责本辖区内数据质量的整体考评工作，制定各信息上报单位的具体自查、复核要求，汇总自查、复核结果，并组织复核。自评阶段，由各县（市、区）依据评估指标和评估方法开展自查；市级考评阶段，各市随机抽取 50% 的县（市、区）进行评估。省疾控中心将对每一类数据随机抽取 20% 的县（市、区）进行考评。

对于数据质量评估过程中发现的表格填写问题，由信息上报单位进行核实，并在原表格上改正，同时及时更新到艾滋病综合防治数据信息管理系统相关数据库中。

五、数据录入、收集和传输

数据录入统一采用 Excel 软件。由省疾控中心根据各评估指标的记录表格统一编制 Excel 数据库，于 2015 年 7 月 15 日前发给各市。各县区将自查情况录入数据库后上报至市级疾病预防控制中心，市级疾病预防控制中心负责收集、复核、汇总辖区内数据，形成全市质量评估数据库，并将县区自查情况的数据库汇总并复核后，于 2015 年 8 月 5 日前通过电子邮件发送至省疾控中心邮箱 hivstd@126.com。其中，抗病毒治疗数据质量仅需上报省级考评阶段数据库（表 3－1，3－2－1，3－2－2）。

联系人：马　琳　王校丰

联系电话：0311－86573247

六、时间进度

7 月 31 日前市县级按要求完成自查工作及相关数据的录入。

省疾控中心将根据各评估指标记录表格统一编制的 Excel 数据库在 7 月 15 日前发至各市。

8 月 1 日至 8 月 5 日市级完成县级数据库汇总整理工作并上报至省邮箱。

8 月 20 日前省级完成考评及全省数据汇总工作。

8 月 20 日至 9 月 30 日国家考评。

（注：国家哨点监测数据质量自查工作应于哨点数据上传之后立即开展）

附　　表

表 1－1　艾滋病实验室数据一致率核查表

省（自治区、直辖市）市（地、州）县（区）

序列号	卡片编号	姓名	随访日期	随访次数	CD4 检测结果		CD4 检测日期	
					上报结果	与原始检测单一致＝1，不一致＝2	上报日期	与原始检测单一致＝1，不一致＝2

评估人员签字：　　　　　　　　　　　　　　　　评估时间：　　年　　月　　日

表 1－2　省级抽查现场抽样原则

有 CD4 检测结果的随访表（2014 年 7 月 1 日至 2015 年 6 月 30 日）	抽样比例
125 以下	100%
125～249	80%
250～499	40%
500～999	20%
1000～1999	10%
2000 以上	5%

表 1－3　配偶信息一致率核查表

省（自治区、直辖市）市（地，州）县（区）

序列号	卡片编号	姓名	随访日期	配偶信息变化情况 配偶阳转＝1； 配偶阳性转阴性＝2； 有配偶变无配偶＝3； 无配偶变有配偶＝4	与实际情况一致 配偶阳转＝1； 配偶变更＝2； 离异或配偶死亡＝3； 结婚或再婚＝4； 其他＝9（请注明）	与实际情况不符 本次配偶信息有误＝1； 既往配偶信息有误＝2； 本次检测结果误填＝3； 既往检测结果误填＝4； 阳性配偶卡片有误＝5； 其他＝9（请注明）

评估人员签字：　　　　　　　　　　　　　　　　　　　　　　　　　评估时间：　　年　　月　　日

填表说明：

1. 卡片编号、姓名、随访日期及配偶变化情况由省疾控中心提供。

2. 与实际情况一致中：“配偶阳转”指经核实配偶确为阳转；“配偶变更”指之前有配偶，在此期间配偶更换；“结婚或再婚”指之前未婚或离异（即之前无配偶），现在有配偶。

3. 既往或本次“配偶信息有误”指既往或本次随访表中“自上次随访以来配偶/固定性伴变化情况”与实际情况不符，填写错误。

4. 既往或本次“检测结果误填”指既往或本次随访表中的检测结果与实际情况不符，填写错误。

5. “阳性配偶卡片有误”指经核实阳性配偶卡片信息无法在信息系统中找到相应病例，或找到的病例与实际不符。

表 2　艾滋病病毒抗体筛查阳性者落实确证检测率核查表

省（自治区、直辖市）市（地、州）县（区）

机构名称：

现场核查的数据所在时间：　　年　　月至　　年　　月

初筛检测数	筛查阳性数	确证检测数	确证阳性数
人次	共　　人。	共　人。其中阳性____人，阴性/不确定____人，既往确证____人，未确证检测____人。 筛查阳性未确证原因：既往已报告____人；流失或拒绝检测____人，其他（请详细写明）____。	共　　人。

评估人员签字：　　　　　　　　　　　　　　　　　　　　　　　　　评估时间：　　年　　月　　日

表3－1　抗病毒治疗数据一致率指标现场数据核查登记表

省（自治区、直辖市）市（地，州）县（区）

病人治疗编码 （9位机构代码+4位抗病毒治疗号）	表格类型	实验室数据核对情况 1 一致 2 不一致	抗病毒治疗处方核对情况 1 一致 2 不一致

评估人员签字：　　　　　　　　　　　　　　　　　　　　　　　　　　评估时间：　　年　　月　　日

填表说明：

1. 实验室数据一致性：以下情况按不一致处理，填“2”。

（1）化验单上的数值与信息系统上报表格所填数值至少有1项不一致；

（2）信息系统收到的表格上有化验结果，而现场找不到相应化验结果；

（3）有相应时间的化验结果，而信息系统收到的表格上无化验结果；

（4）有相应时间的化验结果，而表格上填的是其他时间的化验结果。

2. 抗病毒治疗处方一致性：以下情况按不一致处理，填“2”。

（1）病人领药记录上的药品名称、发药量、发药时间和信息系统上报表格所填结果有一项不一致；

（2）信息系统收到的表格上有处方，而现场找不到相应领药记录。

表3－2－1　药品管理机构药物账物相符一致情况调查表

省（自治区、直辖市）市（地，州）单位：瓶

所在县区	药品管理机构的机构编码（9位数字编码＋Y）	药物1 名称规格剂型				药物2 名称规格剂型				药物3 名称规格剂型				该机构是否为实际药品库存数量与账目相符的机构
		不合理平库记录条数	系统显示库存数量	实际库存数量	账物是否一致：一致＝1，不一致＝2	不合理平库记录条数	系统显示库存数量	实际库存数量	账物是否一致：一致＝1，不一致＝2	不合理平库记录条数	系统显示库存数量	实际库存数量	账物是否一致：一致＝1，不一致＝2	相符＝1 不相符＝2 药品管理系统尚未启用＝0

评估人员签字：　　　　　　　　　　　　　　　　　　　　　　　　　　评估时间：　　年　　月　　日

填表说明：

1. 本表适用于药品管理机构（即不直接为病人发放药物的机构）。

2. 不合理平库记录是指2015年7月1日至核查日期间，在抗病毒治疗药品管理信息系统中的“合格药品库存管理”中存在平库记录，且平库原因为空，或者平库原因不能明确解释药品的去向和来源（无书面证明材料）。如果任何一个待查药物存在不合理平库记录，则该机构即可判断为账物不相符的机构，不需要再核对库存数量。

3. 系统显示库存量＝合格药品库显示库存数量＋待验收入库数量（本次核查忽略药品批号）（待验收入库数量如物流尚未到达可不计入，根据实际情况判断；若物流已经到达，应督促完成系统的验收入库）。

4. 系统尚未启用指该机构在系统中不存在，或者该机构实际有药物出入库管理但在系统中没有任何药品信息记录。

表 3-2-2 抗病毒治疗机构药物账物相符一致情况调查表

省（自治区、直辖市）市（地，州）单位：瓶

所在县区	抗病毒治疗机构的机构编码（9 位数字编码）	药物名称规格剂型					该机构是否为实际药品库存数量与账目相符的机构
		不合理平库记录条数	系统显示库存量	本月尚未录入系统的患者发药总量	实际库存数量	账物是否一致：一致=1，不一致=2	相符=1 不相符=2 药品管理系统尚未启用=0

评估人员签字： 评估时间： 年 月 日

填表说明：

1. 本表适用于抗病毒治疗机构（即直接为病人发放药物的机构）。

2. 不合理平库记录是指 2015 年 7 月 1 日至核查日期间，在抗病毒治疗药品管理信息系统中的“合格药品库存管理”中存在平库记录，且平库原因为空，或者平库原因不能明确解释药品的去向和来源（无书面证明材料）。如果任何一个待查药物存在不合理平库记录，则该机构即可判断为账物不相符的机构，不需要再核对库存数量。

3. 系统显示库存量 = 合格药品库显示库存数量 + 待验收入库数量（本次核查忽略药品批号）（如药品物流尚未到达，待验收入库数量可不计入，根据实际情况判断；若药品物流已经到达，应督促完成系统的验收入库。）

4. 本月尚未录入系统的患者发药总量：指核查日所在当月尚未录入系统的患者发药量，按现场病人领药记录汇总。

5. 系统尚未启用指该机构在系统中不存在，或者该机构实际有药物出入库管理但在系统中没有任何药品信息记录。

表 4-1 美沙酮门诊病人基线和随访问卷现场评估记录表

门诊名称： 门诊编号：（9 位）

门诊主任签字：

序号	病人编号	基线问卷是否正确上报	第一次随访问卷是否正确上报	是否合格
1				
2				
3				
4				
5				
6				
7				
8				
9				
10				

评估人员签字： 评估时间： 年 月 日

填表说明：

1. 病人编号：填写病人治疗号最后 4 位。

2. 无基线和第一次随访的纸质问卷，不合格。

3. 是否正确上报：0 = “未正确上报”，1 = “正确上报”。

4. 是否合格：0 = “不合格”，1 = “合格”；基线问卷和第一次随访问卷任意一份未正确上报，计为不合格。

表 4－2　美沙酮门诊病人实验室检测现场评估记录表

门诊名称：　　　　　　　　　　　　　　　　　　　　　　　　　门诊编号：（9 位）

门诊主任签字：

序号	病人编号	尿检			HIV			HCV			梅毒			是否合格
		是否及时上报	结果一致	检测时间符合要求	是否及时上报	结果一致	检测时间符合要求	是否及时上报	结果一致	检测时间符合要求	是否及时上报	结果一致	检测时间符合要求	
1														
2														
3														
4														
5														

评估人员签字：　　　　　　　　　　　　　　　　　　　　　　　　评估时间：　　年　　月　　日

填表说明：

1. 病人编号：填写病人治疗号的后 4 位。
2. 是否及时上报：实验室检测结果应在一个月内上报到信息系统，0 = 未及时上报，1 = 及时上报。
3. 结果一致性：0 = 不一致，1 = 一致。
4. 时间符合要求：0 = 不符合，1 = 符合。
5. 尿检国家规定每月检测一次。
6. HIV 检测时间要求：入组时及治疗期间每 6 个月，检测时间比要求时间推后 2 个月视为不合格，阳性者不再检测。
7. HCV 检测时间要求：入组时及治疗期间每 12 个月，检测时间比要求时间推后 2 个月视为不合格，阳性者不再检测。
8. 梅毒检测时间要求：入组时及治疗期间每 12 个月，检测时间比要求时间推后 2 个月视为不合格，即使上次检测阳性，仍然每 12 个月检测一次。
9. 是否合格：0 = 不合格，1 = 合格。12 项指标与实际一致且符合时间要求为合格，任何一项不符合为不合格。

表 5－1　高危行为干预上报数据与原始记录符合情况核查记录表

单位名称：　　　　　　　　　　　　　　　　　　　　　　　　　干预工作负责人签字：

抽取报表时间		现场原始记录与网络上报的干预人数一致	现场原始记录与网络上报的 HIV 检测人数一致	现场原始记录与网络上报的本年首次 HIV 检测人数一致	符合情况评价
年/季	月				
2014 年 3 季度		1. 记录齐全且一致 2. 记录不全或不一致	1. 记录齐全且一致 2. 记录不全或不一致	1. 记录齐全且一致 2. 记录不全或不一致	1. 符合 2. 不符合
2014 年 4 季度		1. 记录齐全且一致 2. 记录不全或不一致	1. 记录齐全且一致 2. 记录不全或不一致	1. 记录齐全且一致 2. 记录不全或不一致	1. 符合 2. 不符合
2015 年 1 季度		1. 记录齐全且一致 2. 记录不全或不一致	1. 记录齐全且一致 2. 记录不全或不一致	1. 记录齐全且一致 2. 记录不全或不一致	1. 符合 2. 不符合

续表

抽取报表时间		现场原始记录与网络上报的干预人数一致	现场原始记录与网络上报的HIV检测人数一致	现场原始记录与网络上报的本年首次HIV检测人数一致	符合情况评价
年/季	月				
2015年2季度		1. 记录齐全且一致 2. 记录不全或不一致	1. 记录齐全且一致 2. 记录不全或不一致	1. 记录齐全且一致 2. 记录不全或不一致	1. 符合 2. 不符合

评估人员签字：　　　　　　　　　　评估时间：　　年　　月　　日

填表说明：

1. 抽取报表的月份：每季度随机抽取1个月份的报表加以核查，并把抽到的月份记录在表格中。

2. 干预人数一致：暗娼和男男同性性行为人群现场干预原始记录齐全，干预人数原始记录与上报结果一致。

3. HIV检测人数一致：暗娼和男男同性性行为人群现场HIV检测记录（如采血记录、实验室检测记录、快速筛查登记表）齐全，检测原始记录（包括检测人数和阳性人数）与上报结果一致。

4. 本年首次HIV检测人数：暗娼和男男同性性行为人群现场HIV检测时，登记的本年首次检测原始记录（如采血记录或送检记录表上标注了本次检测是干预对象今年第一次接受HIV检测），本年首次HIV检测原始记录与上报结果一致。

5. 符合情况评价：现场评判，干预人数、HIV检测人数和本年首次HIV检测人数均一致的，在符合的选项上划“○”；任何一项不满足的，在不符合的选项上划“○”。

表5-2　高危行为干预数据真实性评价记录表

单位名称：　　　　　　　　　　干预工作负责人签字：

编号	场所名称	现场考察情况描述	评价结果
1		1. 是否有本地高危场所的分布图 2. 是否在场所进行过HIV检测咨询宣传 3. 场所内是否有安全套，宣传材料 4. 场所内的老板或领班是否熟悉高危行为干预工作人员 5. 场所内是否有干预对象熟悉干预工作人员（若评估时场所中无干预对象，或均为新人，则此问题不计入考评） 以上问题均回答是，评价为好；3~4个为是，评价为中；没有或只有1~2个为是，评价为差。	1. 好 2. 中 3. 差
2		同上	1. 好 2. 中 3. 差

评估人员签字：　　　　　　　　　　评估时间：　　年　　月　　日

填表说明：

1. 抽取的场所要涵盖当地已经开展工作的各类高危人群，以现场记录为依据随机抽取。若同时有暗娼和男男同性性行为人群干预记录，则每类人群场所各抽取1个；若仅有暗娼或者男男人群干预记录，则抽取该类人群场所1~2个。考虑到部分场所在评估期间停业的可能，原则上允许重新抽取，但不超过3次。

2. 现场考察情况描述：参照工作记录，现场访谈业主及目标人群了解开展相关干预活动的情况（包括对检测情况的询问）及对干预工作的认识和配合程度。

3. 评价结果：现场进行评判，在符合的选项上划“○”。

关于下发《2014年河北省健康素养促进行动项目（职业卫生）实施方案》的通知

各设区市和定州、辛集市疾病预防控制中心，石家庄、保定职业病防治院/所：

为做好我省健康素养促进行动项目（职业卫生）工作，根据国家卫生计生委宣传司《关于做好2014年中央补助地方健康素养促进行动项目的通知》要求，我中心组织制定了2014年河北省健康素养促进行动项目（职业卫生）实施方案（见附件），请认真按照方案要求组织实施。

附件：2014年河北省健康素养促进行动项目（职业卫生）实施方案

河北省疾病预防控制中心

2015年4月15日

附　　件

2014年河北省健康素养促进行动项目（职业卫生）实施方案

为贯彻落实《中华人民共和国职业病防治法》《中共中央国务院关于深化医药卫生体制改革的指导意见》中健康促进和健康教育工作要求，落实《国民经济和社会发展“十二五”规划纲要》中“普及健康教育、实行国民健康行动计划和《国家职业病防治规划（2009—2015年）》等要求，全面提高劳动者的健康素养，做好职业保护，推进健康教育工作，中央财政2014年安排专项资金在全国实施健康素养促进行动项目。为保证河北省项目工作顺利实施，特制定本实施方案。

一、工作内容

（一）开展全省《职业病防治法》宣传周活动

结合本年度宣传周活动主题，通过发放宣传资料、宣传品、宣传栏目制作、现场咨询和举办职业病防治知识专题讲座等多种形式，因地制宜，在本辖区开展《职业病防治法》宣传周活动。

（二）建立健康促进试点企业

各设区市疾控中心、职业病防治院（所）在本辖区职业病危害严重的行业中选择2~3个企业开展工作场所健康促进试点工作。建立工作场所健康促进常态化机制，开展工作场所健康促进工作、不断提高用人单位和劳动者职业病防护意识和健康素养。重点是开展基线调查，了解职业病防治和健康素养知识知晓率。

工作主要内容：在本辖区职业病危害严重的行业中选择2~3个企业进行基线调查，填写工矿企业工作场所评估问卷；选择企业员工填写工矿企业员工健康促进调查问卷表或工矿企业员工健康素养监测调查问卷，调查总人数不少于600人。

二、分析总结

（一）《职业病防治法》宣传周工作

《职业病防治法》宣传周活动结束后，填写《职业病防治法》宣传周活动上报数据表，写出工作总结。

（二）企业健康促进试点工作

基线调查完成后，将“工矿企业工作场所评估问卷（一）、（二）”及“员工情况调查表”“工矿企业员工健康素养监测调查问卷”录入电子版，并将数据进行整理后录入基线调查统计分析表，写出本年度企业健康促进项目工作总结。

（三）工作总结编制

本项目工作总结包括两部分内容，一是《职业病防治法》宣传周；二是企业健康促进试点工作。总结应包括：项目依据；项目实施内容、形式、覆盖范围、人数等；项目实施前后效果评估；经费使用情况等。要求具体，有数据分析，效果评估，图文并茂。

三、质量控制

（一）组织职业病五一宣传周工作，要多样化、内容丰富多彩，认真填写2015年《职业病防治法》宣传周活动上报数据表。

（二）工矿企业工作场所评估问卷、员工情况调查表、工矿企业员工健康素养监测调查问卷不能空项，认真填写核实。

（三）录入数据错误率不能超过3%（按照项次计算），在总结中给出录入错误率分析。

（四）要求审核率为100%。

四、资料上报

（一）以市为单位将《职业病防治法》宣传周活动情况统计表、工矿企业工作场所评估问卷（一）、（二）及“员工情况调查表、工矿企业员工健康素养监测调查问卷、基线调查统计分析表、影像资料（光盘）工作总结电子版和纸质文件（加盖单位公章）报我中心职业卫生与职业病防治所，邮箱qyjksy@126.com。

邮寄地址：石家庄市槐安东路97号，河北省疾病预防控制中心职业卫生与职业病防治所 李莎收。

（二）各市将相关资料存档备查，存档资料应包括各项活动的相关文件、实施资料、总结、影像资料等。

五、实施时间（2014年9月至2015年6月）

（一）《职业病防治法》宣传周为每年四月最后一周，2015年“《职业病防治法》宣传周活动上报数据表”及工作总结于5月5日前上报。

（二）企业健康促进试点工作现场实施为2015年3月~2015年5月，务于5月30日前上报所有资料及工作总结。

六、相关要求

（一）请确定本单位项目负责科室及项目负责人。

（二）加强项目的督导评估，确保项目工作质量，按照项目时限完成任务。

（三）《职业病防治法》宣传周活动情况统计表、工矿企业工作场所评估问卷（一）、工矿企业工作场所评估问卷、工矿企业员工健康促进调查问卷表、工矿企业员工健康素养监测调查问卷已下发至各单位邮箱。

关于中国疾病预防控制信息系统账号清理、个人隐私信息加密及省直管县（市）网络报告管理归属的通知

各设区市、省直管县（市）疾病预防控制中心（省妇幼保健中心、省鼠疫防治所），中心各相关处（所、中心）室：

近期，中国疾病预防控制中心根据国家信息安全等级三级保护相关要求对中国疾病预防控制信息系统（网络直报系统）开展了信息安全检查并进行了通报，我省各级各类网络直报系统的账号管理存在诸多安全隐患。主要问题是账号非实名制注册、有效期设置过长，同一账号多人使用、未修改初始密码等。

为加强信息系统安全管理，预防信息泄漏，同时为保障省管县（市）现有网络报告工作不出现管理空白、并有序、有效开展，根据中国疾病预防控制中心工作部署和安排，中心决定对全省网络直报系统各业务子系统开展账号清理、个人隐私信息加密工作，明确省管县（市）网络直报管理工作仍有原属地市级管理。现将有关事宜通知如下：

一、各级各类网络直报用户要务必提高信息安全意识，进一步加强信息系统的安全管理，降低信息泄露的风险，逐级进行安全检查和自查，同时做好个人隐私信息加密管理工作。因安全管理不到位而发生严重的泄密事件，当事人要承担一切后果。

二、建立全省各级系统管理员年度备案机制。备案信息应包括：姓名、单位、身份证号码、联系

方式等信息，市级备案表见附件 1。并于 2015 年 4 月 30 日前将备案表传真至河北省疾病预防控制中心公共卫生信息所。各市系统管理员于 4 月底完前成辖区 2015 年度县级系统管理员备案工作。

三、各级系统管理员要对管辖用户的专项清查。逐一排查辖区所有用户信息，严格落实各类账号实名制管理，停用非实名账号。如果同一个人使用多个业务系统，则每种用户类型（用户类型包括业务管理员、本级用户、直报用户）只能保留一个账号。对可疑账号采用先停用再调查的措施，对自查结果进行备案。

四、制定本级用户申请、延期续用、离岗销户账号管理制度。核对现有的用户账号和保存的用户申请是否一致，如有缺漏要由账号使用者补交用户申请表。加强离岗人员账号停用管理和在岗用户延期续用管理，账号过期后应按照延期续用管理流程办理延续使用手续。所有账号的有效期设置不得超过 1 年。

五、系统管理员要规范新建账号管理。对新建的各类账号一律不得使用统一初始密码，初始密码不得采用纯数字，密码长度不得少于 8 位。各级各类用户认真开展账号自查工作，禁止密码使用纯数字，密码长度应大于 8 位，每年至少修改一次密码。

六、各级业务管理员应逐级开展业务管理员备案工作。下级业务管理员应向上级业务管理员备案，市级备案表见附件 2。并于 2015 年 4 月 30 日前将备案表传真至省级业务管理员。

七、国家疾病预防控制中心将于 2015 年 4 月 17 日实施中国疾病预防控制信息系统个人隐私信息加密初始化工作。除直报用户外的其他用户统一采取个案的个人隐私信息屏蔽操作。个人隐私浏览权限被限制的用户登录系统后，查询、浏览及导出个案数据时隐私项均以“*”代替，其他功能不变。各业务系统查重功能不受影响。屏蔽隐私内容包括：姓名、性别、年龄、身份证号码、电话号码、现住址等相关信息。

八、涉及隐私屏蔽系统包括传染病报告信息管理系统，艾滋病综合防治信息系统，结核病管理信息系统，传染病自动预警信息系统，人口死亡信息登记管理系统，麻疹监测信息报告管理系统，出生登记报告信息系统，鼠疫防治管理信息系统，职业病与职业卫生信息监测系统，人感染 H7N9 禽流感信息管理系统，乙脑监测信息报告管理系统，流脑监测信息报告管理系统，脑炎/脑膜炎监测信息报告管理系统，霍乱监测信息报告管理系统，突发公共卫生事件管理信息系统，AFP 监测信息报告管理系统，重点慢性病监测信息系统。

九、涉及隐私屏蔽系统的业务管理员根据工作需求，对下级业务管理员和本级业务用户进行隐私授权。各级各系统业务管理员应对隐私信息浏览、查询及导出权限的用户开展隐私安全使用说明，谨慎授权。原则上可以取消隐私屏蔽的系统用户，仅限个案报告、审核、监测及数据质控人员。要求各级建立数据服务工作审批流程，提供数据服务。有数据查询需要的人员应通过数据服务方式获取资料。

十、承担审核、监测或质控任务且需使用隐私信息的业务管理员，要求再自建一个本级业务用户账户访问业务系统，不允许直接使用业务管理员账号访问系统。

十一、各级各类业务系统用户，确需使用隐私信息的由业务管理员授予专用隐私权限角色。业务管理员可使用上级授权的专用隐私权限角色，也可自建专用隐私权限角色，角色设置应具体明确，避免嵌套。

十二、由于中国疾病预防控制信息系统地区编码维护管理的复杂性和特殊性，各省直管县（市）网络直报工作仍由原所属设区市进行逐级管理。各设区市疾病预防控制中心应继续对各省直管县（市）进行技术指导、培训和信息审核、质量评价等管理工作。

省级系统管理员联系方式：

联系人：邓祖昆　董　辉

联系电话：0311－86573179

0311－86573180

传　　真：0311－86573184

附件：1. 中国疾病预防控制信息系统市级系统管理员备案表（2015 年）

2. 中国疾病预防控制信息系统市级业务管理员备案表（2015 年）

河北省疾病预防控制中心

2015 年 4 月 15 日

附件 1

中国疾病预防控制信息系统
市级系统管理员备案表（2015 年）

<table>
<tr><td colspan="2">用户姓名：　　　　　　　　　　　　　　　　　　　　　　　　　登录名：</td></tr>
<tr><td colspan="2">单位：　　　　　　　　　　　　　　　　　疾病预防控制中心 部门：</td></tr>
<tr><td>手机号：身份证号：</td><td></td></tr>
<tr><td>办公室电话：</td><td rowspan="2">邮箱：</td></tr>
<tr><td>QQ 号：</td></tr>
<tr><td>本人签字：

年　月　日</td><td>主管领导签字（加盖单位公章）：

年　月　日</td></tr>
</table>

附件 2

中国疾病预防控制信息系统
市级业务管理员备案表（2015 年）

<table>
<tr><td colspan="2">姓名：　　　　　　　　　　　　　　　　　　　　　　　　　　　部门：</td></tr>
<tr><td colspan="2">系统名称：　　　　　　　　　　　　　　　　　　　　　　　　　账号：</td></tr>
<tr><td>办公室电话：</td><td>身份证号：</td></tr>
<tr><td>手机号：</td><td rowspan="2">电子邮箱：</td></tr>
<tr><td>QQ 号：</td></tr>
<tr><td colspan="2">安全管理承诺：本人承诺严格遵照《中国疾病预防控制信息系统用户权限管理规范》履行职责。
隐私信息安全承诺：本人承诺对系统中的个人隐私信息进行严格管理，在保障业务有效运行前提下，制定并执行相关规范和要求，严格控制并指导各级业务管理员管理进行个人隐私信息查询、浏览、导出等相关权限管理。</td></tr>
<tr><td>本人签字：

年　月　日</td><td>主管领导签字（加盖单位公章）：

年　月　日</td></tr>
</table>

关于做好 2015 年全省病媒生物监测工作的通知

各设区市、省直管县（市）疾病预防控制中心：

为做好 2015 年全省病媒生物监测工作，确保完成国家绩效考核指标和市级疾控机构综合考评指标，现就有关要求通知如下：

一、病媒生物消长监测工作

（一）按照全国病媒生物监测方案和国家绩效考核要求，各设区市疾控中心 2015 年鼠、蚊、蝇、蟑螂四种病媒生物监测点设置完成率、监测数据上报完成率均应达到 100%。于每月 10 日前将上月监测结果以纸版和电子版形式上报我中心有害生物防治所。

各设区市疾控中心要按照河北省县（区）病媒生物监测方案要求，组织指导所辖县（区）开展监测工作，以设区市为单位，四种病媒监测总体开展率不低于 70%。严格审核县级监测报表，并于每月 10 日前将县（区）病媒生物监测结果收集汇总后以电子版形式上报我中心有害生物防治所。

为进一步提高监测报表质量，设区市对市本级和县级监测报表汇总整理质量将作为年终绩效考核指标之一。自本通知下发之日起，经我中心审核返回的不合格报表（不合格报表指监测点数量或生境与监测方案不符、报表基本信息存在缺项、报表监测数据存在逻辑关系错误、对报表监测数据存在质疑），务于下月上报监测结果前核实、修改，并回复至我中心有害生物防治所，不合格报表未按时回复且未说明原因的，按缺报处理。邮箱地址：cgjiance@163. com。

（二）各县（区）疾控中心按照河北省县（区）病媒生物监测方案要求，2015 年应开展鼠、蚊、蝇、蟑螂四种病媒生物监测，四种病媒生物监测点设置完成率、监测数据上报完成率力争达到 100%。各示点县疾控中心 2015 年必须开展四种病媒生物监测，示点病媒种类监测点设置完成率、监测数据上报完成率必须达到 100%。

（三）省直管县（市）疾控中心按照河北省县（区）病媒生物监测方案要求，2015 年必须开展鼠、蚊、蝇、蟑螂四种病媒生物监测，四种病媒生物监测点设置完成率、监测数据上报完成率均应达到 100%。2015 年省直管县（市）病媒生物监测工作仍由设区市疾控中心管理，待我中心下发正式文件后，按照文件要求再行交接，正式交接时间另行通知。

二、病媒生物抗药性监测工作

（一）各设区市疾控中心应具备能够满足抗药性测定要求的实验室和病媒生物饲养室，抗药性监测完成率达到 100%。

（二）我中心将对两轮监测后尚未完成监测任务的设区市（廊坊、邢台、衡水、张家口、沧州）提供技术支持，有需求的市可在采集好试虫后，派人员到我中心进行试虫饲养及抗药性测定试验。

以上各市要严格落实人员，由专人负责做好抗药性监测工作，确保监测质量，完成病媒生物抗药性监测工作任务指标（见附件 1）。

已完成监测任务的设区市（石家庄、保定、唐山、秦皇岛、邯郸、承德）今年暂不安排抗药性监测工作。

（三）需要到我中心进行抗药性测定的设区市务于 6 月 1 日前与我中心有害生物防治所联系，安排相关工作；能够独立进行抗药性测定的设区市，要求家蝇及淡色库蚊在 7 月 20 日之前完成采集，9 月 30 日之前完成抗药性测定，德国小蠊在 6 月 10 日之前完成采集工作，10 月 20 日之前完成抗药性测定。

（四）务于 10 月 31 日之前将抗药性测定结果、原始记录及试虫采集记录加盖单位公章后报我中心有害生物防治所，同时报电子版。邮箱地址：jichuzl@163. com

（五）监测药剂由我中心统一提供，能独立进行抗药性测定的设区市可于 6 月 1 日以后安排取药。

三、其他工作

为及时掌握我省各设区市及省直管县（市）病媒专业人员情况，请各设区市、省直管县（市）填报2015年病媒专业科室人员情况调查表（见附件2），并于4月30日前以电子版形式上报我中心有害生物防治所。邮箱地址：cgjiance@163.com

附件：

1. 2015年病媒生物抗药性监测工作任务指标
2. 2015年病媒专业科室人员情况调查表

河北省疾病预防控制中心

2015年4月15日

附件1

2015年病媒生物抗药性监测工作任务指标

设区市	需完成指标数	内容	
		试虫	药剂
廊坊	20	淡色库蚊	氯氰菊酯、DDT、双硫磷、毒死蜱、胺菊酯
		家蝇	溴氰菊酯、甲基吡噁磷、顺式氯氰菊酯、胺菊酯、高效氟氯氰菊酯
		德国小蠊	毒死蜱、高效氟氯氰菊酯、敌敌畏、胺菊酯、氯氰菊酯、高效氯氰菊酯、氯菊酯、溴氰菊酯、乙酰甲胺磷、残杀威
邢台	15	淡色库蚊	氯氰菊酯、DDT、双硫磷、毒死蜱、胺菊酯
		家蝇	溴氰菊酯、甲基吡噁磷、顺式氯氰菊酯、胺菊酯、高效氟氯氰菊酯
		德国小蠊	毒死蜱、高效氟氯氰菊酯、敌敌畏、胺菊酯、氯氰菊酯
衡水	15	淡色库蚊	氯氰菊酯、DDT、双硫磷、毒死蜱、胺菊酯
		家蝇	溴氰菊酯、甲基吡噁磷、顺式氯氰菊酯、胺菊酯、高效氟氯氰菊酯
		德国小蠊	毒死蜱、高效氟氯氰菊酯、敌敌畏、胺菊酯、氯氰菊酯
张家口	10	淡色库蚊	DDT、毒死蜱
		家蝇	溴氰菊酯、顺式氯氰菊酯、高效氟氯氰菊酯
		德国小蠊	毒死蜱、高效氟氯氰菊酯、敌敌畏、胺菊酯、氯氰菊酯
沧州	10	家蝇	溴氰菊酯、甲基吡噁磷、顺式氯氰菊酯、胺菊酯、高效氟氯氰菊酯
		德国小蠊	毒死蜱、高效氟氯氰菊酯、敌敌畏、胺菊酯、氯氰菊酯

附件2

2015年病媒专业科室人员情况调查表

设区市/省直管县（市）	科室名称				办公电话
科室承担工作					
科室人员姓名	职务	年龄	职称	从事病媒专业年限	主要负责工作

续表

<table>
<tr><td>设区市/省直管县（市）</td><td colspan="4">科室名称</td><td>办公电话</td></tr>
<tr><td></td><td colspan="4"></td><td></td></tr>
<tr><td>科室承担工作</td><td colspan="5"></td></tr>
<tr><td>科室人员姓名</td><td>职务</td><td>年龄</td><td>职称</td><td>从事病媒专业年限</td><td>主要负责工作</td></tr>
<tr><td></td><td></td><td></td><td></td><td></td><td></td></tr>
<tr><td></td><td></td><td></td><td></td><td></td><td></td></tr>
<tr><td></td><td></td><td></td><td></td><td></td><td></td></tr>
<tr><td></td><td></td><td></td><td></td><td></td><td></td></tr>
<tr><td></td><td></td><td></td><td></td><td></td><td></td></tr>
<tr><td></td><td></td><td></td><td></td><td></td><td></td></tr>
<tr><td></td><td></td><td></td><td></td><td></td><td></td></tr>
</table>

关于下发《2015年河北省霍乱等重点肠道传染病监测与防控工作方案》的通知

各设区市、华北石油和省直管县（市）疾控中心：

为做好2015年全省以霍乱为主的肠道传染病防控与监测工作，根据《全国霍乱监测方案（2012年版）》和疾控机构绩效考核工作相关要求，我中心制定了2015年河北省霍乱等重点肠道传染病监测与防控工作方案（见附件），现印发给你们，请认真执行。

附件：2015年河北省霍乱等重点肠道传染病监测与防控工作方案

河北省疾病预防控制中心

2015年4月22日

附　件

2015年河北省霍乱等重点肠道传染病监测与防控工作方案

目前，全球依然处于霍乱的第七次世界大流行中。我国近年来霍乱总体处于低发水平，但局部地区暴发时有发生，特别是因海、水产品污染霍乱弧菌而导致的聚餐暴发占有较大比例。河北省已连续多年没有霍乱病例报告，但霍乱潜在流行因素依然存在。2015年各地要继续完善肠道门诊建设，加大对以霍乱为重点的肠道传染病监测力度，高度关注聚餐、饮水等导致的肠道传染病暴发，做好处理重大疫情准备。

一、疫情监测

（一）肠道门诊腹泻病人监测

1．全面监测：乡镇卫生院和县级及以上综合医院要于5月1日至10月31日设立肠道门诊。肠道门诊的设立和运转按《河北省肠道门诊工作规范》（试行）要求执行。肠道门诊实行“逢泻必登”（对每一例就诊的腹泻病人（指每日排便≥3次，且具有大便性状异常的病例）进行专册登记）、“逢疑必检”（参照《霍乱诊断标准》（WS289－2008），对有霍乱疑似症状的病人应及时采集粪便、肛拭子或呕吐物标本，开展霍乱弧菌的分离培养，还可采用胶体金试纸条、制动试验、PCR等方法作为初筛，阳性结果立即报当地疾控机构进行复核），病例检索结果，要及时出具检测报告，并进行登记。

2. 哨点监测

（1）各设区市、省直管县（市）和华北石油疾控中心要在5～10月份，选择1～2所二级以上医院作为监测哨点，按表1要求完成规定数量的霍乱监测病例（定义见《全国霍乱监测方案》（2012年版））粪便标本病原学检测（培养）任务，检测病原的种类至少包括霍乱弧菌、志贺菌、伤寒副伤寒杆菌和出血性大肠杆菌O157：H7。

（2）各设区市疾控中心要指定辖区内霍乱防治重点县，每个重点县的疾控机构要管理2所医院的肠道门诊，在5～10月份期间，派人到肠道门诊收集监测病例粪便标本，完成至少100份粪便标本霍乱弧菌培养任务。

（3）各级疾控机构对采集和检测的便标本要进行详细登记，登记内容详见附表1，各月标本采集和检测数量要尽量均衡。

（4）市、县级疾控机构每10天向当地医疗机构肠道门诊收集腹泻病人检索情况，分析汇总，连同本单位便检结果（注：不要重复统计），由设区市（省直管县、市）疾控中心每10天一次上报省疾控中心（附表2）。

（二）外环境监测

各设区市、省直管县（市）和华北石油疾控中心要在5月1日至10月31日期间有计划、有重点地对外环境水、市售（海）水产品、市售食品等开展霍乱监测，监测数量见表2，各月的监测数量要均衡。标本采集和检测结果记录详见附表3、4。各设区市根据情况对辖区重点县疾控机构安排外环境监测任务。

（三）农村婚（丧）宴监测

各设区市选择1～2个县（市、区，下同）作为监测点，对所辖农村婚（丧）家庭举办宴席（流动饭店）的食品（重点是海产品，直接入口的凉拌菜等）和水（饮用水，蔬菜、水产品洗涤用水等）进行采样监测（每次，食品采集至少10份，水5份），监测点县在7～9月份每月至少监测一起。标本采集和检测结果记录详见附表6。

二、标本采集与实验室检测

腹泻病例标本（粪便、肛拭子或呕吐物）、外环境标本（水、水产品、食品等）采集方法参照霍乱防治手册。

标本的检测应严格按照实验室质量管理手册和生物安全相关规定进行，细菌培养、分离、鉴定等要有完备的记录（留档备查），检测结果要及时通报流行病人员，并反馈相关医疗机构。霍乱等病原菌检测方法参照霍乱等相关技术手册。

各级医疗机构实验室分离的霍乱菌株，应立即送交辖区疾控机构进行复核。各级疾控机构分离的霍乱菌株（包括疑似菌株、非O1/O139群菌株）要立即送省疾控中心复核、鉴定，分离的其他病原菌株（志贺氏菌、伤寒副伤寒杆菌、出血性大肠杆菌O157：H7等）应妥善保存，并在7天内送省。各级疾控机构实验室应设立霍乱等菌株登记本（参见附表7），记录菌株的来源与去向（包括上送及销毁等）。

三、疫情报告和处理

（一）疫情报告

各级各类医疗机构、疾控机构执行职务的医务人员发现霍乱、菌痢和其他感染性腹泻暴发疫情后，要按照国家相关规定进行报告。

（二）疫区处理

在暴发疫情调查处理过程中要加强主动搜索，及时发现带菌者，对所有病例和带菌者进行个案调查，并填写个案调查表；调查感染来源，确定危险因素，针对危险因素采取迅速果断的控制措施；要针对感染危险因素加大病原检索力度，通过流行病学、病原学和分子生物学等方法进行感染来源的分析；要对病人进行隔离治疗，对密切接触者进行医学观察。

暴发疫情处理结束后，要及时收集、整理、统计、分析调查资料，写出详细的报告，报告主要内容包括：疫情概况、首发病例或指示病例的描述、流行基本特征、暴发原因、实验室检测结果和病原分型、控制措施和效果评估等。在疫情控制工作结束后7天内完成结案报告。

关于霍乱、菌痢、伤寒副伤寒和出血性大肠杆菌O157：H7暴发疫情具体处理要求，参照国家有关方案及手册。非O1/O139群（非产毒株）霍乱病例按其他感染性腹泻病例要求处理。

四、保障措施

（一）组织领导

各级疾控机构要高度重视，加强组织领导，将霍乱等重点肠道传染病防控纳入应急工作常态化管理，成立防控领导小组和专业防控技术队伍，定期开展流行病学、检验技术和疫情处理等相关知识和技能的培训，定期开展疫情处置应急演练。

（二）技术培训

加强市、县级专业技术人员的培训，在5月15日前，各设区市疾控机构完成对下一级疾控机构流行病学和检验人员的培训；各县级疾控机构至少举办一期对乡、村级防疫人员有关肠道传染病防控知识的专题培训班；在5月31日前，各市完成辖区内县级及以上医疗机构肠道门诊和检验人员的培训。培训内容包括《霍乱防治手册》（第6版）、《全国霍乱监测方案（2012年版）》和感染性腹泻监测与防控知识等。

（三）物资准备与宣传

各级疾控机构要在5月1日前储备足够的霍乱、菌痢等肠道细菌培养基、诊断试剂和消杀药品，指导医疗机构和乡镇卫生院备有足够量的补液用品和抗菌类药物。

各级疾控机构要准备充足的有关肠道传染病防治知识的宣传单、张贴画、影像资料等。5~10月份期间，要开展不同形式的针对肠道传染病防治知识的宣传。

（四）主动监测与督导/检查

1. 各设区市和华北石油疾控中心，在5~10月份期间，每10天派人到所管辖的哨点医院肠道门诊开展主动监测1次，监测内容为核实腹泻病人就诊、报告和实验室检索情况等，监测要有记录、有医院负责人签字，监测表样式见附表8。

2. 各县级（含直管县、市）疾控机构，在5~10月份期间，每10天派人到辖区医疗机构肠道门诊（包括大的乡镇卫生院）开展主动监测1次，主动监测内容及要求同上。

3. 市、县级疾控机构在当地卫生行政部门的领导下，在5~10月份期间对辖区医疗机构肠道门诊至少开展1次专项或综合的督导或检查；省至少开展1次综合督导或检查。

五、数据报告

（一）2015年5月10日前，上报霍乱等重点肠道传染病防控与监测工作计划（纸质盖章和电子版各1份）。

（二）每月各旬的肠道门诊腹泻病人检索报表（附表2，电子版），要在次旬5日前上报。

（三）每月5日前上报上月的环境和食品监测报表（附表5电子版）和农村婚（丧）宴监测报表（7~9月附表6电子版）。

（四）流行病学个案、疫情处理资料等随时上报。

（五）2015年11月10日前上报全年霍乱等重点传染病防控和监测工作总结（纸质盖章和电子版各1份），总结内容应包括省监测计划要求的本级和下级霍乱和其他病原监测任务完成情况、存在问题和相关建议等。

邮箱地址：hbcdcxjk@sina.com

联系电话：0311-86573417

联系人：曹玉雯

附表：

1. 腹泻病例采样登记表

2. 　市　年　月　旬腹泻病人登记检索汇总表

3. 水产品/食品采样与监测结果登记表

4. 水系采样与监测结果登记表

5. 市（县）　年　月霍乱弧菌环境和食品监测统计汇总表

6. 市　年　月农村婚（丧）宴霍乱监测月报表

7. 市（县）　年霍乱和其他菌株登记/送检表

8. 腹泻病例主动监测记录表

表 1　各疾控中心管理肠道门诊数及需完成的便检标本数

执行单位	管理二级以上医院肠道门诊数（个）	5－10 月份便标本培养数量（份）
设区（市）		
石家庄市疾控中心	2	200
唐山市疾控中心	2	200
秦皇岛市疾控中心	2	200
邯郸市疾控中心	2	200
邢台市疾控中心	2	200
保定市疾控中心	2	200
张家口市疾控中心	1	100
承德市疾控中心	1	100
沧州市疾控中心	2	200
廊坊市疾控中心	2	200
衡水市疾控中心	2	200
省直管县（市）		
定州市疾控中心	1	60
辛集市疾控中心	1	60
迁安市疾控中心	1	60
宁晋县疾控中心	1	30
涿州市疾控中心	1	60
怀来县疾控中心	1	30
平泉县疾控中心	1	30
任丘市疾控中心	1	60
景县疾控中心	1	30
魏县疾控中心	1	30
华北石油疾控中心	1	100
合　计	31	2550

表 2　各疾控中心外环境标本监测数量（份）

单位	外环境水	水产品	市售食品
设区（市）			
石家庄市疾控中心	90	90	90
唐山市疾控中心	90	90	90
秦皇岛市疾控中心	90	90	90
邯郸市疾控中心	60	90	90
邢台市疾控中心	60	60	60
保定市疾控中心	90	90	90
张家口市疾控中心	60	60	60
承德市疾控中心	60	60	60
沧州市疾控中心	60	60	60
廊坊市疾控中心	90	90	90
衡水市疾控中心	60	60	60
省直管县（市）			
定州市疾控中心	30	30	30
辛集市疾控中心	30	30	30
迁安市疾控中心	30	30	30
宁晋县疾控中心	20	20	20
涿州市疾控中心	30	30	30
怀来县疾控中心	20	20	20
平泉县疾控中心	20	20	20
任丘市疾控中心	30	30	30
景县疾控中心	20	20	20
魏县疾控中心	20	20	20
华北石油疾控中心	60	60	60
合　计	1120	1150	1150

注：①外环境水指沿海水域、江河水域、池塘水体等。②水产品抽检重点来自疫区的产品，采样的种类主要为甲鱼、牛蛙、贝类、鱼类等，需记录详细的采集地点和销售地点，尽可能登记上一级批发和/或养殖地点。标本的采集方法包括整体取样、部分取样和涂抹取样，其中 1 个涂抹样品应至少包括水产品的腮部、肛门和体表 3 处的涂抹拭子。③市售食品指生冷、卤制和直接入口的熟食品。

附表 1

腹泻病例采样登记表

监测地区：________市________县（市、区）________乡（镇）　　　　监测医院：________________

样品编号	姓　名	性别	年龄	家庭住址	临床症状	发热（℃）	粪便性状	临床诊断	发病日期	采样日期	病原培养结果

注：1. 粪便性状：①鲜血样便；②血便相混；③脓血便；④黑便；⑤黏液便；⑥米泔水样便；⑦水样便；⑧稀便。

2. 临床症状（可多选）：①腹泻；②腹痛；③左下腹部压痛；④呕吐；⑤里急后重；⑥脑水肿表现，如烦躁不安、惊厥；⑦有感染性休克症，如面色苍白、四肢厥冷、脉细速；⑧突然高热。

3. 发热体温填写病程中最高一次体温。

4. 检测结果：阴性填写（—），阳性填写具体病原如霍乱弧菌、志贺菌、伤寒副伤寒杆菌、出血性大肠杆菌 O157：H7（+）。

5. 此表不上报，留底备查。

填表人：　　　　　　　　填表单位：　　　　　　　　　　　　填表日期：

附表 2

市　　年　　月　　旬腹泻病人登记检索汇总表

（市、县通用）

医院（卫生院）/县（市、区）[a]	腹泻病人登记数	开展病原检索人数 b	检索率%	病原检索阳性人数		
				O1 群霍乱	O139 群霍乱	其他病原（注明）c
合　计						

注：a 县级 CDC 以“医院（卫生院）”为单位汇总，市级 CDC 以“县（市、区）为单位汇总；b 是指开展了霍乱弧菌实验室检测（包括制动试验或胶体金快诊试剂检测或进行细菌培养或进行 PCR 检测等）的病例数；c“其他”是指实验室检测到“其他病原”情况，如细菌性痢疾 1 例。

填表日期　　　　　　　　　　　　　　　　　　　　填表人

附表 3

水产品/食品采样与监测结果登记表

监测地区　　　　市　　　　县（市、区）

样品编号	采集时间	采集地点	批发/养殖地点	是否为病例接触的可疑食品	样品种类[a]	采集人	分离结果（+/－）	血清群/生物型[b]	产毒（+/－）	备注

注：a 准确描述海产品、淡水产品的名称；b 不属于 O1 群和 O139 群的霍乱弧菌菌株，未能确定血清群时按非 O1/非 O139 群记录。

填表人：　　　　　　填表单位：　　　　　　填表日期：

附表 4

水系采样与监测结果登记表

监测地区　　　　市　　　　县（市、区）

样品编号	采集时间	采集地点	采集人	样品种类[a]	分离结果（+/-）	血清群/生物型[b]	产毒（+/-）	备注

注：a 样品种类包括：沿海水、沿海养殖场水、江河水、淡水养殖场水、池塘水以及其他准确描述；b 不属于 O1 群和 O139 群的霍乱弧菌菌株，未能确定血清群时按非 O1/非 O139 群记录。

填表人：　　　　　　填表单位：　　　　　　　　　　　　填表日期：

附表 5

市（县）　　年　　月霍乱弧菌环境和食品监测统计汇总表

监测内容		采样份数	阳性数					
			小川型	稻叶型	彦岛型	O139 群	非 O1/O139 群	合计
水体	沿海水							
	沿海养殖场水							
	江河水							
	淡水养殖场水							
	池塘水							
	其　他（名称　　　　）							
海水产品	甲壳类（名称　　　　）							
	贝壳类（名称　　　　）							
	鱼类（名称　　　　）							
	蛙类（名称　　　　）							
	其他（名称　　　　）							
食品								
合计								
备注								

填表日期　　　　　　　　　　　　　　　　　　　　　　　　　　填表人

附表 6

市　　年　　月农村婚（丧）宴霍乱监测月报表

县（市、区）名称：

标本种类	采集时间	采集地点	采集数量（份）	分离结果（+/-）	备注
饮用水					
洗涤水					
海产品					
凉拌菜					
餐具					
其他（注明）					

填表日期　　　　　　　　　　　　　　　　　　　　填表人

附表 7

市（县）　　年霍乱和其他菌株登记/送检表

菌株编号	菌株来源（病人、带菌者、水体、食品）	姓名	性别	年龄	病人发病地址（环境样品写采样地址）	发病日期	采样日期	临床诊断	菌型	初次检出单位	初次检出者	菌株上送日期	上送负责人	菌株接收单位	菌株接收人	备注

填表日期　　　　　　　　　　　　　　　　　　　　填表人

附表 8

腹泻病例主动监测记录表（市、县通用）

旬	访视时间	查阅病例数	已报告病例数/漏报数	已报告检索病例数/漏报数	被访视医生签字	被访视单位负责人签字或单位盖章	访视人签字
上			/	/			
中			/	/			
下			/	/			

说明：此表一式 2 份，1 份县级疾控机构留底备案，1 份于次月 3 日前报市疾控中心备查

关于2014年河北省碘盐监测情况的通报

各设区市疾病预防控制中心、张家口地方病防治所：

为掌握2014年全省碘盐生产和居民户碘盐供应情况，我中心按照2014年河北省医改地方病防治项目方案和河北省碘缺乏病监测实施方案（试行）要求，组织开展了2014年河北省碘盐监测工作。1～12月，共对省内5家加碘盐场和除高碘县（市、区）以外所有县（市、区）的加工、分装和批发企业进行了监测（第一层次），对我省供应碘盐的167个非高碘地区和30个高碘地区（含高碘乡）的居民户食用盐进行了监测（第二层次）。现将监测结果通报如下：

一、生产加工、批发和分装层次碘盐质量

全年共对全省分装或批发企业以及加碘盐场进行了715批次的检测，合格711批次，批质量合格率为99.44%，共检测盐样6435份，盐碘均数为26.74 mg/kg，标准差为5.27 mg/kg，变异系数为19.71%。监测结果显示，随着我省加碘浓度的下调，生产层次的盐碘中位数虽比去年略有下降，仍处在我省食盐加碘浓度标准要求的范围之内。批质量合格率达到99%以上，变异系数在20%以下，我省生产、加工、批发和分装层次的碘盐质量良好。

二、非高碘地区居民食用盐监测

全省167个含非高碘乡的县（市、区）全部上报，上报率100%，有效监测率100%。共监测居民户食用盐49020份，合格份46874，不合格碘盐1252份，非碘盐894份；非碘盐率为2.01%，碘盐覆盖率为97.99%，碘盐合格率为97.11%，合格碘盐食用率95.16%，达到了国家消除碘缺乏病标准的要求。

167个县（市、区）的居民户碘盐覆盖率均大于90%，其中148个县（市、区）碘盐覆盖率≥95%。167个县（市、区）中有163个居民户合格碘盐食用率均在90%以上，达标率达到97.6%。

三、高碘地区随机抽样监测

在30个县（市、区）的172个高碘乡（镇）共监测居民户盐6840份，无碘盐6411份，无碘食盐率达到93.73%，与去年相比略低。其中，25个县（市、区）的无碘盐供应情况良好，无碘食盐率在90%以上。有3个县无碘食盐率在80～90%之间，1个县在60%～70%之间；1个县在40%～50%之间。

四、抽样方法

按照《河北省碘缺乏病监测实施方案（试行）》的要求，将按东、西、南、北、中划分5个抽样片区，在每个片区各随机抽取1个乡（镇、街道办事处）。辖有5个或不足5个乡（镇、街道办事处）的县（市、区），抽取所有乡（镇、街道办事处）；在每个乡（镇、街道办事处），随机抽取4个行政村（居委会）；在每个行政村（居委会），随机抽检15户居民食用盐。

如果县级辖区内均为高碘或非高碘地区，直接按上述方法抽样，如果辖区内有部分高碘乡的县（市、区），先将该县划分为高碘和非高碘两部分，再按照上述抽样方法分别进行抽检。

五、检测方法

（一）非高碘地区在居民户采集食盐后，在现场进行半定量检测（若在检测中发现有非碘盐，应查找并登记非碘盐的来源渠道）；随后将盐样送到县（市、区）疾病预防控制（地方病防治）机构实验室，按照GB/T 13025.7－2012直接滴定法（川盐及其他强化食用盐采用仲裁法）测定盐中碘含量。

（二）高碘地区采集居民户盐样后，在现场进行半定量检测。

六、判定标准

（一）合格碘盐：加碘食盐中碘含量符合食品安全国家标准《食用盐碘含量》（GB26878－2011）。

（二）不合格碘盐：加碘食盐中碘含量低于或超出食品安全国家标准《食用盐碘含量》（GB26878－2011）。

（三）非碘盐：碘含量低于5mg/kg的食用盐。

七、存在的问题和建议

（一）问题：全省供碘盐的167个县（市、区）中有4个居民户合格碘盐食用率低于90%，未达到国家标准要求。非碘盐较去年有增高的趋势，有22个县（市、区）的非碘盐率高于5%。部分高碘地区碘盐覆盖率仍然很高，30个高碘县（市、区）中有5个碘盐覆盖率仍高于10%。

（二）建议：

1. 盐业部门和工商部门应进一步加大打击供碘盐地区的非碘盐的力度，重点是我省合格碘盐食用率低于90%的4个县（市、区）和非碘盐率高于5%的22个县（市、区），确保当地的居民户合格碘盐食用率达到国家的要求。

2. 盐业和工商部门应进一步加强高碘地区无碘盐的供应和监督管理，降低5个碘盐覆盖率高于10%的县（市、区）的碘盐覆盖率，防止高碘对当地居民可能产生的危害。

3. 卫生、盐业等相关部门应继续加强碘缺乏病防治和高碘危害的宣传教育，使广大群众充分认识到因地制宜、科学补碘的重要意义，积极主动采取相应的防治措施，使供碘盐地区群积极主动食用碘盐，高碘地区食用无碘食盐，消除碘缺乏和碘过量对当地群众造成的危害。

河北省疾病预防控制中心

2015年4月24日

关于开展河北省艾滋病病毒分子流行病学调查工作的通知

各设区市疾病预防控制中心：

为及时掌握我省现阶段不同地区、不同高危人群艾滋病病毒毒株亚型流行分布情况，了解我省主要流行毒株的消长趋势及新重组毒株的传播和相关影响因素，按照中国疾病预防控制中心性艾中心《关于开展第四次全国艾滋病病毒分子流行病学调查工作的函》（中疾控艾便函〔2015〕5号）要求，我中心决定组织开展河北省艾滋病病毒分子流行病学专项调查，并组织制定了《河北省艾滋病病毒分子流行病学调查方案》（见附件），请严格按照方案要求开展调查工作。2015年8月20日前将现场调查资料和血样运送我中心性病艾滋病防治所。

联系人：王莹莹

联系电话：0311－86573430

电子信箱：hivstd@126.com

附件：河北省艾滋病病毒分子流行病学调查方案

河北省疾病预防控制中心

2015年5月7日

附　　件

河北省艾滋病病毒分子流行病学调查方案

我国自开展艾滋病防治工作以来，中国疾病预防控制中心性病艾滋病预防控制中心组织完成了三次全国HIV分子流行病学调查。分别是1996—1998年（第一次）、2002—2003年（第二次）和2006—2007年（第三次）。这三次全国分子流行病学调查为我国的艾滋病防治提供了重要的数据。为了进一步揭示我国HIV毒株亚型及其主要流行簇的分布、传播及对我国艾滋病流行影响，中国疾病预防控制中心性艾中心将组织开展新一轮全国范围的HIV分子流行病学调查。我省作为全国HIV分子流行病学调查的一部分，依照“第四次全国艾滋病病毒分子流行病学调查方案”要求，特制订本方案。

一、调查设计和抽样原则

采用横断面调查，以2011—2013年报告的新确认HIV感染者人数为基准，进行分层抽样。至少要覆盖3个主要传播途径（异性、同性和注射毒品）的人群。

二、抽样实施方案

（一）时间

抽样时间：2015年第二季度（4～6月）。

工作进展：于2015年5月底上报采样情况，以便了解采样进展及采样数量。填写“附录3　全国HIV分子流行病学调查一览表”，发送到hivstd@126.com信箱。

送样时间：2015年8月20日前将现场调查资料和血样运送到河北省疾病预防控制中心性病艾滋病防治所艾滋病实验室。

（二）抽样对象：2015年第二季度抽样框时间内的新检测发现的当地常住人口经确认阳性、未接受抗病毒治疗的HIV感染者（不包括艾滋病人），所有调查对象需有卡片编号。

（三）操作方法：从2015年4月起，对所有新报告病例，在进行第一次CD4检测时，使用10ml EDTA抗凝真空采血管采集至少8ml EDTA抗凝全血，除用于CD4检测外，将剩余血按照本项调查要求的血样采集、分装方法（具体方法见下面）进行留存。获得CD4检测结果并确定为HIV感染者（非艾滋病人）后，可作为调查对象纳入到本次调查中。

三、现场调查

HIV分子流行病学现场调查：调查表采用艾滋病个案流行病学调查表，由执行调查的疾病预防控制中心卫生专业人员负责填写，并执行网络直报。

四、样本采集

（一）调查对象编号和血样编号

血样编号按市编制，调查对象编号与血样编号必须相对应且为唯一编号。

血样编号总共为8位，分别由数字和字母共同组成，如“HE 150001”；第1～2位为省份国家标准编码，如“HE”代表河北省；第3～4位为调查年份，本次调查中所有编号均为“15”；第5～8位为调查对象的顺序号，每个调查对象为单一编码，不得重复。

（二）各市样本编号见下表：

各市	样本编号	备注
石家庄	HE150001～50050	
邯郸	HE150051～50100	
邢台	HE150101～50150	
保定	HE150151～50200	
衡水	HE150201～50250	
沧州	HE150251～50300	
廊坊	HE150301～50350	
唐山	HE150351～50400	
秦皇岛	HE150401～50450	
承德	HE150451～50500	
张家口	HE150501～50550	

五、血样采集、分装、保存运输和标签使用

采集CD4血检测时需用10ml（或5ml 2支）EDTA抗凝管子（紫色真空采血管），采集至少8mlEDTA抗凝全血标本，立即混匀，颠倒8～10

次。采血后除去用于 CD4 检测的标本，其余样本需要在 24 小时内分出 0.5ml 全血标本 2 管。剩余全血标本在 1200g、10 分钟离心后，分离出血浆。按照每支冻存管分装至少 0.5ml 血浆 4 管，并务必按照上述编号规则打印并贴好标签。分装好的全血和血浆管按血样编号顺序分开放入 10×10 的血清盒，置 -70℃冰箱保存。血清管标签应牢固，以免在低温下脱落。

标签使用要求：

标签血样编号总共为 8 位，分别由数字和字母共同组成，如“HE150001”；第 1～2 位为省份国家标准编码，如“HE”代表河北省；第 3～4 位为调查年份，本次调查中所有编号均为“15”；第 5～8 位为调查对象的顺序号，每个调查对象为单一编码，不得重复。在冻存管上粘贴标签需标明全血和血浆；201 年 月

HE150001 (全血) 201___年___月___日	HE150001 (血浆) 201___年___月___日	

标签 1　　标签 2

标签 1（2 个）贴于用于采血后分装的 1.5ml 冻存管（2 管）上，每管装 0.5ml 全血；标签 2（4 个），贴于用于分装的 1.5ml 的冻存管（4 管）上，每管 0.8～1.2ml 血浆（至少 0.5ml）。

按国家生物标本运输管理要求，在冷冻条件下将 2 管全血和 4 管血浆运送到河北省疾病预防控制中心性病艾滋病防治所艾滋病实验室。

六、调查步骤

按照国家艾滋病监测管理程序要求，对新检测发现的感染者需知情同意后进行个案调查并采集血样完成 CD4 检测，本次 HIV 分子流行病学调查将尽量使用 CD4 检测后剩余的血样。

七、数据管理

调查表：当地疾病预防控制中心保存原始的传染病报告卡艾滋病性病附卡、首次个案随访表、送样表、一览表和知情同意书；各市将传染病报告卡艾滋病性病附卡、首次个案随访表的电子数据库，送样表和一览表的复印件提交给省疾病预防控制中心，同时发送电子版至 hivstd@126.com。

八、质量控制

调查阶段：省市疾病预防控制中心的工作人员为质量管理员，督导访谈、知情同意过程、调查表填写、采样和标本处理的工作质量；各省抽取 2%～5% 的调查对象由不同的人员重新调查，进行一致性检验和比较。在采样过程中要注意血样编号与调查对象编号的核对，经核实后填入送样表。

九、知情同意

每一个符合条件的调查对象将被详细告知本调查的目的、步骤、可能的风险和利益及调查的时间期限。如果参加者不能阅读或理解知情同意书，建议参加者选一位见证人。实施任何调查之前，必须获得调查对象签署的书面知情同意书。对于 18 岁以下的调查对象，必须获得父亲、母亲或法定监护人的同意，在证人栏签署姓名和日期。

十、生物安全措施

由于 HIV 和其他经血液传播的病原体可以通过接触污染的针头、血液和血制品而传播。在本调查中所有工作人员在血液样品采集、运输和处理的过程中，将参照国家的有关管理要求，采取适当的针对血液的防范措施。所有感染性标本的运输按照国家的有关管理要求操作。

十一、标本和数据的保存

血样标本分装后应保存于 -70℃冰箱。

应安全地保存完整、准确的现行调查书面和电子记录，至少保存到 2025 年。

十二、其他

我中心将按照各地最终采集数量，参照国家疾控中心有关标准给予各地一定费用支持。

附录：

1. 全国 HIV 分子流行病学调查知情同意书
2. 全国 HIV 分子流行病学调查送样表
3. 全国 HIV 分子流行病学调查一览表
4. 个案随访表及传染病报告卡、艾滋病性病附卡

附录 1

全国 HIV 分子流行病学调查知情同意书

知情同意：按照国家艾滋病监测管理程序要求，当地疾病预防控制中心对新检测发现的感染者需进行个案调查，采集血样进行免费的 CD4 检测，并提供相应的咨询和转诊服务。

这是一份知情同意书，用来征求您的同意，本次 HIV 分子流行病学调查将同时利用您 CD4 检测后剩余的血样。在您决定是否同意前，我们将向您介绍本次调查的有关情况。

您的参加将是自愿的：您的参加将是自愿的，您可不同意参加或随时退出，您的一切利益不会受到任何影响。

调查目的：中国疾病预防控制中心和当地（省）疾病预防控制中心将负责本次调查，该项调查的目的主要是为了了解当地 HIV 的毒株种类和变异规律，为当地防治策略的调整提供科学依据，并进而为我国艾滋病预防和治疗措施的制定，诊断试剂的更新和疫苗的研制提供科学数据。

要求：您已采集血液进行 CD4 检测，我们需要用您这份血液的剩余部分从事 HIV 基因研究，希望得到您的同意和配合。如果您同意我们将通过调查表询问一些与该项调查有关的问题。

利益：此项调查近期可能不会使您受益。但您和别人将来会从调查结果中受益。从该项目中也可免费获得安全套/清洁注射器具。

保密：您的个人记录和血样将以一个编号来识别，我们对您的调查记录进行保密。您不会在任何有关该项调查的出版物中被暴露身份。

拒绝参加或退出调查的权利：参加此项调查完全出于自愿，您可以选择不参加，无论您的决定是什么，对您的利益都没有影响。

花费：本次调查无需您支付任何费用。

血样的存储和将来使用：在完成本次检测后，您的剩余血样品将被储存在中国疾病预防控制中心可能用于今后与艾滋病有关的检测。您的血样仅用于研究，不会被出售或制成可出售的产品。如果检测的结果与您的健康有直接关系，我们将通知您。

问题或疑问：如果您对调查有问题，请与 × × 省（市、区）疾病预防控制中心 × × 医生联系，电话：× × - × × × × × ×

签名：如果您已阅读了本知情同意书，或者请他人阅读并解释给您听，而且您理解了上述信息，并自愿参加，请在下面签名或按手印。

________	________	________
参加者姓名	参加者签字或按手印	日期
________	________	________
证人（监护人）姓名	证人（监护人）签字	日期
________	________	________
讨论知情同意书的工作人员姓名	讨论知情同意书的工作人员签字	日期

附录2

全国 HIV 分子流行病学调查送样表

血样编号	姓名	个案流行病学调查编号	采样时间（年月日）	送样量		NCAIDS 接收使用	
				血浆（ul/管）×n 管	全血（ul/管）×n 管	NCAIDS 编号	接收时样本状态

填表单位：________ 填表人：______ 日期：____年____月____日；

核查人： 日期： 年 月 日

NCAIDS 收样人（签字）： NCAIDS 收样日期： 年 月 日

附录3

全国 HIV 分子流行病学调查一览表

血样编号	市区	姓名	身份证号	个案流行病学调查编号	卡片编号	感染途径	性别	年龄	婚姻	民族	文化程度	确认时间	采样时间（年月日）	采样量（毫升）	CD4 检测		备注
															结果	检测时间	

填表单位：________ 填表人：______ 日期：____年____月____日；

核查人： 日期： 年 月 日

备注：注明 CD4 检测完成单位和检测仪器名称

附录 4

个案随访表及传染病报告卡、艾滋病性病附卡（略）。

关于印发 2015 年档案工作安排的通知

各处（所、中心、队）室：

为进一步加强档案管理，切实做好中心档案管理工作，充分发挥档案在各项工作中的作用，根据省档案局《河北省机关档案工作目标管理认定办法》《省卫生厅“十二五”档案工作目标管理等级认定计划》《河北省疾病预防控制中心档案综合管理制度》等的有关规定和要求，结合工作实际，中心制定了《2015 年档案工作安排》，调整、补充了部分文书档案归档类目表，未做调整的按原归档类目表执行，现一并下发，请遵照执行。

附件 1. 2015 年档案工作安排

2. 调整、补充的文书档案归档类目表（试行）

河北省疾病预防控制中心

2015 年 5 月 27 日

附件 1

2015 年档案工作安排

一、指导思想

围绕中心，服务大局，以档案室搬迁为契机，档案工作目标管理认定等级为管理手段，“AAAAA 级”认定为工作目标，服务中心发展为目的，加强档案资源建设、库房建设、信息建设、规范化建设和档案队伍建设，加强档案业务指导，充分发挥档案工作的特殊作用，努力提升中心档案管理工作总体水平，推动中心档案工作向高标准持续发展。

二、工作任务及要求

（一）高度重视档案管理工作

根据省档案局《河北省机关档案工作目标管理办法》的相关要求，档案工作实行目标化管理。中心将档案管理工作纳入年度计划、总结，进行总体部署和安排；各处（所）室要将档案管理工作纳入本处（所）室的年度工作计划，写入年终总结，明确专人负责文件材料的收集、整理、归档、移交等工作，并积极主动与中心档案室沟通，按时、保质保量完成归档任务。

（二）完成 2014 年度各处（所）室文件材料的整理、归档工作

因受档案库房搬迁的影响，今年归档工作适度后延，要求各处（所）室在 2015 年 10 月底之前完成 2014 年度的文书、业务、科研课题、声像档案及 2013 年会计档案的收集、整理、立卷、归档工作，并符合国家“归档率 98%、完整率 95%、合格率 100%”的要求。

（三）做好 2015 年文件材料的预立卷工作

要求处（所）室主管档案工作负责人、兼职档案管理人员和其他工作人员，按照职责分工，切实做好 2015 年本处（所）室职责范围内文件材料的收集、整理，并在《河北科怡档案管理系统》的文件管理模块中做好文件材料的登记。做到收集材料齐全完整、分类科学、存放有序（入盒），便于平时利用和立卷归档。

（四）基建档案的整理

根据《国家重大建设项目文件归档要求与档案整理规范》和《河北省疾病预防控制中心基建项目档案管理规定》的有关规定，基建项目材料可按建设项目阶段进行整理。

鉴于生物安全三级实验室、物资库房和职工食堂建设项目已先后建成并投入使用，为保证基建项目材料的安全与完整，防止丢失和损坏，便于有关

处（所）室的审计和验收，基建项目材料要进行规范化整理。具体要求如下：

1. 属于中心（建设单位）整理归档的基建项目各阶段材料，由基建办指定专人整理。

2. 属于各施工单位、监理单位整理的基建项目材料，由主管基建项目的负责人组织、协调，由相关单位整理并移交。

3. 整理方法及要求：按每个工程项目的立项、审批、招投标，勘察、设计、施工、监理及竣工验收等阶段分类；遵循项目材料的形成规律，保持科技文件材料的系统联系，符合完整性、系统性、成套性要求；案卷的整理遵照中心制定的《科技档案案卷质量标准》有关规定执行。

4. 基建办负责人及兼职档案管理人员要克服困难，做好有关材料的收集、整理、立卷、归档工作。

5. 中心档案室配合基建办做好指导工作。

（五）档案室搬迁

按照中心统一安排，启动并完成档案库房的搬迁。档案库房搬迁完毕后，暂存在处（所）室的档案要全部移交到新的档案库房，具体时间另行通知。

三、文件归档程序

（一）文书和档案室共同将上一年度的收、发文及内部文件在微机上校对，按处（所）室分类装盒。

（二）处（所）室兼职档案人员根据本处（所）室上一年度的工作总结收集材料，并到档案室领取属于本处（所）室的收发文原件，按文件要求（来文参照“文件传阅单”中的领导批示意见，发文参照文件要求）将办理结果附到该文件前边，原文作为办理结果的附件，并用铅笔以“+”在文件首页上做出标注。

（三）处（所）室兼职档案人员按“归档类目表”将收集好的文件确定保管期限，排列先后顺序，并编制页码。

（四）各处（所）室兼职档案人员将整理好的文件材料交到档案室，档案室在检查、装订完毕后统一加盖归档章，处（所）室兼职档案人员将目录录入微机。

（五）档案室对录入微机的档案目录逐条检查，装盒，办理交接手续后上架。

（六）档案室负责对各处（所）室的文件归档进行监督、指导。各处（所）室在归档过程中如有问题或建议，请及时与档案室沟通。

四、文件归档及档案利用存在的问题及要求

（一）文件材料归档不全

针对部分处（所）室存在文件归档不全的问题，要求各处（所）室在日常工作中，统一将办文结果交与本处（所）室兼职档案人员保存；兼职档案人员把来文、发文与其办理结果一起归档；通过网络（如电子邮件、专报系统等）上报的报表、汇总资料等，上报后打印或复制一份纸质材料，加盖中心公章后（如有特殊原因不便打印的，可刻成光盘），与来文（通知等）附在一起；其他文件的办文结果也要与来文（如批复与请示、批示与报告、报告与通知等）附到一起。

（二）归档延时

绝大部分处（所）室都能按时完成文件材料的归档工作，但有个别处（所）室归档不及时，影响了中心归档工作的整体进度。要求归档延时的处（所）室积极配合中心档案室工作，按时完成年度归档工作任务。

跨年度归档会影响档案材料流水号的排列，如无特殊原因，档案室不接收跨年度档案。

如果行业上有特殊要求需要延时归档的，请相关处（所）室及时向中心档案室提供申请，并将相关文件或有关规定一并附上，

（三）档案借阅

中心大部分职工借阅档案都能妥善保管，并在规定时间内归还；但仍存在个别人不及时归还所借阅档案、利用过程中保管不当等问题。

为保证中心档案的安全、完整，充分发挥档案的历史凭证作用，避免发生档案损毁甚至丢失现象，中心全体干部职工在借阅、利用档案时，应严格执行中心《档案利用借阅制度》，具体要求如下：

1. 近期的、上一年度的档案借阅时间为一周；远期档案借阅时间为 2 周；到期不能归还的应到中心档案室办理续借手续，任何人不得长时间持有档案。

2. 档案借阅完毕应在规定时间内及时交回，办理注销手续。对超过借阅期限、无故拖延不还的，中心档案室有权强制收回。

3. 如果在档案借阅过程中发生档案丢失现象，

档案借阅者应积极采取补救措施，尽量通过其他渠道补回丢失材料；如不能补回，应出具书面材料说明情况，本处（所）室主要负责人签字后交由办公室主任或中心领导签字，加盖中心公章后交档案室保存；同时，档案借阅者和处室负责人应承担相应的责任。

中心全体干部职工，务必增强档案法制观念，积极支持、配合中心档案管理人员的工作，及时与中心档案室沟通，按时完成 2014 年度文件归档、移交及 2015 年中心各项档案工作。

附件 2

调整、补充的文书档案归档类目表（试行）

2. 办公室（项目办）

类目号	归档范围	期　限
2.1	**综合类**	
2.1.1	中心行政业务工作会议记录、纪要、决定等	永久
2.1.2	中心、省卫生计生委及以上机关召开的卫生工作、疾病预防控制工作等会议的通知、纪要、领导讲话、报告等（行政综合的入此，专业会议入各有关类）	
	重要的	永久
	一般的	30 年、10 年
2.1.3	上级机关、领导检查、视察本地区、机关工作形成的领导讲话、指示等	
	重要的	永久
	一般的	30 年
2.1.4	本机关工作汇报材料	30 年
2.2	**秘书工作**	
2.2.1	上级机关制发的属于本机关主管业务的文件材料	
	重要的	永久
	一般的	10 年
2.2.2	上级机关和同级机关制发的非本机关主管业务但要本机关贯彻执行的政策性文件	10 年
2.2.3	中心上报的请示、报告及上级主管部门的批复、批示，下级单位的请示及中心的批复等	
	重要业务的	永久
	一般业务的	30 年
2.2.4	中心工作规划、计划、总结、调研材料等	
	中心年度、年度以上的、重要职能活动的	永久
	中心季度、半年的、一般专题的、各业务所年度的	30 年
	行政科室年度的	10 年
2.2.5	重要的、年度及年度以上的统计报表、调查表、汇总表等	永久
2.2.6	中心编写的文件材料	
	大事记、年鉴、专题汇编、文件资料汇编等	永久
	简报、情况反映、工作信息等	10 年

续表

类目号	归档范围	期　限
2.3	**行政管理文件材料**	
2.3.1	中心制定的管理工作制度、程序、规定、办法等	永久
2.3.2	重要的电话记录、接待记录	10年
2.3.3	安全生产工作通知、汇报、总结等	10年
2.3.4	行政管理工作中形成的备案文件材料	10年
2.4	**档案管理工作材料**	
2.4.1	通知、计划、总结、	30年
2.4.2	移交凭证、清册、编研材料等	永久
2.5	**保密工作通知、总结、汇报等**	30年
2.6	**出国访问、考察、参加国际会议、接待来宾等外事活动形成的文件材料**	
2.6.1	签订的协议、协定、会谈记录、纪要等	永久
2.6.2	出国审批手续、活动日程、考察报告	30年
2.7	**业务管理**	
2.7.1	业务考核：中心对各处（所）室、下属疾病预防控制机构考核的标准、安排、总结、通报等	30年
2.7.2	各项业务工作表彰通知、决定、通报等	
	县级（含）以上的先进集体（行业性的）	永久
	省级以上（含）的先进个人（行业性的）	永久
	厅、市级（含）以下的先进个人（行业性的）	30年
2.7.3	中心对下属疾病预防控制机构体系建设、能力等综合调查材料	
	全省汇总的	永久
	各疾病预防控制机构上报的	10年
2.7.4	参加或担任与中心主管业务有关的工作或职务（专业委员会、学会等）的申报、推荐函、通知等	10年
2.8	**其他**	

8. 后勤服务中心

类目号	归档范围	期　限
8.1	**后勤管理与供应**	
8.1.1	水、电、暖设备、车辆、房屋等各项维修工程的请示、批复、合同、协议、预决算等	
	重要的	30年
	一般的	10年
8.1.2	办公用品、车辆、家具等固定资产采购计划、请示、合同、协议书等	
	重要的	30年
	一般的	10年

类目号	归档范围	期　限
8.1.3	财产、物资交接凭证、清册、资产评估材料等	永久
8.1.4	房屋管理	
	职工承租、购置本单位住房的合同、协议和有关手续	永久
	职工住房情况统计、调查表，公房出售的规定、方案、细则、购房补贴发放等材料	30年
	公有住房、办公楼、实验楼登记及产权证等	永久
8.2	基建工程	
	中心办公楼、实验楼、家属楼等新建、扩建、改建和技术改造等建筑工程项目的提出、立项、审批、勘察、设计、施工、调试、生产准备、竣工验收、投产使用等全过程中形成的文字材料、图纸、图表、计算材料、声相材料及周围环境水文、地质等资料及管理性文件（宜入基建档案）	永久、长期、短期
8.3	环境卫生、绿化管理	10年
8.4	外出参加会议、学习班、从省卫生计生委带回的未经文书处理部门登记的政策性、法规性文件材料	30年　10年
8.5	科室年度的工作计划、总结、大事记等（宜入办公室）	10年
8.6	其他	

53. 安全保卫处

类目号	归档范围	期　限
53.1	中心及上级有关部门制定的有关安全保卫工作的规章制度、方案、通知	
	中心的	30年
	上级有关部门的	10年
53.2	消防、安全保卫措施、总结、责任状、检查记录等	10年
53.3	安全、消防、施工等事故的调查及处理报告等	
	重大事故	30年
	一般事故	10年
53.4	培训	
53.4.1	以中心名义举办的关于安保、消防工作会议、培训班通知、日程、领导讲话、总结、课件等	30年
53.4.2	外出参加的安保、消防工作会议、业务培训班通知、日程、纪要、报告、课件等主要文件材料	30年　10年
53.5	科室年度工作计划、总结（宜入办公室）	10年

关于报送河北省中东呼吸综合征风险评估的报告

省卫生计生委应急办：

根据中东呼吸综合征防控工作安排，按照省卫生计生委要求，我中心于6月8日组织召开了河北省中东呼吸综合征风险评估专家会商会，经专家研判形成评估报告。

现将河北省中东呼吸综合征风险评估报送你办。

附件：1. 河北省中东呼吸综合征风险评估

2. 风险评估专家名单

河北省疾病预防控制中心

2015年6月8日

附件1

河北省中东呼吸综合征风险评估

一、评估缘由

5月20日，韩国报告首例输入性中东呼吸综合征确诊病例，疫情迅速扩散。截至6月7日，韩国累计报告中东呼吸综合征确诊病例64例，5人死亡。

5月27日晚10时世界卫生组织向中国卫生计生委通报，韩国1例确诊中东呼吸综合征（MERS）病例的密切接触者经香港入境广东省惠州市，已出现发热症状。5月28日下午，经广东省疾控中心对病例标本进行中东呼吸综合征冠状病毒（MERS－CoV）核酸检测，结果为阳性。5月29日凌晨，经中国疾病预防控制中心病毒病所复合检测，结果仍为阳性。

鉴于我国出现首例输入性中东呼吸综合征确诊病例，同时我省与中东地区及韩国人员往来活动频繁，存在出现输入病例的风险，特开展本次风险评估。

二、评估目的

中东呼吸综合征近期在我省出现并传播的公共卫生风险。

三、评估方法

采用专家会商法进行评估。

评估资料和信息来源：世界卫生组织网站，韩国卫生部门通报的资料，中国疾病预防控制中心，广东省疾病预防控制中心，《中东呼吸综合征病例诊断程序》《中东呼吸综合征病例诊疗方案（2014年版）》《中东呼吸综合征医院感染预防与控制技术指南（2014年版）》。

四、背景信息

（一）中东呼吸综合征基本认识

1. 疫情概况

自2012年9月首次报告发现MERS病例以来，截至2005年5月24日，全球累计报告确诊病例1135例，死亡427人（病死率37.6%）。病例分布在24个国家，以中东国家为主（占病例数的98%）；其中，沙特阿拉伯报告的病例数为994例，占总病例数的87.6%。欧洲、亚洲、非洲和北美洲共14个国家发生输入性病例。具体国家如下：

中东地区（10个）：沙特阿拉伯、阿联酋、卡塔尔、约旦、阿曼、科威特、也门、埃及、伊朗、黎巴嫩

欧洲（8个）：意大利、法国、德国、英国、希腊、荷兰、奥地利、土耳其

亚洲（3个）：马来西亚、菲律宾、韩国

非洲（2个）：突尼斯、阿尔及利亚

北美洲（1个）：美国

该病呈现一定季节性，一般在 2～5 月为发病高发期。

男性高发（男女性别比为 1.7∶1），年龄中位数为 48 岁（9 个月至 99 岁，N＝964 例）。

在病例家庭和医疗机构中，目前已经出现了有限的人传人所致的聚集性疫情，但是尚未出现持续的社区传播疫情。

2. 病原学

MERS－CoV 属于冠状病毒科，β 类冠状病毒的 2c 亚群，是一种具有包膜、基因组为线性非节段单股正链的 RNA 病毒。MERS－CoV 与 SARS－CoV 基因组相似性为 54.9%，受体完全不同，但两种病毒表达受体的细胞均分布于人深部呼吸道组织。MERS－CoV 受体分布的宿主范围很广，而且可在多种不同宿主细胞中有效复制，包括骆驼、蝙蝠、猪和人源细胞，提示该病毒的宿主范围可能比较复杂。下呼吸道标本核酸检出阳性率更高。

MERS－CoV 可能有较强的环境适应能力，近期的一项研究显示 MERS－CoV 经巴氏消毒法 72 小时仍具有感染性。

3. 临床表现

早期以急性呼吸道感染为主要表现。起病急，高热，体温可达（39～40）℃，可伴有畏寒、寒战，咳嗽、胸痛、头痛、全身肌肉关节酸痛、乏力、食欲减退等症状。

在肺炎基础上，临床病变进展迅速，很快发展为呼吸衰竭、急性呼吸窘迫综合征或多器官功能衰竭，特别是肾衰竭，甚至危及生命。

有些病例病情相对较轻，20% 为无症状感染（N＝531 例）；继发感染病例中，无症状病例比例更高（医护人员感染病例无症状比例为 35%，N＝134 例）。

目前的全球报告病例总体病死率约为 37.6%。

4. 流行病学特征

（1）传染源：虽然蝙蝠可能是病毒的宿主，但从流行病学角度来看，人类感染的传染源更可能是骆驼，并在人间传播疫情过程中扮演着非常重要的角色。染疫骆驼的鼻、口腔、直肠拭子、血样和奶中病毒含量高。病人可作为传染源，导致续发病例发生。

（2）传播途径：首代病例可能通过接触带毒的骆驼或其污染物、或饮用未经恰当消毒的奶而感染。人与人之间主要通过医院或家庭成员无防护的密切接触传播。欧盟疾控中心认为，容易发生人与人之间传播的情形包括：在封闭环境中，与病例有过面对面 15 分钟以上接触的医护人员或家庭成员。

（3）易感人群：现有证据表明全人群均可感染发病。首代病例男性高发，主要与暴露机会有关；继发感染中男女比例更加均衡。该病目前的总体病死率高（37.6%）；但全体病例中仍有较大比例的无症状感染者（20%）。初步推测重症死亡的易感人群包括有慢性基础性疾病患者、孕妇、肥胖、免疫功能低下等人群。

（4）潜伏期：人与人之间传播病例常见潜伏期为 5 天，范围 2～14 天。

（5）传染期：发病后的病例就具有传染性；有初步研究显示，病人发病后 13 天的尿液、发病 16 天后的粪便和发病 16 天后的口鼻标本均能检出 MERS－CoV 核酸，提示 MERS 病例的传染期或可能持续至发病后 2 周以上。潜伏期病人不具有传染性。无症状患者可能不具有传染性。

5. 2015 年中东呼吸综合征流行特征未发生改变

根据 WHO 最新信息，目前还没有证据表明中东呼吸综合征存在持续的人传人，也没有发现空气传播的证据。疾病整体的传播方式与之前观察到的无变化。

2015 年 1 月 1 日至 5 月 24 日，WHO 共通报 182 例病例，其中 53 人死亡（病死率 29%），疫情仍然主要集中在沙特阿拉伯（占总病例数的 93%），人群分布和季节分布与既往无明显差异。

6. 病例目前的感染来源仍局限在中东地区

截至 2015 年 6 月 7 日，中东地区外报告的病例，发病前均有中东地区的居住史或旅行史，或与指示病例有密切接触史。

（二）韩国疫情概况

截至 6 月 7 日，韩国共报告了 64 例中东呼吸综合征确诊病例，死亡 5 人，隔离 1866 人。指示病例（第 1 例）为一名 68 岁男性，发病前有中东 MERS 疫情国家旅行史，确诊病例中有 8 例是三代病例。

（三）我国疫情概况

5月27日晚10时世界卫生组织向中国卫生计生委通报，韩国1例确诊中东呼吸综合征（MERS）病例的密切接触者经香港入境广东省惠州市，已出现发热症状。5月28日下午，经广东省疾控中心对病例标本进行中东呼吸综合征冠状病毒（MERS－CoV）核酸检测，结果为阳性。5月29日凌晨，经中国疾病预防控制中心病毒病所复合检测，结果仍为阳性，确诊为我国首例中东呼吸综合征病例。

1. 密切接触者调查情况

（1）广东境内人员：截至6月7日，广东省应追踪的78名中东呼吸综合征病例密切接触者已全部找到，在广东境内的75名密切接触者均已集中隔离观察，暂无人出现不适。另3名已经离境的密切接触者分别通报相关国家和地区。

（2）香港：香港确定有29名密切接触者。在香港本地的18名已进行隔离医学观察，11名已通报相关卫生当局（其中5名目前正在广东进行隔离医学观察）。

2. 已采取措施

（1）病例在惠州市中心人民医院隔离治疗。

（2）当地已对登记的密切接触者进行集中隔离医学观察。

（3）中国疾控中心已派张彦平等3位专家，于28日晚赶赴广东，协助当地进一步开展现场流行病学调查和现场处置工作。

五、评估结果及依据

（一）风险识别：中东呼吸综合征近期在我省出现并传播的公共卫生风险。

（二）风险分析

1. 我省出现中东呼吸综合征输入病例的风险

（1）目前中东地区和韩国仍在持续不断的有中东呼吸综合征病例出现。

（2）我省与中东地区和韩国有持续的人员往来，旅游、商务、务工人员较多，每年都有人员前往中东地区参加朝觐和副朝觐。

（3）中东呼吸综合征病死率较高，目前全球报告中东呼吸综合征病例总体病死率约为37.6%。

（4）未有明确的有效治疗手段、暂无有效的药物和疫苗。

（5）病例潜伏期内传染性尚不确定。

（6）自2012年全球发现中东呼吸综合征病例以来，我省未出现输入病例。

分析：我省出现中东呼吸综合征输入病例的可能性为“低”，后果严重性为“高”，综合分析我省出现中东呼吸综合征输入病例的风险为“中”。

2. 中东呼吸综合征在我省发生流行的风险

（1）根据现有调查资料，目前中东呼吸综合征尚不具备持续的社区传播能力。中东地区外报告的病例，发病前均有中东地区的居住史或旅行史，或与指示病例有密切接触史。

（2）通过近十多年来的建设和发展，我省传染病监测、追踪和控制能力已经得到很大的提高。

（3）部分医疗机构感染性疾病科建设不规范，标本病毒检测能力普遍不足，预检分诊制度、首诊负责制度及院内感染控制等没有落实到位、存在传染病漏诊、漏报的隐患。

（4）2012年全球报告中东呼吸综合征病例以来，我省针对此疾病进行了技术准备，制定了各种防控方案和技术指南，有实验室检测能力及检测试剂。开展了针对流行病、实验室和医务人员的专业技术培训。

（5）目前我省的医疗卫生系统能够有效控制疫情的广泛传播。

分析：我省发生中东呼吸综合征流行的可能性为“极低”，后果严重性为“高”，综合分析中东呼吸综合征在我省发生流行的风险为“低”。

（三）风险等级：综合分析，我省出现中东呼吸综合征输入病例的风险为“中”，造成流行的风险为“低”。

备注：

风险等级分为极高，高，中，低，极低。

六、风险管理建议

（一）加强疫情监测，严格疫情报告。

全省医疗卫生系统要加强疫情监测，关口前移，落实首诊负责制，增强发现、报告意识，加强预检分诊和病例筛查工作。一旦发现疑似中东呼吸综合征症状的病例，要认真询问病例的流行病学史，特别是旅行史，及时开展流行病学调查。发现符合中东呼吸综合征症状的病例后，要立即上报同级卫生计生行政部门和上级疾病预防控制机构。

（二）加强培训，提高防控和诊疗意识。

各级医疗卫生机构要按照国家现有的中东呼吸综合征防治方案，开展专业培训，提高医务工作者的防控和诊疗意识，做好中东呼吸综合征防控工作。

（三）做好媒体风险沟通和疫情防控知识宣传。

各地要及时开展风险沟通，向公众发布疫情信息和防控进展，缓解公众紧张情绪，避免恐慌。要充分利用各类媒体，大力宣传普及中东呼吸综合征防控知识，增强群众的防疫意识和自我防护能力，特别是提醒赴韩国和中东地区旅行、商务、务工和朝觐人员做好自我防护，如从韩国或中东地区归国后出现发热症状，应及时就诊，并主动告知旅行史切实。

（四）关注疫情进展，开展风险评估。

各地要关注韩国以及中东地区的中东呼吸综合征疫情进展，制定、更新各类防控技术方案。根据本地区的实际情况开展专题风险评估。

（五）强化沟通合作，做好联防联控

各地要进一步强化联防联控工作机制，同时加强与邻近省市卫生、商务、民航和出入境管理等部门的沟通联系和信息互通。

2015 年 6 月 8 日

附件 2

风险评估专家名单

主持人：师　鉴　省疾控中心应急办公室　主任
参会专家：齐顺祥　省疾控中心病毒所　所长
董　辉　省疾控中心信息所　副所长
袁树华　省疾控中心环卫所　副所长
高　伟　省疾控中心应急办　副主任
马　昱　省疾控中心应急办　副主任
韩光跃　省疾控中心病毒病防治所
蔡亚男　省疾控中心病毒病防治所
孔令雄　省疾控中心应急办公室
霍　萌　省疾控中心应急办公室

关于规范使用统一标识的通知

各处（所、队、中心）室：

为更好地宣传中心形象，体现中心特色，打造中心品牌，现就涉及中心工作的讲座课件、资料汇编、宣传材料和宣传品等规范使用标识情况做如下要求：

一、规范使用中心统一标识和文字名称

各处所制作宣传材料、宣传品、资料汇编等要规范使用中心统一标识（见附件 1）和文字名称。中文全称：河北省疾病预防控制中心，英文全称：Hebei Province Center for Disease Prevention and Control，也可根据各自实际情况使用标识与文字组合（见附件 2）。

二、严格使用中心统一 PPT 模板

中心工作人员如制作与工作有关的 PPT 材料，要使用中心统一 PPT 模板。模板分为两种，第一种为中心简介模板，做汇报使用，中心简介内容会不定期更新，以时间最新为主。第二种为单一模板，做学术交流、讲座课件使用。模板（见附件3）可以到中心内网下载专区，自行下载。

三、优化中心各类材料封面设计

中心工作汇报、资料汇编等各类材料封面设计要美观大方，应在显著位置使用中心统一标识，具体情况参考附件4。

附件：1. 河北省疾病预防控制中心标识

2. 标识与文字组合

3. 中心 PPT 模板

4. 封面设计

河北省疾病预防控制中心

2015 年 6 月 12 日

附件 1

河北省疾病预防控制中心标识

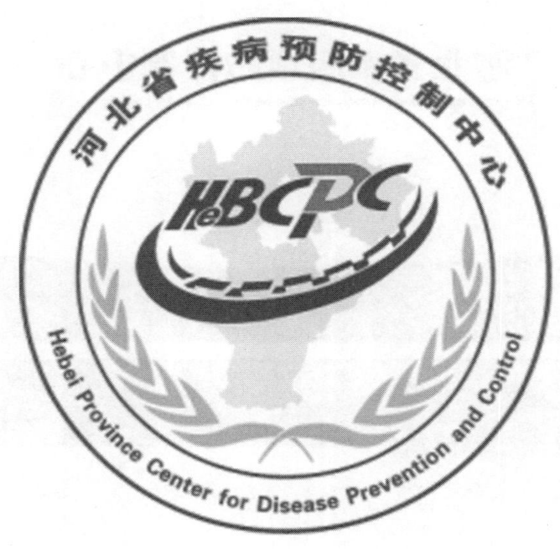

附件 2

标识与文字组合

附件 3

中心 PPT 模板

HBCDC
河北省疾病预防控制中心
Hebei Province Center for Disease Prevention and Control

河北省疾病预防控制中心
Hebei Province Center for Disease Prevention and Control

附件 4

封面设计

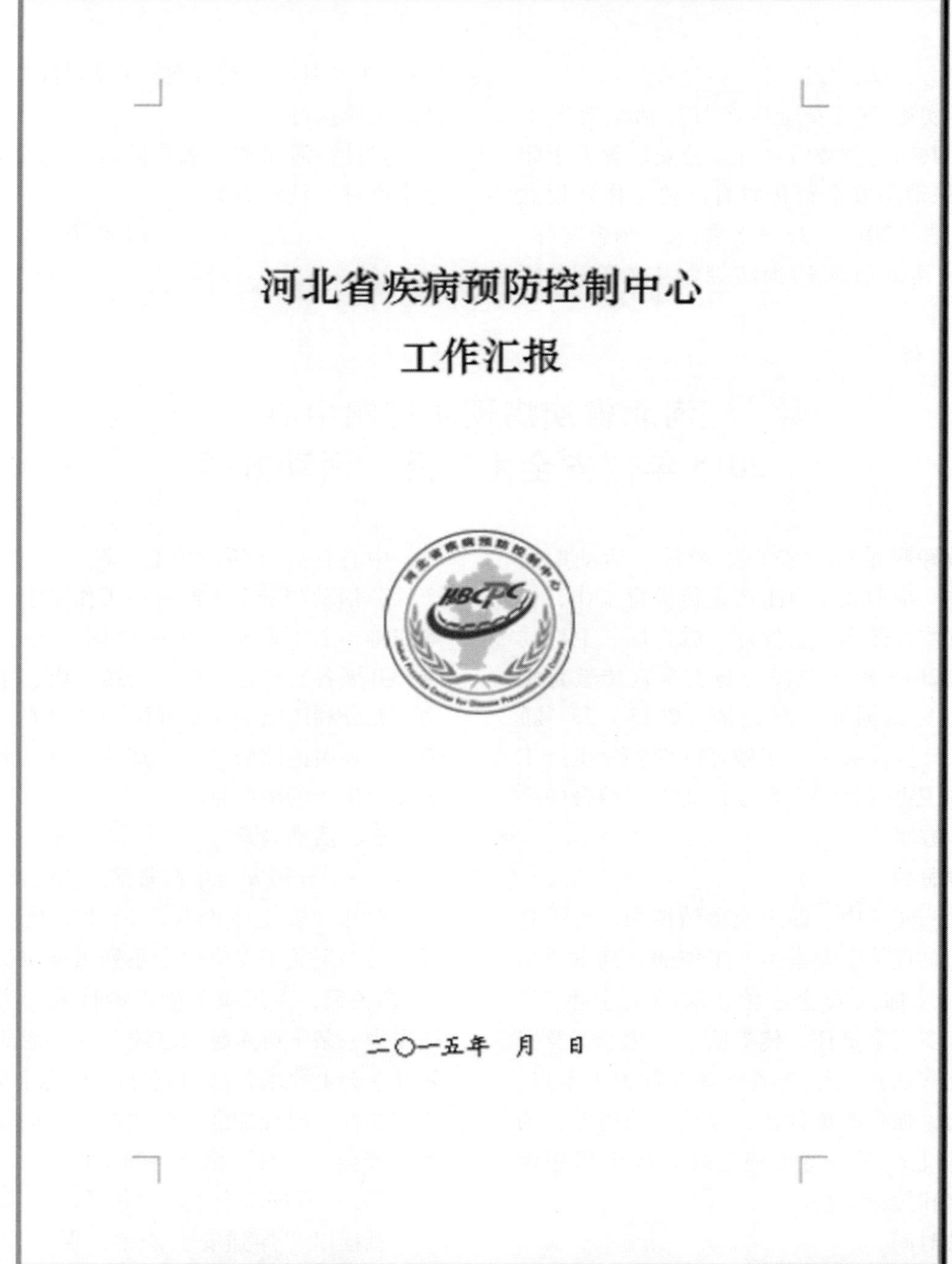

关于印发《河北省疾病预防控制中心2015年“安全生产月”活动方案》的通知

各处（所、中心、队）室：

为有效落实中心“安全生产月”活动有关工作，根据《中共河北省委宣传部、公安厅等关于印发2015年全民消防安全宣传教育纲要工作计划的通知》（冀公消〔2015〕23号）要求，结合实际，中心制定了《河北省疾病预防控制中心2015年“安全生产月”活动方案》（见附件），现下发，请认真遵照执行。

附件：河北省疾病预防控制中心2015年“安全生产月”活动方案

河北省疾病预防控制中心

2015年5月27日

附　　件

河北省疾病预防控制中心 2015年“安全生产月”活动方案

为切实做好我单位“安全生产月”活动期间有关工作，进一步加强安全生产宣传教育工作，根据中共河北省委宣传部、公安厅、教育厅、卫计委等关于印发《2015年〈全民消防安全宣传教育纲要〉工作计划》的通知（冀公消〔2015〕23号）和河北省卫生计生委关于切实做好汛期安全生产工作的通知（冀卫办〔2015〕5号）要求，结合中心实际，制定本方案。

一、指导思想

以党的十八届三中、四中全会精神和习近平总书记、李克强总理关于安全生产工作的系列重要指示为指导，以“加强安全法治、保障安全生产”为主题，以落实安全责任、传播法治文化、普及安全知识、曝光非法违法生产经营建设行为为重点，强化问题导向，强化改革创新，强化舆论引导，为促进全国安全生产形势持续稳定好转提供思想保证、精神动力和舆论支持。

二、活动时间

2015年6月1～30日。

三、活动主题

加强安全法治、保障安全生产

四、工作要求

中心各处（所、中心、队）室要把“安全生产月”活动与安全生产管理工作紧密结合起来，统筹安排，上下联动、统一步调，结合中心工作特点，开展各具特色、形式新颖、内容丰富的宣传活动，充分利用电子显示屏滚动播出安全生产宣传报道，加强舆论监督，扩大宣传声势，形成更加有利于安全生产的浓厚氛围。

五、活动内容

（一）开展安全生产月活动安排部署

召开“安全生产月”活动专题会议，传达习近平总书记关于安全生产系列重要讲话精神，围绕“人命关天，发展决不能以牺牲人命为代价，这必须作为一条不可逾越的红线”这一思想理论，中心领导在会上要求各部门充分认识做好安全生产工作的重要性，研究加强安全生产工作的具体措施，部署“安全生产月”活动各项工作。

（二）开展安全生产宣传活动

悬挂以“加强安全法治、保障安全生产”安全生产月主题横幅和“学一点消防知识，多一点平安幸福”的宣传横幅，张贴消防安全宣传挂图和“四个能力”建设宣传牌，LED屏幕滚动播出消防安全常识，有效的提高职工安全意识，掌握消防安全常识。

（三）开展消防安全知识教育培训活动

组织全体职工进行消防安全知识教育培训，培训以消防“四个能力”建设为线索展开讲解，通过重大火灾事故案例，结合日常工作、生活中用气、用电、用火安全知识以及发生火灾后的自救、逃生技能等知识，图文并茂地进行分析、讲解，用真实的事故教训推动中心工作落实责任、完善措施，防范同类事故发生，全面提高职工安全生产意识。

（四）开展隐患排查治理工作。

1．各科室对本科室安全措施落实情况认真开展自查，深入查找工作落实中的薄弱环节和漏洞。要认真检查危爆化学品、放射源、压力容器和管道、配电室、水、电、气等物品、设施、设备及实验室管理的登记和使用情况，对排查出的各类隐患要立即整改。并将危爆品、压力容器使用和隐患整改情况报安全保卫处备案，将菌毒种的保藏、使用和处置情况报质检处备案。

2．定期组织安全保卫处、质检处和后勤服务中心相关负责人和专业技术人员，会同消防维保单位对中心实验楼、办公楼和单身宿舍进行认真、细致的排查。质检处组织中心各个实验室安全管理员审核自查结果和可能的隐患，并结合日常生物安全工作的重点，进行针对性督导检查，对于发现的可能隐患，按照中心管理程序上报、处置。安全保卫处和后勤服务中心及消防维保单位对单位消防设施、用火、用电进行全面检查。确保消防栓、灭火器等消防设施完好、疏散通道畅通。

3．隐患排查结果将对照2015年综合考评指标进行评分。对发现的安全隐患限期整改，对不负责任、整改不力的科室和负责人要进行通报批评，取消年终评优资格。

（五）开展安全应急预案演练活动。

围绕中心职工生命安全，组织开展实质性的消防应急演练和反恐应急演练，要立足实际，突出重点，制定完善应急预案，提高预案演练的实用性和可操作性，更好地普及安全生产应急常识，提高广大职工安全意识、安全防范能力和自我保护能力。

关于下发《河北省布鲁氏菌病防治工作方案》的通知

各设区市、华北石油和省直管县（市）疾病预防控制中心、张家口市地方病防治所：

为进一步做好全省布鲁氏菌病防治工作，根据2015年中央补助地方布鲁氏菌病（布病）防治项目要求，我中心组织制定了《河北省布鲁氏菌病防治工作方案》，请结合本地实际，认真贯彻执行。

附件：河北省布鲁氏菌病防治工作方案

河北省疾病预防控制中心

2015年6月25日

附　　件

河北省布鲁氏菌病防治工作方案

根据2015年中央补助地方布鲁氏菌病（布病）防治项目要求，结合我省的实际情况，特制定本方案。

一、工作目标

完成中央补助地方2015年布病防治项目的各项任务，提高布病发现率，规范病例治疗，提高重点人群自我防护意识；加强疫情分析与研判，及时掌握布病流行态势，为制定有效防控策略和措施提供技术支撑。

二、工作任务

（一）布病监测

1. 常规监测。要加强布病疫情报告的管理，按要求及时、准确上报传染病报告卡。对每例布病病例开展个案调查，个案调查表中项目内容要填写准确、完整，同时将个案调查表主要内容录入河北省布病数据库，于每月 5 日前上报我中心细消所。

2. 国家级布病监测点监测。张家口、承德、邢台三市疾控机构做好辖区内全国布病监测点的监测指导工作，各监测点应严格按照《全国人间布鲁氏菌病监测方案》的要求，做好布病常规监测、疫情处理、高危人群血清学监测、布氏菌病原监测、质控样品检测和总结上报等工作，确保达到《布鲁氏菌病国家级监测点目标管理考核办法》的各项指标要求。

3. 省级布病监测点监测。按照《河北省 2015 年省级布病监测点监测方案》（电子版已发至各地邮箱）的要求完成省级布病监测点要求的各项监测任务。

4. 病原学监测。各地应充分利用布病监测、疫情处理和疾控机构门诊或医疗机构诊疗等活动，对辖区确诊的急性期病例开展布氏菌培养，尤其是在处理布病疫情时应对疫点内所有急性期布病病例采集标本进行布氏菌培养。各地培养数量不应少于本年度确诊的急性病例的 10%，培养瓶由省疾控中心统一发放，培养出的菌株送省疾控中心进行鉴定，并附布病血培养登记表（表 1）。

（二）重点人群筛查

1. 筛查方法。筛查包括主动筛查和门诊筛查，其中主动筛查为疾控机构主动对辖区内重点人群进行布病血清学检测和开展疫情处理时对重点人群进行的布病血清学检测。筛查时对重点人群填写重点人群筛查登记表（表 2），并采集重点人群静脉血 2 ~ 3ml 做布病血清学检测（RBPT 和 SAT），重点人群筛查结果汇总见表 3。

2. 筛查数量。各市所辖县（市、区）重点人群筛查数量不得低于表 4 中规定的数量，且主动筛查数量不得低于 50 人。

（三）疫情处理

各县（市、区）发现布病疫情，要及时、规范开展调查处理。暴发疫情处理结束后，及时收集、整理、统计、分析调查资料，写出详细的调查处置报告，逐级上报，在疫情控制工作结束后 7 日内报至我中心细消所。

（四）重点人群防治干预

各地要采取广播、电视、报纸、宣传单、宣传画等多种形式，对大众和重点人群开展布病防治知识的宣传，宣传要有文字记录，宣传视频、照片、折页、宣传画等资料要存档备查，做好重点人群健康知识知晓情况和健康行为形成情况问卷调查（表 5、表 6）。张家口市（张北县、尚义县）做好重点人群干预试点工作。

（五）布病病例管理

按照病例督导方案（电子版已发至各地邮箱）要求，对辖区内布病病例做到早发现、早诊断、早治疗，对急性期、亚急性期布病病例开展治疗督导。

三、资料上报

要求各地将省级布病监测点总结和重点人群主动筛查总结电子版于 2015 年 8 月 31 日前上报（bubingke@163.com），各地布病防治项目总结电子版 2015 年 10 月 31 日前上报；正式总结（在原总结基础上将有关数据更新后）加盖单位公章于 2016 年 1 月 5 日前上报我中心细消所，同时上报电子版。

各项总结应条理清晰、重点突出，数据准确，表格填写完整、表格中数字不能有逻辑性错误。

四、质量控制及督导评估

各地应结合本地实际情况制定布病防治工作方案，对辖区疾控机构相关人员进行布病防治知识、防治技术和工作要求的培训，确保各项工作按要求落实。

各市疾控机构要对所辖县（市、区）布病防治工作进行督导，确保工作进度和质量。省疾控中心对各地布病防治工作开展情况进行督导，结合工作督导、各项指标完成情况和绩效考核标准等对各地布病防治工作进行考核评估，对未完成任务或工作质量较差的市和县（市、区）进行全省通报。

表1　市（县、市、区）布病血培养登记表

接种日期	姓名	性别	年龄	职业	接触史	发病日期	症状、体征	家庭详细住址	血清学结果	出菌时间

表2　布病重点人群筛查登记表

市　　　县（市、区）

送检编号	乡（场、镇）	村（分场）	姓名	性别	年龄	职业	发病日期（年月日）	发病时症状和体征	监测时的症状和体征	确诊布病日期（年月日）	虎红平板凝集（RBPT）试验	试管凝集试验（SAT）	结果判定	筛查方法（1主动、2门诊）	备注

续表

送检编号	乡（场、镇）	村（分场）	姓名	性别	年龄	职业	发病日期（年月日）	发病时症状和体征	监测时的症状和体征	确诊布病日期（年月日）	虎红平板凝集（RBPT）试验	试管凝集试验（SAT）	结果判定	筛查方法（1主动、2门诊）	备注

调查者：　　　　　　　　　　　　　　调查日期：　　年　　月　　日

备注：职业：（填写相应数字，可多选）1. 养殖；2. 屠宰；3. 放牧；4. 贩运牲畜；5. 皮毛加工；6. 乳肉加工；7. 兽医；8. 其他（注明）。

发病日期应填写年月日，最低应填到月。琥红平板凝集栏中填：阳性（+）、阴性（-）；试管凝集试验一栏中填写++及以上的最高滴度（如某病例1:50++++，1:100++，1:200+；则该项应填写1:100）。

结果判定：（填写相应数字）0. 健康人群或非布病病例；1. 新发病例：发病日期在检查日期一年内；2. 旧病例：发病日期在检查日期一年前；3. 隐性感染者：无临床症状和体征，血清学阳性

表3　市(县、市)布病重点人群筛查统计表(上报)

项目县	筛查方法	调查村(场、厂)数或门诊数	调查村(场、厂)调查时人口数或布病门诊接诊量	调查村牲畜养殖数量		调查村(场、厂)重点人群总数	血清学检查			职业分布																		患病情况		
										养殖		屠宰		放牧		贩运牲畜		皮毛加工		乳肉加工		兽医			其他			新病例	旧病例	隐性感染
				牛	羊		人数	阳性数	阳性率(%)	人数	阳性数	人数	阳性数	人数	阳性数	人数	阳性数	人数	阳性数	人数	阳性数	人数	阳性数	人数	阳性数	人数	阳性数			
	主动筛查																													
	门诊筛查			—	—	——																								
	主动筛查																													
	门诊筛查			—	—	——																								
	主动筛查																													
	门诊筛查			—	—	——																								
	主动筛查																													
	门诊筛查																													
	主动筛查																													
	门诊筛查																													
	主动筛查																													
	门诊筛查			—	—	——																								
合计	主动筛查																													
	门诊筛查			—	—	——																								

填表者：　　　　　　　　　　　　　　　　　　　　　　　　　年　　月　　日

备注：1. 筛查汇总分主动筛查和门诊筛查，如果没有门诊筛查，只有主动筛查，则门诊筛查项可空。

2. 主动监测血清学检查人数应包括现场检测数和该村主动去门诊检查的病例数。

3. 职业分布中“其他项”，要填写具体职业及人数、阳性数，单元格不够的自行填加，禁用“其他”。

4. 筛查方法栏填数字。

表 4　2015 年各市重点人群筛查任务量

单位		筛查人数	单位		筛查人数	单位		筛查人数	单位		筛查人数
石家庄市	长安区	50	张家口市	桥东区	50	沧州市	新华区	50	邯郸市	磁县	100
	桥西区	50		桥西区	50		运河区	50		肥乡县	50
	新华区	50		宣化区	50		南大港区	50		永年县	50
	井陉矿区	50		下花园区	50		临港区	50		邱县	50
	裕华区	50		宣化县	300		沧县	100		鸡泽县	50
	高新区	50		张北县	2000		青县	50		广平县	50
	井陉县	100		康保县	500		东光县	50		馆陶县	50
	正定县	100		沽源县	1500		海兴县	50		曲周县	50
	栾城区	50		尚义县	2000		盐山县	50		武安市	100
	行唐县	50		蔚县	1000		肃宁县	50		合计	1050
	灵寿县	50		阳原县	1000		南皮县	100	唐山市	路南区	50
	高邑县	50		怀安县	300		吴桥县	50		路北区	50
	深泽县	50		万全县	100		献县	50		古冶区	50
	赞皇县	100		涿鹿县	50		孟村	50		开平区	50
	无极县	50		赤城县	1500		泊头市	50		丰南区	50
	平山县	100		崇礼县	300		黄骅市	50		丰润区	50
	元氏县	50		合计	10750		河间市	100		曹妃甸区	50
	赵县	50	邢台市	桥东区	50		合计	1000		滦县	50
	藁城区	100		桥西区	50	承德市	双桥区	50		滦南县	150
	晋州市	50		邢台县	200		双滦区	50		乐亭县	100
	新乐市	50		临城县	50		鹰手营子	50		迁西县	50
	鹿泉区	50		内丘县	50		承德县	100		玉田县	50
	合计	1350		柏乡县	50		兴隆县	50		遵化市	150
保定市	新市区	50		隆尧县	50		滦平县	50		合计	900
	北市区	50		任县	50		隆化县	300	衡水市	桃城区	50
	南市区	50		南和县	50		丰宁县	300		枣强县	100
	满城县	50		巨鹿县	100		宽城县	50		武邑县	50
	清苑县	50		新河县	50		围场县	800		枣强县	50
	涞水县	50		广宗县	50		合计	1800		饶阳县	50
	阜平县	200		平乡县	50	秦皇岛市	海港区	50		安平县	50
	徐水县	50		威县	50		山海关区	50		故城县	50
	定兴县	50		清河县	50		北戴河区	50		阜城县	50
	唐县	100		临西县	50		开发区	50		冀州市	50
	高阳县	50		南宫市	100		青龙县	100		深州市	50
	容城县	50		沙河市	50		昌黎县	100		合计	550
	涞源县	400		合计	1150		抚宁县	150	省直管县（市）	辛集市	100
	望都县	50	廊坊市	安次区	50		卢龙县	50		迁安市	200
	安新县	50		广阳区	100		合计	600		魏县	100
	易县	50		固安县	50	邯郸市	邯山区	50		宁晋县	100
	曲阳县	100		永清县	50		丛台区	50		定州市	100
	蠡县	100		香河县	100		复兴区	50		涿州市	100
	顺平县	50		大城县	50		峰峰矿区	50		怀来县	200
	博野县	50		文安县	50		邯郸县	50		平泉县	100
	雄县	50		大厂县	100		临漳县	50		任丘市	100
	安国市	50		霸州市	100		成安县	50		景县	100
	高碑店市	50		三河市	100		大名县	50		合计	1200
	合计	1800		合计	750		涉县	100		河北省	22900

表 5　重点人群布病健康知识知晓率和行为形成率调查问卷

________市________县（市、区）________乡（镇）________村（场）

一、基本情况

1. 性别：□男　　□女
2. 年龄：　　岁
3. 民族：□汉族　□回族　□满族　□蒙古族　□其他
4. 职业：□饲养员　□屠宰工　□兽医　□皮毛乳肉加工　□运输司机　□学生
   □干部　□临床医生　□其他
5. 受教育程度：□文盲/半文盲　□小学　□初中　□高中/职高/中专
   □大专　□本科以上

二、基本知识

1. 你知道人和家畜都可能得布病吗？（　　）
   A 知道　　B 不知道
2. 人是如何得布病的？（　　）
   A 与布病病人日常生活接触　B 与牲畜及畜产品直接接触　　C 不清楚
3. 您知道人得了布病有什么症状？（　　）
   A 发烧、多汗、乏力、肌肉关节疼痛、睾丸肿大
   B 尿频、尿急、尿痛
   C 不知道
4. 家畜得了布病有哪些表现？（　　）
   A 很快死亡　　B 没什么表现
   C 流产、早产、死胎、不孕、产奶量下降、个体瘦弱等　　D 不知道
5. 下面哪些行为容易患上布病？（　　）
   A 饲养、放牧、接羔、剪毛、屠宰
   B 吃煮熟了的牛、羊肉
   C 不知道
6. 家中出现病死的牲畜或者流产的胎羔，应如何处理？（　　）
   A 贩卖、加工、食用　　B 深埋或焚烧　　C 扔到没人的地方
7. 怀疑家畜得了布病怎么办？（　　）
   A 在专业人员指导下，进行检疫、免疫、淘汰
   B 全都卖给别人
   C 自己杀了吃肉
   D 不知道
8. 怀疑自己得了布病应如何去做？（　　）
   A 不用看医生，自己多休息就会好
   B 到当地疾控中心或正规医疗机构检查治疗
   C 自己买药吃，烧退了就行
9. 你认为布病能治愈吗？（　　）
   A 不治之症
   B 不用治疗、不会对身体造成影响
   C 急性期正规治疗是可以治愈的
10. 自己家没有饲养牲畜，但邻居家有，会不会得布病？（　　）
   A 一定会　　B 可能会　　C 一定不会

三、健康行为

1. 你在购进牲畜（牛、羊）时查看检疫证吗？（　）
   A 查看　　B 不查看
2. 你在饲养牲畜时给牲畜打布病疫苗吗？（　）
   A 是　　B 否
3. 新购进的牲畜隔离饲养一段时间吗？（　）
   A 是　　B 否
4. 你家牲畜的养殖方式是什么？（　）
   A 圈养　　B 散养　　C 圈养、散养混合
5. 你喝刚挤出来的生奶或吃未煮熟的畜肉及可疑病死畜及其制品吗？（　）
   A 是　　B 否
6. 你家人、畜经常共用一个桶（盆、缸）饮水吗？（　）
   A 经常　　B 偶尔　　C 从不
7. 你处理病畜流产物或从事屠宰/畜产品加工时使用手套、口罩等防护用品吗？（　）
   A 使用　　B 偶尔使用　　C 不使用
8. 畜圈经常消毒吗？（　）
   A 经常　　B 偶尔　　C 从不
9. 冬天将小羊羔放在室内饲养吗？（　）
   A 是　　B 否
10. 从事畜产品加工过程中，抽烟、饮食前洗手吗？（　）
   A 一定洗　　B 偶尔洗　　C 不洗

调查员：________　　　　调查日期：____年____月____日

表6　市　县（市、区）布病健康知识知晓率、健康行为形成率调查结果统计表（上报）

调查单位（乡、村或场）	调查时间	健康知识					健康行为				
		调查人数（A）	每份问卷题数（B）	总人题数（C＝B×A）	答对总题数（D）	知识知晓率（%）（E＝D/C）	调查人数（H）	每份问卷行为项数（I）	调查行为总项数（J＝I×H）	行为形成总项数（K）	行为形成率（%）（L＝K/J）
合计											

关于进一步加强全省结核病实验室能力建设的通知

各设区市、省直管县（市）疾病预防控制中心、衡水市结核病防治所：

为进一步加强全省结核病实验室能力建设，全面开展耐多药肺结核病防治，如期实现防治规划指标和目标，现就有关要求通知如下。

一、各级疾病控制机构要高度重视结核病实验室建设工作，把提高实验室能力建设作为当前结核病防治工作的重点，从基础建设、仪器设备购置和人员配备给予必要政策倾斜和支持。切实履行好《结核病防治管理办法》赋予疾病预防控制机构在结核病防治工作中的职责，开展结核病实验室检测，对辖区内的结核病实验室进行质量控制。

二、各设区市疾病预防控制机构要在完善生物安全二级实验室开展传统抗结核药物敏感性试验的基础上，根据分子生物学实验室建设标准和要求，年底前要完成建立结核病分子生物学实验室建设任务，并开展结核病耐药快速检测。我中心将在10月底前配齐主要的检验仪器设备，结核病实验室的专业人员要达到2人以上。按照河北省县级结核病实验室基本要求（试行），年底前确保县级疾病预防控制机构建立生物安全二级结核病实验室并开展结核菌培养工作，配备至少1名以上的专业技术人员。

三、石家庄、邯郸、保定市及所辖县级疾病预防控制机构要加强对全球基金配备的仪器设备的管理，建立固定资产账目，防止固定资产挪用和流失。利用耐多药结核病快速诊断方法率先开展对医疗机构结核病实验室的质量控制工作，严防试剂的浪费和过期失效。

四、2015年市级疾控机构结核病实验室将全部参加国家抗结核药物敏感性试验熟练度测试，全球基金项目设区市、县两级将参加全国耐多药快速检测技术能力测试。各级结核病实验室专业技术人员要根据各自职能，尽快熟练掌握传统和快速耐多药结核病检测方法，确保取得优异的测试结果。

五、各设区市疾病预防控制机构要加强对市、县两级结核病定点医疗机构实验室的质量控制，按照中国结核病防治规划《痰涂片镜检标准化操作及质量保证手册》要求，盲法复验室间质控频度2～4次/县/年，准确计算抽取各定点医疗机构实验室痰涂片，发放到其他县级疾控机构实验室复核，市级实验室对各实验室部分痰涂片进行二次复核，以确定最终复检结果并及时反馈到受检实验室。开展分子生物学检测技术的实验室接受结核病分子诊断技术能力验证，每年一次，每次下发测试样本10份。县级疾控实验室每月定期到定点医疗机构进行现场抽片复核，每次复核痰涂片10张（阴性和阳性各5张）。开展耐药快速检测的县级结核病实验室对定点医疗机构发现的全部五类耐多药可疑者利用Gene X pert进行耐药检测。

河北省疾病预防控制中心

2015年7月6日

关于突发急性传染病防控和突发中毒事件应急处置全国技能竞赛集训及复赛的通知

承德、沧州、唐山、保定市疾病预防控制中心：

按照国家卫生计生委应急办《关于开展突发急性传染病防控和突发中毒事件应急处置全国技能竞赛复赛的通知》（国卫应急指导便函〔2015〕133号）和中国疾控中心《关于突发急性传染病防控和突发中毒事件应急处置全国技能竞赛复赛细则的通知》（中疾控应急发〔2015〕94 号）要求，河北省卫生计生委决定开展竞赛集训和复赛工作。受省卫生计生委委托，我中心具体负责组织突发急性传染病防控以及突发中毒事件应急处置集训和复赛工作。现将有关事宜通知如下：

一、复赛（7 月 20 ~ 23 日赴北京参加复赛）

（一）复赛内容

突发急性传染病防控复赛内容包括实验室盲样考核、笔试、技能操作、实验室操作和桌面推演；突发中毒事件应急处置复赛内容包括实验室盲样考核、笔试、技能操作和桌面推演。

（二）盲样考核

中国疾控中心传染病所和职业卫生所分别向各参赛单位寄送突发急性传染病防控和突发中毒事件处置的盲样考核标本，各参赛单位应当按照随附的盲样考核说明，检测标本并反馈检测结果。

（三）笔试、技能操作、实验室操作和桌面推演

笔试、技能操作、实验室操作和桌面推演将在北京集中复赛。其中笔试、技能操作和桌面推演在指定会场开展，实验室操作在中国疾控中心传染病所和病毒病所实验室开展。

（四）有关要求

1. 充分认识复赛工作重要性，统筹做好本单位复赛人员相关保障工作，通知到参赛个人，务必做好赛前准备工作。

2. 请自携带笔记本电脑和无线上网设备、参赛必要的文具（包括 2B 铅笔、黑色签字笔、橡皮等），其他复赛所需设备等由竞赛组委会提供。

3. 请参赛队员携带本人身份证并佩戴组织方统一制作的参赛证参加竞赛，参赛过程中不得更换队员。

二、集中培训

定于 7 月 13 ~ 19 日（13 日报到）在石家庄市阳光格瑞酒店进行赛前集中培训，请参赛队员带好复赛准备物品。

三、其他事项

集训和参赛期间食宿费统一安排，交通费自理。

联系人：河北省疾病预防控制中心

石丹莹　高　伟

联系电话：0311 - 86573263/86573261

传真：0311 - 86573263

邮箱：hebeicdcyjb@163.com

附件：参加复赛人员名单

河北省疾病预防控制中心

2015 年 7 月 9 日

附　件

参加集训和复赛人员名单

突发急性传染病防控参赛组员：

韩会强　承德市疾病预防控制中心
祁业敏　沧州市疾病预防控制中心
贾肇一　河北省疾病预防控制中心
李娟娟　保定市疾病预防控制中心

突发中毒处置参赛组员：

刘海峰　唐山市疾病预防控制中心
赵鑫宇　承德市疾病预防控制中心
于珊玲　秦皇岛市第一医院

关于做好自然灾害卫生应急工作的通知

各设区市、华北石油和省直管县（市）疾病预防控制中心：

今年全国各地的极端气候事件不断增多，20余省市遭遇暴雨洪涝灾害事件，形势不容乐观。目前我省将进入主汛期，洪涝灾害的危险性增加。又正值肠道传染病及食物中毒的高发季节，为有效应对自然灾害及各种传染病的流行，按照省卫生计生委《关于做好洪涝灾害卫生应急工作通知》（冀卫传〔2015〕24号）要求，现就做好我省自然灾害卫生应急工作通知如下：

一、加强组织领导，落实自然灾害卫生应急工作责任制

要加强组织领导，充分认识做好自然灾害卫生应急工作及传染病防控工作的重要性，强化预防和应急意识，克服麻痹思想和侥幸心理，牢固树立抗大灾、防大疫的思想。切实履行救灾防病职责，做到思想到位、组织到位、职责到位、人员到位，确保各项措施落到实处。各地要根据人员变动，及时调整充实救灾防病领导小组和应急队伍，进一步明确工作职责，落实责任追究制。

二、进一步完善应急预案、方案，加强应急队伍建设

要根据《河北省自然灾害卫生应急预案（试行）》，结合本地实际，完善本地区的自然灾害卫生应急预案和工作方案，科学、规范、有序地做好灾后的卫生防疫工作。按照省卫生厅《关于进一步加强基层卫生应急队伍建设的意见》要求，建立健全应急处理专业队伍，着力提高基层卫生应急队伍的快速反应和早期处置能力，满足处置突发公共卫生事件和救灾防病工作的需要。

三、严格疫情报告管理，加强应急值守

要按照《国家救灾防病信息报告管理规范（试行）》和《河北省突发公共卫生事件相关信息报告管理工作方案（试行）》及有关预案要求，做好救灾防病和突发公共卫生事件信息报告工作。严格落实24小时应急值班和领导带班制度，加强对灾情、疫情的监控，严防脱、漏岗现象的发生；主管领导、部门负责人和应急队员要保持24小时通讯畅通；各市、县疾病预防控制中心网络直报系统要坚持必须实行专人24小时浏览，切实做到早发现、早报告、早控制，严禁迟报和漏报疫情。各级卫生应急队伍要随时保持待命状态，一旦发生自然灾害、重大疫情和突发公共卫生事件，确保能够在第一时间赶赴现场开展救灾防病和卫生应急工作。

四、强化培训与演练，提高应急能力

要坚持“常抓不懈，平战结合”的原则，以加强业务学习、提高实战能力为重点，有效组织自然灾害卫生应急预案和救灾防病相关知识培训以及实战演练，以达到增强意识、更新知识、检验预案、锻炼队伍、磨合机制、提高能力的目的。

五、查漏补缺，强化应急物资保障

应急物资储备是应对突发公共卫生事件的基本保障。各地要进一步加强应急物资储备工作的管理，健全自然灾害卫生应急物资储备机制，做好应急物资储备计划，救灾所需设备、器械、防护用品、试剂和药品等物资储备确保齐全到位，能够满足紧急疫情处置需要。

六、密切部门沟通，强化协调联动机制

要主动加强与气象、水利、地震等部门的沟通，及时了解灾害预测预报情况，科学分析自然灾害可能对本地区公众健康造成的影响，有针对性地做好灾害卫生应急准备工作。灾害发生地区要与当地有关部门加强信息沟通，及时掌握灾情变化，共同开展抗灾救灾工作，确保自然灾害卫生应急工作高效、有序开展。

七、强化督导，做好传染病疫情监测工作

要加强对医疗机构的督导，指导医疗机构加强感染性疾病科的建设，规范肠道门诊，严格落实预检分诊制度、首诊负责制和传染病疫情信息报告制度，认真做好霍乱、伤寒等肠道传染病以及人感染高致病性禽流感、夏秋季易发传染病等的监测工作，主动搜索疫情，及时发现及时处置。

八、加强宣传教育，提高群众救灾防病知识水平

要高度重视自然灾害卫生应急的宣传教育工作，采用媒体沟通、印制宣传页、明白纸等多种形式，积极向社会公众宣传灾害期间的卫生防病知识，提高公众自然灾害后的自救能力和传染病防控意识。

河北省疾病预防控制中心

2015年7月13日

关于举办河北省疾控系统第二届“疾控杯”羽毛球锦标赛的通知

各设区市、华北石油疾控中心、专业院所、定州市、辛集市、魏县、平泉县和任丘市疾控中心：

河北省疾控系统第二届“疾控杯”羽毛球锦标赛定于8月7～9日在张家口举行。为确保比赛顺利进行，现将有关事宜通知如下：

一、比赛准备

（一）参赛队员自备比赛球拍，球拍必须符合国家《羽毛球竞赛规则》。

（二）参赛队员着装统一，双打配对选手着装颜色应一致。

（三）交通、住宿费用自理。

二、竞赛规程

详见附件。

三、报到安排

（一）请各参赛单位按照报名名单于8月7日17：00前报到。（地址：张家口市市府东大街8号，张家口艺海酒店，联系电话：0313－4025999）。

（二）8月7日17：00点在七楼会议室，召开组委会、领队、裁判员联席会议，现场抽签。

（三）会务联系人：

张家口市疾控中心，赵志坚，联系电话：13932388400；

星奥体育俱乐部，李建英，联系电话：13831358270；

省疾控中心，鲍文，联系电话：18931105967。

希望各单位认真做好参赛准备，预祝取得优异成绩。

附件：河北省疾控系统第二届“疾控杯”羽毛球锦标赛竞赛规程

河北省疾病预防控制中心

2015年7月22日

附件

河北省疾控系统第二届“疾控杯”羽毛球锦标赛竞赛规程

一、主办单位

河北省疾病预防控制中心、张家口市疾病预防控制中心

二、协办单位

张家口星奥体育俱乐部

三、比赛时间

2015 年 8 月 8 ~9 日

四、比赛地点

星奥体育俱乐部（地址：张家口市纬一东路 2 路车温馨家园小区站西行 30 米）

五、参赛单位（按市、县级国家行政区划代码排序）

1. 河北省疾病预防控制中心
2. 石家庄市疾病预防控制中心
3. 唐山市疾病预防控制中心
4. 秦皇岛市疾病预防控制中心
5. 邯郸市疾病预防控制中心
6. 邢台市疾病预防控制中心
7. 保定市疾病预防控制中心
8. 张家口市疾病预防控制中心
9. 承德市疾病预防控制中心
10. 沧州市疾病预防控制中心
11. 廊坊市疾病预防控制中心
12. 衡水市疾病预防控制中心
13. 华北石油疾病预防控制中心
14. 石家庄市职业病防治院
15. 保定市职业病防治所
16. 张家口市地方病防治所
17. 衡水市结核病防治所
18. 定州市疾病预防控制中心
19. 辛集市疾病预防控制中心
20. 魏县疾病预防控制中心
21. 平泉县疾病预防控制中心
22. 任丘市疾病预防控制中心

六、比赛项目

团体赛、男子单打、女子单打

七、竞赛办法

（一）本次团体赛采用三场两胜制，出场顺序为：混双、男单、女单，单场采用 21 分 3 局 2 胜制（即双方分数先达 21 分者胜。每局双方打到 20 平后，一方领先 2 分即算该局获胜；若双方打成 29 平后，一方领先 1 分，即算该局取胜）。团体赛进行分组循环，小组前两名出线。出线队进行交叉淘汰赛，决出团体冠、亚、季军。

（二）男、女单打进行淘汰赛，采用 21 分三局两胜制，决出冠、亚、季军（前两轮采用每局 15 分制）。

（三）其他条款参照中国羽毛球协会审定的《羽毛球竞赛规则》执行。

八、赛制安排：（分组循环赛）

（一）团体赛共分四个阶段比赛：

第一阶段：将 21 支代表队进行抽签分组，分成 A、B、C、D 四个小组，每个小组进行单循环比赛，小组前 2 名出线。

第二阶段：进行交叉淘汰赛，胜者进入下一阶段。

第三阶段：半决赛胜者进入决赛，负者决出三、四名。

第四阶段：决赛。

（二）男、女单打进行抽签落位，比赛采用单淘汰赛，决出冠、亚、季军。

注：小组赛中赢一场积 2 分，输一场积 1 分，弃权积 0 分，积分前两名晋级；若 2 队积分相同，看胜负关系；若 3 队或以上积分相同，首先看胜次，胜次分数多的列前；胜次相同，看净胜局数，净胜局数多列前；净胜局数相同，看互相之间的胜负，胜者列前；照每局的净胜分数计算。如果按照上述办法还不能分出胜负，则抽签。

九、规则与规定

（一）上场审核：

1. 各参赛队员必须为报名队员；

2. 上场队员必须携带参赛证件上场，证明其身份之后进行比赛；

3. 各队需自备比赛服装、球拍。

4. 比赛用球品牌为“亚狮龙5号”。

（二）对参赛运动员的资格核实：

如果在比赛进行时或比赛结束后发现上场队员非本单位的人员参赛，则判该队员负。

十、比赛弃权、迟到

（一）有下列情况之一的球队属比赛弃权：

1. 并非因不可抗拒的原因，且未获得联赛组委会批准，未参加赛程规定的比赛；

2. 如果选手在比赛开赛5分钟仍未到场，该选手被视为弃权；

3. 拒绝按照组委会的安排参加补赛或改期的比赛；

4. 拒绝按照裁判委员会的要求在8分钟内恢复中断的比赛；

5. 有未报名、未通过资格审查的选手参加了比赛；

6、中途退出比赛的。

（二）球队弃权的处理：

1. 一方选手比赛弃权，另一方选手获胜；

2. 双方选手比赛弃权，双方选手本场比赛均淘汰。

十一、录取名次

团体赛录取前三名；单打录取前三名

十二、本规程未尽事宜，另行通知

十三、本规程解释权归赛事组委会

关于开展食品中氰化物污染应急监测的通知

唐山、廊坊、沧州、张家口市疾控预防控制中心：

近期，天津滨海新区发生了危险化学品爆炸事故。为了解该事件可能对周边地区食品安全的影响，按照国家食品安全风险评估中心工作要求，我中心决定选择距离天津较近的唐山、廊坊、沧州和张家口市作为风险监测采样点，开展食品中氰化物污染应急监测，并组织制定了监测方案（见附件）。请按照方案要求开展监测工作。加强组织领导，强化保密性和纪律性，不得以任何形式擅自向外泄露相关信息和数据。加强监测质量控制，做好监测信息管理工作。同时，按照食品安全风险监测网络直报系统要求，在线及时填写报送数据，最后一批数据上报截至2015年8月31日。

如有技术问题，请及时与我中心联系。

联系人：常风启　刘长青

联系电话：0311－86573426

0311－86574356

附件：食品中氰化物污染应急风险监测方案

河北省疾病预防控制中心

2015年8月20日

附　　件

食品中氰化物污染应急风险监测方案

天津爆炸事故可能存在的氰化物污染食品风险，经过初步分析主要途径应该是通过水体带出造成食品污染，而通过空气扩散造成的食品污染应该是局限性的。为了解天津滨海新区爆炸事件对周边地区食品安全的影响，我中心决定开展食品中氰化物污染应急监测，特制定本方案。

一、氰化物健康危害

氰化物是包括多种带有氰离子（CN－）或氰基（－CN）的化合物，最常见的是氰化钠、氰化钾、氢氰酸。该类物质属第一类A级无机剧毒品，经皮肤、呼吸道或胃肠道吸收，均可引起急性中毒。急性中毒主要表现为心律失常、呼吸抑制、心衰、脑电图改变、癫痫发作、震颤和其他中枢神经效应等。氰化物的慢性毒性并不常见，长期小量摄入可能会影响神经系统和甲状腺功能。

二、应急监测地区

唐山、廊坊、沧州和张家口。

污染采样点：选择唐山市汉沽农场、曹妃甸区，廊坊市香河县、霸州市，沧州市黄骅市的一个种植点作为污染采样点。自方案下发之日起，每1天监测1次，至少监测10次。

对照采样点：选择张家口市崇礼县的一个种植点作为对照采样点。自方案下发之日起，每3天监测一次，共监测3次。

三、采样品种

叶类蔬菜（主要是面积大，重量轻的蔬菜）和水果，重点以露天栽培的、当地居民食用较多的、种植面积较大的当季为检测品种。

四、采样要求

在种植地采集当地种植的样品，每个采样点每天采集5种样品。每种样品一式两份，各500克，一份检测，一份留样。样品信息应按照食品污染物和有害因素监测的要求记录，同时做好与爆炸点的方位和距离记录。采样中须充分考虑产品在当地的代表性和典型性，做好样品的选取和运输、保存工作，保证数据的可信性。

五、监测指标

氰化物为规定监测指标。各地可以根据自身能力情况可以增加爆炸物可能含有的苯系物等有毒的污染物指标。

六、监测实施机构和数据报告

各采样点县（市、区）级疾控中心负责样品的采集和运输，市级疾控中心负责样品检验工作，按照食品安全风险监测网络直报系统的要求在线及时填写报送数据，最后一批数据上报截至8月31日。我中心负责专项监测质量控制和技术支持。

关于下发2015年学校卫生工作方案的通知

各设区市、华北石油和省直管县（市）疾病预防控制中心：

为进一步加强学校卫生工作的管理，掌握学生健康体质状况，落实学生传染病、常见病预防控制措施，按照《学校卫生工作条例》（国家教委令第10号）和《学校和托幼机构传染病疫情报告工作规范》（卫办疾控发〔2006〕65号）要求，结合全省工作实际，我中心组织制定了2015年河北省学校卫生工作方案，现下发，请遵照执行。

附件：2015年河北省学校卫生工作方案

河北省疾病预防控制中心

2015年6月23日

附　　件

2015年河北省学校卫生工作方案

为进一步加强学校卫生工作的管理，掌握学生健康体质状况，落实学生常见病预防控制措施，按照《学校卫生工作条例》（国家教委令第10号）、《学校和托幼机构传染病疫情报告工作规范》（卫办疾控发〔2006〕65号）和《各级疾病预防控制中心基本职责》（卫疾控发〔2008〕68号）要求，特制定本方案。

一、工作目的

（一）切实加强学生体质监测，通过加强学生健康体质监测，掌握学生健康体质状况，分析学校教学环境、生活环境对学生健康状况的影响因素，为采取有效干预措施，保护和促进青少年身体健康、提高人口素质提供科学依据。

（二）切实做好学校教学环境和生活环境监测，通过开展教学环境和生活环境监测，掌握和了解各级学校教学建筑设施、设备及学生学习生活环境卫生安全现状和发展变化趋势，为各级卫生、教育行政部门对学校卫生工作的决策和宏观管理提供科学依据，。

（三）切实加强学生晨检与因病缺勤追查登记工作，落实学生晨检、因病缺勤追查登记制度，指定校医或学校保健老师专人负责每天收集汇总，实时掌握学生缺课信息，减少传染病的发生，保护学生的身体健康。

二、工作内容及要求

（一）建立学生健康体质监测点校

各设区市、直管县（市）疾控中心要建立覆盖本辖区中小学、大中专院校的学生健康体质监测点校，密切关注学生健康体质状况。学生健康体质监测点校数量具体要求：小学、初中、高中各2所。

2015年学生健康体质监测对象主要是针对小学、初中、高中学生。重点工作任务：学生视力状况、患龋状况、营养不良和肥胖状况等监测。从小学一年级至高中三年级每年级监测的学生数至少为100人。监测方法：各设区市、直管县疾控中心对监测点校学生进行监测。各学校应密切配合疾控中心完成学生健康体质监测工作，建立健全学生健康体质档案。

（二）做好学生晨检与因病缺勤追查登记工作

各设区市、直管县（市）疾控中心协助学校进一步建立健全学生晨检、因病缺勤追查登记制度，学校指定校医或学校保健老师专人负责每天收集汇总，实时掌握学生缺课信息，落实因病缺课学生管理责任。各学校切实加强传染病患者的返校管理，学校应严格凭公立医疗机构开具的痊愈证明方可同意其返校，证明交由学校医务室或保健室保存备查。

（三）加强学校教学环境和生活环境的监测

有条件设区市、直管县（市）疾控中心要加强对点校学校教学环境和生活环境监测工作，监测对象为学校教室、宿舍、食堂、生活饮用水等，监测覆盖率应达到100%。各设区市、直管县（市）要制定切实可行的监测计划，实施细则、专人专管，年终总结，全面掌握目前学校环境状况，分析影响学生健康状况的相关因素，为改善教学环境、切实维护青少年群体的身体健康、提高人口素质提供科学依据。

（四）开展学校卫生知识培训工作

各设区市、直管县（市）疾控中心应定期对下级疾控中心和学校相关人员进行学校卫生培训，通过培训能够使学校卫生工作人员掌握学校卫生知识和技能，切实提高他们的业务素质。市疾控中心负责对辖区疾控和学校相关人员进行学校卫生知识培训，每年1次。

（五）加强学校健康教育工作

各设区市、直管县（市）疾控中心要加强学生传染病、常见病防治的宣传教育工作，把中小学校健康教育课时纳入教学计划，保证任课教师和课时，每学期小学8课时、初中4课时、高中2课时。通过健康教育，提高青少年学生卫生知识知晓率和卫生行为形成率，增强自我保护能力。

（六）总结与上报

各设区市、直管县疾控中心要及时将辖区内健康体质监测点校的监测结果进行分析汇总，并将辖区内学校的学生传染病、常见病防治工作督导情况及教学环境卫生监测情况反馈给教育主管部门及学校，并于2015年10月31号前将监测结果汇总材料和年终总结电子版和纸质一并上报我中心学校卫生防病所。邮箱地址：hebczq@163. com

三、工作督导

按照省卫计委、省疾控绩效考核目标要求，各设区市、直管县疾控中心应制定本辖区2015年学校卫生防病工作督导计划，对辖区内中小学校、大中专院校进行工作督导，各学校要密切配合疾控中心完成防治工作。督导内容：学校是否制定学生传染病、常见病防治计划；是否有学校卫生专职或兼职管理人员；是否有相关制度规定；是否开展学生健康体质监测工作；是否建立健全学生健康体质监测档案；是否开展学校卫生健康教育课程；学校教室、宿舍、食堂、生活饮用水、厕所、卫生（保健）室等设施是否达到《国家学校体育卫生条件试行基本标准》要求。督导频次：市（区）级督导县级≥1次/年，县级督导学校≥1次/年。督导学校数占辖区学校总数的比率应大于90%。通过督导对学校卫生防病工作中存在的问题及时给予纠正解决并提供相应技术指导。

关于全省疾控系统第二届“疾控杯”羽毛球锦标赛比赛结果的通报

各设区市、华北石油、省直管县（市）疾控中心、专业院所：

我省疾控系统第二届“疾控杯”羽毛球锦标赛，于8月8～9日，在2022年冬奥会举办城市——张家口，经过一天半紧张、激烈的角逐，圆满落幕。本届比赛由省疾控中心和张家口市疾控中心联合主办，共有22支代表队的120余名队员参加了羽毛球团体和男女单项的比赛。通过比赛活跃了职工的业余生活和工作气氛，增进了职工间的了解和友情，增强了职工的集体荣誉感和竞争意识，提高了职工的身体素质和技术水平，推动了疾控系统全员健身活动的开展和精神文明建设，达到了比赛的预期目的。现将比赛结果通报如下：

一、团体比赛成绩

第一名：衡水市疾病预防控制中心代表队

队员：常　岐　李为民

常宝萍（深州市疾控中心）

宋会哂

第二名：保定市职业病防治所代表队

队员：曲　达　安光辉　张小昆

宋燕娟（满城县疾控中心）

第三名：邢台市疾病预防控制中心代表队

队员：王会彬　赵英录

楚丽萍（邢台开发区疾控中心）

宋红芳

二、男子单打成绩

第一名：河北省疾病预防控制中心
朱志刚

第二名：张家口市疾病预防控制中心
赵志坚

第三名：华北石油疾病预防控制中心
郭泽峰

三、女子单打成绩

第一名：唐山市疾病预防控制中心
韩小楠（迁安市疾控中心）

第二名：华北石油疾病预防控制中心
王　慧

第三名：沧州市疾病预防控制中心
程　敏

张家口市疾病预防控制中心、定州市疾病预防控制中心、辛集市疾病预防控制中心、魏县疾病预防控制中心、平泉县疾病预防控制中心、任丘市疾病预防控制中心等代表队荣获优秀组织奖；河北省疾病预防控制中心、秦皇岛市疾病预防控制中心、保定市疾病预防控制中心、廊坊市疾病预防控制中心、华北石油疾病预防控制中心、张家口市地方病防治所等代表队荣获精神文明奖；石家庄市疾病预防控制中心、唐山市疾病预防控制中心、邯郸市疾病预防控制中心、承德市疾病预防控制中心、沧州市疾病预防控制中心、石家庄市职业病防治院、衡水市结核病防治所等代表队荣获体育道德风尚奖。

希望获奖的单位和个人以北京－张家口共同举办2022年冬奥会为契机，戒骄戒躁，再接再厉，继续提高技能，并在工作和学习中积极发挥示范带头作用，以更加饱满的热情投入各项疾控工作中，以更加昂扬的斗志共筑“疾控梦”，努力为我省疾控事业健康发展做出新的更大的贡献！

河北省疾病预防控制中心

2015年8月24日

关于在全省疾控系统开展健康教育技能竞赛活动的通知

各设区市、华北石油、省直管县（市）疾病预防控制中心：

为进一步提升全省健康教育专业人员的素质，增强健康教育专业人员理论知识水平和综合实践能力，建立一支作风顽强、技术过硬的健康教育骨干队伍，同时加强各市健康教育机构及专业人员的协作及交流，推动我省健康教育工作再上新台阶，我中心决定在全省范围内开展健康教育技能竞赛活动，现将《2015 年河北省健康教育技能比武竞赛实施方案》下发给你们，请各单位按照方案要求参照执行，认真组织此次比赛活动，做好参赛选手的选拔，参赛工作。

附件：1. 2015 年河北省健康教育技能比武竞赛实施方案

2. 微科普作品要求

河北省疾病预防控制中心

2015 年 7 月 21 日

附件 1

2015 年河北省健康教育技能比武竞赛实施方案

为进一步提升全省健康教育专业人员的素质，增强健康教育专业人员理论知识水平和综合实践能力，建立一支作风顽强、技术过硬的健康教育骨干队伍，同时加强各市健康教育机构及专业人员的协作与交流，推动我省健康教育工作，我中心拟于 2015 年 7 ~ 9 月在全省组织开展市县级健康教育技能比武竞赛活动。

一、竞赛目的

以“选拔人才与培育人才相结合、提升水平和展示形象相结合”为原则，以赛促学、以赛促练，进一步提高健康教育工作者的专业理论水平和实践操作能力，打造健康教育技能知识传播平台，宣传健康教育、合理用药、科学就医、健康素养知识，促进基本公共卫生服务资源的合理有效利用，展示广大健康教育工作者勤奋学习、积极向上的精神风貌。

二、竞赛形式

竞赛由现场知识竞赛、微科普（微视频/微图文）展示、演讲三部分组成。

三、内容

知识：健康教育基本理论、健康传播技巧与方法、合理用药核心信息及释义、科学就医核心信息及释义、烟草控制核心信息、中国公民健康素养 66 条。

技能：微科普制作展示、演讲。

四、实施步骤及时间安排

（一）第一阶段——预赛（2015 年 7 月中旬至 8 月下旬）

以市为单位，由各市疾控中心组织本地区从事健康教育工作的人员进行理论学习和比武练兵，按照理论考试和健康教育演讲综合成绩，选取三人参加省级技能竞赛决赛。

（二）第二阶段——决赛（2015 年 9 月上中旬）

省级疾控中心组织各市代表队进行决赛。决赛由知识竞赛、健康科普演讲、健康微科普展示 3 部分构成。各市选派 3 名选手组队参加现场知识竞答，每队选派 1 名参赛选手参加微科普展示和演讲比赛。

知识竞答内容围绕健康教育与健康促进基本理论、健康传播方法与技巧、公民健康素养、合理用药、科学就医、烟草控制知识等展开，由专家组统一命题。竞赛题型包括必答题、抢答题、时速题、风险题。

演讲内容以“健康为主题”，题目自选，可辅以演示道具、幻灯片、动画或视频短片等展开，每人演讲不超过10分钟，演讲分为：自我介绍（VCR）、科普演讲、答辩三个环节。

微科普制作要求详见附件。

五、参赛人员范围及组队形式

（一）各市以市为单位（含省直管县）组队参赛。

（二）每支参赛队共由3名队员组成：其中，市级疾病预防控制机构健康教育业务骨干2名（其中含省直管县1名），社区卫生服务中心健康教育工作人员1名。

六、奖项设置

（一）团体奖

一等奖1名、二等奖2名、三等奖3名、组织奖若干名。成绩计算方式：总分100分，现场竞答占50%，微科普制作及展示占20%，现场演讲占30%。

微科普提供为微视频（VCR）制作并展示的另加10分。

（二）单项奖

优秀微科普作品奖：3名，从各地制作并展示的微视频和微图文作品中按比例评选产生；

健康教育科普之星：3名，从各地代表队参加现场演讲的人员中产生。

七、保障实施

（一）评委构成：健康教育领域、健康类媒体有关专家等组成评委组。

（二）大赛评估：通过对大赛的整体评估，了解健康教育队伍的能力建设需求，总结经验，为今后工作提供参考。

（三）组织落实：省级负责制定技术练兵方案，编制竞答试题，开展竞赛活动、组织媒体发布。市级组织当地健康教育人员进行技术练兵、参加省级决赛活动。

附件2

微科普作品要求

作品内容必须为原创并基于“合理用药”“科学就医”“健康生活”“医改成就”四方面展开医疗健康学术研究、患者科普的分享，本着科学性和趣味性相结合的原则进行。

一、科学性

所有作品应包含健康科普内容；

所有作品中涉及的健康医学专业知识、数据、政策、引文须标明出处及时间，且出处必须来自国家或国际期刊，或医疗健康行业相关专业组织发布的文章、报告；

制作者要对作品的科学性予以负责；

在科学表述时要注意量效关系和论证逻辑。

二、通俗性

用贴近大众的表现形式，用普通大众熟悉的语言方式进行创作，专业的题材也能得到大众的喜爱和传播；所有作品中涉及科学的专业术语需予以通俗性的解释。

三、趣味性

灵活运用图表、图片、视频等形式进行创作，内容、表达方式创新、有新意、贴近社会公众特点，符合手机阅读的习惯和移动传播特点，易懂、有意思、不枯燥乏味。

四、微视频作品参赛要求

整片：有完整的故事及片头、片尾、字幕，为了体现大会公平原则，作品片尾务必体现主创人员名单。

作品种类包括微电影、DV、Flash，总时长控制在10分钟之内，建议1～2分钟的短视频。可以为剧情类、动画类、纪实类等，作品画质要求为标清以上。

视频：视频分辨率不低于 720×576，文件大小不超过 80M，不低于 10M（保证画质清晰）格式为 MP4 文件。

字幕：影片需配字幕。

作品须附作品简介，字数限 100 字以内。

作品涉及专业内容或引用其他素材，须标注出处。

五、图片及文字作品参赛要求

作品应适合手机阅读，体裁不限，篇幅不限。

为体现公平原则，作品需署名与作者身份相关的信息（如姓名、科室、医院等）。

不接受打印稿及手绘稿，应清晰可辨识。

作品须附简介，字数限 100 字以内。

作品涉及专业内容或引用其他素材，须标注出处。

六、其他要求

作品须附作者或主创人员姓名、职业、单位、电子邮箱、联系电话等信息。

所有参评作品凡涉及版权问题，均需取得当事人的授权，未经授权的一律禁止参评。所有参评作品均须电子版报送。

参赛作品中不得出现商业性广告内容和外部链接。

关于河北省疾控系统 2015 年度健康教育技能比武竞赛情况的通报

各设区市、华北石油、省直管县（市）疾病预防控制中心：

我省健康教育技能比武竞赛活动自 2015 年 7 月开展以来，各地精心组织、认真谋划，定方案、抓演练、勤学习、比业务、强能力、上水平，在全省疾控系统迅速掀起了“比学赶帮超”的浓厚氛围，在活动中涌现出一批热衷于健康教育工作的健康卫士，锻炼出一支优秀的健康教育工作队伍。技能比武活动进一步加强了各地健康教育机构间的协作与交流，推动了全省健康教育工作的蓬勃发展。经过激烈的角逐和选拔，全省疾控系统 2015 年度健康教育技能比武竞赛省级决赛取得了圆满成功，为进一步树立典型、激励先进，我中心决定对在全省疾控系统健康教育技能比武竞赛省级决赛活动中取得优异成绩的单位和个人进行表彰。

一、2015 年度河北省健康教育技能比武竞赛总成绩

1. 2015 年度河北省健康教育技能比武竞赛团体一等奖：邯郸市代表队。

2. 2015 年度河北省健康教育技能比武竞赛团体二等奖：唐山市代表队、石家庄市代表队。

3. 2015 年度河北省健康教育技能比武竞赛团体三等奖：保定市代表队、承德市代表队、沧州市代表队。

4. 2015 年度河北省健康教育技能比武竞赛优秀组织奖：邢台市代表队、廊坊市代表队、

秦皇岛市代表队、衡水市代表队、张家口市代表队。

二、2015 年度河北省健康教育技能比武竞赛知识竞赛

1. 2015 年度河北省健康教育技能比武知识竞赛一等奖：邯郸市代表队。

2. 2015 年度河北省健康教育技能比武知识竞赛二等奖：唐山市代表队、石家庄市代表队。

3. 2015 年度河北省健康教育技能比武知识竞赛三等奖：承德市代表队、保定市代表队、沧州市代表队。

三、2015 年度河北省健康教育技能比武竞赛个人演讲

1. 2015 年度河北省健康教育科普之星（3 名）：唐山市代表队高雯、秦皇岛市代表队杨环玮、沧州市代表队冯晶晶

2. 2015年度河北省健康教育科普标兵（8名）：承德市代表队李昕芮、邯郸市代表队任丽丽、石家庄市代表队成欢欢、保定市代表队郑继文、邢台市代表队康虹、张家口市代表队郝晓敏、廊坊市代表队张鹏、衡水市代表队杨静。

四、2015年度河北省健康教育技能比武竞赛微科普制作展示

1. 2015年度河北省健康教育技能比武竞赛微科普作品一等奖：保定市代表队选送的《黄金6分钟》

2. 2015年度河北省健康教育技能比武竞赛微科普作品二等奖：唐山市代表队选送的《共抗艾滋筑和谐》、沧州市代表队选送的《无烟生活》

3. 2015年度河北省健康教育技能比武竞赛微科普作品三等奖：石家庄市代表队选送的《科学就医》、邢台市代表队选送的《健康生活我做主》、秦皇岛市代表队选送的《别拿阳虚不当回事》

4. 2015年度河北省健康教育技能比武竞赛微科普作品优秀奖：承德市代表队选送的《预防艾滋》、邯郸市代表队选送的《携手控烟 拥抱蓝天》、衡水市代表队选送的《滥用抗生素》、张家口市代表队选送的《我运动我健康》、廊坊市代表队选送的《吸烟—不健康的生活方式吞噬您的生命》

希望受到表彰的单位和个人把荣誉作为新的起点，戒骄戒躁，再接再厉，以更高的标准严格要求自己，为我省健康教育事业再创佳绩、再立新功。同时，号召系统各单位及全体干部职工要以先进集体和优秀个人为榜样，积极适应新形势、新要求、新常态，解放思想，求真务实，为推动我省健康教育事业又好又快发展做出新的、更大的贡献。

河北省疾病预防控制中心

2015年9月28日

关于规范医学研究课题及论文伦理审查工作的通知

各处（所、中心、队）室：

为加强中心伦理审查工作，规范科研立项及学术论文的发表，顺利开展关于涉及人的生物医学研究课题及论文伦理审查工作，根据国家卫生计生委《涉及人的生物医学研究伦理审查办法（试行）》以及中心伦理委员会章程和工作程序，现就中心医学研究课题及论文伦理审查的有关要求通知如下：

一、申报立项课题的伦理审查

申报各类医学研究立项课题，需在中心通知要求的课题申报截止日7个工作日前填写《伦理审查申请表》（见附件1，可从中心内网下载区下载），与课题申请书、知情同意书/免知情同意申请、调查问卷（如有）、隐私和保密声明（如有）及项目负责人履历等材料一并交伦理委员会，伦理委员会审查完毕后出具伦理委员会审查意见。

二、已立项课题发表论文的伦理审查

1. 立项课题实施前已通过伦理委员会审查，并已获得伦理审查意见，发表课题论文前，需将伦理委员会审查意见及待发表论文报中心伦理委员会，经中心伦理委员会审查，符合要求的换发伦理委员会审查意见。

2. 课题实施前未经过伦理委员会审查，发表论文前，需填写《伦理审查申请表》（附件1），与科研项目合同书或立项批准文件、知情同意书/免知情同意申请、调查问卷（如有）、隐私和保密声明（如有）及项目负责人履历等材料一并交伦理委员会，伦理委员会审查完毕后出具伦理委员会审查意见。

三、非立项课题发表论文的伦理审查

研究论文发表前，需签署《学术论文发表承诺书》（见附件2，可从中心内网下载区下载），与论文一并交伦理委员会审查，伦理委员会审查通过后出具伦理委员会审查意见。

四、其他情形的伦理审查

1. 伦理委员会发现不符合伦理学要求的课题申报书，提出整改建议，经修改后仍无法达到伦理学要求的，不予出具伦理审查意见。

2. 伦理委员会发现不符合伦理学要求的论文，或论文涉嫌剽窃、数据造假等情况，将不予出具伦理委员会审查意见。

附件：1. 河北省疾病预防控制中心伦理委员会审查申请表

2. 河北省疾病预防控制中心学术论文发表承诺书

河北省疾病预防控制中心

2015年9月30日

附件1

河北省疾病预防控制中心伦理委员会审查申请表

伦理委员会受理编号：

申请状态：□初审　　□修改后复审
□回复伦理审查意见　　□研究方案的修改　　□研究项目的年审

该研究方案是否被其他伦理委员会拒绝或否决过？　□是　□否

该研究方案是否曾被暂停或者终止过？　□是　□否

研究者信息	
主要研究者姓名：　　联系电话： 传真：　　E－mail：	
主要研究者单位/通信地址：	
申办者和研究方案信息	
研究方案名称、版本号：	
申办单位、地址：	
申办单位联系人、电话：	
本中心计划招募受试者人数/计划总人数：	
预期试验期限：	
试验用产品	□疫苗　□新药 名称　　SFDA批件号：
使用方式	□创伤性　□非创伤性
多中心试验	□是　□否
研究形式	□Ⅰ期　□Ⅱ期　□Ⅲ期　□Ⅳ期 □调查　□流行病学　□观察　□遗传研究
研究对象	□正常人　□病人　□男性　□女性年龄：
弱势群体	□是　□否 若是，请描述：
需要的特殊条件	

续表

签名	
主要研究者：	日期：
填表人：	日期：

附件 2

河北省疾病预防控制中心学术论文发表承诺书

论文题目			
拟投期刊			
所在科室		投稿人	

作者承诺

1. 研究方案科学，资料与数据真实，无抄袭之嫌，署名属实；
2. 受试者或其监护人对研究内容知情同意；
3. 不涉及保密内容及受试者隐私；
4. 对受试者的损害做到积极救治和保护；
5. 无一稿多投，不存在其他伦理问题。

第一作者签字：　　年　　月　　日

通讯作者签字：　　年　　月　　日

处（所、中心）室审查意见

负责人签字：　　年　　月　　日

关于重新调整中心领导班子成员分工的通知

各设区市、华北石油、定州、辛集市疾病预防控制中心、石家庄、保定市职业病防治院（所）、张家口地方病防治所、衡水市结核病防治所，中心各处（所、中心、队）室：

经研究决定，中心对班子成员分工进行调整，调整后具体分工如下：

崔泽（中心主任）：主持中心全面工作。具体分管办公室、项目管理办公室、内部审计处、慢性非传染性疾病防治所。

李琦（党委书记、中心副主任）：负责人事、党建和精神文明建设全面工作。具体分管人事处、党办室、免疫规划管理所、病毒病防治所、疫苗临床研究所、突发公共卫生事件应急办公室、健康教育所、生物制品供应管理所、科研培训管理处、药物研究所、医学研究所、有害生物防治所、学会办公室。

李建国（中心副主任）：分管职业卫生与职业病防治所、放射防护所、质量检验管理处（实验室管理处）、理化检验所、微生物检验所、营养与食品安全所、环境卫生监测与评价所、学校卫生防病所。

高立志（中心副主任）：负责信访及群众工作。具体分管财务处、老干部管理处、工会、后勤服务中心、保定后勤服务中心、药械供应管理处、安全保卫处。

陈素良（中心副主任）：分管细菌病防治与消毒所、性病艾滋病防治所、公共卫生信息所、卫生毒理所、寄生虫病防治所、艾滋病高危人群干预工作队、结核病防治所、地方病防治所、安国中草药种植试验场。

王岩（纪委书记）：负责纪委工作。具体分管监察室。

蒋东升（中心副主任）：援疆。

河北省疾病预防控制中心

2015年10月8日

关于开放国家网络直报数据交换与共享接口的请示

中国疾病预防控制中心：

为充分利用中国疾病预防控制中心建设的网络直报信息系统资源，进一步加强对我省网络直报系统的数据进行分析与利用，及时提供决策信息，我省已开发了传染病及突发公共卫生事件分析预警系统，特申请为我省开放网络直报数据交换与共享接口，将网络直报系统中传染病报告业务数据及相关码表、突发事件报告业务数据及相关码表、公共基础字典表（例如地区编码、机构代码等）等数据交换至本地，以便实现信息共享。

妥否，请批准。

河北省疾病预防控制中心

2015年11月16日

（联系人：高贵军，联系电话：86573178）

关于参加2015年全国地方病防治机构实验室氟测定质量考核结果的通报

各设区市、定州、辛集市疾病预防控制中心、张家口市地方病防治所：

2015年5月，省疾控中心组织全省疾控机构参加了2015年全国地方病防治机构实验室氟、砷测定质量考核，抽取25个县（市、区）参加省级含氟水样测定考核。现将考核结果通报如下：

一、考核样品浓度公议值

实验室间Z分值ZB反映了实验室测定结果的系统误差，实验室内的Z分值ZW反映了实验室测定结果的随机误差，Z分值越接近于零表明于总体结果越近。考核结果分为三种情况：结果满意，即 $|Z| \leqslant 2$；检测结果可疑，实验室应该对测定结果进行复查，$2 < |Z| < 3$；检测结果不满意，实验室应该采取纠正措施，即 $|Z| \geqslant 3$（详见附件1）。

二、参加国家考核含氟水样测定考核结果

省级、11个设区市、2个省直管县和10个项目县疾控中心

地方性氟中毒实验室参加了国家外质控考核，合格率、反馈率均为100%，合格实验室名单见附件2、3。

三、参加省级考核的县级含氟水样测定考核结果

25个县（市、区）实验室参加了省级实验室考核，合格率、反馈率均为100%，合格实验室名单见附件4。

四、问题及建议

个别实验室Z比分值的绝对值接近2，考核结果误差较大，有的实验室没有按要求上报，专业人员业务水平有待进一步提高，实验室条件有待进一步完善，特别是ZB、ZW值偏大的个别实验室，虽然结果合格，但检测结果不满意。

各设区市、县要认真总结，查找差距和不足，进一步提高实验室质量管理工作，加强科学性和规范性，以保证分析结果的可靠性和可比性，为全省地方性氟中毒防治监测工作提供质量保障。

附件：1. 2015年考核样品浓度公议值

2. 参加国家考核省、市级实验室含氟水样检测考核结果

3. 参加国家考核县级实验室含氟水样检测考核结果

4. 参加省级考核县级实验室含氟水样检测考核结果

河北省疾病预防控制中心

2015年11月13日

附件1

2015年考核样品浓度公议值

考核项目	样品编号	均值X	标准偏差S	X±2S	X±3S
含氟水样	FS20150101	0.41	0.02	0.04	0.06
	FS20150102	1.86	0.05	0.10	0.15

附件2

参加国家考核省、市级疾控中心实验室含氟水样检测考核结果

单位	含氟水样Z值		结论
	FS20150101	FS20150102	
省疾控中心	-0.33	0.83	合格
沧州市	0.67	-0.33	合格
邯郸市	-1.00	0.17	合格
衡水市	0.67	-0.50	合格
廊坊市	0.00	0.00	合格
秦皇岛市	-0.33	0.67	合格
石家庄市	-0.33	0.33	合格
唐山市	-0.33	0.33	合格
邢台市	-0.67	-0.17	合格
承德市	0.00	-0.33	合格
保定市	-1.00	0.17	合格
张家口市	1.33	-0.17	合格
定州市	1.67	-0.33	合格
辛集市	1.67	1.50	合格

附件3

参加国家考核县级疾控中心实验室含氟水样检测考核结果

单位	含氟水样Z值		结论
	FS20150101	FS20150102	
尚义县	1.00	-0.33	合格
平泉县	-1.00	0.83	合格
玉田县	-0.33	0.33	合格
大城县	-0.33	0.17	合格
定兴县	0.33	-0.75	合格
盐山县	0.33	0.50	合格
故城县	0.67	-0.50	合格
南宫县	1.33	-0.17	合格
赵　县	-0.33	0.17	合格
大名县	-1.00	0.17	合格

附件 4

参加省级考核县级疾控中心实验室含氟水样检测考核结果

单位	含氟水样 Z 值		结论
	FS20150101	FS20150102	
石家庄桥西区	-0.33	0.50	合格
井陉县	0.33	0.50	合格
元氏县	-0.33	0.50	合格
张家口下花园区	0.33	-0.50	合格
阳原县	1.67	-0.17	合格
双滦区	-0.33	-0.17	合格
围场县	0.33	-0.33	合格
乐亭县	-0.33	0.00	合格
迁西县	-0.33	0.17	合格
青龙县	0.00	0.33	合格
固安县	-0.33	0.17	合格
涞源县	-0.67	1.17	合格
涞水县	-0.33	0.67	合格
唐县	-0.33	-0.17	合格
海兴市	0.00	0.17	合格
孟村县	1.00	0.17	合格
阜城县	0.67	-0.67	合格
临西县	-1.00	0.17	合格
隆尧县	-1.00	0.17	合格
武安市	0.33	0.00	合格
曲周县	-1.00	0.67	合格
迁安市	0.00	0.17	合格
宁晋县	2.00	0.67	合格
涿州市	1.00	-0.83	合格
魏县	1.00	0.33	合格

关于开展2015年流感病毒核酸检测能力考核工作的通知

各设区市疾病预防控制中心：

根据《流感监测方案（2010年版）》和《省级流感参比中心评估管理方案》要求，为进一步提高全省流感监测网络实验室流感病毒核酸检测能力，做好流感监测和应对工作，我中心决定开展2015年流感监测网络实验室流感病毒核酸检测能力考核工作。现将有关事项通知如下：

一、此次考核共包括11家市级流感监测网络实验室。

二、每家网络实验室10份考核标本，均为灭活的病毒培养液，每份100μL，病毒浓度均在容易检出的范围之内。

三、考核范围包括季节性甲型H1N1，H3N2和B型流感病毒以及H5，H7和H9亚型禽流感病毒。

四、考核标本编号由6位字符组成，如150101，其中前两位数字代表本次考核年号，中间两位数字代表实验室编号，后两位数字代表考核标本的流水号。

五、各网络实验室对考核盲样进行核酸提取前，应先短暂离心数秒钟，使液体集中于管底，然后再按照各实验室使用的病毒RNA提取试剂盒的操作要求，在生物安全柜内进行核酸提取（建议使用100μL RNase－free水洗脱RNA）。

六、此次考核不提供检测用试剂，请各网络实验室自行完成对考核标本所含流感病毒型别及亚型的鉴定工作。

各流感监测网络实验室完成考核标本检测后，请填写2015年河北省流感网络实验室流感病毒核酸考核结果（附件1），加盖单位公章于12月25日前将电子扫描件发送至联系人邮箱。

联系人：刘艳芳　韩光跃

邮箱：hbcdc999@126.com

电话：0311－86573424　0311－86573450

附件：2015年河北省流感网络实验室流感病毒核酸考核检测结果

河北省疾病预防控制中心

2015年12月7日

附　　件

2015年河北省流感网络实验室流感病毒核酸考核检测结果

______市疾病预防控制中心：

盲样编号	盲样型别	盲样HA型别

续表

盲样编号	盲样型别	盲样 HA 型别

单位盖章：

日期：

关于开展 2015—2016 年度流脑健康人群带菌监测的通知

各设区市，定州、辛集市疾控中心：

流行性脑脊髓膜炎（流脑）是我省重点防控的传染病之一，目前我省已进入流脑高发季节，为做好全省流脑防控工作，我中心决定开展 2015/2016 年度流脑健康人群带菌监测工作，现就有关要求通知如下：

一、监测点设置

根据近年来监测情况，合理设置监测点（建议每年在不同的县、市、区轮流开展），每个市至少设立一个监测点（监测点最好设在农村），每个监测点分 7 个年龄组（<1 岁、1~2 岁、3~4 岁、5~6 岁、7~14 岁、15~19 岁、≥20 岁），分别在 2015 年 12 月至 2016 年 1 月和 2016 年 2~4 月采集咽拭子标本进行流脑菌的分离，两次监测人群标本不少于 210 人（每次每个年龄组至少调查 15 人，总人数不少于 105 人）。同时做好采集标本的详细登记工作。

二、标本采集、培养

1. 采样时间应尽量安排在上午 8~9 点。

2. 咽拭子标本采集过程中应严格按照无菌要求操作，最好使用压舌板，采集部位一定要准确，采集到的标本应现场接种培养基。

3. 采集的咽拭子标本接种巧克力双抗平板；采集的咽拭子涂抹于平板的原始部位，然后换接种环分三区划线，一块平板最好只接种一份标本；分区画线时与上一区的连接最好在 2~3 根线之间，以保证能分离出单个菌落；接种后的平板在运输过程中应保证温度在 20~36℃之间。

4. 检验人员在挑取生长的菌落转种时，无论平板上长出菌落多少，都要挑取转种，以避免造成部分菌株漏掉，提高分离率。培养所获得的流脑菌株（包括自凝菌、多凝菌等）分纯鉴定合格后，将其纯培养物的菌苔刮到 3~5 支灭菌的脱脂牛奶菌种管中，置 -20℃冰箱保存，于 5 天内送省进一步鉴定和药敏试验，菌株不得自行处理。

5. 流脑监测用培养基（巧克力双抗平板）今年省不再统一提供，由各市自行购置，购置经费和相关监测经费可由 2015 年重大公共卫生疾控补助经费（扩大国家免疫规划 - 细菌性疾病监测项目，各市 1 万 ~3 万元不等）中支付。

三、数据上报

既往菌株检出率低的市，要认真查找原因，提高菌株检出率。标本的实验室登记和检测记录要妥善保存备查，同时以电子邮件的形式分别于 2016 年 2、4 月底前上报流脑两次监测结果（表格见附件）和监测总结。辛集、定州市只安排一期监测工作。

邮箱地址：hbcdcxjk@ sina. com

附件：1. 健康人群带菌调查咽拭子标本采集及检测登记表

2. 健康人群流脑带菌状况调查统计表

3. 流脑菌株送检登记表

河北省疾病预防控制中心

2015 年 12 月 8 日

附件 1

年　　　市健康人群带菌调查咽拭子标本采集及检测登记表（　　期）

编号（9 位，前 6 位为国标码，后三位为对象编号）	姓名	性别（1 男；2 女）	出生年月（或岁）	职业（编码同传染病报告卡）	住址	疫苗接种			咽拭子标本			备注
						接种疫苗种类（1. A；2. A + C；3. A 与 A + C；4. 未种；5. 不详）	接种次数	最后一次接种日期（年/月/日）	采集日期（年/月/日）	送检日期（年/月/日）	培养结果［1. A；2. B；3. C；4. Y；5. W－135；6. 其他（注明）；7. 未分）］	

标本采集人：　　　　　　送检单位：　　　　　　送检人：

附件 2

年　　　市健康人群流脑带菌状况调查统计表（　　期）

年龄组（岁）	男			女			合计		
	检测数	阳性数	阳性率%	检测数	阳性数	阳性率%	检测数	阳性数	阳性率%
<1									
1 ~									
3 ~									
5 ~									
7 ~									
15 ~									
≥20									
合计									

注：各市将流脑调查资料按此表统计后上报。

附件 3

流脑菌株送检登记表　　　　（送检单位公章）

编号	送检号	姓名	性别	年龄	职业	现住址（省、市、县、乡）	菌株来源（1. 病人；2. 密切接触者；3. 健康带菌者）	样本种类（1. 脑脊液；2. 血液；3. 咽拭子）	发病时间	采样时间	凝集反应		生化反应					检测结果	送检形式（1 培养基，2 脱脂牛奶）
											盐水	血清群	葡	麦	蔗	果	乳		

填表说明：1. 如果菌株来源于密切接触者，发病时间栏要填写所接触病人的姓名。

送检单位：________________　送检时间：____年____月____日　送检人：________　联系电话：

接收单位：河北省疾病预防控制中心　接收时间：____年____月____日　接收人：________　联系电话：

关于 2015 年度市级麻疹/风疹实验室职能考核结果的通报

各设区市、华北石油，定州、辛集市疾控中心：

为加强市级麻疹/风疹实验室检测的质量控制和标准化管理，保持全省麻疹/风疹实验室网络良好运转，根据世界卫生组织麻疹/风疹网络实验室工作要求，按照《全国麻疹监测方案》和《2012 年消除麻疹项目技术方案》，我中心对市级麻疹/风疹实验室进行了 2015 年度职能考核，主要内容有血清盲样考核和抽样复核，现将考核结果通报如下：

一、血清盲样考核情况

2015 年度市级麻疹/风疹实验室血清盲样考核 5 份标本（华北油田 15 份标本）全部在 3 个工作日报告结果，在结果准确性、完整性和有效性方面各市都取得了优异成绩（见附件 1）。

二、血清学复核情况

血清学抽样复核了麻疹 IgM 阳性、风疹 IgM 阳性和双阴性标本，石家庄市、衡水市、保定市、承德市、廊坊市、唐山市和邯郸市各项考核指标全部正确，满分。华北油田送检的 2 份麻疹 IgM 阳性标本检测正确；沧州市送检的 1 份麻疹/风疹双阴性复核血清检测错误；定州送检的标本质量不达标。各市送检的风疹 IgM 阳性标本均未达到要求的份数，其中沧州市、秦皇岛市、张家口市、邢台市、辛集市、定州市因没有风疹病例没有送风疹 IgM 复核血清（见附件 2）。

三、存在的主要问题

1. 实验过程没有进行科学规范的内部质量控制，不能保证实验结果准确可靠。

2. 沧州市 1 份麻疹/风疹双阴性复核血清检测错误。

3. 承德市送检复核血清血量过少，不足 10 微升，远低于 300 微升的要求。

4. 廊坊市使用内螺旋口血清管分装，标本沾染螺旋管盖内口，极易交叉污染。

5. 定州送检的5份标本全部溶血，且未送检双阴性标本。

四、今后工作建议

1. 市级麻疹/风疹实验室检测工作是控制麻疹工作的一部分，检测结果对控制麻疹疫情提供技术支持，各地应该高度重视此项工作。

2. 2015年度麻疹/风疹实验室职能考核存在问题的地市，应尽快查找原因，采取措施，改进工作。

3. 新的《全国麻疹监测方案》已经下发并实施，流行病人员和实验室人员加强沟通，使麻疹/风疹实验室检测工作适应当前控制麻疹工作需要，提高麻疹疫情的实验室诊断率。

附件：1. 市级麻疹/风疹实验室盲样考核成绩汇总表

2. 市级麻疹/风疹实验室血清学复核成绩汇总表

河北省疾病预防控制中心

2015年12月16日

附件1

市级麻疹/风疹实验室盲样考核成绩汇总表

实验室名称	结果准确性		3天内报告结果及时性	报告结果完整性	报告结果有效性	质量控制受控状态
	麻疹	风疹				
邯郸市	100%	100%	100%	100%	100%	优
邢台市	100%	100%	100%	100%	100%	优
石家庄市	100%	100%	100%	100%	100%	优
衡水市	100%	100%	100%	100%	100%	优
沧州市	100%	100%	100%	100%	100%	优
保定市	100%	100%	100%	100%	100%	优
廊坊市	100%	100%	100%	100%	100%	优
唐山市	100%	100%	100%	100%	100%	优
秦皇岛市	100%	100%	100%	100%	100%	优
承德市	100%	100%	100%	100%	100%	优
张家口市	100%	100%	100%	100%	100%	优
华北油田	100%	100%	100%	100%	100%	优
定州市	100%	100%	100%	100%	100%	优
辛集市	100%	100%	100%	100%	100%	优

附件2

市级麻疹/风疹实验室血清学复核成绩汇总表

地区	上送标本数	麻疹符合数	麻疹符合率	风疹符合数	风疹符合率	阴性符合率
邯郸市	11	5	100%	1	100%	100%
邢台市	10	5	100%	–	–	100%
石家庄市	21	10	100%	1	100%	100%
衡水市	15	5	100%	1	100%	100%
沧州市	32	13	100%	–	–	94.74%
保定市	12	5	100%	2	100%	100%
廊坊市	15	8	100%	2	100%	100%
唐山市	30	10	100%	10	100%	100%
秦皇岛市	10	5	100%	–	–	100%
承德市	12	5	100%	2	100%	100%
张家口市	10	5	100%	–	–	100%
华北油田	2	2	100%	–	–	–
定州市	5	5	100%	–	–	–
辛集市	10	5	100%	–	–	100%
河北省	195	88	100%	19	100%	98.86%

注：“–”为没有送复核标本。

关于开展2015年度市级疾控机构考核工作的通知

各设区市、华北石油，定州、辛集市疾病预防控制中心，张家口市地方病防治所、衡水市结核病防治所、石家庄、保定市职业病防治院（所）：

根据《河北省疾病预防控制中心关于下发市级和省直管县（市）疾病预防控制机构2015年综合考评指标的通知》（冀疾控字〔2015〕66号）及党的群众路线教育实践活动、三严三实、解放思想大讨论等活动的要求，现将2015年度年终考核工作安排如下：

一、省疾控中心今年不集中组织各专业对市级疾控机构进行年终现场考核。市级疾控机构2015年度考核工作将由各专业按照冀疾控字〔2015〕66号文附件1《河北省市级疾病预防控制机构2015年综合考评指标》，结合日常督导、各项指令性和临时性工作完成、资料上报等情况进行综合评分。

二、由于个别专业需要相关单位提供相关资料后才能做出综合评价，请各单位根据专业具体要求，务必于12月25日（周五）前将需要上报材料的电子版上报省疾控中心专业处（所）室，需要上报的文字材料通过快递寄出，以当地寄出时间为准。

三、省疾控中心根据综合考评内容及指标要

求，组织相关处（所）室和专家对各市全年工作进行综合评分，并将考核结果进行通报。

河北省疾病预防控制中心
2015 年 12 月 18 日

关于对全年工作进行综合考核的通知

各处（所、中心、队）室：

为全面了解各处（所、中心、队）室全年工作任务完成情况，总结中心全年工作，谋划 2016 年工作，根据中心整体工作安排及《河北省疾病预防控制中心 2015 年综合考评内容及指标》要求，中心定于 2016 年 1 月 5～8 日对各处（所、中心、队）室全年工作进行考核，并制定了《2015 年全年工作考核方案》（见附件），请各处（所、中心、队）室认真做好准备，无特殊情况，考核期间各处（所、中心、队）室负责人及所有职工请勿外出；如有特殊情况，按规定履行请假手续并于 2015 年 12 月 31 日前通知中心考核办，以确保考核工作顺利完成。

今年的年终考核分两部分进行，一是各处（所、中心、队）室的正职在集中测评会上进行处（所、中心、队）室工作总结和个人述职述廉，中心领导、全体中层干部及职工代表参加；在述职述廉过程中，进行民主测评和满意度问卷调查。二是考核组分组听取各处（所、中心、队）室副职述职述廉，进行民主测评和满意度问卷调查，期间，现场考核处（所、中心、队）室全年业务工作完成情况。考核工作务必于 2016 年 1 月 8 日前全部完成。

综合管理工作由中心综合管理领导小组办公室根据日常考核（检查和抽查）结果，对各处（所、中心、队）室进行综合评价后评分，并于 12 月 29 日前将评分结果报中心考核办。

附件：河北省疾病预防控制中心 2015 年全年工作考核方案

河北省疾病预防控制中心
2015 年 12 月 23 日

附　　件

河北省疾病预防控制中心
2015 年全年工作考核方案

根据中心整体工作安排，结合《河北省疾病预防控制中心 2015 年综合考评内容及指标》和《河北省疾病预防控制中心关于成立综合治理工作领导小组的通知》，特制定本方案。

一、考核组织

为确保全年考核工作公开透明、客观公正，中心成立考核领导小组，全面负责中心考核工作的组织管理和决策部署，考核领导小组下设办公室。

（一）考核领导小组

组　长：崔　泽

副组长：李　琦

成　员：李建国　高立志　陈素良　王　岩

（二）考核领导小组办公室

主　任：李　琦

副主任：朱小波　邸凤莲　阎青梅　司永光

成　员：办公室、监察室、人事处、党办室、业务处（所、中心、队）室的考核员。

考核领导小组办公室设在中心办公室，负责考核工作的具体实施。

二、考核依据

（一）《河北省疾病预防控制中心考核管理办法（2015 年修订稿）》（冀疾控字〔2015〕65 号）

［以下简称《考核管理办法（2015 年修订稿）》］。

（二）《河北省疾病预防控制中心关于成立综合治理工作领导小组的通知》（冀疾控字〔2012〕27 号）。

（三）《河北省疾病预防控制中心 2015 年综合考评内容及指标》（以下简称《考评指标》）。

（四）《疾病预防控制工作绩效评估标准（2012 年版）》。

三、考核说明

今年的考核包括三部分内容，总分 200 分，其中综合管理工作 60 分，国家绩效考核指标和附加业务工作指标共 140 分。

对于附加业务工作指标为 40 分的处（所、中心、队）室，将其绩效考核分值标化为 100 分；附加业务指标为 140 分的处（所、中心、队）室，没有绩效考核任务。

综合管理工作 由综合管理工作领导小组办公室（以下简称综管办）按照《考评指标》，根据平时综合管理检查和抽查情况，对各处（所、中心、队）室进行综合评分，并于 12 月 29 日前将评分结果报中心考核办。

国家绩效考核指标 由中心考核办确定现场考核指标，重点检查 2015 年度该指标相关佐证资料的收集、整理情况，包括数据来源的可靠性、真实性、数据间逻辑性、佐证资料的完整性及规范程度。

附加业务指标 由中心考核办根据《考评指标》确定抽查内容。

现场考核只考核各处（所、中心、队）室的业务工作完成情况。中心考核办将组织人员分三个考核组进行现场考核，考核结束后对全年的考核情况进行汇总。

四、考核分组

（一）第一考核小组

组　长：李　琦

副组长：朱小波

成　员：董　辉　甄素娟　郑　卉　袁　浩

党办室、人事处、监察室、财务处、科研培训处、突发公共卫生事件应急办公室、免疫规划管理所、病毒病防治所、疫苗临床研究所、慢性非传染性疾病防治所、健康教育所、药物研究所、医学研究所

（二）第二考核小组

组　长：李建国　王　岩

副组长：阎青梅

成　员：李保军　梁　勇　田　荼　杨　洋

质量检验管理处（实验室管理处）、营养与食品安全所、环境卫生监测与评价所、学校卫生防病所、职业卫生与职业病防治所、放射防护所、理化检验所、微生物检验所、内部审计处、保定后勤服务中心、生物制品供应管理所、有害生物防治所、地方病防治所

（三）第三考核小组

组　长：陈素良　高立志

副组长：邸凤莲

成　员：高　伟　解丽君　韩艳青　刘　霞

公共卫生信息管理所、细菌病防治与消毒所、寄生虫病防治所、性病艾滋病防治所、艾滋病高危人群干预工作队、结核病防治所、卫生毒理所、办公室、项目管理办公室、老干部处、后勤服务中心、安全保卫处、药械处、学会办

五、考核程序及要求

（一）考核程序

1. 2015 年 12 月 31 日上午，考核领导小组办公室召集三个考核组成员开会，安排部署具体考核工作。

2. 2016 年 1 月 5 ~ 8 日，各考核组分头深入处（所、中心、队）室现场检查。

3. 2016 年 1 月 8 日，三个考核小组将现场考核结果汇总完成后，提交中心考核办。

（二）相关要求

1. 各考核小组副组长要协助组长严密组织考核工作，周密部署，组织好处（所、中心、队）室的述职述廉、总结、民主测评、满意度问卷调查和现场考核等工作；各考核小组成员中第一人为秘书，负责协调到各处（所、中心、队）室现场考核的时间，并提前通知处（所、中心、队）室负责人。

2. 考核组要按照实事求是的原则填写“绩效考核指标检查记录表”和“附加业务指标检查记

录表”，现场考核结束后将检查记录表交中心考核办。

3. 要求全体干部职工本着对促进中心以及全省各项疾病预防控制工作健康发展的原则，严肃、认真对待民主测评和满意度问卷调查工作，按要求客观、公正地填写。

4. 各考核小组秘书将现场考核中遇到的困难和问题分析汇总并报经副组长、组长同意后，以考核小组为单位，2016 年 1 月 11 日前反馈给中心考核办，为制定 2016 年考核标准提供参考和借鉴。

5. 考核结束后，中心考核办将各处（所、中心、队）室综合管理工作得分、国家绩效考核指标和附加业务工作指标得分进行汇总，完成全年考核评分，2016 年 1 月 15 日前提交中心考核领导小组，为综合评价处（所、中心、队）室提供参考。

六、综合评价等次

（一）根据《考核管理办法（2015 年修订稿）》和全年考核评分结果，结合处（所、中心、队）室工作职责、工作性质、指令性和临时性工作任务落实完成的数量、质量、及时性等情况，综合评定后，将考评结果分为优秀、达标、不达标三个档次，在优秀处（所、中心、队）室中评选出先进处（所、中心、队）室。

（二）先进处（所）室评选条件

1. 处（所、中心、队）室管理规范有序，严格履行职责，能认真组织处（所、中心、队）室人员参加中心政治、业务学习等各种集体活动，处（所、中心、队）室人员团结协作，有凝聚力，认真贯彻执行中心领导班子的各项决议和要求，做到令行禁止。

2. 处（所、中心、队）室工作作风扎实，能按照规定和要求圆满完成年度工作目标、各级各部门和领导交办的任务及职责内的工作，工作任务完成的质量好，效率高，开拓创新意识强，工作出色，成效显著。

3. 处（所、中心、队）室职工思想队伍稳定，能恪守职业道德和中心的各项规章制度，职工满意度较高，全年没有出现违规、违纪、投诉等现象，无安全和责任等事故。

4. 善于做好与其他处（所、中心、队）室或相关部门的沟通，及时解决存在的问题，考核成绩优秀。

绩效考核指标检查记录表

被考核（检查）部门：　　　　　　　　　　　　　　　　检查时间：　　年　　月　　日

项目序号	指标名称	应得分	实得分	扣分原因	备注
合　计					

考核组组长签字： 考核组成员签字： 日期：　　年　　月　　日	被考核（检查）部门负责人签字： 日期：　　年　　月　　日

附加业务指标检查记录表

被考核（检查）部门：　　　　　　　　　　　　　　　　　　　　检查时间：　　年　　月　　日

序号	内容摘要及分值	应得分	实得分	扣分原因	备注

考核组组长签字： 考核组成员签字： 日期：　　年　　月　　日	被考核（检查）部门负责人签字： 日期：　　年　　月　　日

关于开展2015年度工作人员年终考核工作的通知

各处（所、中心、队）室：

按照年度工作安排，依据事业单位工作人员考核暂行规定，结合中心实际，现将2015年度工作人员年终考核工作安排如下：

一、成立考核组织

成立中心考核领导小组，统一领导年度考核工作，确保考核的质量和效果。领导小组下设办公室，负责考核工作的协调组织与具体实施。

中层干部的考核由中心考核领导小组根据个人述职、全年履行岗位职责的情况及民主测评结果，经综合评议产生考核等次。

一般工作人员考核由科室考核小组自行组织实施。人员较少科室根据实际情况合并考核，统一使用“先进工作者”推荐指标。

二、通过考核，中心要评选出本年度的“先进集体”“先进工作者”及“在年度工作中成绩突出的单项工作”，并予以表彰。

三、考核“优秀”指标控制在15%左右，指标分配原则既要按照人员比例，又要向工作责任大、任务重的岗位倾斜，各考核组要严格按分配的指标数申报，不得突破。

四、各考核小组在上报“先进工作者”人选时，要端正态度，坚持实事求是、公平公正的原则，真正选拔出工作踏实、业绩突出的优秀同志。被推荐的“先进工作者”，作为候选人由中心考核领导小组进行综合评议后，确定考核等次“优秀”人员名单。

五、各科室在总结全年工作基础上，自愿申报“先进科室”及“本年度取得突出成效的单项工作”，参加中心年度“先进集体”及“优秀单项工作奖”的评比。

六、中层干部集中述职（PPT）及测评于2016年1月5日上午8：40在综合楼三楼进行。中层干部述职述廉报告（电子版）请于2015年12月30日前报人事处（邮箱地址：2005hbcdc@163. com），2016年1月4日公示于中心内网，全体干部职工可登录中心内网/人事处/计划总结模块进行查阅。一般工作人员的工作总结报科室考核小组。

本次考核在中心考核领导小组的统一领导下进行，各科室要高度重视，严密组织，确保考核工作的高质量完成。“先进工作者”推荐人选、“先进科室”及“本年度取得突出成效的单项工作”题目及重点工作内容请于2016年1月10日前报中心人事处。逾期不报视为自动放弃。

附件：1. 河北省疾病预防控制中心2015年度考核工作实施方案

2. 2015年度科室工作人员“先进工作者”推荐指标分配表

3. 2015年度中层干部集中述职测评顺序

河北省疾病预防控制中心

2015年12月23日

附件1

河北省疾病预防控制中心
2015年度考核工作实施方案

为进一步规范和加强工作人员绩效管理，促进干部职工队伍建设，提高工作效能和服务质量。根据《事业单位人事管理条例》《河北省事业单位工作人员考核实施办法》及河北省卫生计生委办公室《关于转发河北省人力资源和社会保障厅2015年事业单位工作人员年度考核工作的通知》（冀卫办人〔2015〕10号）等文件精神，结合年度实际情况，制定本考核实施方案。

一、指导思想

以党的十八大、十八届三中、四中、五中全会和习近平总书记系列重要讲话精神为指导，结合“三严三实”专题教育和解放思想大讨论活动，坚持客观公正、民主公开、群众公认和注重实绩的原则，严格按照岗位职责和所承担的工作任务，对干部职工2015年的表现进行考核，并依据考核结果实施奖惩，以激励广大职工锐意进取，勤奋工作，进一步提高工作质量和工作效率。

二、考核范围

年度考核工作在全体在职干部职工中进行。

（一）中层干部的考核范围：本年度在中层正、副职岗位上任职6个月以上的各科室（含内设科室）副科级以上干部。

（二）科室职工考核范围：在职在岗的管理人员、专业技术人员和工勤人员；本年度任职时间不足6个月的副科级中层干部。

三、考核内容

工作人员年度考核内容包括德、能、勤、绩、廉五个方面，重点是“德”和“绩”的表现。德，主要考核政治素质和个人品德、职业道德、社会公德等表现；能，主要考核履行岗位职责的业务素质、管理能力及业务技术提高、知识更新情况；勤，主要考核责任心、工作态度、工作作风、勤奋敬业精神和遵守劳动纪律情况；绩，主要考核完成工作的数量、质量、效率、取得的社会效益及服务对象的满意度；廉，主要依据党风廉政建设和权力运行机制的有关规定，考核廉洁自律等方面的表现。

四、考核标准及等次

（一）科室考核：根据各科室职能、工作性质及目标任务完成等情况，由中心考核领导小组在各考核小组上报的绩效分析和考核打分基础上，结合各科室工作汇报和科室满意度测评进行综合评议的方式来确定档次。

科室考核结果分为先进、达标和不达标三个等次。

（二）工作人员考核：根据人员性质、岗位职责及年度工作任务，对管理人员重点考核贯彻执行党的路线、方针、政策和遵守法律、法规、规章制度情况以及管理水平和工作实绩。对专业技术人员重点考核专业技术水平，履行岗位职责情况，取得的工作实绩和社会效益。对工勤人员重点考核履行岗位职责和操作技能及服务态度情况。

工作人员考核分为优秀、合格、基本合格和不合格四个等次。各等次的基本标准是：

优秀：德、能、勤、绩、廉表现突出，全面履行岗位职责，高质量地完成工作任务，取得显著成绩，服务对象满意度高。

合格：德、能、勤、绩、廉表现较好，能够履行岗位职责，全面完成工作任务，服务对象满意度较高。

基本合格：德、能、勤、绩、廉表现一般，基本能够履行岗位职责，基本完成工作任务，服务对象满意度一般。

不合格：德、能、勤、绩、廉表现较差，不能履行岗位职责，不能完成工作任务，或者在工作中因严重失误、失职造成重大损失或者恶劣社会影响。

（三）考核采取领导与群众相结合，平时与定期相结合，定性与定量相结合的方法。考核等次通过总结述职、民主测评、绩效分析、中心考核领导小组综合评议等方式产生。

五、考核程序

（一）总结述职与民主测评

被考核人认真总结个人本年度德、能、勤、绩、廉情况，重点是履行岗位职责和完成所承担的工作任务的表现，填写《年度考核登记表》，提交年度工作总结。并根据干部管理权限在一定范围内分别进行民主测评。

1. 中层干部的考核测评分集中测评和科室测评两部分，其中集中测评占总测评结果的70%，科室测评占总测评结果的30%。集中测评由中心领导、中层干部及职工代表参加。中层正职在集中测评会上进行科室工作总结及个人述职，以PPT形式进行汇报，中层副职在考核组内述职。内容要突出重点，简明扼要，时间严格控制在10分钟以内。

2. 一般工作人员在科室考核小组内进行个人总结和测评，科室考核小组综合个人总结、民主测评及日常工作表现等情况拟定考核等次，并在规定时间和分配的指标数额内推荐“先进工作者”人选。科室考核小组由科室负责人、职工代表组织成立。组长由科室正职担任，合并考核的科室，组长在合并科室正职中推荐产生，职工代表由民主推荐产生，职工代表人数不少于考核小组总人数的三分之一。

3. 科室考核由中心考核组按照《河北省疾病预防控制中心考核管理办法（试行）》分组进行绩效分析和综合评分。

（二）综合评议

考核办公室对科室及各类人员的考核推荐结果分别统计汇总后报中心考核领导小组进行综合评议，最终确定科室及工作人员考核等次。

（三）公示和上报

对确定为“先进”等次的科室和“优秀”等次的工作人员进行为期一周的公示。公示期限内如对考核结果有异议，可以向考核部门或中心考核领导小组反映。考核部门要认真调查核实反映情况，并向反映人及时反馈调查结果。

公示期满，考核结果汇总上报省卫生计生委和省人社厅备案。各科室将《年度考核登记表》按照分管权限填写评语和考核等次后，统一交人事处存入职工个人档案。

六、考核结果使用

年度考核结果作为调整工作人员岗位、工资和发放绩效工资及实施奖惩、培训、辞退的依据。

（一）年度考核中被确定为合格以上等次的

1. 按照有关规定晋升薪级工资。

2. 按照有关规定发放绩效工资。

3. 被确定为合格以上等次，且符合规定的其他任职资格条件的，具有晋升职务的资格；连续三年以上被确定为优秀等次的，晋升职务时优先考虑。

（二）年度考核中被确定为基本合格等次的

1. 第二年不晋升薪级工资。

2. 年内不晋升职务。

3. 对其诫勉谈话，限期改进。

（三）年度考核中被确定为不合格等次的

1. 本年度不计算为竞聘更高等级岗位的任职年限。

2. 年内不得晋升职务。

3. 第二年不晋升薪级工资。

4. 对其诫勉谈话，限期改进。

5. 连续两年被确定为不合格等次的，根据不同情况，可予以降职、调整工作、低聘或解聘。

6. 连续两年考核被确定为不合格等次，又不服从组织安排或重新安排后年度考核仍不合格的，予以辞退。

七、年度考核有关问题的处理

1. 本年度内受到通报批评的科室不能参评“先进集体”，受到通报批评的工作人员不能参评“先进工作者”。

2. 全年出勤率未达到90%（含）以上的，不能参评“先进工作者”。

3. 本年度退休的工作人员不进行考核。

4. 见习或试用期未满人员，应进行考核并写出评语，其考核结果作为转正定级、认定和聘任专业技术职务或分配工作岗位的依据，但不确定考核等次。

5. 军队复转、新调入人员，参加本年度考核。以往的考核情况以档案记载为准。

6. 单位派出学习、培训、帮助工作的人员，由所在学习、培训、帮助工作的单位提供学习、培训及工作情况，在原科室进行考核。

7. 中心内部科室之间借用6个月以上人员，由借用科室考核，确定考核等次。

8. 对德、能、勤、绩、廉表现较差，在年度考核中难以确定等次的人员，暂缓确定等次，予以告诫，期限为三至六个月。告诫期满有明显改进的，可定为合格等次，仍表现不好的，定为不合格等次。

9. 因私出国、病、事假等原因脱岗累计超过半年的人员，不确定等次。

10. 非单位派出，但经单位同意外出学习培训人员，超过半年的不进行考核。

11. 被停职检查或接受立案审查尚未结案的人员，只进行年度考核，暂不写评语，不定等次，待问题查清后再行确定。

12. 当年受到记过以上处分人员，一般应定为不合格等次。在受处分期间只写评语，不定等次，在解除其处分的当年及以后，根据表现，按正常情况确定等次。受到党纪处分人员，按照《关于受党纪处分的党政机关工作人员年度考核有关问题的意见》（组通字〔1998〕19号）规定执行。

13. 对无正当理由不参加考核者，经教育后仍然拒绝参加年度考核的，可直接确定其考核结果为不合格等次。

附件2

河北省疾病预防控制中心2015年度________科室工作人员“先进工作者”推荐指标分配表

处（所、中心）室名称	推荐指标
办公室	2
项目管理办公室	
人事处	1
党办室	
监察室	1
内部审计处	
财务处	1
老干部管理处	1
安全保卫处	
后勤服务中心	4
保定后勤服务中心	2

续表

处（所、中心）室名称	推荐指标
药械供应管理处	1
质量检验管理处	1
科研培训管理处	1
学会办公室	
突发公共卫生事件应急办公室	1
公共卫生信息所	2
健康教育所	1
生物制品供应管理所	1
免疫规划管理所	2
病毒病防治所	3
疫苗临床研究所	
慢性非传染性疾病防治所	2
营养与食品安全所	1
细菌病防治与消毒所	2
寄生虫病防治所	
性病艾滋病防治所	1
艾滋病高危人群干预工作队	
结核病防治所	1
地方病防治所	1
有害生物防治所	1
环境卫生监测与评价所	2
学校卫生防病所	
药物研究所	1
医学研究所	
卫生毒理所	1
职业卫生与职业病防治所	2
放射防护所	1
理化检验所	2
微生物检验所	1

附件 3

2015 年度中层干部集中述职测评顺序

序号	述职部门	述职人姓名	性别	政治面目	职　务
1	免疫规划管理所	张振国	男	中共党员	所长
2	病毒病防治所	齐顺祥	男	中共党员	所长
3	疫苗临床研究所	赵玉良	男	九三学社社员	所长
4	细菌病防治与消毒所	孙印旗	男	中共党员	所长
5	性病艾滋病防治所	赵宏儒	男	中共党员	所长
6	艾滋病高危人群干预工作队	张玉琪	男	群众	队长
7	寄生虫病防治所	刘洪斌	男	中共党员	所长
8	有害生物防治所	黄　钢	男	民盟	所长
9	结核病防治所	陈海峰	男	群众	副所长
10	慢性非传染性疾病防治所	朱俊卿	男	中共党员	所长
11	地方病防治所	马　景	女	中共党员	所长
12	营养与食品安全所	刘长青	男	中共党员	副所长
13	环境卫生监测与评价所	刘毅刚	男	中共党员	所长
14	学校卫生防病所	陈志强	男	中共党员	副所长
15	职业卫生与职业病防治所	赵春香	女	中共党员	所长
16	放射防护所	周开建	男	群众	所长
17	健康教育所	程蔼隽	女	中共党员	所长
18	理化检验所	常凤启	男	中共党员	所长
19	微生物检验所	申志新	男	群众	所长
20	卫生毒理所	徐　颖	女	中共党员	所长
21	药物研究所	张勤增	男	群众	所长
22	医学研究所	苗志惠	女	群众	所长
23	学会办公室	武　智	男	中共党员	主任
24	突发公共卫生事件应急办公室	师　鉴	男	中共党员	主任
25	公共卫生信息所	高贵军	男	中共党员	所长
26	质量检验管理处（实验室管理处）	李绍连	男	中共党员	处长
27	科研培训管理处	卢　安	男	中共党员	处长
28	生物制品供应管理所	郝延江	男	中共党员	副所长
29	保定后勤服务中心	刘树力	男	中共党员	主任
30	后勤服务中心	李志伟	男	中共党员	主任

续表

序号	述职部门	述职人姓名	性别	政治面目	职　务
31	安全保卫处	窦勇智	男	中共党员	处长
32	药械供应管理处	张国华	男	中共党员	副处长
33	内部审计处	任亚辉	男	中共党员	处长
34	财务处	郭鹏云	男	中共党员	处长
35	老干部管理处	宗　华	女	中共党员	处长
36	监察室	邸凤莲	女	中共党员	主任
37	人事处	阎青梅	女	中共党员	处长
38	党办室	司永光	男	中共党员	副主任
39	项目管理办公室	左贵锋	男	中共党员	主任
40	办公室	朱小波	男	中共党员	主任

关于评选2015年度教学工作先进科室和先进个人的通知

各处（所、中心、队）室：

为全面总结中心2015年度教学工作，有效激励在教学中涌现出来的先进科室和个人，经研究决定，在中心组织开展评选2015年度教学工作先进科室和先进个人活动，现将有关事宜通知如下：

一、评选依据

《河北省疾病预防控制中心教学管理办法（试行）》。

二、评选对象

2015年承担教学和学生管理工作的科室和个人（学生是指在中心登记在册的在校本专科生和实习进修人员）。参评科室名单和先进个人分配名额见附件1。

三、评选条件

具体评选条件见附件2。

四、评选程序及要求

（一）请参评科室认真总结2015年度教学工作开展情况，并推荐本科室教学工作先进个人。教学工作总结和教学工作先进个人推荐表（附件3）于2016年1月11日17：00前报科培处，电子版发至科培处邮箱：kepeichu@163. com。

（二）中心将根据参评科室全年教学工作、教学先进个人推荐人选教学工作、日常教学工作监督检查、学校及学生反馈等情况，对参评科室和先进个人人选进行综合评定。

（三）经综合评定，评选出“河北省疾病预防控制中心2015年度教学工作先进科室”候选科室和“河北省疾病预防控制中心2015年度教学工作先进个人”候选人，经由中心领导审查认定。

（四）中心将根据有关规定对教学先进科室和先进个人进行表彰和奖励。

联系人：张永茂　18832185618

　　　　雍明媛　86573167

附件：1. 教学工作先进科室参评名单和先进个人分配名额

2. 教学工作先进科室和先进个人评选条件

3. 教学工作先进个人推荐表

河北省疾病预防控制中心

2015年12月28日

附件 1

教学工作先进科室参评名单和先进个人分配名额

序号	科　　室	先进个人名额
1	办公室（项目管理办公室）	2
2	人事处	1
3	科研培训处	1
4	后勤服务中心	2
5	安全保卫处	1
6	职业卫生与职业病防治所	2
7	应急办	1
8	药物研究所	1
9	性病艾滋病防治所（高危人群干预工作队）	2
10	细菌病防治与消毒所	2
11	微生物检验所	2
12	营养与食品安全所	2
13	免规规划管理所	2
14	慢性病防治所	2
15	理化检验所	2
16	结核病防治所	2
17	环境卫生所	2
18	放射防护所	2
19	卫生毒理所	2
20	病毒病防治所（疫苗临床研究所）	2
合计		35

附件 2

教学工作先进科室和先进个人评选条件

一、教学工作先进科室评选条件

1. 科室有详细的教学计划和教学安排，能积极完成教学任务，认真安排学生实习内容；

2. 认真开展教学研究，改进教学内容和方法，提高教学质量；

3. 努力创造条件为学生提供实践机会，开展示教活动和现场教学，提高学生专业知识和实践技能；

4. 对学生认真负责，除做好教学实习工作外，关心学生的思想和生活，学生日常管理规范有序，严格执行请销假制度等学生管理制度，学生实习期间未出现安全事故。

二、教学工作先进个人评选条件

1. 热爱教学工作，有强烈的事业心、责任感；

2. 努力完成教学或学生管理工作任务，刻苦钻研，不断提高教学或学生管理水平；

3. 在教学或学生管理工作中严格要求自己，有良好的教风，具备为人师表的基本素质；

4. 对学生认真负责，在学生知识技能和道德情操的培养方面或生活保障方面取得明显成效。

附件 3

教学工作先进个人推荐表

姓名		科室	
专业		职称	

主要教学工作事迹：

本人签字：

年　　月　　日

科室（教研室）意见： 负责人签字： 年　　月　　日	科研培训处意见： 盖　章 年　　月　　日	中心意见： 盖　章 年　　月　　日

关于 2015 年全省流感病毒核酸检测能力考核结果的通报

各设区市疾病预防控制中心：

为进一步提高全省流感监测网络实验室流感病毒核酸检测能力，确保流感监测质量，根据《流感监测方案（2010 年版）》和《省级流感参比中心评估管理方案》工作要求，省疾控中心于 2015 年 12 月对全省流感监测网络实验室进行了流感病毒核酸检测能力考核。现将考核结果通报如下：

一、考核范围

11 家市级流感监测网络实验室。

二、考核标本

每家流感监测网络实验室 10 份灭活的病毒培养液，每份培养液 100μL。考核病毒型别包括季节性甲型 H1N1、H3N2 和 B 型流感病毒以及 H5、H7 和 H9 亚型禽流感病毒。

三、考核结果

截至 12 月 24 日，各流感监测网络实验室均上报了考核结果，且 10 份盲样考核结果全部正确。

四、下一步工作要求

日前，我省已进入流感流行期，各单位要严格按照《流感监测方案（2010 年版）》要求，做好流感的监测和应对工作。流感监测哨点医院要完成每周 20 份流感样病例的采样数量，并及时上报流感样病例就诊情况。流感监测网络实验室要继续进行 ILI 标本的检测，积极开展流感病毒分离培养工作，进一步提升我省流感监测工作质量。

河北省疾病预防控制中心

2015 年 12 月 29 日

关于印发《深入开展“三严三实”专题教育推进方案》的通知

各党支部：

现将《省疾控中心深入开展“三严三实”专题教育推进方案》印发给你们，请认真贯彻执行。

附件：深入开展“三严三实”专题教育推进方案

中共河北省疾病预防控制中心委员会

2015 年 5 月 25 日

附　　件

深入开展“三严三实”专题教育推进方案

根据省卫计委印发的《关于深入开展“三严三实”专题教育推进方案的通知》（冀卫党发〔2015〕13 号）文件精神，结合中心实际，现制定深入开展“三严三实”专题教育推进方案如下。

一、落实总体要求

严格按照习近平总书记提出的：党员干部特别是各级领导干部要严以修身、严以用权、严于律己，谋事要实、创业要实、做人要实的“三严三实”总要求，以深入贯彻党的十八大，十八届三中、四中全会，省委八届九次全会和省卫计委会议精神为指导，以学习和践行“三严三实”为主题，突出学习习近平总书记系列重要讲话精神，巩固和深化党的群众路线教育实践活动，持续深入推进党的思想政治建设和作风建设，着力解决党员干部特别是中层以上干部中存在的“不严不实”问题。要紧紧围绕中心、服务大局，贯彻从严从实要求，切实把思想教育、党性分析、整改落实、立规执纪结合起来，使做人做事的境界明显提升，“不严不实”问题明显改进，有效改善政治生态、优化从政环境，不断激发广大党员干部干事创业热情，凝聚奋发有为、攻坚克难的强大力量，为全省疾控事业发展提供坚实保障。

二、具体推进措施

专题教育在党委领导班子、党支部书记及中层干部中开展。以党委书记讲党课启动开局，不分批次、不划阶段、不设环节，不是一次活动，上下同步进行，融入领导干部经常性学习教育之中。具体采取以下五个“关键动作”。

（一）以书记带头讲专题党课启动专题教育

5月底前，李琦书记就中心党员干部思想、工作、生活和作风实际，带头讲一次党课，结合“三严三实”专题教育动员部署工作，中心全体党员及中层干部参加。

（二）深入开展“八查八看”，把党性分析做深做实

以焦裕禄精神为标杆，认真开展党性分析，深入开展“八查八看”：一查修身严不严，看是否坚定理想信念，加强党性修养，遵守党的政治纪律和政治规矩，在大是大非面前头脑清醒、立场坚定。二查用权严不严，看是否立党为公、执政为民，按规则、制度行使权力。三查律己严不严，看是否坚持手握戒尺，慎独慎微、勤于自省，敬畏法纪，廉洁自律。四查谋事实不实，看是否站位全局、胸怀全局，从实际出发谋事干事，方法路子符合中心精神、符合客观规律、符合群众意愿。五查创业实不实，看是否认真落实中心工作要求，改革创新，追求卓越。六查做人实不实，看是否忠诚老实、公道正派，言行一致、胸襟坦荡。七查责任担当，看是否履职尽责，恪尽职守，真抓实干，务求实效。八查廉洁从政，看是否守法守规，自觉执行中央八项规定，弘扬党的优良作风，清正廉洁，忠于职守，自身清、身边清、家属清。

（三）组织开展专题学习讨论

坚持个人自学与集中学习相结合，重点分3个专题开展学习讨论，每个专题大体为两个月时间。把专题学习讨论与平时学习结合起来，每个专题组织2～3次集中学习讨论（不请专家作报告，不以讲座、报告会代替班子学习交流研讨）。

专题一：严以修身，加强理论学习，提高党性修养，坚定理想信念，把牢思想和行动的“总开关”。重点研读《习近平总书记系列重要讲话读本》，集中研讨如何坚守马克思主义和中国特色社会主义信念，增强道路自信、理论自信、制度自信；如何站稳党和人民立场，牢固树立正确的世界观、人生观、价值观和公私观、是非观、义利观，忠于党、忠于国家、忠于人民；如何保持高尚道德情操和健康生活情趣，自觉远离低级趣味，树立良好家风，解决抵制歪风邪气，坚守共产党人精神家园。

专题二：严于律己，严守党的政治纪律和政治规矩，自觉做政治上的“明白人”。重点学习《党章》《习近平关于党风廉政建设和反腐败斗争论述摘编》《优秀领导干部先进事迹选编》《领导干部违纪违法典型案例警示录》，集中研讨如何严格遵守党章、如何落实习近平总书记在十八届中央纪委五次全会上提出的“五个必须”要求、如何强化政治纪律和规矩意识。结合纪念建党94周年庆祝活动，召开优秀党员、优秀党务工作者、先进基层党组织代表座谈会，就从严管党治党交流经验，听取意见。

专题三：严以用权，真抓实干，实实在在谋事创业做人，当忠诚干净担当的好干部。重点学习“四个法宝”、相关法律和创新发展典型案例，集中研讨如何坚持民主集中制、如何按规则制度法律行使权力、如何破解发展难题。做尊法的模范，带头尊崇法治、敬畏法律；做学法的模范，带头了解法律、掌握法律；做守法的模范，带头遵纪守法、捍卫法治；做用法的模范，带头厉行法治、依法

办事。

（四）召开专题民主生活会和组织生活会

年底前，以践行“三严三实”为主题，召开2015年度中心党委领导班子专题民主生活会。对照党章等党内规章制度、党的纪律、国家法律、党的优良传统和工作惯例，对照正反两方面典型，联系个人思想、工作、生活和作风实际，联系个人成长进步经历，联系专题教育中个人整改措施落实情况，进行党性分析，严肃认真开展批评和自我批评。具体要求：（1）深入查摆问题。紧扣“三严三实”主题，采取自己找、群众提、上级点、互相帮、集体议的方式，把“不严不实”问题找准找实找具体。（2）充分谈心谈话。党委书记同每名班子成员、班子成员之间都要谈心，做到“四必谈”，即问题必谈、原因必谈、措施必谈、建议必谈。（3）认真撰写对照检查材料。党委成员对照检查材料报党委书记审核把关；党委书记、中心主任对照检查材料报委党组审核把关。（4）召开专题民主生活会。会上要开展严肃的批评和自我批评，批评要有具体意见和案例，做到辣味十足、红脸出汗。（5）通报评议民主生活会情况。民主生活会后召开专门会议，对会前准备、开展批评和自我批评、制定整改措施情况，在一定范围内进行通报。会上组织参会人员对领导班子民主生活会情况进行评议。

中心各党支部要召开组织生活会，党委领导班子在参加领导班子专题民主生活会的基础上，还要参加所在党支部召开的专题组织生活会。

（五）深化整改落实和立规执纪

坚持边学边查边改，要结合党的群众路线教育实践活动整改的问题、民主生活会查摆出的问题、新查找出来的问题特别是群众意见集中问题的整改，列出清单，建立台账，明确时限，进行专项整治。建立整改跟踪督查机制，对整改不力的约谈提醒，对态度消极、搪塞应付的严肃批评。围绕严肃党内政治生活、加强干部教育管理、加强权力运行制约监督等，制定和完善相关制度办法，探索建立践行“三严三实”的长效机制。严格正风肃纪，对存在“三严三实”问题的干部，立足教育提高、促其改进；对群众意见大、不能认真查摆问题、没有明显改进的，要进行组织调整。要把整改落实和立规执纪情况作为检验专题教育成效的重要内容。

三、解决突出问题

专题教育一开始，就要对照“三严三实”要求，对照习近平总书记指出的“七个有之”，深入查找自身表现和存在问题，切实加以警醒和整改。

（一）着力解决修身不严的问题

重点是理想信念动摇、在党不言党、在党不跟党，作风庸俗甚至沉迷于烧香、拜佛、看风水等问题。落实党员领导干部直接联系群众制度，党委领导班子成员要结合参加党员活动日、讲党课，于5月底前到联系处（所）室蹲点调研，时间不少于3天，帮助解决问题。

（二）着力解决用权不严的问题

重点是滥用职权、设租寻租，插手工程建设、器械招标等，捞取“油水”、与民争利等问题。结合党的群众路线教育实践活动整改落实，一方面，按照省卫计委统一要求，积极组织开展侵害群众利益问题、群众办事难问题、落实惠民政策缩水走样问题的专项整治；另一方面，加强对重大工作任务推进完成情况的督查，重点对全省疾控机构建设、京津冀协同发展战略、权力运行监控机制建设、商业贿赂等违法违规行为等工作进行专项督查，确保落地见效。12月底前，开展党委书记抓支部党建工作述职评议考核，把落实“三严三实”要求作为主要内容，对2014年承诺事项进行清账问责。

（三）着力解决律己不严的问题

重点是无视党的政治纪律和政治规矩，违反中央八项规定、“四风”根治不到位等问题。重点抓“三个一”：（1）参加一次专题党日活动。落实“三会一课”制度，党委班子领导干部都要参加一次所在党支部围绕“三严三实”组织的专题党日活动。（2）接受一次法治教育。12月4日（国家宪法日）前后，采取多种形式开展一次法治教育。（3）查处一批自律不严的反面典型。主要是查处公款吃喝、出入会所等违反中央八项规定的问题，查处在公共场合发表违反政治纪律言论、诋毁党的形象等问题。

（四）着力解决谋事不实的问题

对不注重实际、拍脑袋决策，只画“设计

图”、不画“施工图”等问题进行整治。坚决执行委党组关于党建工作责任制、议事决策、建立健全科学民主决策等方面制度措施，凡需研究决策的重大事项，按照“集体领导、民主集中、个别酝酿、会议决定”的原则，不折不扣地集体研究决定。全面落实领导干部执行集体决策和个人决定事项清单制度和评议制度。坚持领导班子每周碰头会制度，及时研究工作中存在的问题。进一步完善干部考核工作并加强考核结果运用，真正把踏实肯干、敢于担当的好干部用起来，形成鲜明的用人导向。

（五）着力解决创业不实的问题

重点是为官不为、懒政惰政，缺乏担当、不思进取等问题。围绕推进全省疾控工作健康发展，通过加强基层卫生服务能力建设，夯实基层工作基础，强化基本保障。

（六）着力解决做人不实的问题

重点解决自律不严、作风不实和当面一套背后一套、做“两面人”的问题。大力开展党风廉政教育和“官德”教育，把道德品行教育列为干部培训的重要内容，集中解决造谣中伤、恶意诽谤，拉帮结派，搞“小圈子”等突出问题。为每名处级以上领导干部建立作风纪实档案，把审计、考核考察、专项检查、举报受理、个人有关事项报告等情况纳入档案，加强日常管理监督。落实干部使用“八个坚持、八个反对”要求，把“三严三实”作为干部考察考核的重要内容和选拔任用的重要依据。

四、加强组织领导

（一）健全组织机构

中心党委成立专题教育领导小组，党委书记李琦任组长，党委副书记崔泽任副组长，其他党委委员为成员。领导小组下设办公室，设在党委办公室，负责日常工作。

（二）切实落实责任

各党支部是抓好专题教育的责任主体，要把专题教育作为一项重大政治任务来抓，高度重视，认真负责，精心组织安排，推动工作落实。党支部书记要切实承担起第一责任人职责，全面负责本支部的专题教育，保证精干力量，集中精力抓落实，防止专题教育搞形式、走过场。各支部要根据专题教育的特点要求，深入研究谋划，搞好统筹协调。

（三）紧密结合工作

坚持把开展专题教育同学习习近平总书记系列重要讲话精神、“修、强、铸”活动结合起来，同中心“二次创业”和各自的工作实际紧密结合起来，同完成全年的目标任务紧密结合起来，合理分配时间和精力，使专题教育为中心工作服务。用促进人民健康水平再提高，社会安全更稳定，人民群众更满意来检验活动成效。

关于成立“三严三实”专题教育领导小组及办公室的通知

各党支部：

为开展好我中心“三严三实”专题教育，根据省卫计委党组《关于印发深入开展“三严三实”专题教育推进方案的通知》要求，经中心党委研究，成立河北省疾病预防控制中心“三严三实”专题教育领导小组及办公室，负责活动的组织领导。

附件：河北省疾病预防控制中心“三严三实”专题教育领导小组及办公室成员名单

中共河北省疾病预防控制中心委员会

2015 年 5 月 25 日

附　　件

河北省疾病预防控制中心“三严三实”专题教育领导小组及办公室成员名单

一、领导小组

组　长：李　琦　党委书记、副主任

副组长：崔　泽　党委副书记、主任

成　员：李建国　党委委员、副主任

高立志　党委委员、副主任

陈素良　党委委员、副主任

王　岩　党委委员、纪委书记

二、领导小组办公室

职 责：负责河北省疾病预防控制中心“三严三实”专题教育具体组织协调指导工作，办公室设在党办室。

主　任：司永光　党委办公室副主任

副主任：邸风莲　监察室主任

阎青梅　人事处处长

成　员：彭世强　第一党支部书记

办公室副主任

吕运田　第二党支部书记

卢　安　第三党支部书记

科培处处长

程蔼隽　第四党支部书记

健康教育所所长

赵辉生　第五党支部书记

王英豪　第六党支部书记

微生物所副所长

韩艳淑　第七党支部书记

细消所副所长

刘树立　第八党支部书记

保定后勤中心主任

郝延江　第九、十党支部书记

生物制品所副所长

宗　华　第十一党支部书记

老干部处处长

王金木　第十二党支部书记

保定后勤中心副主任

鲍　文　工会副主席

曹焱翔　党委秘书

关于印发《落实党风廉政建设党委主体责任和纪委监督责任实施办法》的通知

各党支部，处（所、中心、队）室：

现将《关于落实党风廉政建设党委主体责任和纪委监督责任实施办法》印发给你们，请认真贯彻执行。

附件：关于落实党风廉政建设党委主体责任和纪委监督责任实施办法

中共河北省疾病预防控制中心委员会

2015年5月27日

附　　件

关于落实党风廉政建设党委主体责任和纪委监督责任实施办法

为深入贯彻落实党的十八大，十八届三中、四中全会，十八届中央纪委三次、四次和五次全会精神，认真落实党风廉政建设党委主体责任和纪委监督责任，深入推进中心党风廉政建设和反腐败工作，按照省卫计委党组、驻委纪检组联合印发的《关于落实党风廉政建设党委主体责任纪委监督责任的实施意见》精神，结合中心实际，制定本实施办法。

一、总体要求

坚持党要管党、从严治党，把思想和行动统一到省卫计委决策部署上来，坚决当好党风廉政建设的领导者、执行者、推动者和监督者，把落实“两个责任”要求不折不扣落到实处，以明确责任主体为基础，以细化履责措施为重点，以完善考核机制为抓手，以严格责任追究为保障，着力构建运行顺畅、科学规范的责任落实机制；着力构建公开公正、切合实际的考核机制；着力构建责任明晰、权责一致的责任分解体系；着力构建有错必究、有责必问的责任追究体系，促使党委和纪委履职尽责，推动中心党风廉政建设和反腐败工作深入开展，为疾控事业健康发展提供坚强有力的政治保障。

二、全面落实党委主体责任

（一）党委领导班子在党风廉政建设中承担以下责任

1. 统筹谋划部署。坚决贯彻执行党风廉政建设和反腐败工作的一系列方针政策和重大决策，把抓党风廉政建设和反腐败工作作为一项硬任务，列入重要议事日程，科学研判形势，紧密结合实际，进一步加强中心的党风廉政建设和反腐败工作。落实工作经费、人员、设施等保障措施。加强反腐败体制机制创新和制度保障。领导纪委全面正确履行职责。

2. 强化责任担当。坚持有纪必执、有违必查，真正使纪律成为管党治党的尺子、不可逾越的底线。不搞老好人思想，不搞无原则的一团和气，板下脸来依规依纪大胆监督，敢于较真、敢于碰硬、敢于担当，严厉惩治腐败行为。反腐败斗争，不搞法不责众、下不为例、情有可原。

3. 加强纪律建设。认真学习总书记党风廉政建设重要论述，丰富教育形式，坚定信念，严守八项规定，筑牢思想防线。与党中央、省委和省卫计委保持高度一致；教育引导党员干部特别是领导干部牢固树立党的意识和组织观念，增强组织纪律性。

4. 深化作风建设。深入落实中央八项规定和九条禁令，不断深化“修医德、强医能、铸医魂”活动，持之以恒反对“四风”，克服“庸、懒、散、拖”等不良作风。抓住关键时间节点，开展廉政教育，确保不发生违规事件。

5. 选好用好干部。严格执行《党政领导干部选拔任用工作条例》，选拔任用干部，在提请党委讨论之前，应征求纪委的意见。坚持按“好干部”标准选人用人，建立健全干部选拔任用的监督机制和责任追究机制，防止和纠正选人用人上的不正之风和腐败问题，努力提高选人用人公信度和群众对干部选拔任用工作的满意度。

6. 强化宣传教育。把党风廉政建设和反腐败宣传教育工作纳入党的宣传思想和干部教育培训工作总体部署，扎实开展理想信念和宗旨教育、党风党纪和廉洁自律教育，加强廉政文化建设，筑牢党员干部拒腐防变思想防线，营造崇廉尚洁氛围。每年定期召开党风廉政建设推进会。

7. 注重制度建设。严格执行党内监督各项制度，深入推进权力运行监控机制建设，形成不想腐、不能腐、不敢腐的长效机制。推进源头治理，强化对权力运行的制约和监督，推进权力公开透明运行。党委成员与分管处所室的负责人每年进行廉政谈话。每年制定党风廉政建设责任分工计划。

8. 严格检查考核。加强对党风廉政建设责任制检查考核的领导，研究制定检查考核规则和程序，安排部署检查考核工作，协调解决有关问题，促进党风廉政建设责任制落到实处。

（二）领导班子主要负责人在党风廉政建设中承担以下责任

1. 履行领导责任。敢于担当，带头履行党风廉政建设主体责任，做到重要工作亲自部署、重大问题亲自过问、重点环节亲自协调、重要案件亲自督办、重要信访亲自批办。

2. 强化组织推动。及时传达学习省卫计委关于党风廉政建设的部署和要求，结合实际专题研究并安排部署贯彻落实意见，加强督促检查考核，推动党风廉政建设有关任务的落实。

3. 协调解决问题。定期不定期地主动听取党风廉政建设和反腐败工作汇报，研究解决重大问题，协调相关处室推动任务落实。

4. 加强教育监管。牢固树立不抓党风廉政建设就是严重失职的意识，坚持原则，敢抓敢管，敢于碰硬，加强对领导班子成员及各处室主要负责人的教育监管，督促领导班子成员廉洁从政，履行好“一岗双责”，做到抓好班子，带好队伍。

5. 带头廉洁自律。带头遵守党纪国法和廉洁从政各项规定，以身作则，管好自己，管好亲属和身边工作人员，要求别人做到的，自己首先做到，自觉践行“严以修身、严以用权、严于律己，谋事要实、创业要实、做人要实”的要求，讲党性、重品行、作表率。

（三）领导班子其他成员在党风廉政建设中承担以下责任

1. 履行分管职责。专题研究和部署分管部门的党风廉政建设，加强对任务落实情况的跟踪检查，定期不定期向领导班子主要负责人报告职责范围内党风廉政建设情况。

2. 强化工作指导。指导分管处室和中心制定党风廉政建设工作计划、目标要求和具体措施并督促落实。把党风廉政建设要求融入分管业务工作中，推动党风廉政建设任务落实。

3. 加强监督管理。对分管范围内的党员干部特别是领导干部严格教育、严格管理、严格监督，坚持抓早抓小，对苗头性、倾向性问题，早提醒、早纠正、早制止。

4. 自觉接受监督。严格执行廉洁从政和改进作风各项规定，坚持以身作则，管好自己，管好亲属和身边工作人员，自觉接受党组织和群众监督。

5. 带头遵章守纪。带头落实中央八项规定和省纪委九条禁令精神，带头执行廉洁从政各项规定，充分发挥廉洁从政的表率作用。

三、全面落实纪委监督责任

中心纪委要深入推进转职能、转方式、转作风，聚焦党风廉政建设和反腐败斗争中心任务，围绕疾控工作，突出抓好监督执纪问责主业，创新方式方法，更加积极主动、科学有效地履行党风廉政建设监督责任。

（一）协助党委加强党风廉政建设

根据上级决策部署，结合实际向党委提出加强党风廉政建设的建议；在党委统一领导下，充分发挥组织协调作用，整体推进惩治和预防腐败工作；协助党委将党风廉政建设任务分解到各部门。加强检查考核，推动任务落实。

（二）严格执行党的各项纪律

坚决维护党章和其他党内法规，严格执行党的政治纪律、组织纪律、工作纪律、财经纪律和生活纪律等各项纪律。加强对上级和中心重大决策部署执行情况的监督，依照权限作出关于维护党纪的决定。

（三）严肃查处违纪违法案件

严肃查处违反党的纪律的行为；严肃查处违反中央八项规定精神，不收敛不收手、顶风违纪的问题；严肃查处工程建设、物资采购、人事任免中违纪违法，以权谋私的问题；严肃查处商业贿赂、严重违反“九不准”规定和侵害群众利益行为。

（四）督查作风建设

以深入贯彻落实中央八项规定精神为重点，持之以恒纠“四风”。抓住五一、端午、中秋、国庆、元旦、春节等重要时间节点，及时提醒、督促和检查。狠刹公款吃喝、公款旅游、公款购买赠送节礼、党员干部出入私人会所、借食堂和培训搞奢侈浪费、利用婚丧事宜敛财等不正之风。加强制度规定执行情况的审计监督。

（五）强化对党委监督

加强对党委领导班子及其成员的监督，重点监督履行党风廉政建设主体责任、执行《党政领导干部选拔任用工作条例》、落实“四个不直接分管”制度、“三重一大”事项集体研究决定和廉洁自律等情况。

（六）强化对干部的监督

组织协调落实党内监督各项制度，坚持抓早抓小、防微杜渐。重点强化对中心中层干部履行职责和行使权力情况进行监督。

（七）加强对重点领域的监督

重点对决策、基建、人事、采购、资金管理等重点领域的监督。进一步强化对廉政风险防控、党务公开、政务公开、办事公开等防治腐败措施落实情况进行监督。

（八）加强党风廉政制度建设

积极协助党委强化对权力运行的制约和监督，围绕决策、采购、干部管理、三重一大事项等，对中心廉政方面制度进行清理、修订和完善，督促检查各项制度落实实处。

四、落实“两个责任”的保障措施

（一）继续履行签订责任书和责任分工制度

党委成员与各分管处室负责人均要签订年度党风廉政建设责任书。每年 5 月 31 日前制定党风廉政建设和反腐败工作责任分工方案。

（二）强化学习教育制度

党委每年对中层干部至少进行一次集中的党风廉政建设专题学习，党委理论中心组对班子成员至少进行二次以上专题学习和教育活动，纪委每年至少开展一次纪律教育。每年 6 月底前召开党风廉政建设推进会。

（三）开展述责述廉和责任制考核。

中心主要负责人每年向委党组、驻委纪检组报告履行主体责任及本人履行“第一责任人”责任和廉洁自律情况，接受委党组、驻委纪检组监督。中心纪委每年向党委提交中心廉政建设工作报告。中层干部在年度工作总结中，强化年度考核，将党风廉政建设责任制落实情况作为年度各处室和中层干部考核的重要内容，单列段落，接受评议。加强对考核结果的运用。

（四）建立廉政谈话和约谈制度

党委书记与党委成员，党委成员与分管处室的负责人每年廉政谈话不少于一次。在党风廉政建设责任制检查中发现问题较多，群众反映较大，民意测验满意度较低的，由纪委书记进行约谈，及时解决好苗头性倾向性问题。纪委书记每年对中层干部进行一次廉政集体谈话

（五）纳入民主生活会主要内容

将党风廉政建设主体责任和监督责任落实情况作为每年党委民主生活会的重要内容，党委班子成员，深入开展批评和自我批评，及时发现问题，解决问题。

（六）定期报告工作

每年 12 月 31 日前，各处所向中心党委、纪委书面报告履行党风廉政建设责任制情况。中心党委和纪委要经常听取各处所履行党风廉政建设责任情况汇报，一级抓一级，层层传导压力。及时向省卫计委报告党风廉政建设和反腐败工作决策部署情况以及重要工作推进情况。在涉及有关党风廉政建设的重大问题、重要事项时必须向省卫计委请示报告。

（七）落实巡查制度

加强对各部门的巡查监督，将责任制落实情况作为常规巡查的重要内容，在重要时间节点，开展专项巡查，着力发现和纠正问题。做到发现问题，不回避、不护短、不留情。

（八）严格责任追究

中心党委统一组织年度党风廉政建设情况考核，监察室进行考核记录，对不认真履行一岗双责，导致不正之风长期滋长蔓延，或者出现重大问题不制止、不查处、不报告的，倒查追究责任。发生“四风”和违纪违法现象的，除追究当事人、处室负责人，还要追究分管领导的责任。

关于成立处置不合格党员工作领导小组及办公室的通知

各党支部：

为开展好我中心处置不合格党员工作，根据省卫计委党组《关于开展处置不合格党员工作实施方案》要求，经中心党委研究，成立河北省疾病预防控制中心处置不合格党员工作领导小组，负责组织领导。

附件：河北省疾病预防控制中心处置不合格党员工作领导小组及办公室成员名单

中共河北省疾病预防控制中心委员会

2015 年 8 月 14 日

附　件

河北省疾病预防控制中心处置不合格党员工作领导小组及办公室成员名单

一、领导小组

组　长：李　琦　党委书记、副主任

副组长：崔　泽　党委副书记、主任

成　员：李建国　党委委员、副主任

高立志　党委委员、副主任

陈素良　党委委员、副主任

王　岩　党委委员、纪委书记

二、领导小组办公室

职　责：负责河北省疾病预防控制中心处置不合格党员工作具体组织协调，办公室设在党办室。

主　任：司永光　党委办公室副主任

副主任：邸凤莲　监察室主任

阎青梅　人事处处长

成　员：彭世强　第一党支部书记　办公室副主任

吕运田　第二党支部书记

卢　安　第三党支部书记　科培处处长

程蔼隽　第四党支部书记　健康教育所所长

赵辉生　第五党支部书记

王英豪　第六党支部书记　微生物所副所长

韩艳淑　第七党支部书记　细消所副所长

刘树力　第八、十二（代管）党支部书记、保定后勤主任

郝延江　第九、十党支部书记　生物制品所副所长

宗　华　第十一党支部书记　老干部处处长

鲍　文　工会副主席

秘　书：曹焱翔　党委办公室

中共河北省疾病预防控制中心委员会关于印发《“解放思想、抢抓机遇、奋发作为、协同发展”大讨论实施方案》的通知

各党支部、处（所、中心、队）室：

现将《中共河北省疾病预防控制中心委员会“解放思想、抢抓机遇、奋发作为、协同发展”大讨论实施方案的通知》印发给你们，请认真学习领会，严格执行有关规定。

附件：中共河北省疾病预防控制中心委员会“解放思想、抢抓机遇、奋发作为、协同发展”大讨论实施方案

中共河北省疾病预防控制中心委员会

2015 年 10 月 28 日

附　　件

中共河北省疾病预防控制中心委员会“解放思想、抢抓机遇、奋发作为、协同发展”大讨论实施方案

根据省卫计委的统一部署，现就我中心党委开展“解放思想、抢抓机遇、奋发作为、协同发展”大讨论，制定如下方案。

一、总体要求

以习近平总书记系列讲话精神和对河北的重要指示，以及赵克志书记重要讲话精神为指针，高举“发展、团结、奋斗”的旗帜，对照“三严三实”，聚焦“八破八立”，解放思想、凝聚共识、汇聚力量，努力形成“树正气、讲团结、聚合力、促转型”新局面，使全省疾控事业改革与发展的目标更具体、路径更清晰、措施更有力、行动更自觉。

大讨论重点突出六个方面：

——突出统一思想。深入学习贯彻习近平总书记京津冀协同发展重大战略思想和省委、省政府、省卫计委决策部署，在精准承接北京非首都功能疏解、准确把握河北“三区一基地”（河北为全国现代商贸物流重要基地、产业转型升级试验区、新型城镇化与城乡统筹示范区、京津冀生态环境支撑区）功能定位、深度对接国家“一带一路”战略、推动大健康大医疗产业提升等方面统一思想、凝聚共识、形成合力。

——突出问题导向。把查找问题、解决问题贯穿大讨论活动全过程。以“三严三实”精神深入查摆、聚焦突出问题，认真解决畏难等靠、庸懒推混、守成求稳、干劲不足、争取政策不够、大局意识不强等问题，着力破除制约协同发展的思想、作风和机制障碍，为推动京津冀疾控事业协同发展创造良好环境。

——突出以上率下。中心领导班子率先垂范，带头学习研讨，带头查摆问题、带头整改落实，在解放思想、积极作为、激情工作上作表率，一级带着一级干，一级做给一级看，形成上行下效、上率下行的良好局面。

——突出奋力争先。结合我省疾控行业特点，在全国范围内学习对标，找准标杆，认清差距，增比进位，拿出跨越赶超的勇气和激情，夜以继日地干、奋发作为地干，推动全省疾控工作在全国创一流、争先进。

——突出知行合一。把大讨论成果充分体现到推动京津冀疾控工作协同发展和创新发展上。紧紧围绕中心工作，在提升业务技术水平、加大疾病防控力度等方面有所突破。

——突出工作落实。把抓落实、抓落地作为检验大讨论成效的重要标准，对重点工作进行任务分解、及时调度、督查考核、定期通报，传导压力，砸实责任，确保省委、省政府和省卫计委部署的每

项工作都不折不扣贯彻落实到位。

二、主要任务

各支部、各处（所、中心、队）室要立足于更好服务京津冀疾控工作协同发展、积极融入“一带一路”战略，紧密结合工作职能和自身存在的突出问题，紧扣“八破八立”开展讨论。

（一）紧扣“破除畏难等靠情绪、树立锐意进取意识”开展讨论。在大讨论中，集中解决一些干部面对京津冀疾控事业协同发展、“一带一路”等重大战略机遇，等靠思想严重、主动作为不够、争取政策不够、被动等待京津辐射等问题；面对当前疾控工作的新形势、新任务，焦虑畏难、信心不足、闯劲不够、用心不够、用力更不够等问题。引导干部化压力为动力，变被动为主动，坚定信心、锐意进取，在抢抓机遇、迎接挑战中奋发有为。

（二）紧扣“破除精力分散倾向、树立聚焦发展意识”开展讨论。在大讨论中，集中解决一些干部考虑个人利益过多、投入工作中的精力不足、聚焦发展动力不够等问题。引导干部把心放在工作上，把工作放在心上，一门心思干工作，心无旁骛抓发展，知耻后勇、奋起直追，走出一条追赶、领先、跨越之路。

（三）紧扣“破除资源依赖定势、树立转型发展意识”开展讨论。在大讨论中，集中解决一些处所室固守部门利益，本位思想严重，协作意识、大局意识、补台意识不强，沟通协调不畅，信息资源难以共享，难以形成工作合力的问题；集中解决重一般事务管理、轻主动跟进服务等陈旧观念定势。引导干部树立转型发展、协同发展意识，积极为服务对象创造条件、搞好服务。

（四）紧扣“破除无所作为状态、树立勇于担当意识”开展讨论。在大讨论中，集中解决一些干部面对从严治党新常态，守成求稳、回避矛盾、推诿责任、只求自保、不敢担当、缺乏斗志、不惹事也不干事等问题，切实解决脸好看但事难办的问题。引导干部不仅忠诚干净，还要勇于担当，打破条条框框束缚，在政策法律范围内，为市县疾控事业改革发展提供更多支持。

（五）紧扣“破除大而化之习惯、树立精准发力意识”开展讨论。在讨论中，集中解决一些领导干部工作作风飘浮，热衷于发文、开会、搞活动，做表面文章，满足于一般性安排和要求，不注重解决实际问题；对国家政策了解不够深入，对基层调研不够细致，对外省了解不够全面，对内部沟通不够及时等问题。引导干部坚持干字当头、实字为要，精准研究上下里外情况，对症下药、有的放矢、务求实效。

（六）紧扣“破除封闭保守思想、树立开放创新意识”开展讨论。在大讨论中，集中解决一些干部身居要职视野窄、手握新政观念旧，思想放不开、思路打不开，办法少、力度小，工作没有新局面等问题。引导干部强化开放意识，营造开放环境，与时俱进地做好工作。

（七）紧扣“破除计划经济思维、树立市场经济意识”开展讨论。在大讨论中，集中解决存在的改革意识不强、市场观念淡薄，运用经济办法、市场手段推进工作力度不够、措施不多等问题。引导干部树立市场思维，跳出思维定式，打破利益藩篱，更多依靠市场机制来激发活力、推动发展。

（八）紧扣“破除急功近利心态、树立久久为功意识”开展讨论。在大讨论中，集中解决作决策、定政策急功近利、搞短期行为、搞面子工程等问题。引导干部慎重、科学地作决策、定政策，既要只争朝夕，又要久久为功，树立功成不必在我的理念，以锲而不舍的决心和毅力，多做打基础利长远的工作。

三、推进措施

中心大讨论，从2015年10月开始，到2016年6月底基本结束，在中层以上干部中开展。各支部、各处（所、中心、队）室要把大讨论作为“三严三实”专题教育的重要内容，与推进本支部、本部门重点工作紧密结合起来，与改进工作作风紧密结合起来，坚持统筹安排、协同推进。

（一）认真组织学习讨论。各支部、各部门要深入组织学习习近平总书记系列重要讲话精神和对河北的重要指示、《京津冀协同发展规划纲要》等政策文件，学习赵克志同志到河北工作后的系列讲话精神，并结合“三严三实”专题教育进行研讨，中心领导班子成员要参加所在党支部的研讨。在中心认真开展全面对标活动，对标省委省政府和省卫生计生委要求、对标京津疾控部门、对标先进地区，在走出去过程中找到差距、学习经验、解放思想。

（二）广泛听取意见建议。各支部、各部门要坚持开门搞讨论，采取民主评议、召开座谈会等多种方式，中心党委设立网络征集邮箱 hebeicdc@163.com，聚焦“八破八立”认真听取意见建议。要广泛开展“我为疾控事业发展献良策”活动，问计专家学者、问计普通职工、问计服务对象，征集有价值的良策建议。要充分运用党的群众路线教育实践活动和“三严三实”专题教育听取意见的成果，充分运用纪检监察、信访、回访中心等方面掌握的意见建议，拓宽听取意见的广度和深度。

（三）深入查摆剖析问题。中心各党支部要认真开展“三看三查三对照”，看干部的精神状态、工作作风、思维定势是否符合大讨论主题要求，查省委和省卫生计生委文件要求、已有政策规定、工作目标要求是否落到实处，对照发展规律、群众愿望、先进经验找准突出问题。把大讨论查摆问题与“三严三实”专题教育、民主生活会前查摆问题统一起来，一并组织进行，确保问题找得准。针对查找到的问题把自己摆进去、把职责摆进去、把思想摆进去，深刻剖析、深挖根源。在“三严三实”专题民主生活会上，要进行对照检查，开展认真的批评和自我批评。

（四）坚持边讨论边整改。中心领导班子和班子成员要结合对照检查结果和具体工作，制定《问题清单》和《整改清单》，经党委书记审核签字并报机关党委备案。纳入整改范围的问题，要明确牵头领导、责任处（所、中心、队）室整改时限，做到即知即改、立行立改。对于梳理出的重大难题，要集全中心之力集中攻关。同时，通过中心组学习、专题研讨、座谈交流等形式，交流大讨论的收获体会，形成一批务实管用的制度成果、实践成果和作风成果。要把大讨论成果与制定“十三五”规划结合起来，进一步完善思路、丰富举措。

四、组织领导

各支部和各部门要把开展大讨论作为一项重大的政治任务，高度重视，精心组织，扎实推动，确保取得实实在在的成效。

（一）强化组织领导。我中心大讨论在中心党委领导下进行，纳入“三严三实”专题教育总体部署，由党办室牵头，相关处室配合，共同负责大讨论的谋划、指导和推动。各党支部书记要切实履行职责，亲自动员部署、亲自谋划实施、亲自组织推动。

（二）强化宣传引导。要将大讨论作为当前宣传工作的重点，精心组织谋划。中心网站开设大讨论专栏专题，及时反映大讨论开展情况和经验做法，全面展示大讨论带来的新思路、新措施、新成效，形成浓厚氛围。

（三）强化督导检查。中心将抽调人员对大讨论情况进行调研、督导、检查，确保整体推动、覆盖到位。对重视程度不高、单纯任务观点、组织推动不力、搞形式走过场的支部，直接约谈其主要负责人，并在全中心通报。

关于印发《中共河北省疾病预防控制中心委员会“解放思想、抢抓机遇、奋发作为、协同发展”大讨论推进方案》和大讨论领导小组及办公室人员名单的通知

各党支部、处（所、中心、队）室：

现将《中共河北省疾病预防控制中心委员会“解放思想、抢抓机遇、奋发作为、协同发展”大讨论推进方案》和大讨论领导小组及办公室人员名单印发给你们，请按照要求认真贯彻落实。

附件：1. “解放思想、抢抓机遇、奋发作为、协同发展”大讨论推进方案

2. “解放思想、抢抓机遇、奋发作为、协同发展”大讨论领导小组及办公室人员名单

中共河北省疾病预防控制中心委员会

2015年11月18日

附件1

中共河北省疾病预防控制中心委员会“解放思想、抢抓机遇、奋发作为、协同发展”大讨论推进方案

省卫计委决定，“解放思想、抢抓机遇、奋发作为、协同发展”大讨论活动延长到2016年底。为确保大讨论扎实有序开展，达到“既有声势、更有实效”的目标，特制定中心推进方案，内容如下。

一、深入学习，实现思想认识高度契合

（一）学习内容

主要包括：《习近平总书记系列讲话读本》《习近平谈治国理政》等书目，总书记对河北工作的重要指示，总书记关于京津冀协同发展重大战略思想，总书记关于解放思想和改革开放的重要论述；省委书记赵克志系列讲话精神，特别是在省委中心组学习会议讲话；党的十八届五中全会精神、省委八届十二次全会精神、全国和全省“两会”精神；《中国共产党廉洁自律准则》《中国共产党纪律处分条例》《中国共产党巡视工作条例》及省委《实施办法》等。

（二）学习形式

在党员自学和支部组织学习的基础上，中心党委将结合“三严三实”专题教育，至少安排5次集中学习研讨。实行“一学一报”制度，每次学习情况，都要将主题、发言记录等资料及时报委大讨论办公室。中心办公室办好中心全体干部职工解放思想提升能力培训班。

（三）考核方式

今年年底前和2016年每个季度，将采取问卷答题或汇报交流等形式对党员理论学习情况进行测试评估，确保真正学、学到位。

二、查找问题，聚焦制约协同发展瓶颈

（一）对标先进查。各党支部、处（所、中心、队）室，主动向京津疾控部门学习，主动向发达省份看齐。各部门的学习对标活动情况，报中心活动办。

（二）发动群众查。2015年11月份采取召开座谈会、发放调查问卷等方式，开展“我为协同发展献良策”活动，问计专家学者、问计服务对象、问计基层群众，征集有价值的意见建议。

（三）自我剖析查。领导班子要深入查摆自身“八破八立”方面的问题和不严不实的表现，在“三严三实”专题教育民主（组织）生活会上，认

真开展批评和自我批评，中心活动办形成“问题清单”和“整改清单”，于2015年12月底前报委活动办。

三、破解难题，推动事业、作风双提升

（一）在业务工作上解难题、见实效。围绕计划免疫、艾滋病防治、结核病防治、传染病防控、慢性非传染病防治等重点工作，提升技术实力；围绕“京津冀”疾控系统协同发展这一有利优势，借助北京、天津以及中国疾控中心的技术实力，资源共享、优势互补、项目合作，努力提升自身能力，真正形成一体化发展；围绕发挥好专业队伍指导，动员群众参与防控工作，增强群众防病意识，形成群防群控。

（二）在转变作风上解难题、见实效。配合省卫计委开展好“为官不为”专项整治，建立健全“不作为慢作为乱作为”监督机制，教育引导党员干部勇于担当、锐意进取、积极作为、激情工作。

（三）在推动落实上解难题、见实效。对重点工作进行任务分解、及时调度、督查考核、定期通报，中心党委每季度听取1次重点工作情况汇报。2015年底和2016年初，配合省卫计委，做好省委重大部署的专项督查。

四、营造氛围，凝聚解放思想正能量

省委在河北日报、河北电台等媒体开设了“建设经济强省、美丽河北？解放思想、抢抓机遇、奋发作为、协同发展”大讨论专栏，省委大讨论办公室编印了《专报》《简报》，省卫计委在官方网站首页和《河北卫生计生》杂志开设了大讨论专栏，我中心也在官方网站首页开设了大讨论专栏。各部门要积极向活动办投稿（邮箱 hebeicdc @163. com)，大力宣传好经验、好做法、好典型、“一招鲜”，党委将择优上推。中心大讨论办公室将对各支部投稿及使用情况进行统计排序，并作为大讨论综合考评依据之一。

五、强化督导，做实做细具体环节

大讨论办公室采取听取汇报、明察暗访、随机抽查等方式，对各支部大讨论开展情况进行督导检查。2015年12月上旬，党委将召开专题会议，对中心大讨论情况进行研判分析，严防出现重视程度不够、单纯任务观点、组织推动不力、搞形式走过场。

六、评议总结，检验评估具体成效

2016年12月底前，按照省卫计委评议办法，制定我中心评议办法，并对各支部进行评议，评议结果作为党建工作考核重要内容和评优评先重要依据。评议满意率低的支部，在一定范围内通报。2016年12月底，召开大讨论总结会，总结经验做法，认真查找不足，形成长效机制。

七、加强领导，着力强化主体责任

本次解放思想大讨论与以往不同，不划分阶段步骤，学习、讨论、对标、整改同步进行。各支部书记、处（所、中心、队）室负责人要亲自上手、亲自参与、亲自推动，带头解放思想，带头创新思维，带头形成成果，推动本部门大讨论扎实开展，取得实效。

附件2

中共河北省疾病预防控制中心委员会 “解放思想、抢抓机遇、奋发作为、协同发展”大讨论领导小组及办公室人员名单

为强化对“解放思想、抢抓机遇、奋发作为、协同发展”大讨论的组织领导，中心党委决定成立大讨论领导小组及其办公室。人员名单及主要职责如下：

一、领导小组成员名单及主要职责

组　长：李　琦　党委书记、副主任

副组长：崔　泽　党组副书记、主任

成　员：李建国　党委委员、副主任

高立志　党委委员、副主任

陈素良　党委委员、副主任

王　岩　纪委书记

蒋东升　党委委员、副主任

领导小组的主要职责：学习贯彻省委大讨论领导小组及省卫计委的部署和要求，研究中心大讨论的重大问题，统筹推进中心大讨论深入扎实开展。

二、领导小组办公室成员名单及主要职责

主　任：高立志（兼）

副主任：司永光、朱小波、阎青梅、程霭隽

领导小组办公室的主要职责：落实好领导小组议定事项，具体抓好大讨论整体谋划、组织协调、指导推进、沟通服务、宣传引导、督促检查等工作。

河北省疾病预防控制中心 2015 年发文目录

序号	文件号	文件名
1	冀疾控字〔2015〕1 号	关于进一步加强会议和培训管理工作的通知
2	冀疾控字〔2015〕2 号	关于追加采购 2014 年常规免疫用疫苗和注射器的请示
3	冀疾控字〔2015〕3 号	关于下发河北省人体重点寄生虫病现状调查实施细则的通知
4	冀疾控字〔2015〕4 号	关于正式启用中国免疫规划信息管理系统疑似预防接种异常反应信息管理模块的通知
5	冀疾控字〔2015〕5 号	关于离休干部病故一次性抚恤金的请示
6	冀疾控字〔2015〕6 号	关于 2014 年河北省职业病监测情况的报告
7	冀疾控字〔2015〕7 号	关于卢安同志赴台参加学术研讨会的请示
8	冀疾控字〔2015〕8 号	关于进一步加强安全稳定工作的通知
9	冀疾控字〔2015〕9 号	关于开展 2015 年春节期间食品安全风险专项监测工作的通知
10	冀疾控字〔2015〕10 号	关于加强仪器设备档案管理工作的通知
11	冀疾控字〔2015〕11 号	关于上报 2015 年度中心监督活动计划的通知
12	冀疾控字〔2015〕12 号	关于上报 2015 年仪器设备期间核查计划的通知
13	冀疾控字〔2015〕13 号	关于上报 2015 年质量控制计划的通知
14	冀疾控字〔2015〕14 号	关于修订中心 E 版管理体系文件的通知
15	冀疾控字〔2015〕15 号	关于填报 2015 年度实验仪器设备购置计划的通知
16	冀疾控字〔2015〕16 号	关于 2014 年度市级麻疹/风疹实验室职能考核结果的通报
17	冀疾控字〔2015〕17 号	关于参加 2015 年国家碘缺乏病参照实验室外质控考核的通知
18	冀疾控字〔2015〕18 号	关于处置脊髓灰质炎野病毒毒株的请示
19	冀疾控字〔2015〕19 号	关于做好 2015 年全省人体重点寄生虫病防治工作的通知
20	冀疾控字〔2015〕20 号	关于河北省 2014 年艾滋病检测实验室质量考评结果的通报
	冀疾控字〔2015〕21 号	关于学习贯彻落实崔泽主任在疾病预防控制中心 2014 年度总结表彰大会上讲话的通知
21	冀疾控字〔2015〕22 号	关于做好全省 2015 年肾综合征出血热防制工作的通知

续表

序号	文件号	文件名
22	冀疾控字〔2015〕23 号	关于做好全省 2015 年手足口病监测工作的通知
23	冀疾控字〔2015〕24 号	关于专业实验室运转维护费的紧急请示
24	冀疾控字〔2015〕25 号	关于变更实验楼安全保障等专项经费支付方式的请示
25	冀疾控字〔2015〕26 号	关于下发 2015 年度全省死因监测工作执行计划表的通知
26	冀疾控字〔2015〕27 号	关于 2014 年度全省市级疾病预防控制工作考核结果的通报
	冀疾控字〔2015〕28 号	关于印发中心 2015 年工作要点的通知
27	冀疾控字〔2015〕29 号	关于开展 2015 年仪器设备检定和自检/自校工作的通知
28	冀疾控字〔2015〕30 号	关于追加经费采购廊坊市疾控中心冷库故障所需疫苗的请示
29	冀疾控字〔2015〕31 号	关于韩旭同志赴塞拉利昂开展埃博拉防控工作的请示
30	冀疾控字〔2015〕32 号	印发中国疾控中心关于开展全国疾控纪实摄影大赛的通知
31	冀疾控字〔2015〕33 号	关于进一步加强公共卫生项目资金管理工作的通知
32	冀疾控字〔2015〕34 号	关于李琦同志随团赴港澳的请示
33	冀疾控字〔2015〕35 号	关于开展 2015 年艾滋病病毒载量检测工作的通知
34	冀疾控字〔2015〕36 号	关于加强全省结核病实验室检测工作的通知
35	冀疾控字〔2015〕38 号	关于拨付物资库房和职工食堂项目修缮暨配套设施经费的请示
36	冀疾控字〔2015〕39 号	关于进一步加强人口死亡信息登记管理系统信息安全管理工作的通知
37	冀疾控字〔2015〕40 号	关于参加 2015 年度全国地方病防治机构实验室氟测定质控考核工作的通知
38	冀疾控字〔2015〕41 号	关于成立中国疾病预防控制中心 - 礼来基金会耐多药结核病全球合作项目河北省培训基地的通知
39	冀疾控字〔2015〕42 号	关于做好 2015 年全省病媒生物监测工作的通知
40	冀疾控字〔2015〕43 号	关于下发 2015 年河北省艾滋病防治数据质量评估方案的通知
41	冀疾控字〔2015〕44 号	关于调整 2015 年专项经费支付方式的请示
42	冀疾控字〔2015〕45 号	关于下发 2014 年河北省健康素养促进行动项目（职业卫生）实施方案的通知
43	冀疾控字〔2015〕46 号	关于开展 2015 年疾病预防控制基本信息系统填报工作的通知
44	冀疾控字〔2015〕47 号	关于 2015 年 1 - 3 月份河北省职业病监测情况的报告
45	冀疾控字〔2015〕48 号	关于印发中心差旅费暂行管理办法的通知
46	冀疾控字〔2015〕49 号	关于中国疾病预防控制信息系统账号清理个人隐私信息加密及省直管县（市）网络报告管理归属的通知
47	冀疾控字〔2015〕50 号	关于下发 2015 年河北省霍乱等重点肠道传染病监测与防控工作方案的通知
48	冀疾控字〔2015〕51 号	关于陈素良同志赴荷兰考察学习的请示
49	冀疾控字〔2015〕52 号	关于公开招标采购艾滋病检测试剂及设备的请示
50	冀疾控字〔2015〕52 号	关于采用单一来源方式采购疟原虫（pf/pan）检测试剂的请示
51	冀疾控字〔2015〕53 号	关于建设疾病预防控制信息系统的请示

续表

序号	文件号	文件名
52	冀疾控字〔2015〕53 号	关于采购麻疹实验室自动核酸提取仪的请示
53	冀疾控字〔2015〕54 号	关于解决全省网络直报 VPN 系统等运转维护经费的请示
54	冀疾控字〔2015〕54 号	关于开展河北省艾滋病病毒分子流行病学调查工作的通知
55	冀疾控字〔2015〕55 号	关于采购 2015 年度河北省应急接种和脊髓灰质炎补充免疫疫苗的请示
56	冀疾控字〔2015〕56 号	关于采购麻疹类疫苗的请示
57	冀疾控字〔2015〕56 号	关于印发 2015 年健康知识传播计划的通知
58	冀疾控字〔2015〕57 号	关于印制预防接种证的请示
59	冀疾控字〔2015〕58 号	关于开展“健康小屋”现状调查的通知
60	冀疾控字〔2015〕59 号	关于购置艾滋病快速检测试剂和布病重点人群筛查试剂等的请示
61	冀疾控字〔2015〕60 号	关于 2014 年度雾霾人群健康影响流行病学调查和相关资料收集项目资金支付方式的请示
62	冀疾控字〔2015〕61 号	关于 2015 年度空气污染（雾霾）对人群健康影响防治研究项目资金支付方式的请示
63	冀疾控字〔2015〕62 号	关于继续使用河北省省级重大医学科研课题经费的请示
64	冀疾控字〔2015〕63 号	关于采购水和环境卫生监测项目饮用水水质卫生监测设备的请示
65	冀疾控字〔2015〕63 号	关于印发 2015 年档案工作安排的通知
66	冀疾控字〔2015〕64 号	关于采购 2016 年度河北省免疫规划用疫苗和注射器的请示
67	冀疾控字〔2015〕65 号	关于印发考核管理办法及 2015 年综合考评内容及指标的通知
68	冀疾控字〔2015〕66 号	关于下发市级和省直管县（市）疾病预防控制机构 2015 年综合考评指标的通知
69	冀疾控字〔2015〕68 号	采购饮用水水质卫生监测进口设备的请示
70	冀疾控字〔2015〕68 号	关于艾滋病检测筛查实验室资格的请示
71	冀疾控字〔2015〕69 号	关于张会民同志赴韩国交流学习的请示
72	冀疾控字〔2015〕70 号	关于规范使用统一标识的通知
73	冀疾控字〔2015〕71 号	关于开展 2015 年度梅毒检测工作质量考评的通知
74	冀疾控字〔2015〕72 号	关于举办河北省疾控系统第二届“疾控杯”羽毛球锦标赛的预通知
75	冀疾控字〔2015〕73 号	关于中心国内差旅费和公务机票购买补充规定的通知
76	冀疾控字〔2015〕74 号	关于开展初免成功率和人群抗体水平监测的通知
77	冀疾控字〔2015〕75 号	关于印发 2015 年安全生产月活动方案的通知
78	冀疾控字〔2015〕76 号	关于购置空气污染（雾霾）监测设备的请示
79	冀疾控字〔2015〕77 号	关于下发 2015 年学校卫生工作方案的通知
80	冀疾控字〔2015〕78 号	关于改进口服脊髓灰质炎减毒活疫苗强化免疫策略的意见
81	冀疾控字〔2015〕79 号	关于公开招标采购地方病防治体系建设设备的请示
82	冀疾控字〔2015〕80 号	关于下发河北省布鲁氏菌病防治工作方案的通知

续表

序号	文件号	文件名
83	冀疾控字〔2015〕81 号	关于拨付抚恤金的请示
84	冀疾控字〔2015〕82 号	关于进一步加强全省结核病实验室能力建设的通知
85	冀疾控字〔2015〕83 号	关于接待礼来全球卫生促进项目副总裁 Evan Michael Lee 等十六人来华访问的请示
86	冀疾控字〔2015〕84 号	关于突发急性传染病防控和突发中毒事件应急处置全国技能竞赛集训及复赛的通知
87	冀疾控字〔2015〕85 号	关于做好自然灾害卫生应急工作的通知
88	冀疾控字〔2015〕86 号	2015 年 1－6 月份全省职业病监测情况的报告
89	冀疾控字〔2015〕87 号	关于追加 2014 年度河北省免疫规划用疫苗及注射器分配计划的通知
90	冀疾控字〔2015〕88 号	关于增加 2016 年度河北省免疫规划用疫苗采购资金的请示
91	冀疾控字〔2015〕89 号	关于举办河北省疾控系统第二届“疾控杯”羽毛球锦标赛的通知
92	冀疾控字〔2015〕90 号	关于利用 2015 年度结核病防治业务经费购置结核病 PCR 实验室设备的请示
93	冀疾控字〔2015〕91 号	关于提交中心荣誉展室文字素材的通知
94	冀疾控字〔2015〕92 号	全省 2015 年第二季度免疫规划工作情况通报
95	冀疾控字〔2015〕93 号	2015 年 1～6 月信息采纳情况通报
96	冀疾控字〔2015〕94 号	关于开展食品中氰化物污染应急监测的通知
97	冀疾控字〔2015〕95 号	关于全省疾控系统第二届“疾控杯”羽毛球锦标赛比赛结果的通报
98	冀疾控字〔2015〕96 号	关于采购艾滋病唾液快速检测试剂和男男用安全套的请示
99	冀疾控字〔2015〕97 号	关于追加采购艾滋病抗病毒治疗药品的请示
100	冀疾控字〔2015〕98 号	关于成立河北省营养与健康促进会的请示
101	冀疾控字〔2015〕99 号	关于张会民同志赴韩国交流学习的请示
102	冀疾控字〔2015〕100 号	关于调整性病艾滋病政府公开招标采购内容的请示
103	冀疾控字〔2015〕101 号	关于调整性病艾滋病政府公开招标采购内容的请示
104	冀疾控字〔2015〕101 号	关于利用性病艾滋病综合防治业务经费采购男男用安全套的请示
105	冀疾控字〔2015〕102 号	关于全面加强安全生产工作迅速开展安全生产大检查工作的通知
106	冀疾控字〔2015〕103 号	关于开展 2015 年艾滋病筛查中心实验室职能考评工作的通知
107	冀疾控字〔2015〕104 号	关于专业实验室运转维护费立项的请示
108	冀疾控字〔2015〕105 号	关于 2016 年度疾病预防控制项目资金安排的请示
109	冀疾控字〔2015〕106 号	关于专业实验室运转维护费的紧急请示
110	冀疾控字〔2015〕107 号	关于利用卫生监测专项经费采购全自动血球计数仪的请示
111	冀疾控字〔2015〕108 号	关于河北省疾控系统 2015 年度健康教育技能比武竞赛情况的通报
112	冀疾控字〔2015〕109 号	关于加强节假日安全稳定工作的紧急通知
114	冀疾控字〔2015〕111 号	关于“三合一”复评审＋扩项评审不符合项整改的通知
115	冀疾控字〔2015〕112 号	关于规范医学研究课题及论文伦理审查工作的通知
116	冀疾控字〔2015〕113 号	关于张建新和夏晓红同志出访香港的请示

续表

序号	文件号	文件名
117	冀疾控字〔2015〕114 号	关于 2016 年度大气污染（雾霾）人群健康影响防治研究专项经费的请示
118	冀疾控字〔2015〕115 号	2015 年 1 ~ 9 月全省职业病监测情况的报告
119	冀疾控字〔2015〕116 号	关于调整中心领导班子成员分工的通知
120	冀疾控字〔2015〕117 号	关于抗结核病药品和艾滋病抗病毒药品供货和货款支付方式的请示
121	冀疾控字〔2015〕118 号	关于重新调整中心领导班子成员分工的通知
122	冀疾控字〔2015〕119 号	关于利用省财政消除麻疹项目结余资金采购倒置显微镜的请示
123	冀疾控字〔2015〕120 号	关于承德市卫生计生委购置食品安全风险监测设备的意见
124	冀疾控字〔2015〕121 号	关于 2016 年度大气污染（雾霾）人群健康影响防治研究专项经费的请示
125	冀疾控字〔2015〕122 号	关于 2016 年度大气污染（雾霾）人群健康影响防治研究专项经费的请示
126	冀疾控字〔2015〕123 号	关于立项建设职业病防治综合楼的请示
127	冀疾控字〔2015〕124 号	关于进一步加强全省结核病实验室痰涂片检查质量控制工作的通知
128	冀疾控字〔2015〕125 号	关于采购空气污染（雾霾）监测设备的请示
129	冀疾控字〔2015〕126 号	关于追加 2015 年度河北省免疫规划用疫苗和注射器经费的请示
130	冀疾控字〔2015〕127 号	关于追加采购 2015 年度河北省免疫规划用疫苗和注射器的请示
131	冀疾控字〔2015〕129 号	关于职业病防治综合楼项目列入省预算内基建资金的请示
132	冀疾控字〔2015〕130 号	关于陈海峰同志赴巴西交流学习的请示
133	冀疾控字〔2015〕131 号	关于参加 2015 年全国地方病防治机构实验室氟测定质量考核结果的通报
134	冀疾控字〔2015〕132 号	关于开放国家网络直报数据交换与共享接口的请示
135	冀疾控字〔2015〕133 号	关于调整国家级布鲁氏菌病监测点的请示
136	冀疾控字〔2015〕134 号	关于采购饮用水水质卫生监测进口设备的请示
137	冀疾控字〔2015〕135 号	关于印发河北省预防接种规范管理专项活动实施方案的通知
138	冀疾控字〔2015〕136 号	关于开展 2015 年流感病毒核酸检测能力考核工作的通知
139	冀疾控字〔2015〕137 号	关于开展 2015/2016 年度流脑健康人群带菌监测的通知
140	冀疾控字〔2015〕138 号	关于推荐最美接种医生候选人的通知
141	冀疾控字〔2015〕139 号	关于拨付抚恤金的请示
142	冀疾控字〔2015〕140 号	关于申请实验动物使用许可证换证的函
143	冀疾控字〔2015〕141 号	关于下发河北省消除后阶段发热病人疟原虫血检工作方案（试行）的通知
144	冀疾控字〔2015〕142 号	关于 2015 年度市级麻疹/风疹实验室职能考核结果的通报
145	冀疾控字〔2015〕143 号	关于开展 2015 年度内部审核工作的通知
146	冀疾控字〔2015〕144 号	关于开展 2015 年度市级疾控机构考核工作的通知
147	冀疾控字〔2015〕145 号	关于对全年工作进行综合考核的通知
148	冀疾控字〔2015〕146 号	关于评选 2015 年度教学工作先进科室和先进个人的通知
149	冀疾控字〔2015〕147 号	关于 2015 年全省流感病毒核酸检测能力考核结果的通报

续表

序号	文件号	文件名
151	冀疾控函字〔2015〕1号	关于召开京津冀申办冬奥公共卫生保障研讨会的通知
152	冀疾控函字〔2015〕2号	关于举办河北省饮用水卫生监测信息系统培训班的通知
153	冀疾控函字〔2015〕3号	关于上报河北省预防接种异常反应调查诊断专家组工作开展情况的通知
154	冀疾控函字〔2015〕4号	关于举办全省戒烟门诊培训班的通知
155	冀疾控函字〔2015〕5号	关于召开全省疾控机构服务能力调查报告专家审稿会的函
156	冀疾控函字〔2015〕6号	关于“十三五”发展规划编制工作有关情况的报告
157	冀疾控函字〔2015〕7号	关于转发中国疾控中心印发输入性美洲锥虫病防控方案（试行版）和输入性非洲锥虫病防控方案（试行版）的通知
158	冀疾控函字〔2015〕8号	关于反馈全国乙肝血清流行病学调查实验室检测结果的通知
159	冀疾控函字〔2015〕9号	关于召开河北省完善预防接种异常反应补偿机制研讨会的函
160	冀疾控函字〔2015〕10号	关于转发中国疾控中心开展麻疹疫情风险评估工作的通知
161	冀疾控函字〔2015〕12号	关于上报河北省2015年麻疹疫情风险评估方法结果与针对性措施的函
162	冀疾控函字〔2015〕13号	关于举办食品安全风险数据分析研讨班的通知
163	冀疾控函字〔2015〕14号	关于拨付肾综合征出血热疫苗的通知
164	冀疾控函字〔2015〕15号	转发中国疾控中心关于开展全国疾控纪实摄影大赛的通知
165	冀疾控函字〔2015〕16号	关于举办2015年健康巡讲师资培训班的通知
166	冀疾控函字〔2015〕17号	关于举办河北省食品中化学污染物和有害因素监测技术培训班的通知
167	冀疾控函字〔2015〕18号	关于举办全省食品安全风险监测采样和质量控制培训班的通知
168	冀疾控函字〔2015〕19号	关于召开2014年河北省健康素养促进行动项目（职业卫生）启动暨培训会的通知
169	冀疾控函字〔2015〕20号	转发中国疾控中心关于进一步加强全国梅毒病例报告工作的通知
170	冀疾控函字〔2015〕21号	关于开展2015年河北省医疗托幼机构消毒质量监测工作的通知
171	冀疾控函字〔2015〕22号	关于举办2015年食源性疾病监测培训班的通知
172	冀疾控函字〔2015〕23号	关于转发中国疾控中心部署全国疾控系统2015年慢性病防控与营养重点工作的通知
173	冀疾控函字〔2015〕24号	关于召开新增省直管县（市）工作对接会的通知
174	冀疾控函字〔2015〕25号	关于下发全国慢性阻塞性肺疾病监测物资采购清单的通知
175	冀疾控函字〔2015〕26号	关于举办全省学校教学环境监测培训班的通知
176	冀疾控函字〔2015〕27号	关于转发中国疾控中心举办全国死因监测培训班的通知
177	冀疾控函字〔2015〕28号	关于进一步做好空气污染（雾霾）对人群健康影响监测工作的通知
178	冀疾控函字〔2015〕29号	关于开展查漏补种月和麻疹疫情防控工作督导的通知
179	冀疾控函字〔2015〕29号	关于召开2015年艾滋病哨点监测暨全省疫情估计工作会的通知
180	冀疾控函字〔2015〕30号	关于召开2015年全省艾滋病性病丙肝防治工作会议的通知
181	冀疾控函字〔2015〕31号	关于举办河北省食品微生物及其致病因子检验培训班的通知
182	冀疾控函字〔2015〕32号	关于转发2015年全国艾滋病防治工作推荐指标的通知

续表

序号	文件号	文件名
183	冀疾控函字〔2015〕33 号	关于召开全省脊髓灰质炎疫苗免疫策略研讨会的通知
184	冀疾控函字〔2015〕34 号	关于举办全省麻疹监测管理培训班的通知
185	冀疾控函字〔2015〕35 号	关于开展 2015 年全省碘盐监测督导工作的通知
186	冀疾控函字〔2015〕36 号	关于下拨肾综合征出血热疫苗的通知
187	冀疾控函字〔2015〕37 号	关于转发中国疾控中心空气污染人群健康影响监测信息系统账号采取安全管控措施的通知
188	冀疾控函字〔2015〕38 号	关于转发中国疾控中心组织参加医生微视界——2015 中国健康科普大赛的通知
189	冀疾控函字〔2015〕39 号	关于召开 2015 年河北省结核病防治业务工作会的通知
190	冀疾控函字〔2015〕40 号	关于举办 2015 年慢性阻塞性肺疾病监测项目启动培训班的通知
191	冀疾控函字〔2015〕41 号	关于举办布鲁氏菌病防治项目培训班的通知
192	冀疾控函字〔2015〕42 号	关于举办 2015 年全省艾滋病自愿咨询检测培训班的通知
193	冀疾控函字〔2015〕43 号	关于参加全国寄生虫病防治技能竞赛的通知
194	冀疾控函字〔2015〕44 号	关于举办全省麻疹/风疹实验室网络技术暨免疫成功率监测培训班的通知
195	冀疾控函字〔2015〕45 号	关于举办 2015 年全省生活饮用水卫生监测工作启动会暨培训班的通知
196	冀疾控函字〔2015〕46 号	关于举办河北省耐多药结核病实验室诊断培训班的通知
197	冀疾控函字〔2015〕47 号	关于举办 2015 年河北省健康素养和烟草流行监测工作培训班的通知
198	冀疾控函字〔2015〕48 号	关于做好空气污染人群健康影响监测工作的通知
199	冀疾控函字〔2015〕49 号	关于调整肾综合征出血热疫苗数量的通知
200	冀疾控函字〔2015〕50 号	关于开展 2014 年河北省居民心脑血管事件报告工作总结的通知
201	冀疾控函字〔2015〕52 号	关于举办全省性病艾滋病实验室检测技术和质量管理培训班的通知
202	冀疾控函字〔2015〕53 号	关于举办河北省性病疫情管理暨梅毒规范化诊疗服务培训班的通知
203	冀疾控函字〔2015〕54 号	关于举办河北省预防接种异常反应调查诊断专家培训班的通知
204	冀疾控函字〔2015〕55 号	关于举办全省艾滋病高危行为干预培训班的通知
205	冀疾控函字〔2015〕56 号	关于举办河北省艾滋病性病培训班的通知
206	冀疾控函字〔2015〕57 号	关于开展结核病控制工作督导的通知
207	冀疾控函字〔2015〕58 号	转发中国疾控中心关于暂时调整免疫规划信息管理系统信息报告方式的通知
208	冀疾控函字〔2015〕59 号	关于举办河北省人体重点寄生虫病防治技术培训班的通知
209	冀疾控函字〔2015〕60 号	转发中国疾病预防控制中心关于举办 2015 年中国成人慢性病与营养监测工作启动会及培训班的通知
210	冀疾控函字〔2015〕61 号	关于举办全省疾病预防控制系统公共卫生服务项目管理培训班的通知
211	冀疾控函字〔2015〕62 号	关于举办仪器设备原理与操作技能暨数据网络应用技术培训班的通知
212	冀疾控函字〔2015〕63 号	关于举办食品中化学污染物监测新技术应用培训班的通知
213	冀疾控函字〔2015〕64 号	关于举办河北省主要蚊种分类技术培训班的通知

续表

序号	文件号	文件名
214	冀疾控函字〔2015〕65 号	关于举办 2014 年度健康教育专业人员能力建设项目培训班的通知
215	冀疾控函字〔2015〕66 号	关于下发艾滋病宣传品的通知
216	冀疾控函字〔2015〕67 号	转发中国疾控中心关于开展农村饮用水水质实验室质控考核的通知
217	冀疾控函字〔2015〕68 号	关于举办全省慢病综合监测培训班的通知
218	冀疾控函字〔2015〕69 号	关于举办河北省职业病报告培训班的通知
219	冀疾控函字〔2015〕70 号	关于举办登革热监测防控技术培训班的通知
220	冀疾控函字〔2015〕71 号	关于举办婴幼儿辅食干预效果研究项目培训班的通知
221	冀疾控函字〔2015〕72 号	关于举办全省空肠弯曲菌和霍乱弧菌实验室检验培训班的通知
222	冀疾控函字〔2015〕73 号	关于举办 2015 年丙型肝炎临床治疗和管理培训班的通知
223	冀疾控函字〔2015〕74 号	关于拨付国家科技重大专项课题经费的通知
224	冀疾控函字〔2015〕85 号	关于在全省疾控系统开展健康教育技能竞赛活动的通知
225	冀疾控函字〔2015〕86 号	关于举办放射性职业病防治项目培训班的通知
226	冀疾控函字〔2015〕87 号	关于举办河北省艾滋病示范区及社区药物维持治疗现场培训班的通知
227	冀疾控函字〔2015〕88 号	关于河北省性病疫情影响因素及性病诊疗服务现况调查的通知
228	冀疾控函字〔2015〕89 号	转发中国疾病预防控制中心关于开展职业病报告和重点职业病监测工作督导的通知
229	冀疾控函字〔2015〕90 号	关于举办社会组织参与艾滋病防治基金项目培训班的通知
230	冀疾控函字〔2015〕91 号	关于举办河北省定点医疗机构痰抗酸杆菌涂片检查培训班的通知
231	冀疾控函字〔2015〕92 号	关于举办河北省预防接种异常反应信号侦测培训班的通知
232	冀疾控函字〔2015〕93 号	关于举办丙肝实验室检测技术及控制医院内感染培训班的通知
233	冀疾控函字〔2015〕94 号	关于举办全省结核病定点医疗机构结核病防治技术培训班的通知
234	冀疾控函字〔2015〕95 号	关于举办河北省流感等病毒性疾病监测技术培训班的通知
235	冀疾控函字〔2015〕96 号	关于举办丙肝实验室检测技术及控制医院内感染培训班的函
236	冀疾控函字〔2015〕97 号	关于举办食品微生物及其致病因子风险监测数据网络报告培训班的通知
237	冀疾控函字〔2015〕97 号	关于举办全省农村环境卫生监测项目培训班的通知
238	冀疾控函字〔2015〕98 号	关于举办 2015 年全省农村义务教育学生营养改善计划营养健康监测培训班的通知
239	冀疾控函字〔2015〕99 号	关于举办药物临床试验质量管理规范和疫苗临床试验培训班的通知
240	冀疾控函字〔2015〕100 号	关于开展同时接种含麻疹成分疫苗和乙脑减毒活疫苗免疫原性研究工作的通知
241	冀疾控函字〔2015〕101 号	关于举办疫情网络报告管理等培训班的通知
242	冀疾控函字〔2015〕102 号	关于举办职业中毒、物理因素职业病诊断医师及职业健康检查主检医师培训班的通知
243	冀疾控函字〔2015〕103 号	关于下发 2015 年度河北省应急疫苗储备计划表的通知
244	冀疾控函字〔2015〕104 号	关于补充 2015 年度免疫规划用疫苗的通知
	冀疾控函字〔2015〕105 号	河北省 2015 年实际疾病预防控制机构 1

续表

序号	文件号	文件名
245	冀疾控函字〔2015〕106 号	转发中国疾控中心关于反馈河北省性病疫情数据质量核查和督导报告的函的通知
	冀疾控函字〔2015〕107 号	关于召开全省结核病防治规划终期评估培训会的通知
246	冀疾控函字〔2015〕108 号	关于开展全省疾控系统健康教育技能竞赛现场决赛活动的通知
247	冀疾控函〔2015〕109 号	关于开展河北省伤害监测和产品伤害监测工作督导的通知
248	冀疾控函〔2015〕110 号	关于举办健康促进县（区）试点项目工作培训班的通知
249	冀疾控函〔2015〕111 号	转发中国疾控中心关于印发中国免疫规划信息管理系统用户与权限管理规范的通知
250	冀疾控函〔2015〕112 号	关于举办全省艾滋病防治指标培训班的通知
251	冀疾控函〔2015〕115 号	关于启用新公章的函
252	冀疾控函〔2015〕116 号	关于下发河北省 2015 年丙肝病例报告数据质量核查方案的通知
253	冀疾控函〔2015〕117 号	关于举办免疫规划工作现况与影响因素调查培训班的通知
254	冀疾控函〔2015〕118 号	关于举办 2015 年全省地方病防治项目暨地方病“十二五”规划终期考评培训班的通知
255	冀疾控函〔2015〕119 号	关于举办 2015 年全省基层地方病检验业务骨干培训班的通知
256	冀疾控函〔2015〕119 号	关于组织 2015 年慢病与营养监测现场观摩的通知
257	冀疾控函〔2015〕120 号	转发北京市疾病预防控制中心关于举办京津冀三地健康教育骨干健康传播技能培训班的通知
258	冀疾控函〔2015〕121 号	关于举办河北省重点职业病监测与职业健康风险评估数据库培训的通知
259	冀疾控函〔2015〕122 号	关于开展 2015 年河北省艾滋病防治工作督导的通知
260	冀疾控函〔2015〕123 号	关于召开河北省地方标准专家论证会的函
261	冀疾控函〔2015〕124 号	关于举办 2015 年全省食品安全风险监测数据分析培训班的通知
262	冀疾控函〔2015〕125 号	关于印发河北省 2015 年地方病防治项目实施方案的通知
263	冀疾控函〔2015〕126 号	关于开展河北省健康素养促进行动（职业卫生）摄影作品等评选活动的通知
264	冀疾控函〔2015〕127 号	转发中国疾控中心关于召开同时接种含麻疹成分疫苗和乙脑减毒活疫苗免疫原性研究项目工作研讨会的通知
265	冀疾控函〔2015〕128 号	关于开展结核病控制督导工作的通知
266	冀疾控函〔2015〕129 号	关于举办河北省结核病健康促进培训班的通知
267	冀疾控函〔2015〕130 号	关于下发河北省 2015/2016 年度口服脊髓灰质炎疫苗补充免疫用疫苗分配计划表的通知
268	冀疾控函〔2015〕131 号	转发中国疾病预防控制中心关于开展 2015 年中国现场流行病学培训项目招生工作的通知
269	冀疾控函〔2015〕132 号	转发中国疾控中心关于印发入托入学儿童预防接种证查验指导方案（试行）的通知
270	冀疾控函〔2015〕133 号	关于下发艾滋病抗体检测试剂及真空采血管的通知
271	冀疾控函〔2015〕134 号	关于举办仪器设备原理与操作技能提高培训班的通知

续表

序号	文件号	文件名
272	冀疾控函〔2015〕135 号	关于举办加强河北省疑似预防接种异常反应监测处置能力培训班的通知
273	冀疾控函〔2015〕136 号	关于全国布鲁氏菌病监测方案（2015 版）的修改意见
274	冀疾控函〔2015〕137 号	关于召开河北省预防接种异常反应保险补偿可行性研讨会的通知
275	冀疾控函〔2015〕138 号	关于下发 2016 年度河北省免疫规划用疫苗及注射器订购和分配计表的通知
276	冀疾控函〔2015〕139 号	关于开展 2015 年度全省地方病防治统计工作的通知
277	冀疾控函〔2015〕140 号	关于水氟水砷超标水厂信息确认的通知
278	冀疾控函〔2015〕141 号	关于举办河北省人体重点寄生虫病监测技术培训班的通知
279	冀疾控函〔2015〕142 号	关于举办河北省生活饮用水和环境卫生监测项目培训班的通知
280	冀疾控函〔2015〕143 号	关于举办空气污染对人群健康影响监测项目培训班的通知
281	冀疾控函〔2015〕144 号	转发中国疾病预防控制中心关于调整埃博拉出血热疫区名单的通知
282	冀疾控函〔2015〕145 号	关于召开麻疹疫情防控工作调度会的通知
283	冀疾控函〔2015〕146 号	关于举办河北省预防接种规范管理专项活动培训班的通知
284	冀疾控函〔2015〕147 号	关于开展预防接种规范管理专项活动自查督导的通知
285	冀疾控函〔2015〕148 号	关于下拨加强脊髓灰质炎监测项目经费尾款的通知
286	冀疾控函〔2015〕149 号	关于赴广东省疾病预防控制中心学习交流的函
287	冀疾控函〔2015〕150 号	关于积极推进社会组织参与艾滋病防治工作的通知
288	冀疾控函〔2015〕151 号	关于举办礼来项目耐多药肺结核防治培训班的通知
289	冀疾控函〔2015〕152 号	关于举办全省结核病防治师资培训班的通知
290	冀疾控函〔2015〕153 号	关于公布 2015 年河北省健康素养促进行动（职业卫生）评选结果的通知
291	冀疾控纪字〔2015〕1 号	中共河北省疾病预防控制中心纪律检查委员会关于印发《河北省疾病预防控制中心工作人员行为规范》（试行）的通知
292	冀疾控纪字〔2015〕2 号	中共河北省疾病预防控制中心纪律检查委员会转发省纪委、省监察厅关于 13 起“四风”典型案件通报的通知
293	冀疾控纪字〔2015〕3 号	中共河北省疾病预防控制中心纪律检查委员会转发驻省卫生计生委纪检组关于 2015 年中秋国庆期间加强纠正“四风”工作的通知
294	冀疾控党字〔2015〕1 号	关于表彰先进党支部优秀党务工作者 党员 团员的决定
295	冀疾控党字〔2015〕2 号	关于印发中心精神文明创建活动系列实施方案的通知
296	冀疾控党字〔2015〕3 号	关于组织开展“3・23”赶考日活动的通知
297	冀疾控党字〔2015〕4 号	关于李琦同志随团赴港澳的请示
298	冀疾控党字〔2015〕5 号	关于印发《中共河北省疾病预防控制中心委员会 2014 年工作总结和 2015 年工作要点》的通知
299	冀疾控党字〔2015〕6 号	关于印发《2015 年度中心理论学习中心组和党员干部学习计划》的通知

续表

序号	文件号	文件名
300	冀疾控党字〔2015〕7 号	关于转发《中国卫生政促会疾病预防控制分会关于开展“深入学习贯彻十八大精神，做好新常态疾控系统思想政治工作”主题征文活动的通知》
301	冀疾控党字〔2015〕8 号	关于陈素良同志访问荷兰的请示
302	冀疾控党字〔2015〕9 号	关于转发张绍廉同志在省卫计委“三严三实”专题教育党课讲稿的通知
303	冀疾控党字〔2015〕10 号	关于印发深入开展“三严三实”专题教育推进方案的通知
304	冀疾控党字〔2015〕11 号	关于成立“三严三实”专题教育领导小组及办公室的通知
305	冀疾控党字〔2015〕12 号	关于印发落实党风廉政建设党委主体责任和纪委监督责任实施办法的通知
306	冀疾控党字〔2015〕13 号	关于印发河北省疾病预防控制中心 2015 年党风廉政建设和反腐败工作责任分工方案的通知
307	冀疾控党字〔2015〕14 号	关于秦跃洲等同志免职备案的请示
308	冀疾控党字〔2015〕15 号	关于开展“践行‘三严三实’奉献一片爱心”主题无偿献血活动的通知
309	冀疾控党字〔2015〕16 号	关于“三严三实”专题教育党支部书记讲党课的通知
310	冀疾控党字〔2015〕17 号	关于秦跃洲等同志免职的通知
311	冀疾控党字〔2015〕18 号	关于印发河北省疾控中心开展处置不合格党员工作实施方案的通知
312	冀疾控党字〔2015〕19 号	关于成立处置不合格党员工作领导小组及办公室的通知
313	冀疾控党字〔2015〕20 号	转发中共河北省卫生计生委党组关于认真贯彻执行河北省党员干部政治纪律和政治规矩“十不准”的通知
314	冀疾控党字〔2015〕21 号	“解放思想、抢抓机遇、奋发作为、协同发展”大讨论实施方案的通知
315	冀疾控党字〔2015〕22 号	关于印发《中共河北省疾病预防控制中心委员会“解放思想、抢抓机遇、奋发作为、协同发展”大讨论推进方案》和大讨论领导小组及办公室人员名单的通知
316	冀疾控党字〔2015〕23 号	关于开展“我为疾控事业发展献良策”活动的通知
317	冀疾控党字〔2015〕24 号	转发省卫计委关于廉洁自律准则和纪律处分条例的通知
318	冀疾控党字〔2015〕25 号	转发省卫计委关于认真学习贯彻中共十八届五中全会和省委八届十二次全会精神的通知
319	冀疾控党字〔2015〕26 号	转发省卫计委关于学习赵克志同志讲话的通知
320	冀疾控党字〔2015〕27 号	关于组织《中国共产党廉洁自律准则》、《中国共产党纪律处分条例》知识测试的通知
321	冀疾控党字〔2015〕28 号	关于对 2015 年度党支部工作进行考核的通知
322	冀疾控党字〔2015〕29 号	关于开展 2015 年度中层干部述廉评廉考廉工作的通知
323	冀疾控党字〔2015〕30 号	关于赵保刚同志免职备案的请示
324	冀疾控党字〔2015〕31 号	关于赵保刚同志免职的通知
325	冀疾控党字〔2015〕32 号	关于郝延江等同志任免职的通知
326	冀疾控党字〔2015〕33 号	关于郝延江等同志任免职的通知

续表

序号	文件号	文件名
327		关于下发中心C版实验室安全管理体系文件的通知
328		关于全省2014年第四季度免疫规划工作的情况通报
329		关于召开河北省2015年产品伤害监测培训班的函
330		关于签订2015年（生产、消防）安全目标管理责任书的通知
331		关于上报食品测量不确定度评定实例应用评价的函
332		关于物资库房和职工食堂项目竣工决算评审的请示
333		关于清理个人借款的通知
334		关于核对项目支付方式的通知
335		关于下发2015年第二季度值班安排表的通知
336		关于招标采购癫痫病治疗药品的函
337		关于采用协议供货方式采购A群C群脑膜炎疫苗的函
338		关于提供河北省预防医学会陈志明同志相关材料的函
339		关于2014年河北省碘盐监测情况的通报
340		关于采购癫痫项目免费药品的请示
341		关于变更2015年追加采购免疫规划用疫苗及注射器采购方式的函
342		关于填报2014年度科普统计调查表的通知
343		关于上报大气污染（雾霾）健康影响监测及调查研究项目工作方案的函
344		关于上报雾霾人群健康影响流行病学调查和相关资料收集项目工作方案的函
345		安全生产工作情况报告
346		关于下发中心2015年第三季度值班安排表的通知
347		关于艾滋病检测试剂及结核病防治项目采购现场监督的请示
348		关于变更艾滋病检测试剂及耗材采购招标方式的请示
349		艾滋病检测试剂及耗材采购由公开招标转为单一来源的请示
350		蛋白印迹仪设备购置由公开招标转为竞争性谈判的请示
351		关于物资库房和职工食堂修缮项目采用邀请招标的请示
352		关于报送河北省中东呼吸综合征风险评估的报告
353		关于变更艾滋病检测试剂及耗材采购招标方式的请示
354		关于变更2015年度消除麻疹项目疫苗采购方式的函
355		关于变更艾滋病快速检测试剂招标方式的请示
356		关于变更2016年度河北省免疫规划用疫苗采购方式的函
357		关于下发2015年第四季度值班安排表的通知
358		关于变更结核病防治项目采购方式的请示
359		关于结核病防治项目招标采购现场监督的请示

续表

序号	文件号	文件名
360		关于河北省疾病预防控制中心结核病防治项目 14 包、17 包更改政府采购方式的请示
361		关于购置免疫规划用疫苗的函
362		关于采用竞争性谈判方式采购艾滋病快速检测试剂的请示
363		关于 2014 年度国有资本收益的报告
364		关于举办河北省全国寄生虫病防治竞赛集训的通知
365		关于采用协议供货方式采购预防接种证的请示
366		关于做好抗战胜利 70 周年纪念活动安保反恐卫生应急工作通知
367		关于变更 2016 年度河北省免疫规划用疫苗采购方式的函
368		关于 2016 年国有资本经营预算的报告
369		关于变更结核病防治项目采购方式的请示
370		关于召开河北省食品安全国家标准整合项目总结会的通知
371		关于参加健康传播与媒体沟通专题讲座的通知
372		关于变更 2016 年度河北省免疫规划用疫苗采购方式的函
373		关于上报 2015 年度质量控制相关工作报告的通知
374		关于采购 PM2.5 个体采样设备的请示
375		关于招标采购癫痫病治疗药品的函
376		河北省 2015 年第三季度免疫规划工作情况通报
377		关于中心 OA 办公自动化系统试运行的通知
378		关于利用中央 2015 年重大公共卫生
379		水和环境卫生监测项目经费采购饮用水水质卫生监测设备的请示
380		关于公开招标采购结核病实验室设备试剂耗材和药品的请示
381		关于以政府采购方式投放公益广告的请示
382		关于变更河北省执行中央 2015 年艾滋病项目耐药检测资金支付方式的请示
383		关于招标采购癫痫病治疗药品的请示
384		关于河北省艾滋病抗病毒治疗管理工作移交的纪要
385		关于变更 2015 年免疫规划用疫苗及注射器采购方式的函
386		关于上报《河北省卫生和计划生育事业发展第十三个五年规划》（征求意见稿）的意见
387		关于申请办理车辆通行证的函
388		关于下发 2016 年第一季度值班安排表的通知

综合管理工作概述

河北省疾病预防控制中心年鉴

河北省疾病预防控制中心 2015 年工作要点

2015 年工作总体要求是：以邓小平理论、“三个代表”重要思想、科学发展观为指导，认真贯彻落实党的十八大和十八届三中、四中全会精神，按照国家和全省卫生计生工作会议、疾控工作会议的部署要求，坚持“二次创业”不懈怠，解放思想、改革创新、协同发展，不断改善疾病预防控制工作内外环境，奋力开创疾病预防控制工作崭新局面。

一、重点做好传染病防治及突发公共卫生事件应急处置工作

（一）深入推进免疫规划管理工作。一是进一步加强预防接种规范化门诊建设，巩固“城市日接种、农村周接种”制度，保证以乡（镇、街道）为单位儿童国家免疫规划疫苗接种率达 90% 以上。二是推进全省免疫规划信息化系统建设，力争完成省级免疫规划信息数据中心建设，逐步实现全省联网。三是继续保持无脊髓灰质炎状态。以市为单位 15 岁以下儿童非脊灰 AFP 病例报告发病率达 1/10 万以上，AFP 监测系统监测指标均达 80% 以上。完成 2015/2016 年度脊髓灰质炎疫苗补充免疫工作。四是进一步降低麻疹发病水平，以县（市、区）为单位，适龄儿童和入托、入学儿童含麻疹制剂疫苗常规免疫 2 剂接种率均达 95% 以上。五是进一步加强疑似预防接种异常反应监测和处理工作，监测报告及时率、调查及时率、及时上报率达到 90% 以上，县级单位报告覆盖率达到 100%，积极推进预防接种异常反应商业补偿机制进展。

（二）着力提高艾滋病性病防治工作。一是落实“十二五”规划目标，做好“十二五”行动计划的终期评估，为编制“十三五”行动计划做准备。二是推进艾滋病抗病毒治疗改革，完善救治模式。艾滋病病人免费抗病毒药物治疗向医院移交工作在省内全部推开。省级指定全省抗病毒治疗质控中心，市级充分发挥定点医院优势，县区级根据各地实际情况可选择定点医院或社区服务机构。三是利用购买服务和协作形式，探索我省社会组织参与经验。完成艾滋病购买服务具体实施方案，探索社会组织参与干预、医疗救助等方面的管理模式，通过试点地区探索我省经验。四是继续强化数据质量，在全省开展艾滋病、性病防治数据质量年活动，强化指标管理，通过制发方案、现场核查、定期通报，推进全省数据质量。

（三）不断加大结核病防治工作。一是贯彻落实《结核病防治十二五规划》和《结核病防治管理办法》，如期实现《结核病防治十二五规划》目标。二是强化肺结核患者发现。2015 年发现并治疗肺结核患者人数达到 36000 例（50/10 万），确保新涂阳肺结核患者的治愈率保持在 85% 以上。三是加快结核病实验室建设步伐，开展耐多药结核病防治。2015 年 80% 的县级结核病实验室达到生物安全Ⅱ级要求，并全部开展痰结核杆菌分离培养工作，耐多药可疑者筛查率达到 60%，以设区市为单位开展耐多药肺结核诊治工作覆盖率达到 90%。四是加强督导，确保质控。强化现场督导和监控评价，注重数据质量核查和利用；各市县认真开展自评。四是积极推动新型结核病服务体系建设，做好相关领域的培训和技术支持。

（四）有效防范其他重点传染病

1. 病毒性传染病防控。一是保持流感监测网络正常运转。高质量完成流感监测哨点医院数据上报，加强 12 个流感监测网络实验室核酸检测和病毒分离工作，完成 4 市职业暴露人群血清学和环境高致病性禽流感标本采集和检测。二是提高手足口病监测水平。11 个设区市疾控中心开展病毒核酸检测工作，全省每县采集标本 60 份，省开展标本核酸复核和病毒分离工作。定期分析病原学特征和传播风险因素，密切关注疫情动态。三是加强流行性出血热防治。做好全省人间疫情监测，6 个国家级监测点春秋季各进行 1 次鼠密度和带毒率监测。全省临床诊断病例实验室血清核实率达到 80% 以上。在相对高发病县开展重点人群疫苗接种。

2. 细菌性传染病防控。一是加强腹泻病人监测，提高医院腹泻病例检索率。加强感染性腹泻病原学监测，提高标本分离率和送检率。加强霍乱监测，及时处理暴发疫情。二是保持流脑监测专报系统常规运转，加强标本采集和实验室检测，流脑病例个案调查率100%，暴发疫情处理率100%。继续开展健康人群带菌调查，做好国家急性脑膜炎脑炎监测项目。三是加强布病疫情报告管理，规范疫情处理和病例调查。完成国家和省级布病监测点任务，开展高危人群筛查。做好布病干预试点行为干预工作。督导医疗机构加强诊断能力，规范治疗行为。四是做好疫区、灾区消毒技术指导，开展全省医疗机构和托幼机构消毒效果监测，做好健康相关产品检测鉴定工作。

3. 寄生虫病防控。一是完成消除疟疾市级考评，年底如期实现我省消除疟疾目标。做好输入性疟疾病例监测，维持全省无本地感染疟疾病例状态。二是开展全国寄生虫病流调工作。

4. 有害生物防治。一是提高病媒生物监测质量，市级监测完成率100%，县级监测总体开展率75%。二是全面开展全省第二轮病媒生物抗药性监测工作。

（五）继续加强传染病疫情和突发公共卫生事件监测报告与应急处置工作。一是继续保持疫情监测报告系统灵敏性，狠抓网络报告质量，保持传染病疫情报告质量综合排名前十位目标。二是加快实施河北省传染病疫情分析预警与决策系统建设工作。三是全面提升突发公共卫生事件应急处置能力，确保全省突发公共卫生事件处置率和及时率100%。完善应急物资储备，加强应急队伍的培训与演练。四是做好突发急性传染病防控和突发中毒事件应急处置全国技能竞赛活动。

二、有效开展地方病和慢性非传染性疾病防治工作

（一）加强地方病防治工作。一是协助省卫生计生委制定我省地方病防治“十二五”规划终期考核评估方案及重点地方病控制消除评价办法，完成碘缺乏病、地方性氟中毒、克山病及大骨节病的自查和复核，通过国家考评。二是做好2014年中央转移支付地方病防治项目收尾工作，制定2015年度项目实施技术方案。三是加强地方病监测，完成各类地方病监测点项目监测任务。四是做好全国碘缺乏病实验室、氟检测实验室外质控考核工作，合格率100%。

（二）推进慢性非传染性疾病防治与营养工作。一是落实《中国疾控中心关于部署全国疾控系统2015年慢性病防控与营养重点工作的通知》（中疾控慢社发〔2015〕26号）要求，做好整合后的慢性病与营养监测。二是推进示范区创建工作，加强国家级慢性病示范区创建，力争每个市都有省级慢性病示范区。三是加强项目管理，高血压、糖尿病患者规范管理率达60%以上，继续开展农村癫痫防治管理项目和卫生部脑卒中筛查干预项目，确保项目质量。四是全民健康生活方式行动覆盖全省100%的县（市、区），中央补助地方试点区县完成健康生活方式支持性环境创建工作。五是逐步建立慢性病综合监测系统。加强死因监测、心脑血管事件报告工作；开展伤害综合监测、儿童伤害干预和老年人跌倒干预试点工作；开展慢性病相关危险因素监测，掌握我省流行水平。六是做好“减盐与脑卒中关系研究”国际合作项目。七是指导监测点做好营养监测项目工作，扎实推进农村义务教育学生营养改善计划监测评估工作。

三、大力加强公共卫生和健康宣教工作

（一）加强食品安全风险监测。组织实施2015年全省食品安全风险监测方案，继续做好食品污染物及有害因素监测、食源性疾病监测，积极开展节假日、北戴河暑期等专项风险监测，加强采样、检测等各环节的质量控制，强化数据的分析和利用，及时上报分析报告，为上级决策提供技术支撑。积极建设食品安全风险监测指纹图谱分析研究室。认真落实《食品安全事故流行病学调查工作规范》，加强各级技术培训，提升食品安全现场流行病学调查能力。

（二）强化职业卫生与职业病防治工作。一是加强职业病报告管理工作，按时提供报告数据。二是继续做好重点职业病哨点监测项目；完成质控、审核、指导及数据汇总、报告撰写。三是继续做好职业病诊断、职业健康检查机构质量控制工作。四是做好企业健康促进的基线调查及总结。

（三）做好放射卫生和学校卫生工作。一是做好食品放射性污染监测和新增奶粉放射性监测。二是开展医疗卫生机构医用辐射防护监测和职业性放射性疾病监测，做好职业健康风险评估。三是组织开展全省乙类大型医用设备现场验收检测和应用技术评审。四是进一步健全我省学校卫生工作机制，做好学校传染病和学生常见病防治工作，健全学生健康体检档案；开展学校教学环境和生活环境的卫生监测。

（四）加大环境卫生工作力度。一是做好生活饮用水水质卫生监测工作。将全省县级以上城市及70%的乡镇纳入监测范围，强化质量控制。开展农村饮水安全工程防病改水效果评估和卫生学评价工作。二是继续开展空气污染对人群健康影响监测工作；开展社区人群健康影响调查和小学生健康监测；推进河北省城市空气（PM2.5）污染与人群健康影响研究重大专项工作。三是加强公共场所健康危害因素监测和农村环境健康危害因素评价体系建设，为改善农村环境提供技术支撑。

（五）提高健康教育工作质量。一是拓展媒体合作渠道和范围，健全媒体沟通会制度，加大新媒体的开发和利用。继续完善省级健康教育传播材料资源库和专家库建设。二是抓实健康素养促进行动项目，继续开展省级健康教育专家下基层巡讲活动以及科学就医主题宣传活动，做好2014年中央补助地方健康素养促进行动和健康教育专业人员培训项目实施工作。三是继续开展创建无烟卫生计生系统明察暗访，巩固创建成果。

（六）积极推进京津冀疾控工作协同发展。深入落实三地疾控工作合作框架协议，抓好现有合作项目，促成新项目，推动京津冀疾控合作由环首都地区向全省拓展。加强沟通，积极制定2015年合作清单，推进信息、技术、人员、物资等资源共享平台和食源性疾病监测联合平台建设，加大科研联合攻关力度，抓好申办冬奥会公共卫生保障。同时，积极促成与北京军区疾控中心签订正式合作协议，实现军民联动、大华北地区联防，推动京津冀疾控合作取得新突破。

四、全力提升科研创新和实验室管理水平

（一）增强科研创新能力。一是积极申报科研计划项目，争取在自然基金、科技支撑计划、重大专项等领域有所突破，通过高水平科研项目带动学科带头人培养和人才梯队建设。继续调整和完善学术委员会，发挥核心指导作用。二是加强学术活动日常化管理，推广继续医学教育培训网络化，全年专业技术人员岗位培训率100%，营造良好的学习和学术氛围。三是加强教学基地建设，做好现有四个教学基地管理工作，争取成为全省一流的研究生培养实习基地。

（二）提升实验室管理水平。一是对实验室检测能力进行全面核查，整合检测检验资源，组织通过国家“三合一”复评审工作。二是完成中心F版管理体系文件，监督指导实验室质量管理工作有序展开。三是完成国家、省各级监督抽检及各项委托检验的合同评审，完成各项委托、应急检测检验任务。四是加快国家实验室生物安全BSL－3认可进度，填补我省空白。

五、统筹做好其他工作

（一）推进党建和精神文明建设。一是学习习近平同志系列重要讲话精神和中央十八届三中、四中全会精神。继续开展“修强铸”主题实践活动。抓好“学习型、服务型、创新型”基层党组织建设，通过开展演讲比赛、大讲堂、知识讲座、参观学习等活动汇聚疾控正能量。二是继续开展困难帮扶、走访慰问活动，争创全国“青年文明号”“巾帼文明岗”和“五好文明家庭”，培树疾控行业先进典型。三是利用公共媒体、单位网站、宣传材料、荣誉展厅等形式广泛传播疾控文化，确立疾控形象，力争实现“全国文明单位”目标，巩固创建成果。

（二）开展行风廉政建设。一是加强基建项目、干部任免、物资采购、资金使用和重大事项决策等重点工作的监督检查。强化执纪监督，落实八项规定，坚决防止和纠正“四风”问题发生。二是继续对权力运行监控机制建设进行深化和细化，强化对A级风险权力的监控和考核。

（三）深化综合管理。一是提高综合管理水平，利用OA系统进一步把信息、督察、办文、办会等工作有机结合，提升服务效率和管理质量。二是完善制度体系建设，继续修订中心制度，将考核、管理、质控等多体系管理文件挂钩，形成相辅相成、互为主力的科学管理模式。三是进一步完善项目管理机制，加强公共卫生项目执行进度通报和重点项目盯办督办，抓好多部门执行项目实施统筹和资金审批，保障各个项目执行按进度、实施讲质量、成效有评价、责任到部门。四是筑牢安全生产防线。建立健全（生产、消防）安全岗位责任制，签订《河北省疾病预防控制中心（生产、消防）安全目标管理责任书》。完善消防管理制度，开展消防培训与演练，将消防意识绑定在职工日常行为。

（四）完善服务保障。一是完成食堂库房验收搬迁和周围院落整治、绿化美化工作。完成办公楼维修改造工程、医疗垃圾临时存放点建设工程、实验大楼污水处理站改造工程。二是升级改造全省视频会议系统，完成中心到各市疾控中心视频会议系统的线路维护和设备更新工作，恢复省、市两级视频系统。三是进一步优化仪器装备结构，调整并加大中心食品安全风险监测以及雾霾监测、应急体系建设的支持力度，初步形成药械供应物流化运作模式。四是提高全省 EPI 冷链设备的有效运转能力，仪器设备维修和冷链运转保障合理分流，建设省、市两级适应全省 EPI 需要的冷链维修保障专业队伍。

河北省疾病预防控制中心 2015 年工作总结

2015 年，在省卫生计生委的正确领导和大力支持下，省疾控中心认真贯彻党的十八大和十八届三中、四中全会精神，深入落实国家和我省“十二五”规划指标，按照年度工作计划，用力做事、用情做事、用心做事，各项工作指标和任务目标顺利完成，为加快中心“二次创业”步伐奠定了坚实基础。

一、传染病防治及突发公共卫生事件应急处置工作

（一）免疫规划管理。一是切实做好常规免疫。强化免疫接种、储存、运输管理、规范免疫接种数据报告，夯实常规免疫基础。1 ~ 10 月份，全省共报告基础免疫乙肝疫苗（HepB3）、卡介苗（BCG）、脊髓灰质炎疫苗（PV3）、百白破类疫苗（DPT3 类）、麻疹类疫苗（MV 类）接种率分别为 98.05%、98.97%、98.23%、97.57%、97.03%；乙脑减毒疫苗（JE – L）、流脑疫苗（MenA2）、甲肝疫苗（HAV）接种率分别为 94.76%、95.52%、90.57 %；共报告预防接种疑似异常反应（AEFI）病例 9762 例，无疫苗质量事故、接种事故和心因性反应病例。二是继续维持无脊髓灰质炎状态。全省共报告 AFP 病例 230 例（外省报告 96 例），共完成 208 例病例的粪便标本检测，检测出脊灰病毒 5 株，Ⅰ型 4 株，Ⅰ + Ⅱ型 1 株。顺利完成 2014/2015 年度全省 OPV 补充免疫活动，全省适龄儿童报告服苗率第一轮 98.03%，第二轮 98.07%。三是加大消除麻疹监测力度。截至 12 月 10 日，按现住址统计共报告病例 3794 例（实验室诊断 3447 例，临床诊断 347 例）。为降低麻疹发病高峰，结合我省实际，3 月份在全省范围开展麻疹类疫苗查漏补种月活动。开展查漏补种，在重点地区开展非选择性补充免疫的地区共摸底儿童数 161425（本地儿童 158304、流动儿童 3121），接种率 96.52%。在非重点地区共摸底调查常住儿童 5046513 人、流动儿童 131367 人，发现麻疹类疫苗漏种第 1 剂次 80895 人，补种 77980 人，补种率 96.40%；麻疹类疫苗漏种第 2 剂次 118772 人，补种 114891 人，补种率 96.73%。四是加快儿童预防接种信息管理系统建设步伐。全省 176 县（区）、2325 乡（镇）实施了儿童预防接种信息管理系统建设，县、乡级覆盖率 100%。截至 12 月 10 日，2015 年全省共出生儿童接种、录入个案 669284 例。

（二）艾滋病防治。截至 2015 年 12 月初，共报告现存活艾滋病感染者/病人 7156 例，其中感染者 4227 例，病人 2929 例，死 1331 例，疫情分布于 170 个县（市、区）。新增艾滋病感染者/病人

1612 例，死亡病例 173 例。我省累计报告病例数居全国第 22 位，全人群感染率为 0.012%，继续保持低流行态势。一是提升数据报告质量，保持国内先进行列。不断加强 13 项国家考核，日常督导评估，通过县级自查、市级抽查、省级复查三级强化，进一步夯实了全省艾滋病防治数据报告质量，各项数据准确率均 100%。全年编写《河北省艾滋病防治信息简报》5 期，刊登各市工作交流 210 篇。二是落实防控措施，稳步提升艾滋病检测工作。2015 年全省艾滋病筛查实验室累计达到 612 家，乡镇社区检测点调整为 2194 个，建立 VCT 门诊 521 个。全省实验室网络共检测各类人群 3870056 人次，发现阳性病例 1487 例，与去年同期基本持平。截止 2015 年 10 月底，自愿检测咨询 119424 人次，发现艾滋病病毒阳性 618 人，梅毒检测 116947 人，发现阳性 664 人。高危人群检测 117788 人次，占检测人群的 98.6%。2015 年全省 70 个国家级监测点共监测 32400 人，发现 HIV 抗体阳性 144 人，梅毒抗体阳性 360 人，丙肝抗体阳性 246 人。三是深入落实“四免一关怀”政策。在全省继续全面推广农村地区“四位一体”艾滋病抗病毒治疗管理模式，今年开展抗病毒治疗工作的县（市、区）扩展到 168 个，抗病毒治疗管理及治疗质量得到全面提高。截至 2015 年 11 月，我省累计治疗病人 4538 人（其中今年新增 1311 人），新增病例比去年同期超 40%。四是不断加大预防干预力度。2015 年累计干预各类高危人群 1529781 人次，有效干预措施覆盖全省 100% 的县（市、区），其中，暗娼干预 225404 人次，男男性接触者 81425 人次，性病就诊者 54731 次，吸毒者 6923 人次，外来务工人员 1103948 人次，其他人群 59660 人次。暗娼、男男性接触人群、性病就诊者累计 HIV 抗体检测率分别为 89.7%、80.9%、93.4%。五是进一步加强性病疫情管理。全省共报告 5 种性病（梅毒、淋病、尖锐湿疣、生殖器疱疹、生殖道沙眼衣原体感染）病例 12764 例，梅毒死亡 1 例，较去年同期增加 13.47%。其中，报告梅毒病例增加 18.33%，淋病增加 5.59%，尖锐湿疣增加 2.19%，生殖器疱疹增加 66.88%，生殖道沙眼衣原体感染减少 0.75%。六是开展形式多样的艾滋病宣传活动。在全省广泛开展艾滋病防治知识“进机关、进学校、进工地、进场所、进社区、进农村”六进宣传活动和艾滋病防治宣传赶大集活动。加强与各大媒体的合作，制作播放艾滋病公益广告和宣传片，开办省市艾防专家走进电视等栏目。指导全省多所高校开展现场宣传等活动。通过开展知晓率调查，我省暗娼人群知识知晓率为 97.09%，MSM 人群知识知晓率为 94.15%，性病门诊男性就诊者知识知晓率为 94.31%，青年学生和外来务工人群知晓率分别为 95.58% 和 94.56%。

（三）结核病防治。一是加大患者发现力度。截至 12 月 9 日，全省发现管理活动性肺结核病人 28607 例，其中涂阳病人 8450 例，新涂阳病人 7290 例。结核病患者发现完成规划年度任务指标的 80%。二是积极开展宣传活动。3 月 24 日第 20 个“世界防治结核病日”，围绕“你我共同参与，依法防控结核——发现、治疗并治愈每一位患者”宣传主题，联合省胸科医院、石家庄市第五医院、省防痨协会等多家单位在石家庄市举办了宣传活动。省会 10 余家新闻媒体参加了宣传，并进行了现场采访和跟踪报道。三是全力加强培训和礼来全球卫生促进项目。全年先后开展了定点医疗机构结核病防治技术培训、结核病定点医疗机构痰抗酸杆菌涂片检查培训等多次培训，对全省结核病防治工作起到推动作用。7 月，礼来全球卫生促进项目副总裁 Evan Michael Lee 等 16 人赴河北省访问。专家们就我省耐多药结核病防治工作情况进行交流，参观结核病 PCR 实验室，并对我省结核病防治工作给予高度评价。四是以优异成绩通过国家实验室考核。完成国家一线和二线抗结核药物的药敏试验熟练度测试，测试菌株 30 株，结果全部为优秀。完成国家组织开展的第一轮全国结核病实验室分子生物诊断技术能力验证工作，验证结果正确率达 100%。五是开展规划终期评估工作。召开全省结核病防治规划终期评估培训会，安排部署“十二五”结核病防治规划终期评估工作。完成各级评估数据收集、整理、汇总和分析，撰写完成全省规划评估报告并上报国家疾控中心和省卫生计生委。我省“十二五”规划十二项指标，除“发现管理肺结核患者数”指标未完成外，其他指标均达到河北省规划目标要求。

（四）其他重点传染病防治。截至 12 月 5 日，手足口病全省共报告病例 51777 例，报告发病率 70.5301/10 万，较去年同期降低了 38.84%，其中重症病例 57 例，无死亡病例，较去年同期减少了 82.78%。全省共发生聚集性病例疫情 207 起，均为轻症病例。流感，28 所监测点医院共监测流感样病例 48551 例，占就诊总数的 1.47%，低于去年同期 1.63% 的就诊水平。12 家网络实验室对 13011 份标本进行了核酸检测，阳性率 7.80%，流感病毒核酸阳性率低于去年同期（18.88%）。全国网络实验室流感病毒核酸检测能力考核中，我省参加考核的 2 家流感监测网络实验室均以 100% 准确率的优异成绩顺利通过国家考核，连续 7 年考核结果全部正确。肾综合征出血热，截至 12 月 8 日，共报告病例 586 例，较去年同期下降 36.79%，死亡 4 例。6 个国家级监测点显示，居民区和野外平均鼠密度分别为 3.02% 和 0.60%。病毒性腹泻，截至 11 月底，1 个监测点共采集 127 份腹泻患儿粪便标本，轮状病毒阳性检出率为 37.02%，杯状病毒、肠道腺病毒和星状病毒的阳性率分别为为 21.27%，3.82% 和 7.23%，杯状病毒以诺如病毒为主。乙型肝炎，6 个监测点共报告乙肝病例 256 例，其中慢性肝炎占 78.91%、急性肝炎占 15.62%、未分型 5.47%。霍乱防控，制发《河北省霍乱等重点肠道传染病防控与监测工作方案》，5～10 月，共登记腹泻病人 47794 例，病例检索 29113 例，检索率 60.91%，未检出霍乱弧菌；共检测外环境标本（外环境水、水产品、市售食品）10526 份，检出 O1 群霍乱弧菌（小川型）3 株和非 O1/O139 群霍乱弧菌 2 株，进行了调查处置。流脑，共报告病例 4 例，死亡 1 例，发病率 0.0055/10 万，死亡率 0.0014/10 万。与去年同期相比，发病数减少 66.67%，死亡数增加 1 例。布病，共报告病例 5551 例，无死亡，发病率 7.57/10 万，较去年同期下降 14.70%，疫情分布于 11 个市的 168 个县（市、区），处理人间布病疫情 8 起。病媒生物监测，11 个设区市均开展了蚊、蝇、蟑螂和鼠四项监测工作，市级共设病媒生物监测点 616 个，监测点设置完成率和监测数据上报完成率均达到 100%；130 个县（市、区）开展了病媒生物监测，监测点设置完成率和监测数据上报率分别为 97.01%、89.82%，较去年均有大幅提高。寄生虫病，我省以优异成绩通过国家消除疟疾中期现场评估。截至 11 月底，全省共报告疟疾病例 63 例，同期增长 16.67%，无疟疾死亡病例报告，全部为输入性病例。全省各县（市、区）全部开展了不明原因发热病人疟原虫血检工作，血检 39068 人次，疟原虫阳性者 43 例，

（五）突发公共卫生事件应急处置。一是突发公共卫生事件报告与处理。截至 11 月底，我省共报告突发公共卫生事件 19 起，传染病事件 16 起（占 84.21%），突发中毒事件 3 起（占 15.79%）。发病 806 人，死亡 3 人。发生在各类学校和托幼机构的突发公共卫生事件共 11 起（占 57.89%）。指导处置了邢台金华中学疑似学生食物中毒事件和邢台新河县城区供水管网末端疑似发生污染事件、石家庄市新华区世纪康城小区饮用水污染引起的感染性腹泻暴发疫情、华油创业小区饮用水污染事件、沧州输入性疑似中东呼吸综合征病例、保定徐水疑似埃博拉发热病例以及保定、沧州发热伴血小板减少综合征等 10 余起事件。二是埃博拉出血热防控。经省市两级人员选拔，省疾控中心职工韩旭和石家庄市疾控中心副主任周吉坤于 3 月中旬至 5 月初，分别作为世界卫生组织西太区专家组成员和国家卫生计生委公共卫生师资培训队派往塞拉利昂，开展埃博拉专业知识培训和指导当地开展防控工作，受到各级领导和国内外同行的一致好评。截至 12 月 7 日，我省累计接出入境检验检疫部门通报的入境人员共 409 人，排除 226 人，累计进行健康监测 183 人。三是中东呼吸综合征防控。我国出现首例输入性中东呼吸综合征确诊病例后，中心提前谋划，及早着手，加强专业技术培训，开展疫情监测，加强应急值守和物资储备，召开媒体沟通会，积极做好各项应急准备工作。四是京津冀合作与交流。开展京津冀卫生应急合作会议 5 次，参加京津冀三省市卫生计生行政部门联合开展的卫生应急综合演练 1 次，签署了《京津冀毗邻县（市、区）卫生应急合作协议》，进一步推进京津冀疾病预防控制工作一体化。五是应急培训与演练。圆满完成由省卫生

计生委组织，中心承办的突发急性传染病防控和突发中毒事件应急处置全国技能竞赛复赛工作，我省7名队员获得了传染病竞赛组二等奖，中毒竞赛组三等奖的好成绩。2015 年，中心组织开展演练 6 次，中国红十字会供水和大众卫生救援队培训及演练 1 次。

二、地方病和慢性非传染性疾病防治工作

（一）地方病防治。顺利通过国家地方病“十二五”规划考评组的考核验收。一是全省碘缺乏病实验质控考核，工作继续保持高水平。安排省级和 11 个市级尿碘、水碘及盐碘实验室、30 个县级盐碘实验室参加国家级考核，合格率 100%。其余 142 个县级盐碘实验室全部参加省级考核，合格率 100%。二是宣传活动。5 月 15 日是我国第 22 个“防治碘缺乏病日”，主题是“科学补碘，重在生命最初 1000 天”。省、市、县三级卫生、供销、盐业等部门参加了活动，河北电视台等新闻媒体进行了现场采访报道。三是碘盐监测。截至 11 月底，全省 167 个非高碘地区共监测居民户食用盐 48601 份，上报率 100%，碘盐覆盖率、合格率、食用率分别为 98.18%、96.07%、94.36%，达到了国家消除碘缺乏病标准。30 个县高碘地区共监测居民户盐 6902 份，无碘盐 6578 份，无碘食盐率达到 90% 以上。四是克山病与大骨节病监测。全年共完成六个县 5000 多人的调查工作，初步完成了克山病全省消除评价工作。我省七个大骨节病区县全部达到消除标准。今后防治工作应转到巩固成果，动态病情监测。

（二）慢性非传染性疾病防治与营养。一是死因监测。1～10 月份，30 个监测点共报告死亡个案 52886 例，死亡率为 449.47/10 万。二是伤害监测。1～9 月份，共收集伤害病例 18486 例男性 11329 例，女性 7175 例。伤害原因位居前 5 位的分别为跌倒/坠落、机动车车祸、钝器伤、非机动车车祸和刀锐器伤，各占 36.67%、22.80%、15.18%、10.58% 和 5.56%。三是国家基本公共卫生服务项目。在全省 170 个县（区、市）开展，基层卫生服务机构综合防治覆盖率达 99.71%。全省管理高血压 656 万人，管理率 61%。糖尿病管理 197 万人，管理率为 36%。四是农村地区癫痫防治管理项目。8 个项目县组治疗癫痫患者 4945 人，完成国家 2015 年度下达任务指标（4144 人）的 119.3%。我省项目工作在 2014 年项目质量评估中成绩名列全国第一。五是健康生活方式行动。按照全国统一方案要求，在我省井陉矿区启动开展职业人群健步走健康激励项目，在中心开展“职工健步走竞赛活动”启动工作。完成了 306 个健康生活方式“健康小屋”现状专题调查及全部数据的网络录入。六是其他工作。慢病综合防控示范区建设，组织 18 个国家、省级示范区开展慢病综合监测工作，2015 年完成对两个新申报省级慢病综合防控示范区县的资料和现场审核。慢性阻塞性肺疾病监测，截至 11 月，已完成对五个监测点的督导工作，完成任务目标 91.10%，到 12 月底完成现场调查。居民心脑血管事件报告监测，截至 11 月，监测人口中报告心脑血管事件发病 23697 人次，发病率为 671.04/10 万。国家十二五科技支撑心血管病流行病学调查，中心完成项目工作成绩突出，年初被国家授予优秀集体。七是营养监测。指导三河市完成“铁缺乏及贫血预防和控制研究”项目的数据整理分析。积极参与全民营养周活动，5 月 20～21 日，中心走进小学及社区，对在校师生和社区工作人员进行营养知识宣传活动，多家媒体参与报道。

三、公共卫生技术支撑和健康教育工作

（一）食品安全风险监测。一是截至 11 月 30 日，完成食品中化学污染物和有害因素监测样品 4436 份，完成率 102.5%；完成食品微生物及致病因子监测样品 3957 份，完成率 127.6%；完成北戴河暑期食品安全专项监测样品 740 份，完成率 100%。二是截至 12 月 10 日，通过食源性疾病暴发报告系统报告食源性疾病 82 起，发病 604 人，死亡 4 人。全省共上报食源性疾病监测病例 10690 例，17 家病原监测哨点医院对以腹泻症状为主诉就诊的病例共采集样本 952 份，检出阳性样本 122 份。三是组织开展春节期间、北戴河暑期和中秋国庆双节期间食品安全风险专项监测，编写了《食品安全风险监测专报》15 期。四是围绕“预防病从口入，吃得更安全、更健康”这一主题，开展了世界卫生日宣传活动，重点对食品安全、风险监测、食源性疾病防控、营养与健康等有关知识内容进行

了大众宣传。以食品宣传周为契机，举办了食品安全风险监测实验室开放日活动，邀请新闻媒体以及公众代表和大学生代表共同参与，让公众了解食品安全风险监测具体工作过程。五是《动物源性食品中多溴联苯醚的测定》获批地方标准立项。

（二）环境卫生。起草了《2015年河北省城市空气污染对人群健康影响监测工作方案》，由省卫生计生委下发，并召开了工作启动会，联合医院、医学院校开展空气污染监测工作，并与多家单位签署了合作协议，共同开展空气污染对人群健康影响的研究，9个雾霾监测点共采集样品300份，完成质量浓度称量260份。开展生活饮用水水质卫生监测工作，全省共有监测点5843个，水样检测11693份，其中43份做了全分析水样监测，农村监测水样8916个，城市监测2777个，监测范围覆盖了所有的县区和70%的乡镇。参与处置了邢台、石家庄、承德、华北油田的夏季生活饮用水污染事件。按照《2015年河北省农村环境卫生监测方案》具体要求，顺利完成全省农村环境卫生监测工作，监测范围覆盖2265.06人口。

（三）职业卫生与职业病防治。根据《国家卫生计生委宣传司关于做好2014年中央补助地方健康素养促进行动项目的通知》要求，编制“2014年度河北省健康素养促进行动项目（职业卫生）”实施方案，召开了项目启动暨培训会，举办了《职业病防治法》宣传周活动，进一步推动我省职业病防治工作健康稳步发展。重点职业病哨点监测工作全面改版，连续整理汇总了5年的数据并建立数据库，建立多渠道技术指导平台，编制河北省数据库软件，为今后规范开展哨点监测工作夯实了基础。截至12月10日，全省共报告各类新发职业病693例，其中新发尘肺565例、职业中毒31例。对3500家企业的485491名职业病危害作业人员进行了职业性健康检查，检出疑似职业病人1204人，职业禁忌证3388人，检出率分别为0.21%、0.70%。

（四）放射卫生。今年共完成放射诊疗机构的LA、MRI、CT机等设备性能检测120台次，放射工作人员个人剂量检测1171人次，放射工作场所防护检测6次。完成生活饮用水总α总β放射性指标检测3份，完成建设项目职业病危害评价2项。参加中国疾控中心2015年度放射卫生技术机构检测能力考核，放射性核素γ能谱分析、生物剂量估算两项结果合格，总α总β放射性测量结果优秀。

（五）学校卫生。2015年，全省对239所学校教室环境进行监测，其中课桌椅配备符合卫生要求的占38.33%，教室采光符合卫生要求的占55.95%，黑板照度符合卫生要求的占59.03%。全省共对129393名学生进行了体质监测，其中视力低下占41.17%，患龋占17.56%，营养不良占7.59%，超重和肥胖占8.64%。与2014年相比，视力低下降13.01%，患龋率下降4.78%，超重和肥胖下降1.08%，营养不良升高0.50%。

（六）健康教育。一是积极推进中央补助地方健康素养促进行动项目，委托第三方对全省150家卫生计生行政部门、公共卫生机构和医疗机构进行了创建无烟医疗卫生机构工作暗访，举办了河北省第28个世界无烟日暨健康燕赵行——2015年度无烟生活主题宣传教育活动启动仪式、“科学就医、免疫规划、健康素养健康知识有奖竞赛”、2015年河北省疾控系统健康教育技能竞赛省级决赛等活动。二是做好健康巡讲项目，3～9月，省级开展以科学就医为主题的省级巡讲活动11场/次，受益人数3200余人。11个设区市和定州、辛集累计开展健康巡讲活动2100场次，发放宣传材料27000余份，受益人群达49万余人次。三是加强与媒体沟通交流，编制了2015年健康知识传播计划，面向基层开展健康科普知识宣传，召开各类媒体沟通会4次，完成了两部公益广告的省、市、县三级投放，连续投放3个月。截至11月底，进行专题采访44次，先后在各媒体刊登卫生防病科普知识281篇（次）。

四、综合管理工作

（一）科研工作。一是能力调查。完成并出版《河北省疾控机构能力调查总报告》，列入了河北科技出版社2015年的出版计划。二是科研课题。组织申报2015年各级各类课题18项，完成河北省科技支撑计划项目结题验收5项，省卫生计生委立项课题结题5项，科技成果鉴定6项。三是继续教育。制定了2015度继续医学教育项目，每周组织学术活动并授予省级继教Ⅱ类学分，共举办40余次。2015年通过审批省级继教项目和省级继续医学教育基地项目共28项，培训专业人员4500余人次。组织申报2015年度省级继续医学教育项目14项。四是教学管理。组织华北理工大学（原河北联合大学）研究生创新实践基地揭牌仪式，培养研究生15人，接收实习生58人，进修2人。

（二）实验室管理。组织完成国家实验室认可“三合一”现场评审，并按照评审意见，制定整改计划，对不合格项进行整改。持续进行日常追踪标准更新，共追踪更新检测标准112个，新增受控标准56个，查新实验室质量管理检测标准471项。组织完成2015年全省食品安全风险监测质控考核，发放盲样56份。

（三）党风廉政及权力运行监控机制建设。一是党风廉政建设。组织召开了党风廉政建设工作推进会，严格遵守习近平总书记提出的“五个必须”和“五个决不允许”。开展反“四风”“八项规定”落实情况监督检查。编制印发了《河北省疾病预防控制中心工作人员行为规范》，倡导廉洁奉公，抵制歪风邪气，进一步规范了职工的思想和行为，开展“守纪律、讲规矩”专题宣传活动，向中心全体党员发放了《河北省卫生计生系统党员干部“守纪律、讲规矩”实用手册》。二是权力运行监控机制建设。通过述职述廉、民主测评问卷等形式，完成对各部门及111名中层干部的2014年度考核工作。重点对行使A级权力的处所进行监控，并及时对中心三楼会议室办公家具、灯光音响等设备、免疫规划用疫苗及注射器采购、艾滋病检测试剂及耗材采购、结核病防治项目采购等22项招标采购项目进行验收监督，并对公开招聘人员资格复审、面试现场进行监督。与律师事务所合作开展法律服务10次。三是教育活动。组织开展了中层干部“三严三实”专题教育党课、“学雷锋日”下乡服务、“3·23”赶考日、解放思想大讨论活动。11月26、30日，分两批对全体党员干部集中进行《中国共产党廉洁自律准则》和《中国共产党纪律处分条例》知识测试。

（四）精神文明建设与群团组织。完成2014年度党统报表和2014年度党费收缴工作，并表向全体党员、群众进行公示。组织举办了“2015年迎新春联欢会”、第十一届职工运动会、“疾控梦·健康行”职工登山活动、“中国梦·劳动美”主题演讲比赛、无偿献血活动等。积极开展了“春雨行动”慰问、“三八”妇女节、“五四”青年节整理英雄林、“七一”慰问老党员等活动。正式组建了中心男子篮球队，调整了中心女子礼仪队，不断丰富单位职工的精神文化生活。筹备举办了全省第二届“疾控杯”羽毛球锦标赛，各市疾控机构踊跃参加，增添了全省疾控系统的活力。2015年，中心荣获第四届“全国文明单位”称号，连续14次被省卫计委评为实绩突出单位，办公室荣获“2013—2014年度全国青年文明号”称号，工会荣获省直“2014年度工会业务管理系统录入工作先进单位”和“2014年度省直职工经济技术创新暨合理化建议活动优秀组织单位”称号，病毒所荣获2015年“河北省工人先锋号”称号，理化所荣获“2014年度省直工人先锋号”，中心工会女职工委员会荣获2013—2014年度省直基层工会女职工组织规范化建设先进集体。11人被评为“2014年度省直职工经济技术创新暨合理化建议积极分子”等。

（五）综合管理。一是综合协调，组织编印中心《2014年度资料汇编》《河北疾控报》2015年第1～15期、《河北疾病预防控制信息》10期等，出版《医药前沿》杂志34期。上报省卫生计生委信息51篇，投稿《河北卫生计生》56篇，报中国疾控网站信息4篇，加强信息宣传报道。此外，办理公务出国考察（出访）6人次。二是人事管理，完成2014年度干部职工年终考核，审核办理人员调配、岗位调整、退休、辞职、返岗等手续155人次。4月，启动全省第二批干部人事档案专项审核，截至12月，审核人事档案384份，改版升级496份。完成2015年公开招聘工作，共招聘工作人员11名。2015年申报专技资格考试18人次，公共卫生医师资格考试3人次，完成17人执业医师晋升职称前下乡工作。三是审计和财务管理，完成液相色谱实验室装修改造、广场景观灯和灯罩更换、实验楼地下室冷却水管道改造等预算、P3实验室中央空调维保清洗预算审计工程26个，合同协议审计10项。编制完成中心2014年度财务决算报表，为财政部门编审、批复决算和编审后续年度财政预算提供基本依据。认真做好财务总账、各明细账科目的微机录入和结转工作，微机录入凭证3130笔。截至12月10日，上报卫生专项资金预算项目173个。四是老干部管理，对离休老干部、长期卧床老同志以及建国前入党的老党员、生活困难老党员逐人逐户进行了走访慰问，并举办了中心老干部迎新春座谈会、中国人民抗日战争胜利70周年纪念章颁发仪式、中秋节前夕对离休及病重老干部进行了走访慰问。认真落实老干部政治待遇。对家庭困难的11名离退休人员发放困难补助，探望慰问生病住院老同志27人次，按规定期限为离休干部报销医药费，认真落实老干部生活待遇。组织离退休老干部参加省老干部局举办的庆祝抗战胜利70周年书画作品展、参观邯郸京娘湖、北京动物园、大马樱桃生态园采摘等，不断满足老干部精神文化需求。五是服务保障，完成了艾滋病项目、结核病项目、饮用水水质监测设备项目、疟疾防治项目、布病防治项目、地方病以及免疫规划设备采购等10个项目的政府招标采购工作。完成免疫规划疫苗和注射器的采购、储运和分发任务，做到了疫苗及时出入库、库存完好率100%，保证了全省扩大免疫规划工作的顺利实施。中心组织开展了“安全生产月”活动，组织消防安全知识教育培训，全年开展各类安全检查50余次。认真做好水电暖的维修、车辆、通信及中心实验大楼的物业管理保障等各项工作，司机实行24小时值班制度和派车单制度，安全行车97万余公里。

虽然今年各项工作取得了一些成绩，但综合各方面情况来看，中心的工作与上级要求和群众的期待还有不小差距，主要表现在：一是管理体系还不够顺畅，部分缓解仍有漏洞，高效的分配激励机制和较为完备的绩效考核评估机制尚未完全建立，部门之间、科室工作人员之间忙闲不均的问题比较突出。二是科技创新氛围不浓，重点学科建设发展速度慢，分量重，影响大的科研成果不多。三是制约中心和全省疾控工作科学发展的瓶颈问题和深层次问题仍然存在。

今后，中心将继续在省卫生计生委的正确领导和大力支持下，深入贯彻落实党的十八大、十八届三中、四中和五中全会精神，紧跟新形势，把握新特点，进一步更新思想观念，增强发展意识，加强业务建设，拓宽服务范围，不断推动中心“二次创业”笃行不止。

中共河北省疾病预防控制中心委员会
2015年工作要点

2015年中心党建工作的总体思路是：全面贯彻党的十八大，十八届三中、四中全会和习近平总书记系列重要讲话精神，认真落实全国疾控工作会议和省委八届九次全会重大部署，突出全面从严治党主线，坚持思想建党、制度治党，持续深化“走在前、作表率”和“修医德、强医能、铸医魂”主题实践活动，不断强化管党治党责任，扎实推进中心的思想、组织、作风、反腐倡廉和制度建设，积极营造党建新常态，有效增强“服务中心、建设队伍”能力，为加快建设人民群众满意的疾控事业提供坚强思想政治保证。

一、加强思想政治建设，努力提高思想建党能力和水平

（一）强化理论武装，持续的把学习贯彻习近平总书记系列重要讲话精神引向深入。认真落实省委《关于进一步加强党委（党组）中心组学习的若干意见》，严格按照省直工委《省直机关党组（党委）中心组学习管理办法》《省直机关学习型党组织建设考评意见》的要求，以领导班子理论学习中心组为“龙头”，以党支部为重点，通过定期组织高端辅导、专家讲座、学习交流、成果展示，引导广大党员干部读原著、学原文、悟原理，深学细研、研机析理，更好地掌握讲话的核心要义和精神实质，在学而信、学而用、学而行上下功夫，做到对党忠诚、个人干净、敢于担当。加强理论武装，推动学习型党组织创建工作不断深化。

（二）凝聚正能量，持续深入开展中国特色社会主义和中国梦宣传教育。按照省卫计委的部署要求，大力开展中国梦宣传教育，全面推进中国特色社会主义理论学习、宣传，教育和引导党员干部坚定理想信念，强化道路自信、理论自信、制度自信；深入开展“中国梦·赶考行—省直当先锋”系列宣传教育活动，营造奋发有为、追求卓越、无私奉献、敢于担当，勇于筑梦、追梦、圆梦的浓厚氛围。

（三）唱响主旋律，深化社会主义核心价值观宣传教育。按照省委省直工委要求，认真贯彻落实省委《关于培育和践行社会主义核心价值观实施意见》，进一步丰富宣传教育形式和手段，扎实有效、持之以恒地推进宣传、普及、培育和践行活动，推动核心价值观深入人心。以纪念中国人民抗日战争暨世界反法西斯战争胜利70周年、纪念红军长征胜利80周年为契机，积极组织开展革命传统教育活动。

二、落实中央《条例》和省委《实施办法》，不断强化制度治党意识

（一）牢固树立制度规矩意识。加强以《党章》为核心、以《中国共产党纪律处分条例》和《机关基层组织工作条例》为支撑的党建规章制度宣传教育，教育引导广大党员干部牢固树立制度规矩意识，自觉做严守党规党纪的模范，努力营造守纪律、讲规矩的浓厚氛围。

（二）建立健全党群组织。认真贯彻落实中央《条例》和省委《实施办法》，切实加强中心党群组织建设，指导中心群团组织按照各自章程，建立健全组织机构。

（三）切实加强党务干部队伍建设。加强对中心党组织和群众组织干部的培养、选拔和管理教育工作，加大党务干部培训力度，提高履职能力和担当意识，努力建设一支过硬的党务干部队伍。

（四）严格落实党建工作责任制。广泛开展“抓好党建是最大的政绩”宣传教育，引导中心各党支部书记自觉做从严治党的书记。进一步明确党建工作主体责任，全面落实党党支部的“第一责任人”，推动各党支部负责人恪尽职守，履职尽责。大力推进党建联述联评联考工作，建立完善考核评价激励机制。年终通过书面报告和会议述职等形式进行党建工作综合考评，对考评情况较差的予以通报。

三、深化“走在前、作表率”主题实践活动，积极服务中心工作

（一）不断深化“走在前、作表率”主题实践活动。按照省卫计委的统一要求，进一步深化“走在前、做表率”主题实践活动，紧密结合新形势新任务新要求，引导广大党员干部在服务深化改革和“四大攻坚战”中发挥引领表率作用；在服务“十三五”规划和“京津冀协同发展”中发挥引领表率作用；在推进党员志愿服务中发挥引领表率作用。活动中，注重发现、选树、培育、推广先进集体和个人，充分发挥先进典型的示范引领作用。

（二）巩固拓展党的群众路线教育实践活动成果。总结运用教育实践活动宝贵经验，一手抓“四风”整治，一手抓经常性教育，健全完善作风建设制度体系，形成作风建设新常态。持续抓好整改任务的落实，对中心确定的整改任务盯住不放、一抓到底，确保有人抓、能落地、见实效。

（三）广泛开展岗位练兵活动。围绕转变职能，增长本领，提升服务水平，以争做优秀共产党员、先进基层党组织，创建党员先锋岗、工人先锋号、青年文明号、巾帼建功标兵等为依托，积极组织干部职工参加劳动竞赛、技术创新和技能大赛活动。引导广大干部职工立足本职，强业务、练技术、长才干，为加快建设人民群众满意的疾控事业做贡献。

（四）积极推进扶贫帮困“春雨行动”。按照省卫计委的要求，作为党建工作的重要内容，督促协调，扎实推进，实现精准对接、精准扶贫，务求实效。

（五）不断深化开展党员志愿服务活动。深入贯彻落实省委《关于全省共产党员广泛参与志愿服务活动的意见》，按照省卫计委要求，加强引导，营造氛围，激发中心党员干部广泛参与志愿服务活动的积极性，将活动不断推向深入。及时总结典型经验，适时评选表彰先进。

四、严格党内政治生活，着力夯实基层基础工作

（一）开展“严格党内政治生活年”活动。认真贯彻落实习近平总书记关于严格党内政治生活的要求，全面落实党内政治生活各项规定，加强督导检查，进一步把运用“四个重要法宝”、开好民主生活会、领导干部过好双重组织生活和警醒日、党章学习日、党员活动日等要求落实到位。“七一”前后，以践行“三严三实”为主题，召开一次民主生活会，各支部召开一次专题组织生活会，书记上一次专题党课。认真对照严格组织生活的有关规定，以严格党内政治生活为主题，查摆问题，剖析原因，认真整改。年底，表彰一批“先进党支部”、“优秀党务工作者”和“优秀共产党员”。

（二）严格落实“三会一课”和“党员活动日”制度。坚持严肃对待、严格程序、严密组织，落实制度要求，创新活动形态，定期召开支部党员大会、支部委员会和党小组会，按时上好党课。认真贯彻省委《关于实行“党员活动日”制度的指导意见》，落实活动要求，创新活动形式，加强检查指导，突出示范引领，提高党内组织生活质量。

（三）深化党支部规范化建设。在去年工作的基础上，重点从加强思想教育、严格组织生活、培育良好作风、提高能力素质、激发工作活力、发挥组织功能等方面，深入总结开展支部工作的方式方法，巩固深化“党支部规范化建设年”活动成果。

五、严明党的纪律，扎实推进党风廉政建设和反腐败斗争

（一）深入抓好中央八项规定的贯彻落实。坚持不懈抓好中央八项规定和省卫计委各项纪律规定的落实，推动党员干部习惯在规矩约束下干事创业，习惯在监督制约下做好工作。采取明察暗访、实地核查、自查自纠等方式，督导检查八项规定及配套实施办法的落实情况，防止“四风”问题反弹。坚持抓常抓细抓长，健全完善规章制度，加强监督检查，切实解决群众反映强烈的突出问题。

（二）落实主体责任，加强党风廉政建设。中心各级党组织要承担起学习教育、积极推进、协助监督、领导支持、带头落实的责任，切实搞好党员干部的教育、监督、管理。把落实党风廉政建设情况纳入党建工作责任制检查的重要内容，与党的工作同步部署、同步检查、同步考核，切实做到守土有责、守土负责、守土尽责。

（三）加强反腐倡廉形势任务教育和廉政文化建设。积极宣传中央、省委党风廉政建设和反腐败斗争的立场、目标和改革重点，进一步强化廉洁自律意识。组织党员干部观看警示教育宣传片，加强反腐倡廉形势任务教育，筑牢廉洁从政的思想防线。不断加强廉政文化建设，把廉政文化与中心文化有机融合，着眼宣传、教育、引导，积极创作中心廉政文化作品，唱响反腐倡廉主旋律、正气歌，营造清正、清廉、清明的良好氛围，全方位打造廉政文化品牌。

六、不断深化“修医德、强医能、铸医魂”主题实践活动，加大精神文明创建工作力度

（一）深化“修医德、强医能、铸医魂”主题实践活动。紧紧围绕培育和践行社会主义核心价值观，继续把“修医德、强医能、铸医魂”主题实践活动作为“善行河北”主题道德实践活动和全系统精神文明建设的具体抓手，大力弘扬新风正气；充分发挥先进典型的示范引领作用，用身边的事教育身边的人，为全面完成“十二五”规划，加快建设人民群众满意的疾控事业做出新的更大贡献。

（二）加强和改进思想政治工作。围绕全面完成“十二五”任务目标，大力加强思想政治工作，保持中心党员干部的稳定。及时了解广大党员干部职工思想动态，有针对性的做好思想政治工作。

（三）不断推进精神文明创建工作。深入开展社会公德、职业道德、家庭美德、个人品德教育，进一步提高广大干部职工的文明程度，提高干部职工文明素质。

七、充分发挥群团组织的作用，做好党群共建工作

（一）认真做好统战和人民武装工作。积极开展“同心”教育，推进民主监督，引导党外人士为加快建设人民群众满意的疾控事业献计出力。进一步做好民兵整组工作。以“全民国防教育日”

为节点，深入开展全民国防教育。

（二）大力推进工、青、妇工作再上新台阶。认真学习贯彻中央《关于加强和改进党的群团工作的意见》，坚持党建带工建、带团建、带妇建方针，支持工、青、妇等群团组织积极开展工作，展示特色，树立品牌。指导工会组织认真履行服务大局、服务基层、服务职工职能，切实维护职工劳动经济权益和民主政治权利；组织职工因地制宜开展丰富多彩的群众性文化活动，继续深化“工人先锋号”创建活动。指导共青团深入开展“青年文明号”创建活动。指导妇委会开展“巾帼建功”活动。

（三）进一步活跃中心文化生活。着眼于提高广大干部职工身体素质，活跃文化生活，广泛开展内容健康、形式多样、喜闻乐见的活动，积极推进全员健身，增进干部职工热爱生活、干事创业的激情，展示疾控工作者昂扬向上的精神风貌。

中共河北省疾病预防控制中心委员会 2015 年工作总结

2015 年，中心党委在省卫计委的坚强领导下，坚持以深入开展“三严三实”专题教育和“解放思想、抢抓机遇、奋发作为、协同发展”大讨论活动为重点，进一步巩固深化“修医德、强医能、铸医魂”主题教育活动成果，深入学习贯彻落实党的十八届五中全会和省委八届十二次全会精神、习近平总书记系列讲话精神和省委赵克志书记的重要讲话精神等有关内容，结合中心实际，认真抓好党建工作。现将中心党委一年来主要工作总结如下：

一、加强思想建设，提高理论素养

以“三严三实”专题教育为契机，以“解放思想”大讨论为动力，加强思想建设，提高理论素养，促进党员干部的全面发展。

（一）深入开展“三严三实”专题教育

1. 精心组织，统筹安排。中心将“三严三实”专题教育作为党的群众路线教育实践活动的延展深化，作为持续深入推进党的思想政治建设和作风建设的重要举措，作为严肃党内政治生活、严明党的政治纪律和政治规矩的重要抓手。6 月 1 日，党委书记李琦同志以《践行“三严三实”积极营造中心党建新常态》为题，给中心中层以上党员干部上了一堂生动的专题党课。此次专题党课，是一次深刻的党性党风党纪教育辅导，也是一次思想动员和工作部署，正式拉开了中心“三严三实”专题教育帷幕。为开展好“三严三实”专题教育，中心印发了《开展“三严三实”专题教育的推进方案》。成立了由党委书记李琦同志为组长，党委副书记崔泽同志为副组长，班子成员为成员的“三严三实”专题教育领导小组。领导小组办公室设在党办室，负责专题教育活动具体事项的协调推进和日常工作，确保专题教育不走过场、取得实效。

2. 开展交流，强化效果。以党委书记讲党课为开端，以各支部书记讲党课等学习活动为推手，以“三严三实”辅导材料为教材，各支部采取个人自学、集中学习和专题研讨相结合等形式，深入学习《中国共产党廉洁自律准则》和《中国共产党纪律处分条例》、中央十八届五中全会精神、习近平总书记系列讲话精神等内容。在此基础上，结合中心实际，开展支部书记讲党课、主题演讲比赛、知识答题、专题讲座、“3·23 赶考日”、无偿献血等活动，深化学习效果。中心领导、支部书记、党办室工作人员等撰写了“三严三实”学习心得体会材料。6 月 18 日省卫计委巡视员赵瑜同志一行四人就“三严三实”、落实党委主体责任对我中心进行蹲点调研，对中心践行“三严三实”主题教育活动给予了充分肯定并提出了指导意见。

3. 对照检查，明确方向。为突出问题导向，把“三严三实”专题教育落到实处，我们围绕“八破八立”，对照习近平总书记指出的“七个有之”深入查找问题。一是不断巩固和深化办公用房清理整改工作成果，坚持保障必需、厉行节约、程序规范的原则，统筹安排办公用房。七月份，中心党委对全中心所有部门办公室逐个测量，核查办公用房使用情况。经测量核对，目前中心的办公用房均符合标准，无超标现象。其中，领导干部的实际办公面积比规定标准小30%。二是不断完善中心信息系统。为节省资源，提高办公效率，实现无纸化办公，中心启用了OA办公系统。三是不断加强资产管理。突出车辆、设备等重点，规范基础数据管理和统计分析，建立健全“日梳、月记、季核、年盘”的常态化固定资产监督管理机制。四是不断强化经费管理。严格控制公务接待费、公务用车购置和运行费、因公出国（境）费，在报销范围、支出标准、审批程序方面从严把关。严格执行政府采购法律法规，根据中心运行的基本需求，采购经济适用的物品，确保把有限的资金用在刀刃上。

总之，通过“三严三实”专题教育，中心干部职工深化了对疾控事业发展重要性、必要性和紧迫性的认识，强化了对“京津冀”一体化战略的使命感，深化了对中心发展大局的责任感，中心干部职工想发展、议发展、谋发展的氛围日益浓厚。我们认为，只要勤学习、善思考、勇实践、敢创新，“严”字当头，“实”字托底，将所学所思在实践中运用、在实践中检验、在实践中升华，从自身做起，认真履行职责，努力做好本职工作，就能将疾控工作推向一个更高的层次，就能为中心“二次创业”提供强大的精神力量。

（二）迅速掀起“解放思想”大讨论活动

1. 认真学习，营造氛围。根据省卫计委统一部署，在中心中层以上干部中开展了“解放思想、抢抓机遇、奋发作为、协同发展”大讨论活动。结合实际制定中心活动实施方案，成立了解放思想大讨论领导小组，印发了《解放思想大讨论实施方案》。各支部根据自身特点，采取集中学习、分组学习等形式，重点学习省委八届十二次全会精神、省委赵克志书记重要讲话精神等有关内容。

2. 丰富形式，开阔视野。一方面，按照省委提出的“八破八立”要求，深入查找在锐意进取、加快发展、二次创业、勇于担当、狠抓落实等方面思想不够解放的问题。11月份，中心选派十三名党务人员参加省卫计委“解放思想”大讨论党务干部培训班；12月份，邀请清华、北大教授来中心给全体干部职工授课；12月下旬，在全省疾控系统中开展“我为疾控事业发展献良策”活动，有许多基层单位向我中心提出了意见和建议。中心将逐一研究并制定相应的整改措施。另一方面，围绕“京津冀协同发展”大局，借助“京津冀”疾控系统协同发展这一有利优势，我中心与北京市疾病预防控制中心、天津市疾病预防控制中心共同签署了“京津冀协同发展疾病预防控制工作合作框架协议”，为三地疾控中心实现信息、技术、人员、物资等资源共享，推动三方联合开展科技攻关实践，提升区域疾病预防控制能力，提供优质公共卫生服务等方面打下了坚实的基础。

在前期“解放思想”大讨论活动中，我们围绕活动主题，精心组织、周密部署、扎实推进、注重创新，顺利完成了学习动员、问题剖析环节，取得了阶段性成效，为整个活动的开展奠定了思想基础。今后“解放思想”大讨论活动将转入调研讨论、整改落实环节，这既是对第一阶段的深化，又是对第一阶段学习成果的检验。中心力争通过第二阶段的努力，真正形成“树正气、讲团结、聚合力、促转型”的新局面。

二、加强政治纪律，严守政治规矩

（一）执行党的政治纪律和政治规矩方面

多年来看，中心党委遵守党的政治纪律是坚决的，政治上是清醒的，是一以贯之的。一是政治坚定。中心党委自觉把严格遵守党的政治纪律和政治规矩放在首位，思想上、政治上和行动上始终同党中央保持高度一致。注重党员思想教育，围绕学习党章、党员干部政治纪律和政治规矩“十不准”，树正方向、聚正能量、求正效应。每年“七一”前夕，党员重温入党誓词，在党言党，对党忠诚。全体党员干部没有违背党的方针政策和妄议中央、乱发议论的行为，2014、2015年开展“法轮功”和“全能神”等邪教人员底数摸底排查工作，中心无此类人员。二是团结协作。党委班子始终讲团结、讲协作、讲配合，通过班子会、月例会、民主生活会和日常沟通等形式，交流思想、统一认识，开展批评和自我批评，增强了领导班子的战斗力和凝聚力，保证了中心各项决策和目标的统一性。三是做好表率。中心领导班子从自身做起，带头守纪律、讲规矩，做政治上的明白人。

（二）贯彻执行组织纪律方面

中心党委严格遵守民主集中制原则，完善了《重大决策征求意见制度》，充分发挥集体领导的核心作用。落实“一把手”四个不直接分管，纪委书记在党委中不分管其他业务工作。重大事项决策、重要干部任免、重要项目和大额度资金的使用必须按照集体领导、民主集中、个别酝酿、会议决定的原则，由集体讨论作出决定。中心坚决执行上级部门作出的各项决议，有令必行，有禁必止。在重大问题上，该请示的请示，该汇报的汇报，严格按党性原则办事，按纪律规矩办事，按制度程序办事。班子成员全部按要求申报个人事项，遵守组织纪律，承诺不参加自发成立的老乡会、校友会、战友会，在干部选拔、人员聘用、职称晋升等工作中，严格执行相关规定和程序，公平公正公开，赢得了职工的认可和信任。

（三）改进工作作风、密切联系群众方面

中心领导班子高度重视作风建设。确定提出“以显著的工作成绩使政府放心，以优质的服务水平使服务对象满意，以优良的服务质量使社会认可，以热情的服务态度使群众赞誉”的行风建设目标。充分发扬防治疾病“控如钟”、应急处置“疾如风”的工作作风，不断健全公共卫生技术支撑的“保障网”。中心以加强作风建设为契机，以服务科学发展、服务工作大局、服务基层群众为出发点，以便民、利民、惠民为落脚点，认真履行各项服务承诺，并把落实承诺作为民主评议工作的重要内容，每年开展民意测评，征求群众意见，中心社会满意度为99%。

三、强化责任落实，狠抓廉政建设

中心党委始终把党风廉政建设摆在重要位置，把纪律和规矩挺在前面，抓牢“明责、定责、履责、问责”四个环节，狠抓责任落实。一是夯实责任基础。每年党委召开会议，研究部署党风廉政建设，根据工作实际进行任务分工，并实行签字背书，层层传导压力。今年5月印发了《落实党风廉政建设党委主体责任和纪委监督责任实施办法》，列出责任清单和保障措施。二是营造廉政氛围。每年7月份都要开展为期一个月的党风廉政建设主题教育活动月，召开党风廉政建设推进会，党政“一把手”讲廉政党课，通过中心内网、电子屏及时发布廉政知识和典型案例通报，制定《职工行为规范》手册，组织学习廉政准则和纪律处分条例，使每位职工头脑有红线，心中有底线，行为不越线。三是加大追究问责力度。把落实党风廉政建设责任制列入年度目标考核，每个季度都对落实责任制情况进行打分，年终与评先评优挂钩。围绕落实“八项规定”精神和纠正“四风”，开展了5次明察暗访。四是扎紧权力“笼子”，持续深化权力运行监督机制建设，重点监控风险较大的A级权力，在中心内网公示了人员聘用、职称晋升、物资采购、基建工程等事项150余条，接受职工监督。五是不断创新载体，11月26、30日，分两批组织全体在职党员，集中进行《中国共产党廉洁自律准则》和《中国共产党纪律处分条例》知识测试。通过测试，有效增强了全体党员遵规守纪的自觉性，敦促党员要以更高更严的要求带头践行廉洁自律准则。

四、发挥群团作用，做好党群共建

在中心党委领导下，工会、团委、妇委会充分发挥群团优势，积极工作，服务职工“零距离”，充分了解职工所思所想所盼，把握职工群众思想脉搏，实现了“三结合”原则，即与了解职工家庭真实状况相结合，与宣传职工工作业绩相结合，与解决职工实际困难相结合，为他们送去了党的温暖。一是走访慰问分时机实施。如逢重要节假日、职工生日、职工家庭出现特殊变故时，对职工家庭专门走访慰问。共慰问老党员、省级劳模、住院及直系亲属病故职工、特困职工等130余人次，发放慰问金78000余元。二是建立职工帮扶工作长效机制。中心工会将低收入家庭、子女下岗待业、患重症以及意外事故（变故）造成家庭困难职工作为重点帮困对象，对个别特殊困难职工实行定点跟踪帮扶。已为14名职工子女解决入学入园问题；2名成绩优异困难职工子女获得省直工会“金秋助学”资助金5000元；为中心8名患大病职工申请并发放“省直职工互助一日捐”救助金共计25460元，其中，3人纳入省直工会常态化帮扶，每人每月发放救助金100～200元。三是职工文体活动丰富多彩。组织开展了全省疾控系统羽毛球锦标赛、中心第十一届职工运动会；组织参加省直机关单身干部职工“携手明天”联谊活动；春节、七一、中秋，开展送温暖活动，在“三八”“植树节”“五四”等节日开展了各种纪念活动。开展了2015年度职工春节联欢会、老干部座谈会；组织女职工登山比赛；开展争创“五好文明家庭”评比表彰活动；3月5日开展“学雷锋日”下乡志愿服务；组织团员职工在中心红色教育基地—井陉洞阳坡开展“整理英雄林”为主题的团日活动；组织开展庆祝“中国人民抗日战争暨世界反法西斯战争胜利70周年”活动，向中心抗战老干部颁发抗战胜利纪念章；组织开展老干部春游、职工登山、健步走等活动。通过活动进一步丰富了职工业余文化生活、倡导了积极健康的生活方式、调动了大家的工作热情、增强了团队凝聚力。

五、不断开拓进取，取得新的成绩

中心领导班子凝聚合力促发展，落实责任勇担当，精神文明建设不断提升。一年来，业务工作持续发展，紧扣疾控大动脉，推动各项业务工作迈大步、出亮点、上水平。传染病防控能力不断提高，计划免疫和艾滋病防治工作持续在全国保持先进水平，建立了覆盖全省的传染病监测哨点和网络实验室；应急保障能力大幅提升，全省疫情网络直报系统乡级覆盖率100%，建立了完善的监测预警体系、预案体系和应急处置队伍，保障了人民群众生命安全和社会稳定；实验室监测能力明显加强，可检验检测项目达到719项；食品、职业、环境、学校、放射五大卫生工作显著增强，食品安全风险监测，食源性疾病监测实现了100%县区全覆盖，生活饮用水监测覆盖全省50%的县，雾霾天气对人群健康影响监测项目顺利开展；科研教学培训水平不断增强，中心建有3个省级医学重点学科，是河北医科大学、河北大学、华北理工大学、山西医科大学等4所高校的预防医学教学基地。2015年被授予“国家医师资格考试实践技能考试与考官培训基地（公卫类别）”。

2015年中心被中央精神文明建设指导委员会授予第四届“全国文明单位”称号；荣获“全国疾病预防控制工作先进集体”荣誉称号；中心办公室荣获“2013—2014年度全国青年文明号”称号；中心工会被评为“2014年度省直职工经济技术创新暨合理化建议活动优秀组织单位”“工会业务管理系统录入工作先进单位”称号；中心病毒病防治所喜获2015年河北省“工人先锋号”称号；中心理化所荣获“2014年度省直工人先锋号”称号。

2015年是“十二五”规划的收官之年，中心党建虽然取得显著成绩，但仍存在差距。一是组织活动内容和方式创新不足，党员队伍整体素质有待提高。二是党建工作开展尚需进一步深入，以党建来促进业务的活动模式与工作机制仍有待探索和加强。新的一年，中心党委将进一步深入学习贯彻京津冀协同发展重大战略思想和习近平总书记对河北的重要指示以及省委“解放思想”大讨论精神，践行“三严三实”要求，围绕中心“二次创业”发展大局，强化创新创业意识，深化党建工作，严格落实党风廉政建设责任制，按照“全国文明单位”标准继续抓好精神文明建设和文化建设，提高党员干部职工队伍素质，推动中心各项工作再上新台阶。

河北省疾病预防控制中心 2015 年度领导班子述职述廉述党建报告

省疾病预防控制中心主任　崔　泽

（2016 年 2 月 26 日）

2015 年，中心领导班子在委党组的正确领导下，团结带领全体干部职工，以党的十八大和十八届四中、五中全会精神为指导，以“三严三实”专题教育和“解放思想、抢抓机遇、奋发作为、协同发展”大讨论活动为动力，以疾病防控和应急处置为核心，讲政治、重担当，转作风、抓落实，有力推动整体工作顺利开展，年度既定目标如期或超额完成。下面，我代表中心领导班子，就一年来的主要工作和党风廉政建设情况简要汇报如下。

一、加强班子建设，提高领导水平

事业发展，首在掌舵。我们切实把班子建设放在首位，严以修身，实以做人，着力提高综合素质，增强真抓实干本领。一是加强学习。认真落实中心组学习计划。围绕党章、党的十八届四中五中全会、中纪委十八届五次全会和习近平总书记系列讲话等精神，每月召开班子例会学、组织交流学和个人主动学，锤炼党性，坚定立场，强化政治意识、大局意识、核心意识和看齐意识，坚定地与党中央保持高度一致；围绕“三严三实”和“解放思想”大讨论等活动，班子成员带头参加专题党课、集中培训和知识竞答，查找问题，修正自身，强化纪律意识和政治规矩，不折不扣地按照省委、省政府和委党组决策部署开展工作；围绕工作实际需要，深入学习省委八届十二次全会和省卫生计生委重要文件精神，以及“互联网 +”“大健康 新医疗”等前沿知识，学以致用，大胆实践，强化战略思维和创新精神，不断提高驾驭全局工作的能力。二是增进团结。始终从维护单位发展的整体利益出发，坚决贯彻落实民主集中制，做到“决策之前商量无错话”，“决策之后执行没商量”。对日常工作中一些意见不一致的地方，通过摆事实、找依据、个别谈心、民主生活会等方法妥善解决，做到了宽和大气、坦诚相见，在沟通中化解分歧，在交流中达成共识，在共识下合作干事，在干事中凝聚合力，有力保证了工作的高效性和目标的统一性。三是践行宗旨。坚持循序渐进、积少成多，努力为职工群众解难事、办实事、做好事，进一步密切党群干群关系。一年来，及时走访慰问离休老干部、老党员和特困职工，帮助职工子女入学入园，落实绩效奖励、带薪休假等福利待遇。尽心尽力落实扶贫任务，送去免费义诊、饮水监测等，筹资 100 多万元为扶贫联系点争取到扶持养殖项目，新建了扬水站、水道管网，切实将应有的“努力”转化为群众的“满意”。

二、加强科学管理，增进综合实力

我们牢记以实干为责、实干为本，把“二次创业”作为毫不松懈的主旋律，精益求精抓管理、集中精力搞建设，不断增强综合实力，增添发展动力。一是着力改善基础条件。凝心聚神、脚踏实地，一步一个脚印地打好硬件基础。新会议室、新档案室和新食堂全面投入使用，全年更新仪器设备 150 余台件。目前，中心仪器设备总价值超过 1.1 亿元，单位总建筑面积达 3 万余平方米，分别较 2012 年的“二次创业”初期增加 37.5% 和 19.6%。二是持续提高队伍素质。组织部分中层干部赴江苏、浙江、吉林等省疾控中心学习交流，不断开阔视野、增长才干。面向社会公开招聘流行病学、公共卫生预防、卫生检验、营养与食品等专业人才 11 人。目前，中心博硕士职工人数达到 117 人，是“二次创业”初期（2012 年）的 1.6 倍，队伍结构更趋合理、素质逐步提高、活力日益迸发。三是积极开展科技创新。全年累计发表论文 82

篇，其中 SCI 期刊 11 篇，较“二次创业”初期（2012 年）增长了 10 倍；获得省优秀医学科技一等奖 4 项、二等奖 3 项。中心被命名为“华北理工大学研究生创新实践基地”，正定、定兴和大名 3 个县疾控中心正式挂牌中心疫苗临床研究基地，《河北省疾病预防控制机构服务能力调查报告》正式出版发行，研究成果走在全国前列。四是深入推进文明创建。先后组织开展了“学雷锋日”下乡服务、职工运动会、全省疾控系统羽毛球赛、燕赵书画大讲堂、登山比赛、无偿献血等群体性活动，进一步改善职工工作和生活条件，全体干部职工的凝聚力、创造力和战斗力不断增强。2015 年，中心迈上精神文明建设最高点，先后荣获“全国文明单位”“全国巾帼文明岗”“全国青年文明号”“河北省工人先锋号”等各种荣誉称号 20 余项。

三、加强业务建设，打造工作实绩

我们始终把公共卫生职能担在肩上、抓在手中，突出重点，聚焦问题，扎实谋事，推动重大疾病防控取得明显成效。一是防控疾病促健康。继续夯实免疫规划基层基础，11 种常规疫苗全部保持在 95% 以上的高接种率水平，家长满意率达到 95.7%，麻疹及脊灰实验室分别连续 15 年和 25 年通过世界卫生组织考核。坚持 24 小时疫情值班，全省报告法定传染病同比下降 9%。艾滋病疫情继续保持全国第 22 位的低流行态势，全年共检测各类人群 387 万余人次，干预高危人群近 153 万人次，免费治疗 3787 人。顺利完成结核病防治“十二五”规划评估，避免新发结核病患者 6 万余人。手足口病实现零死亡，12 家流感网络实验室连续 7 年以满分成绩通过国家考核，连续 8 年没有出现霍乱病例，布病发病数在连续 5 年递增之后首次呈下降趋势，在全国率先开展蝇类和蟑螂监测质量控制工作，如期实现消除疟疾目标。一年来，新创 4 个省级慢性病综合防控示范区，基本公共卫生服务项目——高血压和 2 型糖尿病规范管理率分别达到 89% 和 88%，大幅超过国家 60% 的要求；顺利通过国家地方病“十二五”规划国家考核，6 个克山病和 7 个大骨节病病区县全部达到消除标准，省级碘缺乏病实验室连续 16 年以满分成绩通过国家考核，保持了全国领先优势。二是应急处置早快准。在加强预案修订、疫情监测、业务培训等基础上，严格落实 24 小时应急值守，更新试剂、装备等应急物资 1300 余件，每月组织开展突发公共卫生事件风险评估，确保早发现、早准备、早防范。密切与公安、检验检疫等多部门的协作，先后 7 次派遣中心应急队员参与各类应急实战演练，选派韩旭同志随世界卫生组织专家组赴塞拉利昂开展埃博拉疫情防控工作，受到上级部门表彰。在全国突发急性传染病防控和突发中毒应急处置技能比赛，分别荣获二等奖和三等奖优异成绩。一年来，有效处置各类突发公共卫生事件 22 起，及时率 100%。三是公卫监测广布网。食源性致病菌、放射性污染、化学污染物和有害因素等各类食品安全风险监测样品数量全部超过国家要求，食源性疾病监测点扩大到 361 家，切实维护群众饮食安全。圆满完成重点职业病哨点监测任务，全年共报告各类新发职业病 768 例，较去年下降 27.5%。医用放射防护监测项目和职业性放射性疾病监测项目完成数量分别是国家计划的 1.8 倍和 2 倍。逐步扩大雾霾健康影响监测网络，先后在中心和张家口新设监测采样点 3 个，全年共采集雾霾样品 2000 余份，为解决公众“心肺之患”贡献疾控力量。完成农村及城市生活饮用水样品监测 1.1 万份。学校教室环境监测 239 所。成功举办了全省首届疾控系统健康教育技能竞赛，在全国健康微科普大赛中获得了 5 个奖项，全省累计开展健康巡讲活动 2100 多场，受益人群达 49 万余人次，有效地倡导健康文明的生活方式，提高公众健康意识和防病能力。四是协同发展提水平。认真落实京津冀三地疾控合作框架协议，多次联合举办传染病疫情会商、免疫规划研讨、申办冬奥公共卫生保障研讨和健康教育骨干培训等活动，签署了《京津冀健康教育协同发展合作框架协议》，推进信息、技术、人员、物资等资源共享，加速疫情防控和应急处置一体化平台建设。模拟天津港“8.12”事件开展卫生应急演练，携手应对埃博拉出血热疫情，累计对 183 位疫区归国人员进行健康监测，严防病例输入我省、威胁京津，充分发挥“护城河”的作用。

四、加强党建工作，落实两个责任

我们高度重视基层党组织建设，始终把纪律和规矩挺在前面，坚持以上率下，严格用权律己，全面深入落实“两个责任”。一抓思想建设。以《党员廉政必修课》《三严三实学习读本》等为学习材料，锤炼党性修养，补好自身精神之“钙”；班子成员带头撰写“三严三实”学习体会和民主生活会对照检查材料等，努力从思想深处挖原因、从自我剖析中找问题，着力筑牢自身思想防线，给自己打好“预防针”；邀请清华老师首次对全体干部职工开展了能力培训，提高队伍思想境界，锻造干事创业之才。二抓组织建设。印发《落实党风廉政建设党委主体责任和纪委监督责任实施办法》，重新调整班子成员的分工，纪委书记不再分管业务工作，进一步完善责任体系，做到了党委“不松手”、一把手“不甩手”、纪委“敢出手”，“两个责任”齐抓共管、同向发力。坚持“一岗双责”，班子成员与分科室签订了《党风廉政建设责任书》，对落实“一岗双责”不力的 10 个处室负责人进行了约谈。组织开展“3·23 赶考日”、党委书记讲党课、廉政准则知识竞赛等活动，党委的政治核心作用和党支部的战斗堡垒作用得到充分发挥。三抓作风建设。领导班子铁腕落实“两个责任”“八项规定”“十条禁令”“九不准”等廉政规定，带头清理超标办公用房，做到了处处严格自律，时时率先垂范。组织编印了“守纪律讲规矩”实用手册，利用中心网站、报刊、电子屏幕等载体，宣传党的政治纪律、政治规矩和正反典型案例等内容，时刻绷紧纪律这个弦。对物资库房和职工食堂办公室家具、免疫规划疫苗及注射器、艾滋病和结核病防治等 22 个项目的采购工作进行了全程监督，防治权力失控，决策失误，行为失范。一年来，中心没有发现一起滥用职权行为和违法违规事件，领导班子连续 14 年被省卫生计生委评为“实绩突出”的班集体。

回顾 2015 年的工作，我们深刻体会到，一个合格的领导班子，必须具备“四个力”，即：坚定不移的政治意志力，一切行动都自觉服从和服务于“一个中国梦”“两个一百年”“四个全面”和“五大理念”治国理政新要求；掏心见胆的工作凝聚力，团结一切力量为中心“二次创业”不懈奋斗；成竹在胸的全局掌控力，一切工作都坚持以疾控事业发展大局为重；敢于担当的强大执行力，一切努力都落脚于服务广大群众的健康利益。当前，河北疾控中心的品牌在全国日趋响亮，社会地位和知名度日益提升，职工群众归属感、荣誉感和自豪感日渐迸发。这一切，都归功于省卫生计生委的正确领导，归功于全体干部职工但团结拼搏、务实奋进。

一年来，尽管我们领导班子取得了一些进步和成绩，但是问题和不足也客观存在。一是对新常态认识不够到位，适应不够主动；二是综合管理缺乏活力，人才建设力度不大；三是法治理念有待深化，创新举措不够多元；四是“二次创业”动力不足，一些瓶颈问题和深层次矛盾依然存在。这些问题，我们将高度重视并逐步切实解决，决不辜负委党组和全体干部职工的重托和期望。

2016 年，伴随着“十三五”卫生计生规划蓝图的绘就，“大健康、新医疗”战略的推行，京津冀协同发展的加速，以及深化医改的推进，疾控工作正在迎来前所未有的发展机遇和创业舞台。我们坚信，有委党组的坚强领导，有社会各界的大力支持，有全体干部职工团结奋斗，我们领导班子一定能够担起重任，推动中心“二次创业”之路走得更快、更稳、更健康！

中共河北省疾病预防控制中心委员会理论学习中心组和党员干部2015年度学习计划

按照省卫计委要求，结合我中心工作实际，制定2015年度中心理论学习中心组和党员干部学习计划。

一、指导思想

高举中国特色社会主义伟大旗帜，深入学习贯彻党的十八大和十八届三中、四中全会精神，深入学习贯彻习近平总书记系列重要讲话精神和省委八届五次、六次、九次全会精神，突出思想理论建设这个根本，紧紧围绕中央和省委各项重大决策，围绕省卫计委的具体部署，深入推进学习型党组织建设，引导广大党员干部进一步提高用中国特色社会主义理论体系统一思想、指导实践、推动工作的能力和水平，为河北创新发展、绿色崛起提供强大思想保证和理论支撑。

二、学习重点

（一）深入学习关于坚持和发展中国特色社会主义的重要论述。重点是深刻领会中国特色社会主义是当代中国发展进步的根本方向，深刻领会中国特色社会主义道路、理论体系、制度三者统一于中国特色社会主义伟大实践。

（二）深入学习关于实现中华民族伟大复兴的中国梦的重要论述。重点是深刻领会中国梦体现了中华民族和中国人民的整体利益，是激励全体人民团结奋进的精神旗帜和高昂旋律，实现中国梦必须顽强奋斗、艰苦奋斗、不懈奋斗。

（三）深入学习关于全面深化改革的重要论述。重点是深刻领会习近平总书记在党的十八届三中全会上、在全面深化改革领导小组会议上的讲话精神，把推进国家治理体系和治理能力现代化作为总目标，打好全面深化改革攻坚战。

（四）深入学习关于促进经济持续健康发展的重要论述。重点是深刻领会习近平总书记关于新常态的重大战略判断、关于“一路一带”的重大战略构想、关于实施创新驱动发展战略的重大战略部署，理性看待经济发展条件和环境的变化。

（五）深入学习关于全面依法治国的重要论述。重点是深刻领会习近平总书记在十八届四中全会上的重要讲话精神，准确把握全面依法治国的指导思想、总体目标、基本原则，提高运用法治思维和法治方式深化改革、推动发展的意识和能力。

（六）深入学习关于意识形态工作的重要论述。重点是深刻领会习近平总书记“8.19”重要讲话精神、在文艺工作座谈会上的重要讲话精神及相关重要批示精神，切实负起政治责任和领导责任，全党动手一起做好宣传思想工作。

（七）深入学习关于全面从严治党的重要论述。重点是深刻领会习近平总书记“三严三实”等关于改进作风、反腐倡廉、培养好干部、提高党的领导水平重要论述，更加积极主动地抓好党的思想、组织、作风、反腐倡廉和制度建设，特别是切实加强民主集中制建设，认真落实党风廉政建设主体责任。

三、学习形式

（一）集中学习。采取通篇领读、观看影像资料、专家辅导、相互交流、重点汇报等形式进行。

（二）个人自学。党员干部、理论学习中心组成员结合媒体、报刊、网络等多种形式进行自学，选读中国特色社会主义理论、党史、卫生管理、科学文化、法律法规等方面的书籍，做好读书笔记。

（三）专题讲座。一方面，聘请专家、学者，针对党和国家大政方针和公共卫生学术前沿内容进行专题讲座；另一方面，通过积极参加“每周学术活动”，进行疾控工作相关业务专题学习辅导。

（四）基层调研。中心组成员，要结合自己所分管的工作，紧扣热点难点问题，坚持理论与实践相结合，经常深入基层、深入一线开展调查研究。

（五）参加培训。按照上级安排，选派处级以上党员干部到省委党校、省直工委党校等专门培训机构参加集中培训学习。

四、学习安排

（一）第一季度

1. 学习专题：中央、省大政方针、决策部署。

2. 学习内容：党的十八大报告，习近平总书记在十八届四中全会上的重要讲话精神，中共中央关于全面推进依法治国若干重大问题的决定，省委八届九次全会精神，全国、全省“两会”精神。

3. 学习方式：在自学的基础上，3 月份集中组织全国“两会”精神的专题学习。

（二）第二季度

1. 学习专题：中央、省领导关于从严治党的重要论述、宪法。

2. 学习内容：中纪委十八届五次全会精神，《习近平关于党风廉政建设和反腐败斗争论述摘编》，习近平总书记在中央全面深化改革领导小组第十一次会议上的重要讲话精神，周本顺书记在“中国梦·赶考行”省级领导干部“3·23”赶考日集体活动集体学习教育座谈会上的讲话、《中共河北省委关于进一步加强全省各级党委（党组）民主集中制建设的若干意见》、宪法和公共卫生重大政策、相关法律条文。

3. 学习方式：在自学和集中学习的基础上，适时进行集中学习交流。

（三）第三季度

1. 学习专题：习近平总书记重要讲话精神

2. 学习内容：习近平总书记“三严三实”等关于改进作风、反腐倡廉、培养好干部、提高党的领导水平重要论述，习近平总书记关于推进社会事业和社会管理改革发展、建立新型国际关系、推进国防和军队现代化、推进祖国统一大业等重要论述。

3. 学习方式：在自学和集中学习的基础上，适时进行集中学习交流。“七一”前后，以践行“三严三实”为主题，请支部书记上一次专题党课。

（四）第四季度

1. 学习专题：意识形态与中央重要会议精神

2. 学习内容：习近平总书记“8. 19”重要讲话精神、在文艺工作座谈会上的重要讲话精神及相关重要批示精神，有关重大理论问题，十八届五中全会精神，中央经济工作会精神。

3. 学习方式：在自学和集中学习的基础上，适时进行集中学习交流。

五、学习要求

1. 紧扣主题主线。始终把理论学习作为一项政治任务来抓，紧紧围绕深入贯彻落实党的十八大精神和深入推进学习型党组织建设这个中心任务，落实学习计划，增强各级党员干部学习的自觉性、主动性。要带着问题开展针对性学习，带着课题开展调查研究，及时提出解决问题的措施和办法。

2. 坚持与时俱进。每季各党支部都要制定具体学习安排，及时把上级党组织对理论学习的新要求列入季度学习安排，调整好学习重点，增加新的学习内容，保证学习内容不遗漏，学习要求不打折。

3. 坚持统筹兼顾。中心党员干部要根据年度学习计划和季度学习安排，结合个人实际，有针对性地进行自学，确保 2015 年学习任务的完成。

4. 注重学习效果。要坚持学以致用，力求理论学习和实际运用取得丰硕成果。中心领导班子成员、各党支部书记和各处所室主要负责同志要做到领学、领写、领讲，全年至少为党员干部上 1 次党课，在中心营造浓厚的学习氛围。

2015 年度党员干部重点学习书目和文件：

1. 习近平总书记系列重要讲话读本。

2. 习近平谈治国理政。

3. 习近平关于党风廉政建设和反腐败斗争论述摘编。

4. 宪法知识学习读本。

5. 中共中央关于全面推进依法治国若干重大问题的决定。

6. 习近平总书记在十八届四中全会上的重要讲话。

7. 习近平总书记“8·19”重要讲话精神、在文艺工作座谈会上的重要讲话。

8. 习近平总书记在中央全面深化改革领导小组第十一次会议上的重要讲话精神。

9. 在第十二届全国人大第三次会议上的政府工作报告。

10. 中纪委十八届五次全会工作报告。

11. 中共河北省委关于进一步加强全省各级党委（党组）民主集中制建设的若干意见。

12. 长篇党史报告文学《根据地》。

河北省疾病预防控制中心工会 2015 年工作总结

2015 年，在中心党委和上级工会的领导和支持下，中心工会紧紧围绕省直、委直工会工作部署，坚持以“服务大局、服务职工”为主线，突出疾控特色，强化责任担当，积极履行职能，较好地发挥了桥梁纽带作用，为构建和谐疾控作出了积极贡献。中心工会先后荣获省直“工会业务管理系统录入工作先进单位”、省直“职工经济技术创新暨合理化建议活动优秀组织单位”、省直“基层工会女职工组织规范化建设先进集体”等称号；保定后勤服务中心分会荣获“河北省模范职工小家”、病毒所荣获“河北省工人先锋号”；理化所荣获“省直工人先锋号”称号；二十余名同志受到上级工会表彰。现将 2015 年工会工作总结如下：

一、围绕中心，创新载体，职工文化生活日益丰富

（一）结合工会特点，有针对性地对职工进行理想、形势、法纪和职业道德教育。深入学习贯彻上级党委、工会的有关精神。积极配合中心党委，在全体职工中广泛开展了学习贯彻党的十八届四中、五中全会精神、“三严三实”、“解放思想大讨论”、“修、强、铸”等主题教育活动。通过组织学习交流、主题演讲等形式多样的思想教育活动，不断提高职工思想理论水平、政策水平和工作能力，增强职工贯彻执行党的基本路线的自觉性，进一步引导职工树正气、讲团结、干事业、谋发展。

（二）围绕中心“二次创业”目标，以“工人先锋号”和职工经济技术创新活动为引领，开展了形式多样的劳动竞赛活动。先后组织全体职工开展了省直“安康杯”竞赛、“省直职工经济技术创新暨合理化建议”“立足岗位查隐患，我为安全生产献一计”、职工生活后勤保障“四提升”、创建“先进职工之家”以及年度优秀工会工作者和工会积极分子评选活动。通过各种竞赛、评优活动，调动了广大职工的工作积极性和创造性，在职工中形成学先进、赶先进；重实干、比贡献的浓厚气氛。

（三）围绕中心疾控文化建设，积极开展职工群众喜闻乐见、健康向上的文体活动，倡导健康文明的生活方式。全年适时开展了中心“2015 年迎新春联欢会”、第十一届职工运动会、“中国梦·劳动美”主题演讲比赛、女职工维权行动宣传月、“健康女性·幸福疾控”读书征文、全省疾控系统“疾控杯”羽毛球锦标赛、“疾控梦·健康行”水泉溪登山和“解放思想·勇攀高峰”仙台山登山比赛、“日行一万步，健康新常态”主题职工健步走竞赛、“燕赵书画大讲堂”学习等活动。积极选派人员参加省直和厅直工会的各项文体活动，均取得可喜成绩，受到上级工会通报表彰，展示了中心职工蓬勃向上的精神风貌，进一步增强了中心凝聚力和向心力。

二、围绕履职，强化服务，工会维护职能落到实处

（一）民主管理不断推进。在党委统一领导下，扎实开展和谐单位创建工作，积极配合行政、纪检、监察，大力推行政务公开，在单位的年度考核、民主评议、资金使用管理等工作中，认真落实民主管理的四项权力。

（二）认真开展群众工作室。结合实际，进一步完善工作制度，措施明确，责任到人。积极发挥职代会作用，不定期召开工会与有关行政部门的联席会议，共同研究涉及职工切身利益的解决方案，切实发挥好畅通职工利益诉求表达渠道，维护职工队伍与社会稳定的作用。

（三）关心职工办实事好事。积极践行党的群众路线，坚持“群众利益无小事”原则，热心帮助职工解决后顾之忧。2015 年，进一步健全了工会困难帮扶机制，实行困难职工实名制网络动态管理。目前，中心纳入省直工会常态化帮扶 5 人，每月发放救助金 100～200 元。先后对石家庄、保定两个办公区的 17 名生活困难职工发放补助 16160 元；为 8 名患大病职工申请、发放“省直职工互助一日捐”救助金 25460 元；为 2 名困难职工子女省直“金秋助学”活动助学金 5000 元；慰问生病住院及直系亲属去世职工 36 人；申请 2015 年度省直“职工互助一日捐”困难帮扶 9 人；帮助解决职工子女入学入园 14 人；组织省级劳模疗养、体检 7 人；为全体在职职工发放“生日蛋糕”、节日慰问品；建立中心单身职工信息档案，组织参加省直机关事业单位单身职工“携手明天”联谊活动；参加 2016 年度“职工互助一日捐”活动，缴纳互助金 34300 元，为构建和谐社会贡献力量。

三、围绕创新，落实制度，自身建设水平不断提升

（一）规范组织管理，自身建设不断强化。围绕中心重点工作，及时制发了工会年度工作要点，将工会工作纳入年度目标考核。进一步健全了基层工会网络信息管理系统；开展了女职工和困难职工帮扶工作调研；顺利通过工会财务管理考核和经费审计；按要求完成了全省工会困难职工帮扶系统档案录入、基层工会组织会员信息系统录入、劳动模范摸底调查、困难职工子女“金秋助学”情况调查、会员评家活动以及全省及省直“工人先锋号”、“安康杯”竞赛、省直“职工创新工作室”、省直和厅直工会评先评优等五十余项总结、推荐材料，多项工作受到上级工会表彰。

（二）抓好理论学习，工会干部素质不断提高。结合新形势下工会实际，积极开展工会法律法规理论学习和工作调研，选派人员参加上级工会组织的各项业务培训，不断强化工会干部的职责意识和业务能力。

（三）加大宣传力度，工会影响力不断增强。积极发挥工会舆论阵地作用，在疾控网开设党群专栏，编发《政工简报》工会信息 25 篇，省直《工会之窗》刊发 7 篇，进一步提高了工会影响力，得到了省直和厅直工会好评。

（四）维护女工权益，女工委工作不断创新。工会女工委切实维护女职工合法权益和特殊利益，积极开展“姐妹手拉手”“女职工献爱心”等活动，对困难女职工特别是单亲女职工给予经济、生活上的援助，对生育、住院、单亲困难女职工进行慰问。广泛开展“女职工标兵示范岗”等创建活动，先后涌现出了“省直先进女职工”等典型，中心女工委连续六届被授予省直“先进女职工委员会”荣誉称号。

（五）加强经费管理，工会财务工作保持先进。及时足额上缴工会费，严格经费管理制度，使用收支合理无假账、漏账。经审委员会定期开展经费审核，经审工作顺利通过委直机关工会审计考核，在省直工会财务评比中继续保持先进。

一年来，工会工作取得了一定成绩，这是各级党政大力支持，中心全体职工共同努力的结果。同时，也存在一些问题和不足，主要有：工会组织的管理力度和职能发挥需进一步加强；思想解放程度不够，工作内容、方法、形式需进一步创新；工会干部综合素质和能力有待进一步提升等。对此我们将高度重视，认真研究，切实加以解决。

河北省疾病预防控制中心团委 2015 年工作总结

2015 年，在中心党委和上级团委的坚强领导下，中心团委深入学习贯彻党的十八届四中全会精神和习近平总书记系列讲话精神，切实加强对广大青年的思想政治引导，秉承“爱国、进步、民主、科学”的五四精神，认真践行“三严三实”要求，以“服务社会”为目标，积极引导广大团员青年立足岗位做贡献。

一、创先争优，增强团委向心力。中心团委根据工作计划，认真抓好制度建设，严格落实考核办法，把创建“青年文明号”和“青年岗位能手”作为文明优质服务的有效载体，开展目标化建设。2015 年中心办公室荣获“全国青年文明号”荣誉称号。多人次荣获河北省优秀团干部、优秀团员、省直岗位能手等荣誉称号。

二、学习常态化，提高团员素质。中心团委号召团员青年开展“学理论、学规章、学传统、学典型”四学活动，全面提升和强化团员青年政治思想素质。集中学习突出重点。定期组织团员青年深入学习党的方针政策的科学内涵和精神实质，并组织以小组形式随时交流心得体会，激励团员青年自觉运用党的科学理论指导实践、推动工作。以团委主题学习和中心每周四下午集中学习为载体，不断引导团员青年提高专业技能，自觉践行社会主义核心价值观，中心团建工作和业务相结合效果明显。坚持运用科学发展观、和谐社会等理论体系来武装青年。

三、选树典型，向先进看齐。选树具有感召力、说服力和影响力的先进典型，用身边事教育身边人。2015 年，病毒所韩旭同志被世界卫生组织派遣到非洲协助抗击当地埃博拉疫情，他突出的工作表现，为中心全体团员青年做出了表率。

四、发扬先进文化，凝聚团员力量。坚持抓整体形象塑造，建设特色文化。提炼形成了“职业精神”“疾控精神”以及“五个一流”发展理念等文化精髓。以河北疾控报、河北疾控网，专题片、画册、网站论坛、政工简报、宣传栏、电子屏等作为文化宣传的重要渠道。通过征集创作中心徽、歌、赋、旗，编纂《河北疾控文化手册》等文化作品，提升中心团员青年文化内涵。

五、传承五四精神，坚定理想信念。中心团委每年开展多种形式的活动庆祝“五四青年节”。2015 年组织青年职工在中心红色教育基地——井陉县洞阳坡开展了“整理英雄林”为主题的团日活动。通过活动充分调动团员青年的热情、激发团员内在活力、点燃青年们的创造力、增强年轻一代的团队意识、合作精神，同时提升团组织在团员青年中的威信。

六、发挥专业优势，热心公益事业。中心团委热心社会公益活动，组建了一支由团员、青年职工和业务骨干组成的志愿者服务队，2015 年结合“世界卫生日”“世界防治结核病日”“世界艾滋病日”等近 20 个卫生宣传日，开展各类爱心帮扶、健康巡讲、义诊等活动，有效提高了人民群众的健康意识和防病能力。3 月 5 日，由中心团委牵头，组织地方病防治所、药物研究所、理化所等科室联合到我中心省级文明单位对口帮扶村——栾城区冶河镇冶河村开展了下乡服务活动。定期组织职工开展无偿献血、“善行河北、奉献爱心”等活动。2015 年中心荣获河北省“最美无偿献血志愿团体”优秀组织奖。

回顾 2015 年团委的工作，我们不断取得新的成绩，不断地鼓舞中心团员青年与时俱进，开拓创新。在今后的工作中，我们仍将紧密团结在中心党委周围，按照省卫计委团委的工作部署和要求，继续保持良好的工作作风，务实求新，团结带领中心团员青年成长成才，努力成长为中心发展的排头兵。

河北省疾病预防控制中心妇委会 2015 年工作总结

2015 年，妇委会在省卫计委直属机关妇委会的指导帮助下，在中心党委和分管领导的关心支持下，紧紧围绕中心 2015 年重点工作和“二次创业”的奋斗目标，以服务广大女职工为出发点，认真履行妇委会职责，积极组织开展各类适合女职工特点的思想政治教育和丰富多彩的文体活动，努力提高女职工素质，积极维护女职工合法权益，引领全体女职工充分发挥聪明才智，在各自岗位上积极创先争优，展示疾控战线女职工新风采，为实现“疾控梦”，推动河北疾控事业发展积极贡献力量。

一、继续开展“巾帼文明示范岗”创建活动。继续以巾帼建功为抓手，发挥中心巾帼文明岗的标杆作用，认真做好全国巾帼文明岗和省直巾帼文明岗的维护管理工作，完成了结核病防治所重新申报“省直巾帼文明岗”工作。注重发现和培养“巾帼建功”先进集体及个人，健康教育所被评为“卫计委巾帼文明岗”，推荐上报“省直巾帼文明岗”，有效调动中心女职工投身事业的热情和岗位建功的积极性。注重发现和培养“巾帼建功”先进集体及个人，2015 年，高伟被评为“省直三八红旗手”。

二是继续开展寻找“最美家庭”活动。积极参加省妇联发起的继续开展寻找“最美家庭”活动和向全国“最美家庭”郭迎春家庭学习活动。在中心继续开展“善行河北·美在我家—寻找最美家庭”活动，马景家庭荣获省直“最美家庭”，并推荐上报省级“最美家庭”。新评选出孙印旗家庭为中心最美家庭，并推荐上报卫计委妇委会。

三是积极开展有利于女职工身心健康的活动。为庆祝“三八”国际劳动妇女节 105 周年，丰富中心文化生活，3 月 10 日，中心组织全体女职工到封龙山举办了主题为“运动健康、快乐分享”的登山比赛，并组织大家参观了被誉为世界尖端数学研究的发祥地的河北封龙书院。大家领略了历史古韵文化，也在攀登中体会了一次挑战成功的喜悦。

四是关心女职工身心健康。经常找部分女职工谈心，了解她们的思想、工作、学习和婚姻、家庭生活，听取她们的意见、建议和要求，及时解决存在的问题。关心帮助患病、困难及单亲女职工，经常与他们联系沟通。及时看望生病住院女职工，带去中心领导对她们的关怀和问候。关心孕产女职工的工作、生活，对待孕及怀孕女职工，主动指导帮助她们解答问题，并及时办理相关手续。年内慰问 7 名生育孩子的女职工，向宝宝赠送《中国少年儿童百科丛书》，让女职工时刻感受到中心大家庭的温暖。

五是积极参加省妇联、省直妇工委等部门组织的活动。参加了首届省直妇女才艺作品展、省直巾帼志愿服务、省直单身职工联谊、全省美丽庭院创建等活动，并推荐马景参评全省“百优”巾帼志愿者。4 月份，参与省直妇工委举办的为孤残儿童、贫困儿童、少保儿童和孤寡老人织毛衣的“温暖行动—寻找爱心家人”活动，钱振宇、马景、贾丽辉、刘玉欣、宋丽、侯亚娟、于秋丽、宗华等用自己的休息时间共织就了五件毛衣及帽子围巾，为老人和孩子献出了温暖爱心。3 月份，与中心工会共同组织开展“健康女性·幸福中国”读书征文活动，评选优秀作品参加了省直工会评选。

河北省疾病预防控制中心“三严三实”专题教育总结

按照省卫计委《关于深入开展“三严三实”专题教育推进方案的通知》的统一部署和要求，我中心紧密联系实际，围绕“三严三实”专题教育主题，用力做事、用情做事、用心做事，认真开展了教育活动，取得了实效，为中心各项工作的顺利开展奠定了坚实基础。

一、组织有力，推动专题教育良好开局

一是迅速启动。为确保专题教育开好头、起好步，6月1日，党委书记李琦同志以《践行“三严三实”积极营造中心党建新常态》为题，给中心中层以上党员干部上了一堂生动的专题党课，正式拉开了中心“三严三实”专题教育帷幕。二是全面铺开。中心党委研究审定了《省疾控中心深入开展“三严三实”专题教育推进方案》，对中心各处所室“三严三实”专题教育做出了详细安排部署。第一时间成立了由党委书记李琦同志为组长，党委副书记崔泽同志为副组长，班子成员为成员的“三严三实”专题教育领导小组。领导小组办公室设在党办室，负责专题教育活动具体事项的协调推进和日常工作，确保专题教育不走过场、取得实效。三是领导带头。要求中心领导班子在态度上真接受，思想上真重视，行动上真积极。一方面，坚持高标准、严要求，带头践行“三严三实”，带头解决“不严不实”问题，为中心全体党员干部职工做出示范，另一方面，加强对分管处室的指导，引导各处室严字当头、实处用力，确保“三严三实”专题教育有序推进、落地生根。

二、突出特色，务求专项教育取得实效

一是以理论为核心。各党支部以“三严三实”辅导材料为教材，各支部采取个人自学、集中学习和专题研讨相结合等形式，深入学习《中国共产党廉洁自律准则》和《中国共产党纪律处分条例》、中央十八届五中全会精神、习近平总书记系列讲话精神等内容。二是紧密结合实际。开展支部书记讲党课、“3·23赶考日”、主题演讲比赛、知识答题、专题讲座、文体活动、无偿献血等活动，深化学习效果。三是分析查找问题。通过组织各支部书记，“两委员一代表”刘晓丽（裕华区人大代表、农工党党员），群众代表张富斌、赵娜等不同层面的代表，广泛征求意见和建议。征集到的意见建议共6个方面、13条。省卫计委巡视员赵瑜同志多次带队就“三严三实”专题教育对我中心进行调研指导。中心领导、支部书记、党办室工作人员等分别撰写了调研报告和“三严三实”学习心得体会材料。四是开展批评和自我批评。在上述基础上，中心领导班子及时召开了民主生活会，班子成员分别作对照检查，并认真开展批评与自我批评，班子成员之间敢于亮丑揭短，不遮掩问题、不回避矛盾，有辣味、见筋骨，达到了真诚帮助、共同提高的目的。

三、围绕问题，按照“三严三实”立行立改

为把“三严三实”专题教育落到实处，我中心围绕“八破八立”，对照习近平总书记指出的“七个有之”认真整改，立行立改。做到“四明确一承诺”，即明确整改落实项目、明确整改落实的目标和时限要求，明确整改落实的具体措施，明确分管领导、分管部门的责任；整改落实方案在一定范围内公布，公开承诺。同时坚持边学边改、边查边改，集中解决突出问题，通过建立和完善体制机制，为中心发展建立制度保障。

一是不断巩固和深化办公用房清理整改工作成果，坚持保障必需、厉行节约、程序规范的原则，统筹安排办公用房。七月份，中心党委对全中心所有部门办公室逐个测量，核查办公用房使用情况。经测量核对，目前中心的办公用房均符合标准，无超标现象。其中，领导干部的实际办公面积比规定标准小30%。二是不断完善中心信息系统。为节省资源，提高办公效率，实现无纸化办公，中心启用了OA办公系统。三是不断加强资产管理。突出车辆、设备等重点，规范基础数据管理和统计分析，建立健全“日梳、月记、季核、年盘”的常态化固定资产监督管理机制。四是不断强化经费管理。严格控制公务接待费、公务用车购置和运行费、因公出国（境）费，在报销范围、支出标准、审批程序方面从严把关。严格执行政府采购法律法规，根据中心运行的基本需求，采购经济适用的物品，确保把有限的资金用在刀刃上。

总之，通过“三严三实”专题教育，中心干部职工深化了对疾控事业发展重要性、必要性和紧迫性的认识，强化了对“京津冀一体化”战略的使命感，深化了对中心“二次创业”发展大局的责任感，中心全体干部职工想发展、议发展、谋发展的氛围日益浓厚。我们认为，只要勤学习、善思考、勇实践、敢创新，“严”字当头，“实”字托底，将所学所思在实践中运用、在实践中检验、在实践中升华，从自身做起，认真履行职责，努力做好本职工作，就能将疾控工作推向一个更高的层次，就能为中心“二次创业”提供强大的精神力量。

科研及学科建设综述

【概述】中心的科研工作主要以疾病预防控制工作为重点，在现场流行病学研究与实验室研究相结合、自然科学与社会学研究相结合的基础上开展多学科交叉的基础研究和应用研究。中心专职从事科研及学科建设工作的科室主要是科研培训处、医学研究所和药物研究所。

【重点学科建设】中心目前已有3个省级医学重点学科。医学病毒学科：在病毒性疾病监测、病原体基因诊断技术和疫苗免疫策略等领域处于省内领先水平。食品安全风险监测实验室：以省食品安全风险监测网为依托，以理化、微生物实验室仪器设备、检测能力为基础，开展以食品安全风险监测为主要研究方向的相关研究。心脑血管病防治学科：集科研、临床应用和预防医学于一体，基础研究和现场研究有机结合，开展心血管疾病基础研究、缺血性脑血管疾病防治研究、心脑血管疾病及危险因素流行与控制研究等。

【全省疾病预防控制机构服务能力调查】为了解全省疾病预防控制机构人力资源、房屋设备、经费和履行疾病预防控制机构基本职能及其所具备的公共卫生服务能力情况，更好地为政府决策提供依据，开展全省疾病预防控制机构服务能力调查。2013年主要做了调查表设计和现场调查工作；2014年进行数据收集、汇总、分析和总结。完成了《河北省疾控机构能力调查总报告》的撰写；该报告60余万字，并列入了河北科技出版社2015年的出版计划。2015年10月份，经过专家的精心审核、校对及三次校稿，62万字的《河北省疾病预防控制机构服务能力调查报告》正式出版，为政府卫生计生部门和有关单位提供了翔实的数据资料，为制定政策提供科学依据。

【全省卫生计生系统生物安全柜使用现状调查】为了解全省卫生计生系统生物安全柜使用现状，掌握全省市、县级医院和疾控中心生物安全柜运行情况，经过半年的准备工作，包括人员培训、设备检定、方法模拟等，在中心理化所、细消所和质检处的大力支持和密切合作下，于2015年6～12月，对全省11个设区市11个市级疾控中心、19个县级疾控中心、22个市级医院、21个县级医院和我单位病毒所和细消所等64家单位，共81台生物安全柜进行了检测，并免费出具了检测报告。

【论文发表情况】2015年度中心公开发表论文82篇，其中SCI期刊11篇，最高影响因子3.467，CSCD期刊18篇，科技核心期刊41篇，论文质量大幅提高。中心职工作为第一主编出版著作1部：《河北省疾病预防控制机构服务能力调查报告》，主编：崔泽、李琦、卢安。

【继续医学教育】根据省继续医学教育委员会批复的中心继续医学教育项目，制定了2015度继续医学教育项目计划并公布到中心内网。2015年共批准省级继教项目（含基地备案项目/2015 年补充项目）28 项，全年共完成继续医学教育项目 26 项，培训专业人员 4500 余人次。收集中心专业技术人员 2015 年度各类学分信息，审核、整理数据，汇总导入继续医学教育项目管理系统。中心 2015 年应参加继续医学教育活动卫生专业技术人员共 231 人，实际参加 225 人，参加率 97.4%，达标 206 人，达标率 89.18%。组织申报 2016 年度省级继续医学教育项目 14 项。

按照省继教委文件要求，统一办理学习卡，组织中心专业技术人员参加好医生网站继续医学教育项目《现代医疗从业人员职业素养培训》。

迎接继续医学教育工作“十二五”评估：按照省继续医学教育委员会通知要求，总结近三年继续医学教育相关材料，包括中心继教领导小组成立及调整文件、继教相关管理制度文件、年度继教项目举办情况、专业技术人员年度学分完成情况、年度继续医学教育计划总结等，认真组织材料按照评分体系逐条对照进行自评并打分，完成了中心继续医学教育工作“十二五”自评报告，上报到省继续医学教育委员会，经省继教委专家审核通过了“十二五”评估。

【伦理委员会工作】①制定完善相关规章制度。为加强中心伦理审查工作，规范科研立项及学术论文的发表，顺利开展关于涉及人的生物医学研究课题及论文伦理审查工作，2015 年 9 月 30 日，发布了《河北省疾病预防控制中心关于规范医学研究课题及论文伦理审查工作的通知》。②组织现场检查及培训学习。2015 年伦理委员会派出 5 人对疫苗临床试验现场进行了现场检查督导，重点关注试验方案和知情同意书的执行，知情同意的方式和过程，标本采集及急救设备及人员能否有效运行。对存在的问题及时与研究者进行了沟通。本年度派出 3 人次参加由国家食品药品监督管理总局高级研修学院组织的《第十一期伦理委员会规范管理与临床试验项目伦理审查培训班》。2015 年 6 月，对中心全体人员进行了伦理审查的申请及审查意义培训，使我中心涉及人的生物医学研究更加科学和伦理。③项目伦理审查。2015 年伦理委员会共召开 5 次评审会议，对 4 个研究项目进行了初始审查，2 个项目进行复审或重审，出具伦理委员会审批件；通过快速审查的方式完成了 1 个项目的修正案审查，对《重组人乳头瘤病毒双价（16/18 型）疫苗（酵母）III 期临床试验》的 6 次违背方案报告、13 次 SAE 报告，1 次研究进展报告进行了快速审查，出具伦理委员会批准函。④论文伦理审查。对 3 篇待发表论文进行了伦理审查，并出具了《伦理委员会审查证明》。

【教学工作】

①组织推荐教学先进集体和先进个人。为全面总结中心 2014 年度教学工作完成情况和营造良好的教学氛围，按照《河北省疾病预防控制中心教学管理办法（试行)》的有关规定，组织推荐 2014 年度教学工作先进科室和先进个人。根据参评科室全年工作完成情况和教学先进个人推荐人选教学工作情况，结合日常教学工作检查监督、学校及学生反馈，对参评科室和先进个人人选进行综合评定。在综合评定基础上，评选出候选科室和候选人，最后由中心领导审查认定，对先进科室和先进个人进行表彰和奖励。目前，中心已形成机制，每年对上一年度教学工作进行评优和奖励，提高科室和职工对学生带教工作的积极性，教学相长，促进职工不断提高自身素质。②推荐兼职教师和研究生导师。按照河北医科大学要求组织推荐兼职教师，有 6 人被聘任为兼职教师。按照山西医科大学要求，组织申报博士生导师 1 人，硕士生导师 11 人。有 4 人被聘任为硕士生导师。博士生导师聘任工作正在进行中。③学生和进修人员管理。中心在读研究生 32 人（含在职 11 人），2015 年接收新到研究生 15 人（含在职 5 人）；接收河北大学、河北医科大学、河北联合大学、山西医科大学、河北中医学院、沧州医专等大学本科实习生共 58 名。接收外来进修人员 6 人次，其中新疆巴州对口帮扶进修人员 1 名。为做好实习、进修人员管理，中心为新到学生安排食宿，办理临时出入证，进行岗前培训，分配到中心相关科室学习，实习期间按照学校的要求，填报相关表格，申报奖学金、组织开题报告等，实习结束后做出鉴定，组织答辩。2015 年组织河北医科大学、河北联合大学 2012 级研究生毕业答辩会共 4 场，共有五个专业 1 名博士，10 名硕士通过了毕业

论文答辩；组织华北理工大学本科生 4 人，河北医大学本科生 6 人进行了毕业答辩。学生实习期间，积极组织他们参加中心的各项活动，如中心团委组织的洞阳坡植树活动、中心工会组织的职工运动会等，丰富了学生的业余文化生活，拓宽了视野，丰富了知识，增强了体质。

【执业医师考试工作】2015 年 7 月 4 ~ 5 日，顺利组织公卫类执业医师资格实践技能考试。全省 241 名考生参加考试。有 38 名考官，导考、考务等服务人员和省卫生计生委考试中心工作人员 50 余人参与考试的保障、管理与服务工作，圆满完成了 2015 年度河北省公共卫生类别执业医师资格实践技能考试工作。

【其他】中心职工张怡宁参加由河北省医学会举办的第二届全省医学科普能力大赛，经过预赛、决赛，取得河北省二等奖，并推荐参加了中华医学会举办的第二届全国医学科普能力大赛，最终获得优秀奖。

【医学研究】医学研究所主要职责是以重大医学科技问题和需求为目标，以威胁人民健康的重大疾病为研究对象，围绕心脑血管疾病等慢性非传染性疾病开展应用性科学研究，探讨疾病发生发展过程，为重大疾病防治提供可靠的实验依据。医研所实验室约 400 平方米，拥有细胞培养室，生理功能学实验室，生化检测室，电生理实验室等。主要仪器设备有多导生理记录仪，紫外可见分光光度计，手术显微镜，洁净工作台，二氧化碳培养箱，高速台式离心机，小动物呼吸机等。目前在职人员 5 人，其中正高 2 人，中级职称 2 人，技术人员 1 人。具有博士学位 2 人，硕士学位 1 人，学士学位 1 人。

全年承担科研课题 4 项，分别为省卫计委课题“心肌缺血对脑内心血管调控中枢利钠肽受体表达的影响”，课题年内完成，已结题，完成河北医学科技奖的申报；省卫计委课题“脑室注射利钠肽对脑内肾素 - 血管紧张素系统的影响”，该课题为在研课题，开展预实验等工作；省卫计委课题“辛伐他汀对大鼠肾缺血再灌注损伤的作用及其机制研究”，该课题为在研课题，开展预实验、实验及数据整理工作；省卫计委课题“铜蓝蛋白在铁代谢中作用的机制研究”，该课题为今年新立项课题，前期完成了文献查阅以及立项申报工作，进入动物实验的准备阶段。在核心期刊发表学术论文和参加学术会议交流文章 7 篇。培养硕士研究生 1 名，已完成毕业论文答辩工作。

【药物研究】药物研究所主要职能是以心、脑血管药理科研研究为工作重点，承担国家及省、厅级科研项目；承担各类药物的制剂工艺、含量测定、药效学及毒理学试验、药物临床前药代动力学试验等相关的社会技术服务；承担河北中医学院本科生的实习以及河北医科大学硕、博士研究生的培养工作。药研所实验室约 500，经河北省食品药品监督管理局批准，具备国家新药临床前药理毒理研究资质。现有职工 6 人，其中研究员 1 人，主任医师 2 人，副研究员 1 人，副主任技师 1 人，助理研究员 1 人；其中博士 4 人，本科 2 人。

现有 1 名在读博士研究生，1 名硕士研究生进行科研课题研究。6 月有 1 名博士研究生经过论文答辩顺利毕业。目前正在进行的科研课题为：①糖皮质激素对心梗后心衰大鼠 RAAS 系统的影响。②H2S通过 GSK - 3β/β - catenin 通路对急性心肌缺血损伤大鼠的保护作用。

2015 年共有在研课题 6 项，分别为：①硫化氢对缺血性脑损伤的双重作用机制研究（河北省自然科学基金资助项目）。②非 T 细胞结合肽治疗类风湿关节炎的临床前药效学研究（河北省科技计划项目）。③硫化氢治疗急性脑缺血损伤实验研究（省卫生厅）。④一氧化氮合酶抑制剂对肺损伤大鼠核因子信号通路的影响（省卫生厅）。⑤缬沙坦对糖尿病心肌病的保护作用机制研究（省卫生厅）。⑥非T 细胞结合肽及其粉针的研制（国家科技部）。

2015 年在国家核心期刊上发表的论文有：①硫化氢对大鼠局灶性脑缺血的影响［河北医药·2015，18（37）：1 - 4］。②硫化氢对高脂诱导的非酒精性脂肪性肝炎大鼠肝脏炎性反应的作用［中国全科医学·2015，18（21）：2542 - 2547］。

【河北省重大医学科研资助项目】治疗类风湿性关节炎药物非 T 细胞结合肽的临床前研究（2013067788）。该项目根据先期制定的实施计划在 2015 年完成了如下项目：首先通过多次试验建立了类风湿关节炎动物模型，在试验过程中确立药物有效性的评价指标；其次探讨 NTAP 对 RA 的作用并全面研究其作用机制，为开发、筛选新的治疗类风湿关节炎药物提供平台，从而为患者提供更有效的治疗药物。通过新作用靶点的抗类风湿关节炎药物的研究，加快开发具有我国自主知识产权的新型类风湿关节炎药物的研发步伐，从而增加我国新药研发的国际竞争力。

附

2014 年省疾控中心获奖成果情况统计（2015 年公布）

序号	年度	项目名称	完成人	奖项
1	2014	河北省不同流行人群中艾滋病毒耐药基因变异研究	路新利、赵宏儒、赵翠英、白广义、李岩、王莹莹	河北医学科技一等奖
2	2014	河北省人群脊髓灰质炎中和抗体水平及影响因素研究（2012—2014）	张俊棉、崔志强、李静、赵娜、陈玫、郭玉、张振国	河北医学科技一等奖
3	2014	X 射线诊断医师职业照射及受检者收照射剂量研究（2010—2014）	杨彦文、周开建、牛庆国、曹子洲、殷强	河北医学科技一等奖
4	2014	河北省布鲁氏菌病疫情影响因素研究	刘晓丽、姜霞、王再山、韩国毅、钱振宇、陈素良、孙印旗、李月平	河北医学科技一等奖
5	2014	北戴河暑期食品安全风险监测与评价（2011—2013）	师贵文、李绍连、梁勇、黄卫华、吕淑珍	河北医学科技二等奖
6	2014	河北省甲流疫苗接种与格林巴利－综合征发病的相关性研究（2011—2013）	李静、张振国、张俊棉、郝玲、张富斌、王丽娜、孙俪、崔志强、赵娜	河北医学科技二等奖
7	2014	12320 公益电话在卫生应急处置中的作用及工作策略研究 2011—2014	高贵军、曾娟、董辉、冯素青、刘则军、邓祖昆	河北医学科技二等奖

2015年度省疾控中心立项课题统计

序号	课题名称	负责人	课题来源（课题编号）	获批经费（万元）
1	肾综合征出血热高发区鼠类携带相关病毒构成特征研究	李琦	省自然基金（面上项目）H2015303009	6
2	河北省诺如病毒分型及检测方法研究	白雪	省科技厅 15277778D	30
3	德国小蠊的抗药性研究与混剂开发	韩晓莉	省卫计委 20150103	0.5
4	河北省病媒生物监测管理信息系统的建立于应用研究	马丽华	省卫计委 20150577	0
5	铜蓝蛋白在铁代谢中作用的机制研究	牛丽静	省卫计委 20150105	0.5
6	河北省慢性阻塞性肺疾病流行病学调查及其危险因素研究	史卫卫	省卫计委 20150102	0.5
7	河北省土壤重金属污染与健康风险评价研究	安玉琴	省卫计委 20150104	0.5

2015年度省疾控中心公开发表论文统计

序号	论文题目	刊物名称	卷、期号	核心期刊	第一作者	通讯作者
1	短链氯化石蜡毒性效应及检测技术研究进展	食品安全质量检测学报	2015.6（10）	K	杨立新	张永茂
2	河北省市售豆芽菜中6种植物生长调节剂残留调查分析	食品安全质量检测学报	2015.6（10）	K	刘印平	张永茂
3	液相色谱串联质谱-同位素内标法快速测定玉米面中的伏马菌毒素	食品安全质量检测学报	2015.6（10）	K	刘印平	张永茂
4	河北省医学重点学科人力资源现状研究	中国医院管理	2015.35（4）	K	李明月	卢安
5	河北省疾控机构人力资源培配置分析	河北医药	2015.37（3）	K	李明月	崔泽
6	2012年河北省疾病预防控制机构人力资源现状	中国医学装备	2014.11	K	刘瑜	崔泽
7	河北省疾病预防控制机构实验室生物安全柜使用现状调查	河北医药	2015.37（20）	K	师闻欣	崔泽

续表

序号	论文题目	刊物名称	卷、期号	核心期刊	第一作者	通讯作者
8	医疗科研机构生物安全柜使用管理相关问题研究	中国医学装备	2015. 12（10）	K	师闻欣	崔泽
9	河北省疾病预防控制机构工作用房建设分析	中国医学装备	2015. 12（9）	K	王丽娜	崔泽
10	河北省疾病预防控制机构实验室用房调查分析	中国医学装备	2015. 12（12）	K	王丽娜	崔泽
11	2012 年河北省常规免疫接种率监测结果分析	职业与健康	2015. 31（6）	K	王丽娜	张振国
12	2013 年河北省儿童免疫规划疫苗接种率调查	预防医学情报杂志	2015. 31（7）	K	王丽娜	张振国
13	2010—2013 年河北省麻疹疑似病例病原学检测结果分析	预防医学情报杂志	2015. 31（11）	K	杜慧	郭玉
14	脊灰病毒分离和鉴定新检测流程的应用	医学动物防制	2015. 31（3）	K	陈玫	李琦
15	河北省手足口病伴脱甲症病原分子特征分析	中国病原生物学杂志	2015. 10（6）	E	刘莹莹	李琦
16	河北省手足口病伴脱甲症的流行特征分析	疾病监测	2015. 30（12）	K	刘莹莹	李琦
17	河北省 571 例狂犬病病例个案调查分析	实用预防医学	2015. 22（7）	K	魏亚梅	李琦
18	河北省 2009—2013 年狂犬病流行特征分析	医学动物防制	2015. 31（3）	K	魏亚梅	李琦
19	河北省人感染 H7N9 流感病例的流行病学调查与病原学分析	中国病原生物学杂志	2015. 10（5）	E	韩光跃	齐顺祥
20	2009—2015 年河北省流感病原学监测结果分析	中国病原生物学杂志	2015. 10（8）	E	李岩	齐顺祥
21	河北省 2009—2014 年甲型 H1N1 流感流行特征分析	国际病毒学杂志	2015. 22（2）	K	李岩	齐顺祥
22	Effectiveness of the live attenuated rotavirus vaccine produced by a domestic manufacturer in China studied using a population - based case - control design	Emerging Microbes and Infections	2015. 4	SCI	甄珊珊	赵玉良/王选义
23	2009—2012 年河北鼠型斑疹伤寒流行概况及实验室调查分析	中国人兽共患病学报	2015. 31（6）	C	孙印旗	张丽娟
24	河北新发斑点热及人粒细胞无形体病实验室调查分析	中国媒介生物学及控制杂志	2015. 26（4）	K	孙印旗	张丽娟

续表

序号	论文题目	刊物名称	卷、期号	核心期刊	第一作者	通讯作者
25	河北省 2012—2013 年流脑病例病原学监测及分子分型研究	中国卫生检验杂志	2015. 25（5）	K	何宝花	孙印旗
26	河北省 1 例嗜肺军团菌感染病例报告	医学动物防制	2015. 31（6）	K	何宝花	孙印旗
27	河北省脑膜炎奈瑟菌抗生素敏感性监测	医学动物防制	2015. 31（8）	K	王颖童	孙印旗
28	河北省 2011—2012 年地方性斑疹伤寒监测结果与分析	医学动物防制	2015. 31（4）	K	姜霞	孙印旗
29	河北省首例水貂养殖者布鲁杆菌病病原学及遗传特征分析	中华地方病学杂志	2015. 34（12）	C	姜霞	刘晓丽
30	河北省 2006—2013 年布鲁氏菌病流行特征及影响因素分析	医学动物防制	2015. 31（8）	K	钱振宇	刘晓丽
31	Eighteen - year follow - up report of the surveillance and privintion of an HIV/AIDS outbreak amongst plasma donors in Hebei province，China	BMC Infectious Diseases	2015. 15（316）	SCI	陈素良	陈素良
32	河北省 1989—2013 年 HIV/AIDS 死亡与 HAART 关系的分析	中华流行病学杂志	2015. 36（5）	C	陈素良	陈素良
33	不同感染途径 HIV 患者治疗后的耐药突变及影响因素分析	解放军医学杂志	2015. 40（7）	C	路新利	康现江/陈素良
34	性传播艾滋病患者抗艾滋病毒治疗后的 HIV - 1pol 区基因突变研究	中国人兽共患病学报	2015. 31（1）	C	路新利	陈素良
35	安国市部分流动人口性病艾滋病防治知识需求评估	医学动物防制	2015. 31（4）	K	焦亚芹	路新利
36	Decolorization of Leather Dyeing Wastewater by Laccase of the White Rot Fungus Pycnoporus sp. Y1	Nature Environment and Pollution Technology	2015. 14（4）	SCI	路新利	
37	HIV - 1 Genetic Diversity and Transmitted Drug Resistance Among Recently Infected Individuals at Men Who Have Sex with Men Sentinel Surveillance Points in Hebei Province，China	AIDS RESEARCH AND HUMAN RETROVIRUSES	2015. 31（10）	SCI	路新利	康现江
38	河北省 1989—2012 年梅毒和淋病病例报告情况分析	中华疾病控制杂志	2015. 19（6）	K	苗香芬	赵宏儒
39	平山县 400 例性病就诊者梅毒预防知识知晓率调查分析	医学动物防制	2015. 31（4）	K	宗雪梅	苗香芬

续表

序号	论文题目	刊物名称	卷、期号	核心期刊	第一作者	通讯作者
40	Impact of removing iodized salt on the iodine nutrition of children living in areas with variable iodine content in drinking water	Eur J Nutr	2015. 54SCI	吕胜敏	吕胜敏	
41	Impact of removing iodized salt on children's goitre status in areas with excessive iodine in drinking - water	British Journal of Nutrition	2015. 133	SCI	吕胜敏	吕胜敏
42	Iodised salt contribution to iodine nutrition status of pregnant and lactating women	British Journal of Nutrition	2015. 134	SCI	张海红	吕胜敏
43	停供碘盐对高碘地区儿童甲状腺肿大的干预效果	中国地方病防治杂志	2015. 30（5）	K	吕胜敏	吕胜敏
44	停供碘盐对高碘地区儿童甲状腺肿大的影响	卫生研究	2015. 44. 3	K	吕胜敏	王玉春
45	用体表面积标化甲状腺容积标准评价停供碘盐对高碘地区儿童甲状腺肿大的干预效果	中华预防医学杂志	2015. 49（4）	C	吕胜敏	吕胜敏
46	停供碘盐防止高碘地区人群碘过量的效果评价	中华地方病学杂志	2015. 34（1）	C	吕胜敏	吕胜敏
47	WHO 甲状腺容积标准判定高碘甲状腺肿大适用性的探讨	中国地方病防治杂志	2015. 30（2）	K	吕胜敏	吕胜敏
48	河北省肺结核可疑症状者发生频度调查及就医情况分析	医学动物防制	2015. 31（5）	K	徐华	
49	Effect of hydrogen sulfide on inflammatory cytokines in acute myocardial ischemia injury rats	EXPERIMENTAL AND THERAPEUTIC MEDICINE	2015. 9	SCI	刘芳	张建新
50	硫化氢对高脂诱导的非酒精性脂肪性肝炎大鼠肝脏炎性反应的作用	中国全科医学	2015. 18（21）	E	王丽	李国风
51	硫化氢对大鼠局灶性脑缺血损伤的影响	河北医药	2015. 37（18）	K	孙立新	李国风
52	心肌缺血对大鼠肾皮质利钠肽受体表达的影响	河北医药	2015. 37（4）	K	牛丽静	牛丽静
53	2 - Acetyl - 4 - tetrahydroxybutylimidazole and 4 - methylimidazole in caramel colours, vinegar and beverages in China	Food Additives & Contaminants: Part B	2015. 8（3）	SCI	王丽英	杨立新

续表

序号	论文题目	刊物名称	卷、期号	核心期刊	第一作者	通讯作者
54	Sruvey of 11 mycotoxins in wheat flour in Hebei province，China	Food Additives & Contaminants：Part B	2015. 8（4）	SCI	刘印平	杨立新
55	Occurrence of deoxynivalenol in wheat，Hebei Province，China	Food Chemistry	2015. 12	SCI	刘印平	杨立新
56	啤酒和腊肠中 N，N－二甲基亚硝胺的测定	食品安全质量检测学报	2015. 6（10）	K	刘印平	杨立新
57	气象色谱串接质谱快速检测不同类别食品中的邻苯二甲酸酯	包装工程	2015. 36（1）	E	刘印平	杨立新
58	河北省纸质食品包装材料中荧光增白剂使用情况调查分析	包装工程	2015. 36（1）	E	路杨	杨立新
59	QuEChERS 净化超高效液相色谱法快速测定豆制品中的 9 种工业染料	食品安全质量检测学报	2015. 6（10）	K	路杨	杨立新
60	基于文献计量学的河流污染物通量领域热点研究方向分析	食品安全质量检测学报	2015. 6（10）	K	杨立新	刘印平
61	同位素稀释超高效液相色谱－串联质谱法测定酱油、醋和饮料中的 4－甲基咪唑	食品安全质量检测学报	2015. 6（10）	K	王丽英	刘印平
62	河北地区谷物及谷物制品中脱氧雪腐镰刀菌烯醇及其衍生物污染水平调查与分析	中国食品卫生杂志	2015. 27（5）	K	王丽英	刘印平
63	超高效液相色谱－串联质谱法快速测定饮料中 22 种添加剂	食品安全质量检测学报	2015. 6（3）	K	刘印平	王丽英
64	液相色谱－串联质谱法检测婴幼儿食品中 6 种黄曲霉毒素	食品安全质量检测学报	2015. 6（10）	K	任贝贝	王丽英
65	离子色谱法测定牛乳中硫氰酸盐含量的不确定度评估	食品安全质量检测学报	2015. 6（10）	K	李锦	刘玉欣
66	固相萃取－超滤离心－离子色谱法测定冰淇淋和雪糕中的硫氰酸盐	中国卫生检验杂志	2015. 25（10）	K	李锦	刘玉欣
67	2013 年河北省 159 份生乳中硫氰酸盐含量分析	中国食品卫生杂志	2015. 27（5）	K	高淑琴	刘玉欣
68	超高效液相色谱－串联质谱法检测河毒素	食品安全质量检测学报	2015. 6（10）	K	王丽英	路杨
69	冷冻干燥法在气相色谱法测定干枣中 7 种拟除虫菊酯类农药残留中的应用	食品安全质量检测学报	2015. 6（10）	K	云鹏	路杨
70	凝胶渗透色谱净化超高效液相色谱法测定辣椒油和火锅底料中的 10 种工业染料	食品安全质量检测学报	2015. 6（10）	K	路杨	常凤启

续表

序号	论文题目	刊物名称	卷、期号	核心期刊	第一作者	通讯作者
71	河北省粮食中16种稀土元素的残留状况调查	食品安全质量检测学报	2015.6（10）	K	赵晨曦	付志斌
72	共振光散射技术在氨基糖苷类抗生素分析中的应用	医学动物防制	2015.31（7）	K	冯静	
73	2013年河北省食品中金黄色葡萄球菌污染状况调查	中国食品卫生杂志	2015.27 S	K	关文英	申志新
74	河北省2001—2012年尘肺病发病特征与流行趋势	中华劳动卫生职业病杂志	2015.33（5）	C	郝海燕	赵春香
75	2001—2012年河北省新发矽肺病病例特征及趋势研究	工业卫生与职业病	2015.41（2）	E	李建国	赵春香
76	2001—2012年河北省煤工尘肺分布特征分析	中国职业医学	2015.42（4）	K	李莎	赵春香
77	河北省中小铁矿采选业粉尘职业病危害现状调查	职业与健康	2015.31（2）	K	李增敏	李增敏
78	河北省中小铁矿采选业接尘工人职业卫生知识知晓情况调查	职业与健康	2015.31（8）	K	李增敏	李增敏
79	2012年市售食品中致病菌检测结果分析	医学动物防制	2015.31（7）	K	张晓娜	
80	河北省2012年国家疾病监测点居民死因及分类构成分析	河北医药	2015.37（6）	K	张敬一	
81	河北省就业流动人口主要慢性病现况及危险因素分析	中国慢性病预防与控制	2015.23（2）	K	栗华	
82	2012年河北省城乡居民健康素养监测分析	中国健康教育	2015.31（2）	K	程蔼隽	

注：SCI为科学引文索引；C为CSCD来源期刊；E为CSCD扩展期刊；K为中国科技核心期刊；0为未被收录到中国科技核心期刊。

2015年度论文总数：82篇。其中SCI：11篇 C：8篇；E：7篇；K：56篇；0：0篇；

2015 年省疾控中心专业人员外出参加学术会议情况统计

部门	姓名	会议名称	培训类型	会议时间	会议地点	举办单位
病毒所	于秋丽 刘宏灵	全国病毒性腹泻监测工作总结及监测方案培训	实验室	2015. 4. 21～22	深圳	中国疾控病毒所
病毒所	于秋丽 赵文娜	2015 年全国手足口病监测实验室网络和发热出疹症候群监测培训	实验室	2015. 11. 24～26	北京	中国疾控病毒所
病毒所	刘莹莹 赵文娜	2015 年诺如病毒胃肠炎暴发监测及检测研讨会	流行病学	2015. 10. 9～10	北京	中国疾控病毒所
病毒所	刘兰芬	住院严重急性呼吸道感染病例监测	流行病学	2015. 6. 7～9	哈尔滨	中国疾控
病毒所	刘兰芬	第四届全国分子流行病学暨第八届冀鲁豫流行病学学术会	流行病学	2015. 10. 29～31	开封	中华预防医学会流行病学分会
病毒所	刘兰芬	2015 年全国高级病毒学培训班	其他	2018. 7. 26～31	北京	中国疾病预防控制中心病毒所
病毒所	齐顺祥	2014—2015 你给的全国传染病与寄生虫病监测与防治业务工作会	流行病学	2015. 9. 23	成都	中国疾控中心
病毒所	齐顺祥 刘艳芳	第六届传染病防控基础研究与应用技术论坛	实验室	2015. 6. 11～12	延边	中华医学会、中国微生物学会
病毒所	刘艳芳 齐顺祥	2014—2015 年度全国流感/禽流感监测与防控工作年会	其他	2015. 11. 12～13	北京	中国疾控中心
病毒所	魏亚梅 蔡亚男	2015 年登革热监测与防控技术培训	流行病学	2015. 5. 26～29	北京	中国疾控中心
病毒所	李岩、 王胜娥、 齐顺祥	中国疾病预防控制中心病毒病预防控制所关于举办《病原体核酸检测新技术培训班》的通知	实验室	2015. 5. 7～9	湖南长沙	中国疾病预防控制中心
病毒所	李岩、 韩光跃	国家卫生计生委疾控局关于举办省级流感实验室检测技术培训班的通知	实验室	2015. 6. 15～19	北京	中国疾病预防控制中心
病毒所	李岩	第三届全国病毒感染与器官功能衰竭学术会议和第二届全国常见及新突发传染病检验新技术学习班暨第四届全军感染性疾病临床检验新技术研讨班	实验室	2015. 8. 21～23	湖南怀化	中华医学会医学病毒学分会

续表

部门	姓名	会议名称	培训类型	会议时间	会议地点	举办单位
病毒所	韩占英、韩旭	病毒性出血热实验室检测技术与新发传染病应对培训班	流行病	2015. 10. 29 ~ 30	大连	中国疾病预防控制中心
病毒所	张艳波	第十一期伦理委员会规范管理与临床试验项目伦理审查培训班	其他	2015. 6. 28 ~ 30	青岛市	国家食品药品监督管理总局高级研修学院
毒理所	徐颖	农药登记毒理学试验技术培训班	卫生管理	2015. 11. 4 ~ 5	北京	农业部农药检定所
毒理所	杨卫超	农药登记毒理学试验技术培训班	卫生管理	2015. 11. 4 ~ 5	北京	农业部农药检定所
毒理所	左派欣	《食品安全性毒理学评价程序和方法》标准宣贯	其他	2015. 9. 24 ~ 25	北京	国家食品安全风险评估中心
毒理所	洪丽华	《食品安全性毒理学评价程序和方法》标准宣贯	其他	2015. 9. 24 ~ 25	北京	国家食品安全风险评估中心
毒理所	呼亚伟	2015 年第四届毒性病理学研讨会	其他	2015. 4. 20 ~ 22	成都	中国药学会药物毒性病理专业委员会
毒理所	徐颖	食品安全国家标准宣贯	其他	2015. 7. 30 ~ 31	北京	国家卫生计生委
毒理所	郭金铭	食品安全国家标准宣贯	其他	2015. 7. 30 ~ 31	北京	国家卫生计生委
毒理所	李兴琴	河北省实验动物质量标准化研讨会暨 2015 年实验动物学会年会	卫生管理	2015. 11. 21	石家庄	河北省实验动物学会
毒理所		中国北方第十三届实验动物科技年会	其他	2015. 9. 17 ~ 19	沈阳	中国医科大
放射所	张京战	放射卫生监督管理与检测技术培训班		2015. 4. 10 ~ 12	杭州	中国卫生监督协会
放射所	张京战	全国核辐射应急剂量估算培训班		2015. 8. 25 ~ 27	天津	国家卫生计生委应急办
放射所	张京战	中华医学会第十次全国放射医学与防护学术交流会		2015. 12. 1 ~ 3	北海	中华医学会放射医学与防护学分会
放射所	张京战	中国医学装备协会关于召开第六次会员代表大会 暨第二十四届学术年会	授课	2015. 7. 17 ~ 19	厦门	中国医学装备协会
放射所	董晓菊	职业卫生与放射卫生管理培训	授课	2015. 6. 24 ~ 26	南京	国家卫计委
放射所	董晓菊	外照射个人监测技术培训班	授课	2015. 5. 27 ~ 29	长春	中国疾病预防控制中心辐射防护与核安全医学所

续表

部门	姓名	会议名称	培训类型	会议时间	会议地点	举办单位
放射所	董晓菊	中国医学装备协会关于召开第六次会员代表大会暨第二十四届学术年会	授课	2015.7.17～19	厦门	中国医学装备协会
放射所	高艳辉	外照射个人监测技术培训班	授课	2015.5.27～29	长春	中国疾病预防控制中心辐射防护与核安全医学所
放射所	高艳辉	中国医学装备协会关于召开第六次会员代表大会暨第二十四届学术年会	授课	2015.7.17～19	厦门	中国医学装备协会
放射所	杨彦文	中国医学装备协会关于召开第六次会员代表大会暨第二十四届学术年会	授课	2015.7.17～19	厦门	中国医学装备协会
放射所	程亚梅	中国医学装备协会关于召开第六次会员代表大会暨第二十四届学术年会	授课	2015.7.17～19	厦门	中国医学装备协会
放射所	程亚梅	中国医学装备协会关于召开第六次会员代表大会暨第二十四届学术年会	授课	2015.7.17～19	厦门	中国医学装备协会
放射所	杨苍珍	放射工作人员职业健康管理与放射性肿瘤病因判定培训班	面授	2015.6.24～27	威海	中国疾病预防控制中心辐射防护与核安全医学所
放射所	杨苍珍	中国医学装备协会第六次全国会员代表大会暨第二十四届学术年会	面授	2015.7.17～19	厦门	中国医学装备学会
环卫所	刘毅刚	饮用水卫生监测研讨会	其他	2015.2.9～10	北京	
环卫所	刘毅刚	公共场所健康危害因素监测研讨会	其他	2015.6.27～28	哈尔滨	中国疾控中心环境与健康相关产品安全所
环卫所	刘毅刚	环境污染人体生物监测体系建设研讨会	其他	2015.5.12～14	北京	国家卫生计生委疾控局
环卫所	刘毅刚	空气污染对人群健康影响数据审核培训班	其他	2015.7.29～30	北京	国家卫生计生委疾控局
环卫所	刘毅刚	全国农村饮用水水质卫生监测工作研讨会	其他	2015.5.14～16	哈尔滨	中国疾控中心农村改水技术指导中心

续表

部门	姓名	会议名称	培训类型	会议时间	会议地点	举办单位
环卫所	刘毅刚	全国环境与健康工作会	其他	2015.9.23	宁波	中国疾控中心农村改水技术指导中心
环卫所	刘毅刚	全国重点地区环境与健康专项调查	其他	2015.8.19～20	重庆	国家卫生计生委疾控局
环卫所	刘毅刚	国家卫生城市技术评估工作培训班	其他	2015.11.12～13	海口	全国爱卫会办公室
环卫所	刘毅刚	空气污染对人群健康影响培训班	其他	2015.3.18～19	上海	中国疾控中心环境与健康相关产品安全所
环卫所	袁树华	全国饮用水卫生监测系统建设项目技术交流会	其他	2015.2.10～12	北京	中国疾控中心
环卫所	袁树华	农村饮用水和环境卫生监测质控工作会	其他	2015.3.11～13	南京	中国疾控中心农村改水技术指导中心
环卫所	袁树华	第九期流行病学应用与实践系列培训班	流行病学	2015.5.4～8	西安	中国疾控中心
环卫所	袁树华	饮用水卫生监测质量控制培训班	其他	2015.6.8～10	北京	中国疾控中心环境与健康相关产品安全所
环卫所	袁树华	2015年全国饮用水和环境卫生监测培训班	流行病学，实验室	2015.7.22～23	长沙	国家卫生计生委疾控局
环卫所	袁树华	突发水污染事件卫生应急技术培训	流行病学	2015.9.16～19	北京	中国疾控中心
环卫所	金红	公共场所集中空调卫生学评价培训班	实验室	2015.4.14～16	贵州	中国疾控中心环境与健康相关产品安全所
环卫所	金红	空气污染对人群健康影响监测技术培训班（第一期）	其他	2015.5.27～29	北京	国家卫生计生委疾控局
环卫所	金红	空气污染对人群健康影响监测技术培训班	流行病学，实验室	2015.7.13～15	北京	国家卫生计生委疾控局
环卫所	金红	全国空气污染对人群健康影响网报培训班	其他	2015.9.9～11	杭州	国家卫生计生委疾控局
环卫所	金红	空气污染对人群健康影响研讨会	其他	2015.10.29～31	北京	国家卫生计生委疾控局

续表

部门	姓名	会议名称	培训类型	会议时间	会议地点	举办单位
环卫所	金红	全国重点地区环境与健康专项调查国家级技术	其他	2015. 11. 11 ~ 13	广州	国家卫生计生委疾控局
环卫所	金红	全国疾病系统环境与健康技术培训班	其他	2015. 12. 2 ~ 4	深圳	中国疾控中心环境与健康相关产品安全所
环卫所	张瑞琦	2015 年全国农村环境卫生监测工作研讨会	其他	2015. 4. 23 ~ 25	成都	中国疾控中心农村改水技术指导中心
环卫所	张瑞琦	2015 年全国农村环境卫生监测项目阶段总结会	其他	2015. 12. 8 ~ 9	昆明	中国疾控中心农村改水技术指导中心
环卫所	安玉琴	环境健康风险评估培训	流行病学	2015. 5. 5 ~ 9	长沙	中国疾控中心环境与健康相关产品安全所
环卫所	金红、安玉琴	空气污染对人群健康影响监测项目年度总结报告会	流行病学	2015. 8. 16 ~ 18	呼和浩特市	国家卫生计生委疾控局
环卫所	安玉琴	环境空气污染健康影响监测方法培训班	流行病学，实验室	2015. 11. 3 ~ 6	成都	中国疾控中心环境与健康相关产品安全所
寄防所	刘洪斌	全国消除疟疾现场培训班	国家	2015. 4. 16 ~ 17	云南普洱	国家卫生计生委疾控局
寄防所	李军	全国人体重点寄生虫病调查数据录入培训班	国家	2015. 4. 21 ~ 22	西安	中国疾病预防控制中心寄生虫病所
寄防所	冯宁宁	全国人体重点寄生虫病调查数据录入培训班	国家	2015. 4. 21 ~ 22	西安	中国疾病预防控制中心寄生虫病所
寄防所	李军	寄生虫病防治工作研讨会	国家	2015. 5. 18 ~ 19	青海西宁	国家卫生计生委疾控局
寄防所	甄素娟	血吸虫病、疟疾和包虫病检测技术培训国家		2015. 6. 29 ~ 30	上海	中国疾病预防控制中心寄生虫病所
寄防所	冯宁宁	血吸虫病、疟疾和包虫病检测技术培训国家		2015. 6. 29 ~ 30	上海	中国疾病预防控制中心寄生虫病所
寄防所	李军	中国消除疟疾路径分析和验证培训班	国家	2015. 6. 25 ~ 26	上海	中国疾病预防控制中心寄生虫病所
寄防所	刘洪斌	中国消除疟疾十三五工作实施方案框架编写培训班	国家	2015. 6. 30 至 7. 1	上海	中国疾病预防控制中心寄生虫病所

续表

部门	姓名	会议名称	培训类型	会议时间	会议地点	举办单位
寄防所	冯宁宁	新发及输入性寄生虫病/热带病相关媒介生物学研讨班	国家	2015.8.31 至 9.1	贵州贵阳	中国疾病预防控制中心寄生虫病所
寄防所	刘洪斌	召开 2014—2015 年度全国传染病与寄生虫病监测与防治业务工作会	国家	2015.9.23	四川成都	中国疾病预防控制中心寄生虫病所
寄防所	刘洪斌	全国消除疟疾经验总结和监测现场培训班	国家	2015.10.15～16	江苏无锡	国家卫生计生委疾控局
健教所	郭晓亮	2014 年中国成人烟草调查工作培训	其他	2015.1.7～8	福州	中国疾控中心控烟办
健教所	郭晓亮	中国戒烟管理教育项目启动会	其他	2015.5.13	北京	国家卫生计生委宣传司
健教所	郭晓亮	健康促进医院培训	其他	2015.6.24～27	北京	中国健康教育中心
健教所	郭晓亮	戒烟门诊及戒烟干预技能培训	其他	2015.7.9～10	江苏太仓	中国疾控中心控烟办
健教所	郭晓亮	中央补助地方健康素养促进行动项目 2014 年总结暨 2015 年启动培训会	其他	2015.10.16～17	石家庄	省卫生计生委宣传处
健教所	郭晓亮	京津冀三地健康教育骨干健康传播技能培训	其他	2015.10.21～23	北京	北京市健康教育所
健教所	郭晓亮	第八届健康教育与健康促进大会	其他	2015.11.18～19	杭州	中国健康教育中心
健教所	郭晓亮	全国控烟工作会议暨无烟政府机关创建研讨会	其他	2015.12.1～2	北京	中国疾控中心控烟办
健教所	郭晓亮	戒烟干预技能培训	其他	2015.12.2～3	北京	中国疾控中心控烟办
健教所	陈春雷	全国卫生计生系统文化宣传培训班	其他	2015.11.9～10	北京	中国人口促进会
健教所	陈春雷	京津冀三地健康教育骨干健康传播技能培训班	其他	2015.10.21～23	北京	北京市健康教育所
健教所	冯毅	全国卫生摄影颁奖座谈会	其他	2015.10.30	北京	中国疾控中心
健教所	张海容	成人烟草调查省级培训	课堂讲授	2015.1.6～9	福州	国家控烟办
健教所	张海容	健康素养监测技术和数据分析培训会议	课堂讲授	2015.3.30 至 4.1	北京	中国健康教育中心
健教所	张海容	控烟政策有效利用培训	课堂讲授	2015.10.21～25	重庆	国家控烟办
健教所	张海容	健康素养促进行动项目暨健康中国行活动总结启动会	课堂讲授	2015.8.26～30	珠海	卫计委宣传司

续表

部门	姓名	会议名称	培训类型	会议时间	会议地点	举办单位
健教所	王君懿	京津冀三地健康教育骨干健康传播技能培训班	其他	2015.10.21～23	北京	北京市健康教育所
健教所	王君懿	第八届健康教育与健康促进大会	卫生管理	2015.11.18～19	杭州	中国疾控中心
健教所	王君懿	全国控烟工作会议暨无烟政府机关创建研讨会	其他	2015.12.1～2	北京	中国疾控中心控烟办公室
健教所	辛薇	全国健康教育与新闻宣传师资培训班（健康促进县区）		2015.6.9～13	上海	中国健康教育中心
健教所	辛薇	京津冀三地健康教育骨干健康传播技能培训班	其他	2015.10.21～23	北京	北京市健康教育所
结防所	李俊娟	关于举办全国结核病防治规划培训班的通知	授课	2015.5.18～21	漳州	中国疾病预防控制中心
结防所	王丽芳	关于举办全国结核病防治规划培训班的通知	授课	2015.5.18～21	漳州	中国疾病预防控制中心
结防所	张会民	关于举办儿童结核病防治培训班的通知	授课	2015.7.27～31	长春	中国疾病预防控制中心
结防所	张会民	2015年河北省结核病学术会议	学术会议	2015.8.14～16	邯郸市	河北省医学会结核病分会
结防所	陈海峰	2015年河北省结核病学术会议	学术会议	2015.8.14～16	邯郸市	河北省医学会结核病分会
结防所	赵辉生	关于举办全国结核病防治感染控制培训班的通知	授课及实习	2015.8.24～28	南京	中国疾病预防控制中心
结防所	赵辉生	关于举办全国结核病防治规划培训班的通知	授课	2015.8.23～25	北京	中国疾病预防控制中心
结防所	李国刚	关于举办2015年结核病基础研究与临床应用培训班的通知	授课	2015.6.10～15	临沂	中国防痨协会
结防所	张俊丽	关于举办2015年结核病基础研究与临床应用培训班的通知	授课	2015.6.10～15	临沂	中国防痨协会
结防所	张会民	关于举办礼来项目耐多药结核病防治管理师资培训班的通知	授课	2015.8.10～14	张家口	中国疾病预防控制中心
结防所	陈海峰	关于举办礼来项目耐多药结核病防治管理师资培训班的通知	授课	2015.8.10～14	张家口	中国疾病预防控制中心
结防所	李俊娟	关于举办礼来项目耐多药结核病防治管理师资培训班的通知	授课	2015.8.10～14	张家口	中国疾病预防控制中心

续表

部门	姓名	会议名称	培训类型	会议时间	会议地点	举办单位
结防所	王丽芳	关于举办礼来项目耐多药结核病防治管理师资培训班的通知	授课	2015. 8. 10 ~ 14	张家口	中国疾病预防控制中心
结防所	樊丽红	关于举办礼来项目耐多药结核病防治管理师资培训班的通知	授课	2015. 8. 10 ~ 14	张家口	中国疾病预防控制中心
结防所	张会民	关于举办全国结核病综合防治服务模式培训班	授课	2015. 11. 23 ~ 26	北京	国家卫计委疾控局
结防所	陈海峰	关于举办礼来项目耐多药结核病临床管理师资培训班的通知	授课	2015. 10. 26 ~ 30	四川	中国疾病预防控制中心
结防所	张俊丽	关于举办结核病防治媒体沟通培训班的通知	授课	2015. 10. 27 ~ 30	湖南	中国疾病预防控制中心
结防所	李国刚	关于举办 2015 年全国结核病耐药检测培训班的通知	授课	2015. 4. 21 ~ 24	福建	中国疾病预防控制中心
结防所	曹云星	关于举办 2015 年全国结核病耐药检测培训班的通知	授课	2015. 4. 21 ~ 24	福建	中国疾病预防控制中心
理化所	常凤启	食品安全风险监测工作会议	集中	2015. 2. 11 ~ 13	厦门	国家风险评估中心
理化所	秦振顺、路杨	2015 年食品安全风险监测化学污染物及有害因素上报系统培训班	集中	2015. 3. 12 ~ 14	海口	国家风险评估中心
理化所	王丽英、任贝贝	浙江 CDC 蛋白培训班	集中	2015. 3. 18 ~ 21	浙江	浙江省 CDC
理化所	付志斌	2015 年食品风险监测多元素及形态分析培训班	集中	2014. 3. 23 ~ 27	深圳	国家风险评估中心
理化所	云鹏	2015 年食品风险监测过程污染物检测技术培训	集中	2015. 4. 7 ~ 11	杭州	国家风险评估中心
理化所	路杨、董彬	2015 年食品风险监测多环芳烃检测技术培训	集中	2015. 5. 4 ~ 7	南京	国家风险评估中心
理化所	任贝贝、王丽英	2015 年食品风险监测生物毒素和兽药残留检测技术培训	集中	2015. 5. 24 ~ 29	合肥	国家风险评估中心
理化所	任贝贝	2015 年食品风险监测氯丙醇酯检测技术培训	集中	2015. 4. 13 ~ 17	福州	国家风险评估中心
理化所	王丽英、杨立新	持久性有机污染物 2015 暨第十届持久性有机污染物学术研讨会	集中	2015. 5. 17 ~ 19	桂林	清华大学
理化所	王丽英、秦振顺	2015 年食品风险监测农药残留检测技术培训	集中	2015. 4. 19 ~ 25	长春	国家风险评估中心

续表

部门	姓名	会议名称	培训类型	会议时间	会议地点	举办单位
理化所	李锦、秦晓娟	红外光谱仪培训班	集中	2015. 5. 11 ~ 15	苏州	中标仪化
理化所	付志斌	公共场所卫生评价检测	集中	2015. 6. 29 至 7. 3	哈尔滨	国家 CDC 环境所
理化所	秦晓娟、李锦、路杨	食品安全风险监测优秀论文颁奖暨技术交流	集中	2015. 7. 23 ~ 25	昆明	国家风险评估中心
理化所	李锦、秦晓娟	生活饮用水与涉水产品卫生监督及监测检验技术培训班	集中	2015. 8. 12 ~ 15	呼和浩特	中国卫生监督协会
理化所	王丽英	食品中可能违法添加的非食用物质检测技术研讨会	集中	2015. 8. 19 ~ 22	乌鲁木齐	新疆 CDC
理化所	路杨、赵晨曦	生活饮用水检验技术培训班	集中	2015. 8. 24 ~ 28	哈尔滨	中国 CDC 环境所
理化所	任贝贝	食品检验测量不确定度评定培训班	集中	2015. 9. 20 ~ 23	银川	国家风险评估中心
理化所	刘印平	空气污染健康影响监测方法培训会	集中	2015. 11. 3 ~ 6	成都	中国 CDC 环境所
理化所	云鹏	全国重点地区环境与健康调查培训	集中	2015. 11. 11 ~ 13	广州	中国 CDC 环境所
理化所	秦振顺、路杨、董彬	多环芳烃检测技术总结会	集中	2015. 12. 2 ~ 4	南京	国家风险评估中心
理化所	任贝贝	环境与健康技术培训	集中	2015. 12. 2 ~ 4	深圳	中国 CDC 环境所
慢病所	朱俊卿、张帆、曹亚景	2015 年中国成人慢性病与营养监测工作启动会及培训班	流行病、卫生管理	2015. 6. 16 ~ 20	内蒙古呼伦贝尔	中国疾控中心
慢病所	朱俊卿、张帆、曹亚景	2105 慢病与营养监测培训班	流行病、卫生管理	2015. 7. 15 ~ 16	昆明	国家卫计委
慢病所	曹亚景、史卫卫	全国脑血管流行病学调查和慢性病及其危险因素监测数据分析培训班	流行病、卫生管理	2015. 12. 7 ~ 10	北京	中国疾控中心慢病中心
慢性所	唐丽娟	全国营养生物样品分析能力培训会	流行病学	2015. 7. 20 ~ 25	北京	中国疾病预防控制中心营养与健康所
慢病所	张新亮	社区老年健康工作研讨会	流行病 卫生管理	2015. 11. 25	北京	中国疾控
慢病所	孙纪新	中国重要心血管病患病率调查 2014 年度总结会	集中授课、讨论	2015. 2. 12 ~ 15	哈尔滨	国家心血管中心

续表

部门	姓名	会议名称	培训类型	会议时间	会议地点	举办单位
慢病所	孙纪新	中国分省疾病负担研究专家研讨会	集中授课	2015. 3. 15 ~ 17	北京	中国疾控中心慢病中心
慢病所	朱俊卿、孙纪新、岳福娟	农村地区癫痫管理项目工作总结会	集中授课、讨论	2015. 4. 1 ~ 3	成都	国家卫计委疾控局
慢病所	孙纪新、史卫卫	慢病综合防控培训班	集中授课	2015. 7. 27 ~ 30	北京	中国疾控中心慢病中心
慢病所	孙纪新、张新亮	第四届全民健康生活方式大会	集中授课	2015. 8. 19 ~ 21	北京	中国疾控中心慢病中心
慢病所	孙纪新、史卫卫	心脑血管干预与监测培训班	集中授课	2015. 8. 26 ~ 27	威海	中国疾控中心慢病中心
慢病所	孙纪新、史卫卫	职业人群健步走激励竞赛第一阶段总结会	集中授课	2015. 8. 28 ~ 30	威海	中国疾控中心慢病中心
慢病所	孙纪新	2015 中国高血压年会暨第 17 届国际高血压及相关疾病学术会议	集中授课	2015. 9. 18 ~ 20	南京	中国高血压联盟
慢病所	孙纪新、唐丽娟	2015 年省部减盐项目经验交流会	集中授课	2015. 9. 21 ~ 22	山东高密	中国疾控中心慢病中心
慢病所	孙纪新	癫痫防治管理项目技术骨干培训班	集中授课	2015. 9. 24 ~ 26	南京	国家卫计委疾控局
慢病所	孙纪新、刘玉环	慢病综合防控研讨会	集中授课	2015. 11. 23 ~ 26	哈尔滨	中国疾控中心慢病中心
慢病所	张帆	死因监测总结会	集中授课	2015. 3. 11 ~ 13	深圳	中国疾控中心慢病中心
慢病所	张帆	中国慢病大会	集中授课	2015. 11. 26 ~ 28	北京	中国疾控中心慢病中心
免疫所	张富斌	全国常见及新突发传染病检验新技术学习班	培训	2015. 8. 20 ~ 23	湖南怀化	中华医学会病毒学会
免疫所	张振国、陈玫	第四届全国分子流行病学暨第八届晋冀鲁豫流行病学学术会议	学术会	2015. 10. 29 ~ 31	河南开封	
免疫所	张富斌、丛艳丽	2015 年医学病毒学大会	学术会	2015. 11. 19 ~ 22	上海	中华医学会
免疫所	郭玉、崔志强	2015 年度全国脊灰实验室网络技术培训班	培训	2015. 4. 26 ~ 30	北京	中国疾病预防控制中心

续表

部门	姓名	会议名称	培训类型	会议时间	会议地点	举办单位
免疫所	丛艳丽	全国麻疹监测培训班	培训	2015. 8. 10 ~ 14	西宁	中国疾病预防控制中心
免疫所	王丽娜、王晶辉	免疫规划信息管理系统师资培训班	培训	2015. 8. 25 ~ 27	长春	中国疾病预防控制中心
免疫所	张富斌、王晶辉	免疫规划现状与影响因素调查培训班	培训	2015. 9. 28 ~ 30	北京	中国疾病预防控制中心
免疫所	郭玉	2015 全国麻疹实验室网络技术培训班	培训	2015. 9. 18	北京	中国疾病预防控制中心
免疫所	赵娜	2015 年脊髓灰质炎和其他肠道病毒环境监测新技术培训班		2015. 11. 30 至 12. 5	北京	中国疾控中心
免疫所	王伟	2015 年全国麻疹风疹实验室网络工作研讨会暨培训班	面授培训班	2015. 9. 14 ~ 18	北京	中国疾病预防控制中心病毒病预防控制所国家麻疹实验室
营养所	刘长青	关于召开 2015 年国家食品安全风险监测工作培训及研讨会的通知	会议	2015. 2. 10 ~ 12	厦门	国家食品安全风险评估中心
营养所	刘长青	关于召开 2015 年全国食源性疾病诊断与流行病学调查第一期培训班的通知	会议	2015. 3. 31 ~ 4. 3	西宁	国家食品安全风险评估中心
营养所	刘长青	关于召开母婴营养技术培训班的通知	会议	2015. 5. 19 ~ 22	北京	中国疾病预防控制中心营养与健康所
营养所	刘长青	关于召开中美食源性疾病监测技术交流会的通知	会议	2015. 9. 23 ~ 25	北京	国家食品安全风险评估中心
营养所	刘长青	关于举办 2015 年营养改善工作管理培训班的通知	会议	2015. 11. 4 ~ 7	天津	国家卫生计生委疾控局
营养所	何玉伏	关于举办 2015 年度第四期“农村义务教育学生营养改善计划”营养健康评估及膳食指导培训班的通知	会议	2015. 7. 30 至 8. 2	鄂尔多斯	中国疾病预防控制中心营养与健康所
营养所	梁勇	关于举办食品安全风险交流培训班的通知	会议	2015. 8. 26 ~ 29	哈尔滨	国家食品安全风险评估中心
营养所	宋立江	关于开展 2015 年“5 · 20”中国学生营养日宣传教育活动的通知	会议	2015. 5. 21 ~ 27	天津	中国学生营养与健康促进会

续表

部门	姓名	会议名称	培训类型	会议时间	会议地点	举办单位
营养所	宋立江	关于举办农村义务教育学生营养改善计划管理人员培训班的通知	会议	2015.6.17～19	北京	全国农村义务教育学生营养改善计划领导小组办公室
营养所	宋立江	关于召开全国营养工作会议的通知	会议	2015.11.3～6	天津	中国疾病预防控制中心营养与健康所
营养所	石永亮	关于举办“全国营养生物样品分析能力培训会”的通知	会议	2015.7.20～25	北京	中国疾病预防控制中心营养与健康所
营养所	田美娜 苗润晓	关于中国居民食物消费量调查数据清理和分析培训的通知	会议	2015.11.16～19	沈阳市	国家食品安全风险评估中心
微生物所	韩艳青	2015年全国食品微生物检测技术第一期培训班	实验室培训	2015.3.18～20	广州三寓宾馆	国家食品安全风险评估中心
微生物所	韩艳青、申玉学	2015年食品中寄生虫检测技术培训班	实验室培训	2015.5.20～21	浙江省杭州华美达酒店	国家食品安全风险评估中心
微生物所	申玉学、关文英	公共场所微生物检验国家标准培训班	实验室培训	2015.2.3～5	福建省国惠大酒店	福建省疾病预防控制中心
微生物所	王英豪	饮用水卫生检验和监测实验室网络平台建设总结会	实验室培训	2015.12.18	北京广西大厦	中国疾控中心农村改水技术指导中心
微生物所	申玉学	全国疾控系统环境与健康技术培训班	实验室培训	2015.12.2～4	深圳迎宾馆	中国疾控中心环境所
微生物所	王英豪	饮用水卫生检验和监测实验室网络平台建设工作会	实验室培训	2015.7.3	北京广西大厦	中国疾控中心农村改水技术指导中心
微生物所	王英豪	全国食源性疾病诊断与流行病学调查培训班	实验室培训	2015.3.31至4.2	西宁市西宁宾馆	国家食品安全风险评估中心
微生物所	关文英	2015年全国食品微生物检测技术第二期培训班	实验室培训	2015.3.31至4.3	河南省郑州市河南饭店	国家食品安全风险评估中心
微生物所	侯凤伶	国家食品安全风险监测数据信息系统培训班	理论授课	2015.1.28～29	北京市广西大厦	国家食品安全风险评估中心
微生物所	侯凤伶 关文英	2015年全国食源性疾病监测及溯源分析技术第一期培训班	理论授课及实际操作相结合	2015.4.13～17	长沙市新闻大酒店	国家食品安全风险评估中心

续表

部门	姓名	会议名称	培训类型	会议时间	会议地点	举办单位
微生物所	侯凤伶 关文英	动物源食物链中耐药性细菌污染和传递机制项目培训班	理论授课	2015. 9. 29	北京市 河南大厦	国家食品安全风险评估中心
微生物所	白雪	2015年全国微生物风险评估技术培训班	讲课	2015. 5. 26～28	四川省 成都市 四川宾馆	国家食品安全风险评估中心
微生物所	白雪	全国食品微生物实验室检测技术培训班	讲课	2015. 8. 27～28	贵州省 贵阳市 锦江鲜花大酒店	国家食品安全风险评估中心
细消所	韩艳淑	消毒标准内容及格式研讨会	卫生管理	2015. 2. 10	江苏省 南京市	国家卫计委监督中心
细消所	韩艳淑	医师资格考试实践技能考试（公共卫生类别）试题开发会议	卫生管理	2015. 3. 16～18	北京市	国家医学考试中心
细消所	钱振宇	2015年第二期全国病原微生物运输管理培训班	实验室	2015. 4. 28～30	湖南省 长沙市	中国CDC实验室管理处
细消所	孙印旗	第九期流行病学应用与实践系列培训班	流行病学	2015. 5. 5～8	陕西省 西安市	中国CDC流行病学办公室
细消所	何宝花 贾肇一	第八届全球微生物识别国际会议	实验室	2015. 5. 11～13	北京市	中国工程院/中国CDC
细消所	刘晓丽	全国布鲁氏菌病监测方案修订研讨会	流行病学	2015. 6. 11	北京市	中国CDC传染病处
细消所	贾肇一	2015年Pulse Net China工作研讨会暨案例分析会议	实验室	2015. 8. 13～14	宁夏银川市	中国CDC传染病预防控制所
细消所	曹玉雯	急性脑膜炎脑炎监测工作总结会议	流行病学	2015. 7. 23	甘肃省 兰州市	中国CDC免疫规划中心
细消所	曹玉雯	2015年全国流脑、百日咳等细菌性疫苗可预防疾病监测工作研讨会	流行病学	2015. 8. 26～27	陕西省 西安市	中国CDC免疫规划中心
细消所	韩艳淑	2015年消毒标准审定会议	卫生管理	2015. 9. 14～15	湖南省 岳阳市	中国CDC环境与健康相关产品安全所
细消所	孙印旗 曹玉雯	百日咳专题调查研讨会	流行病学	2015. 9. 28	北京市	中国CDC免疫规划中心
细消所	贾肇一	生物安全三级实验室技术培训班	实验室	2015. 10. 9	吉林省 长春市	国家卫计委科教司

续表

部门	姓名	会议名称	培训类型	会议时间	会议地点	举办单位
细消所	韩艳淑 王茜	中国卫生监督协会消毒专业委员会成立大会暨医院清洗消毒新技术培训班	实验室	2015.10.15～16	北京市	中国卫生监督协会
细消所	刘晓丽	应用空间信息技术进行布鲁氏菌病现状调查研讨会	流行病学	2015.10.23	北京市	中国卫生信息学会卫生地理信息专业委员会
细消所	韩艳淑	2016年卫生标准立项评审会议	卫生管理	2015.10.26	北京市	国家卫计委监督中心
细消所	刘晓丽	布鲁氏菌病重点省份防控策略研讨会	流行病学	2015.10.2	新疆 乌鲁木齐	国家卫计委疾控局
细消所	贾肇一	2015年PulseNet China病原菌分子分型技术培训班暨“病原体分子分型实验室监测数据网络传输和分析系统”应用培训班	实验室	2015.11.10～12	北京市	中国CDC传染病预防控制所
细消所	贾肇一	第四届全国分子流行病学暨第八届晋冀鲁豫流行病学学术会议	流行病学	2015.10.30	河南市 开封市	中华预防医学会流行病学分会
细消所	孙印旗	河北省人畜共患病学术研讨会	流行病学	2015.11.9	河北省 石家庄市	河北省畜牧兽医学会/河北省预防医学会
细消所	曹玉雯 王茜	细菌性疫苗可预防疾病实验室检测技术培训班	实验室	2015.11.17～26	北京市	中国CDC传染病预防控制所
细消所	韩艳淑	全省检验检测机构资质认定评审员培训班	实验室	2015.12.7～9	河北省 石家庄市	河北省认证认可协会
性艾所/高干队	赵宏儒 张玉琪	2015年全国艾滋病性病丙肝防治工作年会	培训会	2015.2.10～11	上海	国家性艾中心
性艾所/高干队	赵宏儒 梁良 王校丰 王伟	2015年艾滋病监测工作培训班	培训班	2015.3.23～27	厦门市	国家性艾中心
性艾所/高干队	白广义 苗香芬	全国性病疫情管理暨规范服务培训班	培训班	2015.5.6～8	太原市	国家性病中心
性艾所/高干队	苗香芬 王莹莹	全国性病防治管理信息系统培训会	培训会	2015.12.24～25	南京市	国家性病中心

续表

部门	姓名	会议名称	培训类型	会议时间	会议地点	举办单位
性艾所/高干队	苗香芬 王莹莹	全国性病防治管理信息系统培训会	培训会	2015. 1. 18 ~ 21	南京市	国家性病中心
性艾所/高干队	回延良 王校丰	2015 年检测咨询及随访管理工作省级师资培训班	培训班	2015. 4. 21 ~ 24	西安市	国家性艾中心
性艾所/高干队	回延良	全国艾滋病检测咨询培训班	培训会	2015. 4. 21 ~ 24	西安	国家性艾中心
性艾所/高干队	回延良	第三轮全国艾滋病综合防治示范区工作培训班	培训会	2015. 5. 11 ~ 14	重庆	国家性艾中心
性艾所/高干队	张亚丽	结核菌/艾滋病病毒双重感染防治工作研讨会	培训班	2015. 6. 23 ~ 26	开封市	国家结核中心
性艾所/高干队	张亚丽	2015 年美沙酮门诊管理技能第二期培训班的通知	培训班	2015. 11. 3 ~ 5	南昌市	国家性艾中心
性艾所/高干队	张玉琪 梁良 王伟	2015 年艾滋病疫情评估初步结果论证会	培训班	2015. 7. 13 ~ 15	北京市	国家性艾中心
性艾所/高干队	王校丰 梁良	2015 年美沙酮门诊管理技能第一期培训班的通知	培训班	2015. 9. 15 ~ 17	太原市	国家性艾中心
性艾所/高干队	梁良 王伟	2015 年疫情估计 EPP/SPECTRUM 软件培训班的通知	培训班	2015. 4. 26 ~ 29	北京市	国家性艾中心
性艾所/高干队	张亚丽 王伟	丙肝预防干预技术培训班	培训班	2015. 5. 20 ~ 22	合肥市	国家性艾中心
性艾所/高干队	马琳	2015 年度药品计划制定工作会议	培训班	2015. 3. 18 ~ 19	北京市	国家性艾中心
性艾所/高干队	赵翠英	全国性病实验室质量管理及淋球菌耐药检测技术师资培训班	培训班	2015. 12. 20 ~ 25	南京市	国家性病中心
性艾所/高干队	赵翠英	全国艾滋病实验室网络数据质量分析会	培训会	2015. 4. 22 ~ 25	北京市	国家性艾中心
性艾所/高干队	赵翠英 李宝军 苗香芬 李岩	2015 年艾滋病学术交流大会	培训会	2015. 11. 18 ~ 20	上海市	中国性病艾滋病防治协会
性艾所/高干队	路新利	分子生物学检测 PT 数据库应用分析会	培训班	2015. 6. 2 ~ 5	长沙市	国家性艾中心

续表

部门	姓名	会议名称	培训类型	会议时间	会议地点	举办单位
学会办	武智	第二届河北省科协年会	报告会、座谈会	2015. 10. 14 ~ 15	保定	河北省科学技术协会
学会办	武智	全省中医药宣传工作暨中国中医药报河北通讯员培训会议	培训班	2015. 12. 1 ~ 2	石家庄	河北省中医药管理局
学会办	武智	2015 中医传承 · 北京论坛	论坛	2015. 12. 4 ~ 5	北京	北京中医药学会
学会办	王颖	全国护理管理改革创新高层论坛	培训班	2015. 10. 26 ~ 28	杭州	中华护理学会
学会办	王颖	全国外科护理学术交流会议	培训班	2015. 6. 3 ~ 7	成都	中华护理学会
学会办	吕淑珍	全国学校卫生工作实践及管理研讨班	卫生管理	2015. 7. 31 至 8. 4	贵阳	北医儿少所
学会办	陈志强	全国学校卫生工作实践及管理研讨班	卫生管理	2015. 7. 31 至 8. 5	贵阳	北医儿少所
疫苗所	赵玉良	药品审评咨询会议	流行病学	2015. 10. 21 ~ 23	北京	国家食品药品监督管理总局药品审评中心
疫苗所		召开“疫苗临床相似性研究与评价技术指导原则”研讨会	流行病学	2015. 5. 19 ~ 20	北京	国家食品药品监督管理总局药品审评中心
应急办	师鉴	京津冀申办冬奥公共卫生保障研讨会	卫生管理	2015. 1. 18 ~ 20	张家口	北京疾控
应急办	孔令雄	参加埃博拉出血热国际交流会	流行病学	2015. 3. 23 ~ 24	北京	中国疾控
应急办	师鉴	环境卫生应急保障工作经验交流会	流行病学	2015. 6. 18 ~ 19	乌鲁木齐	中国疾控
应急办	全体人员	河北省卫生应急培训班	卫生管理	2015. 6. 24	石家庄	河北卫计委
应急办	师鉴	中国救灾防病应急管理、风险沟通与健康传播高级研修班	卫生管理	2015. 7. 27 ~ 31	昆明	国家卫计委
应急办	林原	突发急性传染病防控培训班	卫生管理	2015. 8. 6 ~ 7	南京	国家卫计委
应急办	孔令雄	全国突发公共卫生事件监测研讨会	卫生管理	2015. 8. 13	长春	中国疾控
应急办	马昱	2015 年突发中毒事件卫生应急培训班	流行病学	2015. 8. 26 ~ 27	大理	国家卫计委
应急办	全体人员	全省突发急性传染病卫生应急培训班	流行病学	2015. 9. 8 ~ 24	石家庄	河北卫计委
应急办	师鉴、孔令雄	华北地震带省级疾控机构地震灾害卫生应急准备工作研讨会	卫生管理	2015. 9. 17 ~ 18	唐山	中国疾控

续表

部门	姓名	会议名称	培训类型	会议时间	会议地点	举办单位
应急办	石丹莹	2015 年度省级突发公共卫生事件专题风险评估师资培训班	流行病学	2015.9.23～24	南京	国家卫计委
应急办	林原	灾害医学救援专业队伍能力建设峰会	卫生管理	2015.10.19～20	北京	中国疾控
应急办	高伟	2015 年秋冬季重点传染病防控工作视频会议	流行病学	2015.10.23	石家庄	国家卫计委
应急办	孔令雄	全省卫生应急处置技能培训班	流行病学	2015.11.10	石家庄	河北卫计委
应急办	师鉴	全国疾控机构卫生应急工作会议	卫生管理	2015.12.1～2	武汉	中国疾控
应急办	师鉴、高伟、孔令雄	第二界全国卫生应急学术论坛活动	流行病学	2015.12.9～10	北京	中国预防医学会
应急办	师鉴	医疗卫生机构卫生应急工作规范化培训	卫生管理	2015.12.10	北京	国家卫计委
应急办	林原	全省重点传染病工作视频会议	流行病学	2015.12.10	石家庄	河北卫计委
有害所	韩晓莉	2015 年登革热疫情与防控工作会	研讨会	2015.4.29	深圳市	中国疾控中心
有害所	高文	2015 年登革热监测与防控技术培训班	培训班	2015.5.27～28	北京市	国家卫生计生委疾控局
职卫所	高俊卿	职业卫生与放射卫生管理培训班	理论培训	2015.6.24～25	南京	国家卫计委
职卫所	冀荷香、李金凤	职业病诊断标准培训班	理论培训	2015.7.8～9	哈尔滨	中国疾控中心职业卫生与中毒控制所
职卫所	张晓娜	全国重点地区环境与健康专项调查培训班	理论培训	2015.8.20～21	重庆	国家卫计委
职卫所	刘惠田、李增敏	重点职业病监测与职业病风险评估数据库培训	理论培训	2015.10.9～11	北京	中国疾控中心职业卫生与中毒控制所
职卫所	陈福尊	环境空气污染健康影响监测方法培训班	理论培训	2015.11.4～6	成都	中国疾控环境所
职卫所	冀荷香、李金凤	职业病危害因素分类目录培训班	理论培训	2015.11.24～25	北京	国家卫计委
职卫所	陈福尊、李莎	健康康企业项目培训班	理论培训	2015.11.30 至 12.2	北京	中国疾控中心职业卫生与中毒控制所
职卫所	郝海燕	空气污染对人群健康影响监测项目数据审核清理培训会	理论培训	2015.11.30 至 12.1	北京	中国疾控中心环境所

续表

部门	姓名	会议名称	培训类型	会议时间	会议地点	举办单位
质检处	黄卫华	公共场所集中空调通风系统卫生评价、卫生管理与清洗消毒技术培训班		2015. 4. 14 ~ 16	贵州	中国疾控中心环境与健康相关产品安全所
质检处	黄卫华	2015 食品检验测量不确定度评定培训班		2015. 9. 21 ~ 23	银川	国家食品安全风险评估中心
质检处	李绍连	全国病原微生物生物安全培训班		2015. 7. 13 ~ 16	西安	中国 CDC
药研所	解丽君	中药实验药理分会第十一次学术会议	实验室	2015. 8. 24 ~ 26	石家庄	药理学会
药研所	张勤增	第二届河北省毒理学会会员代表大会	其他	2015. 12. 5	石家庄	河北省毒理学会
药研所	解丽君	第二届河北省毒理学会会员代表大会	其他	2015. 12. 5	石家庄	河北省毒理学会
药研所	姜红	第二届河北省毒理学会会员代表大会	其他	2015. 12. 5	石家庄	河北省毒理学会
药研所	李国风	中国微循环学会休克专委会学术年会	实验室	2015. 7. 24 ~ 26	赤峰	中国微循环分会

2015年省疾控中心对下级单位开展培训情况统计

部门	培训项目名称	培训时间	培训对象	培训人数	是否属于继教项目
病毒所	河北省流感等病毒监测技术培训班	2015.8.25～27	各设区市疾控负责流感监测的流病就实验室人员、流感监测点医院管理及技术人员、出血热监测点主管及技术人员、乙肝监测县疾控技术人员	120	是
地病所	2015年全省基层地方病检验业务骨干培训班	2015.10.26～29	市级、县级检验人员	257	是
地病所	全省地方病防治项目实施培训班	2015.10.20～22	市级防病机构主管主任及地病科科长、业务骨干	94	是
寄防所	河北省人体重点寄生虫病防治技术培训班	2015.6.24～26	各社区市疾控中心主管科室负责人和业务骨干各1人，华北石油、省直管县（市）及第三次寄调相关县（市、区）疾控中心业务骨干1人	85	是
健教所	全省戒烟门诊培训班	2015.1.20～21	各设区市健康教育科长、健康促进试点医院戒烟门诊医生	80	否
健教所	健康巡讲师资培训	2015.3.26	各设区市健康教育科长及业务骨干、张家口各县区疾控中心健康教育负责人	130	否
健教所	2015年河北省健康素养和烟草流行监测工作培训班	2015.5.21	各设区市疾控中心健教工作负责人或技术骨干、14个监测点县（区）疾控中心主管主任，健教科长等	80	否
健教所	健康促进医院中期经验交流	2015.5.21	2014年健康促进试点医院项目市健教科长、健康促进试点医院项目负责人	30	否
健教所	健康教育专业人员能力建设项目培训	2015.7.1～2	各设区市健康教育科长及业务骨干、健康促进试点医院主管院长及项目负责人	120	是
健教所	全省健康促进县（区）项目经验交流会	2015.9.17～19	承德、邢台、定州、辛集市卫生局和疾控中心项目负责人	50	否
健教所	2015年度健康巡讲启动暨慢阻肺培训	2015.11.18	机关事业单位、企事业单位工作人员	600	无
寄防所	河北省人体重点寄生虫病监测技术培训班	2015.12.10～11	各设区市、华北石油、定州、辛集市疾控中心主管主任、疟防工作科室负责人和检验技术骨干各1人	42	否

续表

部门	培训项目名称	培训时间	培训对象	培训人数	是否属于继教项目
结防所	河北省耐多药结核病（MDR－TB）实验室诊断培训班	2015. 5. 21～22	各市及部分县结核病防治管理及诊治工作人员	26	是
结防所	河北省结核病健康促进培训班	2015. 11. 10～11	各市及部分县相关专业的继续教育对象	28	是
理化所	河北省食品中化学污染物及有害因素监测技术培训班	2015. 3. 23～27	各市、华北石油疾控中心主管理化检验工作的主管主任，理化检验科主任（科长），从事光谱、色谱和化学分析专业检验人员及承担食品污染以及食品中有害因素监测点、疾控中心从事理化检验的检验人员。	100	是
理化所	仪器设备操作技能与网络数据上报技术学习培训班	2015. 6. 22～24	各设区市、华北石油疾控中心，直管县、区、市疾控中心理化检验科室主任（科长）、从事光谱、色谱和化学分析专业检验人员	92	否
理化所	食品中化学污染物监测新技术应用培训班	2015. 6. 24～26	各设区市、华北石油疾控中心，直管县、区、市疾控中心理化检验科室主任（科长）、从事光谱、色谱和化学分析专业检验人员	92	否
理化所	仪器设备原理与操作技能提高培训班	2015. 11. 24～27	各设区市、华北石油疾控中心，定州、辛集市疾控中心理化检验科室主任（科长）、从事光谱、色谱和化学分析专业检验人员	84	否
慢病所	2015 年慢病与营养监测培训班	2015. 8. 18～19	相关市及监测点负责人、调查员	300	否
慢病所	2015 年慢病与营养监测现场观摩	2015. 10. 15～17	监测点负责人	50	否
慢病所	全省慢病综合监测培训班	2015. 7. 6～9	各设区市以及项目县疾控中心项目负责人	130	是
免规所	全省麻疹/风疹实验室网络技术暨免疫成功率监测培训班	2015. 5. 27～28	各设区市、华北油田、省直管县（市）疾控中心免疫规划科（所）负责人及从事麻疹、风疹实验室检测业务骨干各 1 人（每市 2 人），承担重大专项任务的沧县和武安市疾控中心免疫科科长各 1 人	70	是
免规所	河北省预防接种异常反应调查诊断专家培训班	2015. 6. 12	河北省第二届预防接种异常反应调查诊断专家组	166	

续表

部门	培训项目名称	培训时间	培训对象	培训人数	是否属于继教项目
免规所	全省麻疹监测管理培训班	2015. 4. 29	全省 11 个地市、华北油田及直管县（市）疾控中心主管主任，免疫规划科所长，麻疹监测处置人员。	60	是
免规所	河北省预防接种异常反应信号侦测培训班	2015. 8. 26 ~ 27	设区市、省直管县（市）、华北油田疾控中心免疫规划科（所）长及 AEFI 监测工作人员，设区市所辖县（市、区）疾控中心免疫规划科长。	210	是
营养所	食品安全风险数据分析研讨会	2015. 3. 9 ~ 12	石家庄、唐山、廊坊疾控中心负责食品安全风险监测工作骨干	30	
营养所	婴幼儿辅食干预效果研究项目培训班	2015. 7. 27 ~ 29	武强县疾控参与项目工作专业人员	30	
营养所	2015 年全省农村义务教育学生营养改善计划营养健康监测培训班	2015. 8. 26 ~ 28	保定、张家口、承德市疾控科室负责人、20 个常规监测县疾控中心主管主任及有关科室负责人、重点监测县疾控中心主管主任及相关科室负责人、检验科负责人	59	是
营养所	2015 年食源性疾病监测培训班	2015. 4. 8 ~ 11	各设区市、华北石油疾控中心，定州、辛集疾控中心监测工作主管主任、业务科长及业务骨干、承担病原检验任务的哨点医院主管院长、业务主任及业务骨干	110	是
营养所	2015 年全省食品安全风险监测数据分析培训班	2015. 10. 28 ~ 30	各设区市疾控中心食品安全相关业务人员，定州市、辛集市疾控中心食品安全相关业务人员	13	
细消所	布鲁氏菌病防治项目培训班	2015. 5. 19 ~ 20	各设区市、华北石油、省直管县（市）疾控中心、地方病防治所，张北县、阳原县、围场县、邢台县国家级布病监测点疾病预防控制中心负责布病防治的流行病学和实验室检测人员各 1 人	60	是
信息所	疫情网络报告管理培训班	2015. 8. 24 ~ 26	全省 11 个市	80	是
学卫所	全省教学环境监测培训班	2015. 4. 7 ~ 9	各市疾控学卫骨干	40	是
疫苗所	2015 年河北省 GCP 和疫苗临床试验培训班	2015. 8. 21 ~ 23	参与疫苗临床试验的相关市县疾控工作人员	158	是

续表

部门	培训项目名称	培训时间	培训对象	培训人数	是否属于继教项目
有害所	河北省主要蚊种分类技术培训班	2015.6.22～25	市县级疾控机构病媒专业技术人员	88	是
有害所	登革热监测防控技术培训班	2015.6.14～16	市县级疾控机构病媒专业技术人员	46	否
职卫所	职业病报告培训班	2015.7.13～15	各设区市、疾控中心石家庄、保定职防医院（所）负责职业病报告人员	333	是
职卫所	重点职业病监测与职业健康风险评估启动培训班	2015.7.16～17	各设区市和直管县（市）卫生计生委（卫生局）计控处（科）负责人、华北石油管理局卫生处负责人、职业卫生处负责人；各设区疾控中心主任、项目负责人	98	否
职卫所	职业中毒、物理因素职业病诊断医师及职业健康检查主检医师培训班	2015.9.8～11	职业健康检查资质的市、县级疾控中心、保定、石家庄市职防院（所）从事职业中毒、物理因素职业病诊断医师及职业健康检查主检医师	140	否
职卫所	重点职业病监测与职业健康风险评估数据库培训班	2015.10.15～16	各设区市、华北油田、省直管县（市）疾控中心主管主任、项目负责人及职业病报告有业务管理员	65	否
环境所	全省生活饮用水卫生监测工作启动会暨培训班	2015.5.18～19	各设区市、省直管县（市）疾控中心	67	否
环境所	河北省生活饮用水和环境卫生监测项目	2015.12.15～18	各设区市、定州、辛集市疾控中心	153	是
环境所	空气污染对人群健康影响监测项目	2015.12.16～18	石家庄、唐山、保定、张家口、辛集市疾控中心	40	否
性艾所/高干队	河北省性病疫情管理暨梅毒规范化诊疗服务培训班	2015.6.3～6	性病诊疗医生	70	是
性艾所/高干队	高危人群干预培训班	2015.6.8～10	疾控专业人员	55	是
性艾所/高干队	2015全省艾滋病自愿咨询检测培训班	2015.5.25～29	艾滋病快速检测点工作人员	350	否
性艾所/高干队	河北省艾滋病示范区及社区药物维持治疗现场培训班	2015.8.11～13	示范区及美沙酮门诊工作人员	40	否

续表

部门	培训项目名称	培训时间	培训对象	培训人数	是否属于继教项目
性艾所/高干队	2015 年丙型肝炎临床治疗和管理培训班	2015. 7. 21 ~ 24	医疗机构医生	120	否
性艾所/高干队	河北省艾滋病性病培训班	2015. 6. 10 ~ 12	疾控及医疗机构	35	否
性艾所/高干队	2015 年艾滋病哨点监测及全省疫情估计工作会议	2015. 4. 16	疾控专业人员	50	否
性艾所/高干队	全省艾滋病防治指标培训班	2015. 9. 22 ~ 24	疾控专业人员	50	否
性艾所/高干队	社会组织参与艾滋病防治基金项目培训班	2015. 8. 5 ~ 7	疾控专业人员	50	否
性艾所/高干队	2015 年综合防治示范区培训班	2015. 11. 2 ~ 4	示范区工作人员	40	否
性艾所/高干队	2015 年艾滋病性病丙肝防治工作培训班	2015. 4. 13 ~ 15	疾控专业人员	90	否
性艾所/高干队	丙肝实验室检测技术及控制医院内感染培训班	2015. 8. 18 ~ 21	疾控及医疗机构医生	120	否
性艾所/高干队	全省性病艾滋病实验室检测技术和质量管理培训班	2015. 6. 1 ~ 3	疾控/医院性病艾滋病实验室人员	50	否
性艾所/高干队	艾滋病示范区及社区药物维持治疗	2015. 8. 11 ~ 13	艾滋病示范区和美沙酮门诊人员	30	否
质检处	全省食品安全风险监测采样和质量控制培训班	2015. 3. 24 ~ 26	全省 11 个设区市疾控中心、华北油田疾控中心、辛集、定州市疾控中心食品安全风险监测采样负责人、理化微生物采样负责人、质量管理负责人	120	否
质检处	全省实验室生物安全管理培训班	2015. 5. 22 ~ 23	各设区市疾控中心、专业防治所主管主任及专业人员、省直各大学及附属医院主管领导及生物安全管理专业技术人员。	213	有
放射所	河北省疾病预防控制中心关于举办放射性职业病防治项目培训班	2015. 7. 31 至 8. 1	全省 11 个设区市及 11 规格直管县 3 个县级监测点放射卫生工作相关技术负责人	64	否

续表

部门	培训项目名称	培训时间	培训对象	培训人数	是否属于继教项目
微生物所	全省空肠弯曲菌和霍乱弧菌实验室检验培训班	2015. 7. 27 ~31	各设区市和正定、文安县疾控中心是源性疾病监测相关专业人员 2 人，17 家承担试验任务的哨点医院检验人员各 2 名（名单见附件）	84	否
微生物所	食品微生物及其致病因子风险监测数据网络报告培训班第一期	2015. 8. 26 ~29	各设区市、辛集市疾控中心微生物检验科主任、微生物检验、数据报告和采样人员各 1 名	56	否
微生物所	食品微生物及其致病因子风险监测数据网络报告培训班第二期	2015. 9. 7 ~11	秦皇岛、唐山、邯郸、廊坊、沧州、衡水、邢台、石家庄疾控中心微生物检验科主任、检验人员 2 人（每市 3 人）	50	否
环卫所	河北省饮用水卫生监测信息系统培训班	2015. 1. 14 ~15	各设区市疾控中心，定州、辛集市疾控中心生活饮用水水质卫生监测科室负责人、水质数据上报审核专业人员各 1 名	26	
微生物	河北省食品微生物及其致病因子检验培训班	2015. 4. 21 ~24	11 个设区市疾控中心主管主任、检验科主任、检验人员和数据报告人员，10 个省管县疾控中心主管主任、检验科主任，21 个重点县疾控中心检验科主任、采样人员（名单见附件）。请各设区市疾控中心组织所辖重点县疾控中心参加培训	209	是
结防所	全省结核病定点医疗机构人员培训班	2015. 8. 28	全省各市、县定点医疗机构相关专业的继续教育对象	165	是
性艾所/高干队	河北省梅毒规范化诊疗服务培训班	2015. 6. 3 ~5	相关专业的继续教育对象	90	是
结防所	2015 年河北省结核病防治业务工作会	2015. 5. 15	各设区市、省直辖县（市）疾病预防控制中心（结核病防治所）分管结核病防治工作的主管主任（结防所长）和结防科长各 1 人	26	否
办公室	全省疾病预防控制系统公共卫生服务项目管理培训班	2015. 6. 24 ~25	各设区市疾病预防控制中心、专业院所项目管理部门负责人 1 名；各县（市）区疾病预防控制中心公共卫生项目分管领导 1 名	187	否
职防所	2014 年河北省健康素养促进行动项目（职业卫生）启动暨培训会	2015. 4. 2	各设区市疾控中心、职业病防治院（所），定州、辛集市疾控中心主管主任、职业卫生科负责人和项目负责人	42	否

续表

部门	培训项目名称	培训时间	培训对象	培训人数	是否属于继教项目
性艾所/高干队	丙肝实验室检测技术及控制医院内感染培训班	2015. 8. 19～21	四川省、青海省、宁夏回族自治区疾病预防控制中心和市级疾控中心艾滋病实验室专业人员各 1 名，每省 15～20 人	71	否
结防所	河北省定点医疗机构痰抗酸杆菌涂片检查培训班	2015. 8. 16～17 2015. 8. 19～20	第一期：各设区市、省直管县（市）疾控中心、衡水市结核病防治所主管结核病实验室工作科长、实验室技术人员各 1 名 第二期：已转型的市（县）级定点医疗机构结核病实验室技术人员各 1 名	91	否
免规所	免疫规划工作现况与影响因素调查培训班	2015. 10. 13	各设区市、定州、辛集市疾控中心免疫规划科（所）长及业务骨干各 1 人	26	否
免规所	加强河北省疑似预防接种异常反应监测处置能力培训班	2015. 11. 25	各设区市疾控中心免疫规划科（所）科长、业务骨干各 1 名及临床专家 2 名（请各设区市负责通知疑似预防接种异常反应调查诊断临床专家参加）	44	否

2015 年度省疾控中心接收进修人员统计

序号	姓名	性别	工作单位	进修科室	进修时间	进修期限
1	王森	女	中国 CDC	病毒所	2015. 1. 6～13	1 周
2	陈红	女	张家口　赤城县 CDC	理化所	2015. 5. 14 至 11. 14	6 个月
3	卢琳	女	保定　涞水 CDC	理化所	2015. 5. 18 至 8. 15	3 个月
4	杨慧	女	河北医科大学（公卫学院）	理化所	2015. 8. 20 至 12. 30	4 个月
5	许春晓	女	新疆巴州疾控	微生物所	2015. 10. 21 至 12. 18	2 个月
6	乔正君	女	张家口　赤城县 CDC	微生物所	2015. 12. 15～30	半个月

人力资源管理工作综述

【概述】

2015年度，按照管理权限和组织程序完成人员调配、退休、转正定级、岗位聘用、工龄审定、专家延退、丧葬优抚等手续的办理。本年度公开招聘工作人员11名，接收安置复退军人1名，选拔推荐专家人选2名，评审推荐高级职称晋升人选5人、审核推荐工人技师晋升人选4人，派驻下乡医师17人，办理在职人员辞退手续3人次，辞职手续7人次，返岗聘用手续21人次，优抚手续8人次，接转人事档案20卷，开展了干部人事档案的改版与专项核查，归档文书档案282卷，完成残疾人就业年审、公安系统报备信息采集、职工年度考核奖惩等工作任务。

【资质管理与服务】

落实“编制实名制”，按规定完成机构资质变更、年检及基础信息更新与统计，办理调整手续29人次，提供资质信息服务201份，人员信息服务189余份，填报各类人事报表60余套，做到了人员信息与统计数据的真实与准确，为科学管理及领导决策提供参考依据和基础保障.

【干部档案专项核查】

在人事档案改版升级的基础上，开展干部人事档案专项审核。重点对干部的出生年月、参加工作时间、入党时间、学历学位、工作经历、干部身份、家庭主要成员及重要社会关系等重要信息逐一进行审核。核查人事档案395份，改版升级501份，录入、打印档案目录471份。

【工资福利与保险】

认真落实工资福利待遇，圆满完成在职及离退休人员工资调整，核定本年度绩效总量、及时办理岗位调整与聘用、薪级晋升、转正定级、调配套改等工资调整审批及发放，按政策落实在职及离、退休人员、专家、援疆干部等人员的福利待遇，完成工伤、养老年度参保工作，申报认定工伤待遇3人次。

【计划生育综合管理】

认真贯彻计划生育政策，积极开展三生服务，及时调整、发放独生子女父母奖金，落实计生职工退休奖励、组织开展生殖健康检查，按程序办理职工生育申请、独生子女两全及独生子女家庭意外伤害保险，圆满完成年度工作目标。

附

省疾控中心组织机构及科室设置情况

数据截止2015年12月31日

1. 党政领导干部

主任、党委副书记：崔　泽

党委书记、副主任：李　琦

副主任：李建国

副主任：高立志

副主任：陈素良

纪委书记：王　岩

副主任：蒋东升

2. 处级待遇　张建新　夏晓红　张世联

3. 科室设置及成员

办公室（15人）

主　任：朱小波

副主任：彭世强　申悦霞　孙　帆

科　员：陈彩娟　李　欣　欧　倩
甘承钰　崔红霞　李亚菲　高　珊
赵婷婷　胡其伟　张　新　杨语嫣

项目管理办公室（3人）

主　任：左贵锋
副主任：段晓东
科　员：刘　念
人事处（4 人）
处　长：阎青梅
副处长：王　喆
科　员：刘　霞　袁　浩
党办室（4 人）
副主任：司永光（兼团委书记）
科　员：鲍　文（工会副主席）曹焱翔
　　　　姜　博
监察室（2 人）
主　任：邸凤莲
科　员：杨　洋
老干部管理处（4 人）
处　长：宗　华（兼妇委会主任）
科　员：武　洁　代增才　张　健
财务处（11 人）
处　长：郭鹏云
副处长：陈兴华　刘立清
科　员：沈文丽　曹秀平　王　宏　王　昀
　　　　韩　峰　卢冬春　郑舒文　蒋　霖
内部审计处（3 人）
处　长：任亚辉
副处长：周　忠
科　员：李素肖
科研培训管理处（5 人）
处　长：卢　安
副处长：张永茂
科　员：安　鸿　张怡宁　雍明媛
后勤服务中心：(41 人)
主　任：李志伟
副主任：杨宝庆　李少华
总务科科长：王振华
食堂管理科科长：王利强
科　员：吕运田　尹剑峰　杨　健　王才保
　　　　尹彦蓉　姚志华　魏铁龙　朱志刚
　　　　齐红岩　苏衡生　祝胜芝　冯领群
　　　　孙建新　杨英杰　赵跃勇　王　海
　　　　荆立峰　刘秦明　贺孟江　王爱辉
　　　　邢旭辉　刘伟生　车建良　张金卫
　　　　刘海明　刘培英　夏泽鹏　曹竹溪
　　　　李仕威　齐士伦　马顺强　闫　敏
　　　　张永忠　王　立　狄　凯
　　　　鹿思博
保定后勤服务中心（14 人）
主　任：刘树力
副主任：张荣安
总务科科长：霍双锁
科　员：张金良　狄海莲　徐晓俨　李文丽
　　　　王炳炎　邢卫兵　祈耀西　王彦青
　　　　朱广秋　陈光正　崔瑞江
安全保卫处（4 人）
处　长：窦勇智（兼武装部部长）
副处长：张富才
科　员：丁鑫洋　黄邵新
质量检验管理处（5 人）
处　长：李绍连
科　员：黄卫华　刘继敏　陈　建　李　力
药械供应管理处（12 人）
副处长：张国华　孙立新
科　员：秦跃洲　达利亚　王武兵　卢振民
　　　　李秀峰　张　莉　黄利华　李红宇
　　　　王学民　袁新乐
突发公共卫生事件应急办公室（8 人）
主　任：师　鉴
副主任：高　伟　马　昱
科　员：屈素格　林　原　霍　萌　孔令雄
　　　　石丹莹
生物制品供应管理所（13 人）
副所长：郝延江　曹秀芬　刘　杰
副场长：侯晓涛
科　员：张立平　葛　巍　李子豫　赵　雷
　　　　井建华　崔东路　刘曙光　宫会杰
　　　　王　翌
公共卫生信息所（15 人）
所　长：高贵军
副所长：邓祖昆　董　辉
科　员：王秀玲　周　然　张　燕　马晓江
　　　　张振喜　曾　娟　姚亮亮　王　强

孟　涛　牛智心　周紫燕　宋　杏

免疫规划管理所（16 人）

所　长：张振国

副所长：张富斌　郭　玉

科　员：陈　玫　张俊棉　李　静　刘　岩

王丽娜　郝　玲　赵　娜　王晶辉

丛艳丽　杜　慧　孙　丽　王　伟

王亚菲

细菌病防治与消毒所（14 人）

所　长：孙印旗

副所长：韩艳淑　刘晓丽

科　员：孙克勤　姜　霞　崔玉杰　钱振宇

王颖童　王　茜　贾肇一　何宝花

曹玉雯　张灵敏　张海霞

寄生虫病防治所（6 人）

所　长：刘洪斌

副所长：李　军　甄素娟

科　员：陶　薇　王丽娜　冯宁宁

病毒病防治所（18 人）

所　长：齐顺祥

科　员：刘兰芬　于秋丽　田　茶　韩占英

张艳波　刘艳芳　许永刚　魏亚梅

谢　赟　韩光跃　韩　旭　刘莹莹

李　岩　高　招　赵文娜　蔡亚男

苏　通

疫苗临床研究所（5 人）

所　长：赵玉良

副所长：马景臣

科　员：吴志伟　靳　飞　潘璐璐

性病艾滋病防治所（13 人）

所　长：赵宏儒

副所长：赵翠英　白广义

科　员：苗香芬　回延良　路新利　李巧敏

李　岩　王莹莹　王校丰　王　伟

马　琳　张亚丽

艾滋病高危人群干预工作队（3 人）

队　长：张玉琪

副队长：李保军　梁　良

有害生物防治所（10 人）

所　长：黄　钢

副所长：王喜明　赵　勇

科　员：韩晓莉　马丽华　朱远生　李红艳

高　文　宋纪文　刘增辉

地方病防治所（9 人）

所　长：马　景

副所长：吕胜敏　杜永贵

科　员：梁索理　贾丽辉　周朝辉　徐　栋

李　桐　尹志娟

结核病防治所（12 人）

副所长：陈海峰　张会民

科　员：赵辉生　李国刚　方志金　李俊娟

段建斌　徐　华　樊利红　王丽芳

曹运星　张俊丽

慢性非传染性疾病防治所（14 人）

所　长：朱俊卿

副所长：张敬一　孙纪新

科　员：栗　华　张新亮　吕建波　李　平

张　帆　唐丽娟　曹亚景　刘玉环

史卫卫　岳福娟　杨志刚

营养与食品安全所（13 人）

副所长：刘长青　宋立江　梁　勇

科　员：张北奇　何玉伏　陈　磊　吕　佳

田美娜　牛　蓓　石永亮　苗润晓

罗晓燕　赵永丽

环境卫生监测与评价所（11 人）

所　长：刘毅刚

副所长：袁树华　金　红

科　员：王　刚　裴秀坤　张瑞琦　安玉琴

杨娜敬　李　伟　陈艳华　王苏玮

学校卫生防病所（5 人）

副所长：陈志强　韩彩芝

科　员：吕淑珍　师贵文　冯桂华

职业卫生与职业病防治所（18 人）

所　长：赵春香

副所长：陈福尊　冀荷香

科　员：何　洁　赵　维　高屹福　刘惠田

李金凤　李增敏　高俊卿　郑　卉

张晓娜　刘利辉　王苏梅　李　莎

李永辉　郝海燕　赵俊琴

放射防护所（12 人）

所　长：周开建
副所长：董晓菊　杨苍珍
科　员：程亚梅　杨彦文　张京战　罗文国
　　　　赵智慧　殷　强　李小雷　高艳辉
　　　　郭大伟

健康教育所（14人）
所　长：程蔼隽
副所长：郭晓亮　王润茂
所长助理：陈春雷
科　员：张海容　侯亚娟　王　坤　冯　毅
　　　　于　洁　李星陶　屈　阳　王君懿
　　　　辛　薇　贺　蕾

药物研究所（6人）
所　长：张勤增
副所长：解丽君　姜　红
科　员：郝　娜　李国风　李立萍

医学研究所（5人）
所　长：苗志惠
副所长：路　丽
科　员：王惠娟　牛丽静　刘玲玲

卫生毒理所（11人）
所　长：徐　颖
副所长：李兴琴　呼亚伟
科　员：左派欣　杨卫超　郭金铭　洪丽华
　　　　张俊刚　贾晓光　王卫娜　李瑞乾

理化检验所（21人）
所　长：常凤启
副所长：秦振顺
所长助理：杨立新
科　员：刘玉欣　宋　力　董　彬　冯　静
　　　　卢振敏　王景涛　路　杨　李　锦
　　　　付志斌
　　　　燕　阔　刘印平　王丽英　赵晨曦
　　　　云　鹏　任贝贝　秦晓娟　贺建伟
　　　　胡建国

微生物检验所（9人）
所　长：申志新
副所长：王英豪　关文英
科　员：侯风玲　张淑红　申玉学　韩艳青
　　　　史　红　白　雪

学会办公室（2人）
主　任：武　智
科　员：王　颖

省疾控中心人员构成情况

数据截止2015年12月31日

1. 学位结构
博士：14人，占28.2%
硕士：117人，占23.6%
学士：131人，占26.4%

2. 专业技术职称结构
正高级：90人，占23.7%
副高级：69人，占18.1%
中级：123人，占32.3%
初级及以下：98人，占25.9%

3. 技术工人岗位等级结构
工人技师：37人，占41%
高级工：33人，占37%
中级工：10人，占11%
初级工及以下：10人，占11%

4. 岗位总体分布结构
管理人员：25人，占5%
专业技术人员：380人，占77%
工勤人员：90人，占18%

5. 在职专家
国务院特贴专家：李　琦　张建新
省突贡专家：崔　泽　李　琦　夏晓红
　　　　　　张世联　张振国　张北奇
省管优秀专家：李　琦　张建新
“三三三人才工程”一层次人选：李　琦
“三三三人才工程”二层次人选：李立萍

6. 离退休人员情况

离休人员（26 人）：

朱俊华　张　岭　赵志文　王国义　齐文彬
马辛未　李性善　苏　克　胡雪晴　张玉霜
宋文欣　侯英华　齐致宜　何　昆　冯经义
刘宏振　刘墨庄　张家祺　赵志功　张鸿修
李淑贞　屈书成　张　英　王世英　董成芳
陈一新

退休人员（285 人）：

周巨艳　孙玉一　任秀荣　李福坤　闫惠玉
王　欣　李郁文　王佩华　吴秀玉　王喜荣
边庆荣　张淑琴　侯正宗　刘占五　吕广振
杨月英　张志坤　贾国民　牛英达　李怀文
翟淑妙　叶世柏　闫玉霞　黄　任　谢华丽
李玉兰　冉龙志　柴　臻　王振庄　周明河
荆振友　李腾霄　钱辅仁　隋爱琴　侯高隆
刘　煜　谷贞石　张德昆　梁占恒　张淑香
李献国　楚金贵　沈　瑛　张秀臣　邢俊娥
郝玉琦　王忠仁　孟宗达　曹永峰　张作儒
郭逸秀　韩会新　杨大邦　吴玉娥　李桂银
李大军　赵国经　张立芳　刘　义　李　瑛
赵荣伟　吴素敏　张晓晔　秦淑贞　赵秀清
米　凤　赵文会　王跃进　张兰成　贺振杰
单丽娟　朱熹辉　吴素云　马淑霞　昊雅丽
樊俊茹　徐维玲　查永平　苗鸿飞　张兆祥
刘润启　尚建英　李月平　高志民　张坤元
路义江　郭福林　张欣棉　马洪生　李亚晨
王　春　王金木　张卫红　张增广　郗超光
赵保刚　冯桂华　谷炳昕　李惠英　张玉林
祝玉辉　高淑梅　刘玉玲　张桂林　胡　介
王辉岩　达富科　李俊卿　苏学义　周月格
王勤兴　马忠奎　蔡　广　王国章　王兰芬
李焕辰　赵淑贤　张瑞辰　贾秉义　杨桂芬
袁湘芷　王景贤　李银柱　闵宝珍　吴淑敏
王辅才　任秀卉　刘建功　石纪才　程玉新
李　红　庞　雷　吴树勋　靳怀真　郭忠莹
刘淑荣　李景玉　符云峰　于占久　张乃哲
赵瑞珊　管中善　可　玲　屈庆辉　杨世明
周学璋　冯润金　郭春和　王　淳　冯国忠
苏索科　赵仁久　陈　榕　苏文荣　梁中进
李书振　高　素　吴银海　张自治　陈广均
安秀琳　张秀芳　张志蕴　张振明　石秀凤
王景占　穆金玲　余素清　程　淑　刘秋芝
王月年　高秀萍　景东文　刘淑娴　肖振彬
冯燕阳　孙爱励　李　惠　封明涛　安庆吉
王兰花　刘赤平　郭文儒　张富明　王书义
乔淑田　吕日新　乔大卫　孙志华　陆卫红
赵彩莲　曹玄林　王兆军　王二坤　高顺美
卢民兴　李凤鸣　冯金花　王英玺　张军凌
韩志生　周俊婷　李振巧　苏建功　张志珍
刘　颖　王连知　张义尧　魏玉柱　孙红然
李瑞科　王建生　梁花云　刘宝楠　张　魁
夏　欣　魏彩英　赵　娟　董秀聘　许贵新
张　杰　王艳萍　温春生　王会娟　薛淑平
李增华　葛　娟　吴待英　李丽华　李　华
魏铁惠　王占义　杨卫国　张宏伟　马宝新
曹继平　刘玉梅　王英华　王顺启　刘新广
杨惠敏　张中朝　王　燕　姚光俊　陈淑芬
田月敏　霍兰珍　李兰芳　付琳杰　薛玉凤
赵冬霞　张志贞　赵　君　霍彦芳　朱新建
戴明启　王国兴　张硕立　刘京生　种振水
徐纫秋　薛新华　董　力　王薇薇　董淑萍
黄殿贵　王　峰　刘良良　周锡英　屈保卫
高惠敏　吴力丽　范翠萍　赵富阳　刘俊元
马东瑞　李文俊　张联英　李素琴　张爱民
兰漫野　冯　静　苏海生　马琳宁　谭乐芳

2015 年度退休人员（16 人）：

李文俊　张联英　李素琴　王　春　张爱民
王金木　张卫红　张增广　兰漫野　冯　静
马琳宁　郗超光　苏海生　谭乐芳　赵保刚
冯桂华

2015 年度去世人员（8 人）：

郝俊凯　唐冠雄　陈志明　贾洪义　赵忠保
王玉葵　杨树强　张玉锁

省疾控中心党委及基层党组织机构一览表

中心党委（支部）	姓　名
党委书记	李　琦
党委副书记	崔　泽
党委委员	李建国
党委委员（兼工会主席）	高立志
党委委员	陈素良
纪委书记、党委委员	王　岩
第一党支部书记	彭世强
第二党支部书记	吕运田
第三党支部书记	卢　安
第四党支部书记	程蔼隽
第五党支部书记	赵辉生
第六党支部书记	王英豪
第七党支部书记	韩艳淑
第八党支部书记	刘树力
第九党支部书记	郝延江
第十党支部书记	郝延江
第十一党支部书记	宗　华
第十二党支部书记	刘树力（代管）
团委书记	司永光
妇委会主任	宗　华

省疾控中心2015年度评优评先情况

1. 根据委直单位考核组年度综合考核与民主测评情况，经委党组研究，中心领导班子及领导干部2015年度考核等次如下：

领导班子考核等次：“实绩较好”等次

党政领导干部考核合格等次人员：崔泽、李琦、李建国、高立志、陈素良、王岩

2. 根据中心年度综合考核与民主测评情况，经中心党委研究，2015年度先进处室和先进工作者名单如下：

2015年度先进处室（24个）：

办公室（项目管理办公室）、人事处、党办室、监察室、老干部管理处、科研培训管理处、后勤服务中心、保定后勤服务中心、安全保卫处、突发公共卫生事件应急办公室、公共卫生信息所、免疫规划管理所、细菌病防治与消毒所、寄生虫病防治所、病毒病防治所（疫苗临床研究所）、性病艾滋病防治所（艾滋病高危人群干预工作队）、有害生物防治所、慢性非传染性疾病防治所、营养与食品安全所、环境卫生监测与评价所、放射防护所、健康教育所、卫生毒理所、理化检验所

2015年度先进工作者（74名）：

朱小波、左贵锋、陈彩娟、崔红霞、阎青梅、司永光、曹焱翔、邸凤莲、杨洋、宗华、代增才、郑舒文、任亚辉、卢安、王利强、张金卫、夏泽鹏、齐士伦、曹竹溪、刘树力、王彦青、李文丽、窦勇智、张国华、卢振民、刘继敏、高伟、霍萌、郝延江、刘曙光、高贵军、王强、曾娟、张振国、杜慧、丛艳丽、刘晓丽、贾肇一、姜霞、刘洪斌、齐顺祥、韩光跃、韩旭、赵玉良、吴志伟、赵翠英、王伟、韩晓莉、马景、贾丽辉、张俊丽、孙纪新、曹亚景、史卫卫、刘长青、罗晓燕、刘毅刚、安玉琴、吕淑珍、李莎、郝海燕、张京战、程蔼隽、辛薇、姜红、王惠娟、徐颖、杨卫超、常凤启、李锦、刘印平、申志新、侯凤伶、王颖

2015年度教学工作先进科室（10个）

病毒病防治所、细菌病防治与消毒所、性病艾滋病防治所、艾滋病高危人群干预工作队、理化检验所、微生物检验所、卫生毒理所、营养与食品安全所、职业卫生与职业病防治所、放射防护所

2015年度教学工作先进个人（35名）

宋立江、陈磊、刘毅刚、袁树华、陈福尊、冀荷香、师鉴、关文英、张永茂、孙帆、申悦霞、刘霞、王丽娜、李静、孙印旗、崔玉杰、于秋丽、韩占英、苗香芬、李保军、王丽芳、徐华、张帆、史卫卫、周开建、赵智慧、李立萍、左派欣、张俊刚、刘玉欣、王景涛、张淑红、李少华、王利强、丁鑫洋

仪器设备采购供应工作综述

【概述】药械供应管理处主要工作职责是在中心设备管理委员会领导下，与相关处室（所）共同拟定药械物资购置发展规划和年度工作计划，并组织实施；在中心设备管理委员会及仪器设备购置专家论证委员会的领导下，参与大型仪器设备的论证、选购、供应、安装、调配和协调共用的实施与管理；负责中心常规仪器设备及全省EPI冷链装备的维修保障，组织协调仪器设备报废处理的审核鉴定；负责化学试剂、消杀药品、医用实验药品的计划、订购、验收、入库、发放和调剂；落实药械物资相关管理制度。现有职工12人，本科学历6人，大专2人，高中4人；高级职称2人，中级职称6人，技师3人，初级职称1人。

【仪器设备采购】1. 中央2014年重大公共卫生艾滋病防治项目抗病毒治疗检测试剂购置，执行经费701.58万元。

2. 艾滋病快速检测试剂项目，执行经费170万元。

3. 省疾控中心性病艾滋病综合防治业务经费——男男用安全套项目，执行经费40万元。

4. 中央2014年重大公共卫生艾滋病防治项目蛋白印迹仪购置，执行经费20万元。

5. 中央2014年重大公共卫生地方病防治项目地方病防治体系建设设备购置－甲状腺B超，执行经费20.5万元。

6. 中央2014年重大公共卫生水和环境卫生监测项目饮用水水质卫生监测设备购置，专项经费871万元。

7. 中央2015年重大公共卫生水和环境卫生监测项目饮用水水质卫生监测设备购置，执行经费504万元。

8. 中央2014年重大公共卫生结核病防治项目耐药结核病快速诊断设备、药品、试剂耗材等购置，执行经费1257万元。

9. 中央2015年重大公卫疾病预防控制补助经费——结核病防治实验室能力建设、药品、试剂耗材等购置，执行经费1030万元。

10. 省疾控中心消除麻疹专项经费——全自动核酸提取仪（自动）购置，执行经费27.5万元。

11. 省疾控中心卫生监测专项经费——全自动血球计数仪购置，执行经费30万元。

【小型仪器设备、试剂耗材、标准品保障供应】全年采购小型仪器设备（≥400元）145台件，执行经费约227万元（包括设备租赁和设备改造费66万元）。全年采购中心各处所涉及耗材、试剂300余批次，其中，应急防控物资储备6批次、食品化学污染物监测92批次、食源性致病菌监测96批次、重大传染病及病毒防治26批次、地方病防治18批次、细菌布病防治17批次、疫苗评价监测37批次、艾滋病防治8批次等，执行经费约480万元。

【固定资产管理】完成了中心设备类固定资产的年度清查盘点工作，2015年度新增万元以上设备20台（套）。截止到12月31日中心共有仪器设备2395台（套），总价值11371.79万元。

【全省冷链及中心设备维修】全省范围内维修冷库、冷链设备96台次及中心内部设备维修、维护65台次。

附

省疾控中心万元以上仪器设备统计表

（截止到2015年年底）

序号	设备名称	规格型号	产地	数量（台套）	单价（元）	金额（元）	购置时间
1	低温离心机	LD4000B	进口	1	31000	31000	2002.03.26
2	低温冰箱	负30℃270L	进口	1	16800	16800	2002.03.26
3	核素扫描仪		进口	1	121000	121000	2002.03.26
4	半自动生化分析仪	CCOM－F6124	进口	1	49900	49900	2002.04.01
5	Ⅱ级生物安全柜	BHC－1300ⅡA/B3	进口	1	29800	29800	2002.04.28
6	Ⅱ级生物安全柜	BHC－1300ⅡA/B3	进口	1	29800	29800	2002.04.28
7	格力空调	KFR－100W/E		1	10347	10347	2002.10.24
8	肺功能仪	ST－95	进口	1	38000	38000	2002.09.09
9	SONY笔记本电脑	SONYSCP	进口	1	26000	26000	2002.12.18
10	高压空压机	BAUFR/JIIE－H	进口	1	45000	45000	2002.12.18
11	双目生物显微镜	YS2－H	进口	1	29100	29100	2002.04.30
12	笔记本电脑	昭阳K60		1	14138	14138	2002.04.30
13	－152℃冰箱	MDF－1155ATN	进口	1	165000	165000	2002.08.05
14	蛋白分析仪	GK－330C		1	100000	100000	2002.11.01
15	提词器		进口	1	23700	23700	2003.03.26
16	Betacam摄录机		进口	1	162000	162000	2003.03.26
17	索尼数字录像机		进口	1	81000	81000	2003.03.26
18	索尼编辑录像机		进口	1	125000	125000	2003.03.26
19	索尼编辑放像机		进口	1	75000	75000	2003.03.26
20	编辑控制器		进口	1	18500	18500	2003.03.26
21	25型三级三脚架		进口	1	20200	20200	2003.03.26
22	无线采访话筒		进口	1	18500	18500	2003.03.26
23	34寸彩电		进口	1	10000	10000	2003.03.26
24	多媒体编辑彩光		进口	1	338000	338000	2003.03.26
25	电脑笔记本			2	15500	31000	2003.04.09
26	柯尼卡复印机	7025		1	27800	27800	2003.04.09
27	多媒体投影仪		进口	1	31500	31500	2003.04.09
28	电脑笔记本			1	15500	15500	2003.04.09
29	复印机			1	27800	27800	2003.06.02

续表

序号	设备名称	规格型号	产地	数量（台套）	单价（元）	金额（元）	购置时间
30	索尼摄像机及附件		进口	1	14152	14152	2003. 07. 16
31	全自动血球计数仪		进口	1	320000	320000	2003. 08. 07
32	血仪流变仪			1	82500	82500	2003. 08. 11
33	血小板聚集仪			1	30000	30000	2003. 08. 11
34	超纯水仪	（美国）	进口	1	58000	58000	2003. 09. 24
35	1/万 –1/10 万电子天平		进口	1	18800	18800	2003. 06. 01
36	二氧化碳培养箱		进口	2	49500	99000	2003. 06. 01
37	550 酶标仪 1575 洗板机		进口	1	85000	85000	2003. 06. 01
38	–152℃冰箱		进口	1	169000	169000	2003. 05. 30
39	倒置显微镜	奥林巴斯	进口	1	48000	48000	2003. 06. 17
40	三洋制冰机	SIM – F124	进口	1	38800	38800	2003. 07. 14
41	倒置显微镜荧光装置		进口	1	107500	107500	2003. 07. 14
42	定量 PCR 仪		进口	1	985000	985000	2003. 06. 01
43	超速冷冻离心机		进口	1	488000	488000	2003. 06. 01
44	紫外可见分光光度计		进口	1	139800	139800	2003. 06. 01
45	Ⅱ级生物安全柜	CLASS – B2S G603TX	进口	2	165000	330000	2003. 06. 01
46	高速冷冻台式离心机	HERMLZ – 323K	进口	1	49000	49000	2003. 06. 01
47	二氧化碳培养箱	VWR – 2325 – 2	进口	1	45000	45000	2003. 12. 01
48	防污脉动真空蒸汽灭菌器	FW/MG – 0. 4	进口	1	350000	350000	2003. 06. 01
49	立式高压灭菌器	MLS – 3020	进口	1	50000	50000	2003. 02. 01
50	立式高压灭菌器	MLS – 3020	进口	1	50000	50000	2003. 02. 01
51	气相色谱与质谱联用仪	Thermofinnigan trace DSQ	进口	1	1140360	1140360	2003. 06. 01
52	原子吸收光谱仪	日立 Z – 5000		1	499800	499800	2003. 06. 01
53	磁共振质量检查标准模体			1	149900	149900	2003. 06. 01
54	毒气检测仪	MX21	进口	1	251000	251000	2003. 06. 01
55	2. 3 万转冷冻离心机	HERMLZ – 323K	进口	1	127000	127000	2003. 06. 01
56	1. 5 万转低温离心机	德国 HERMLZ Biofuge Stratos	进口	1	80000	80000	2003. 06. 01
57	通风橱		国产	1	16500	16500	2003. 08. 01
58	生物安全柜	NU – 425	进口	1	80000	80000	2003. 01. 01
59	X 线机		进口	1	360000	360000	2004. 03. 15
60	索尼 828 数码相机		进口	1	13000	13000	2004. 03. 29

续表

序号	设备名称	规格型号	产地	数量（台套）	单价（元）	金额（元）	购置时间
61	柯尼卡数码复印机		进口	1	32000	32000	2004.04.23
62	索尼摄像机		进口	1	29400	29400	2004.06.15
63	尼康照相机		进口	1	42550	42550	2004.06.15
64	双目显微镜	奥林巴斯 CX31	进口	1	28000	28000	2004.06.17
65	东芝笔记本		进口	1	14800	14800	2004.07.07
66	显微镜	奥林巴斯	进口	1	15000	15000	2004.07.07
67	索尼数码相机		进口	1	12000	12000	2004.07.12
68	东芝笔记本		进口	1	14700	14700	2004.07.12
69	戴尔台式电脑		国产	1	11000	11000	2004.07.12
70	ASK 多媒体投影仪		进口	1	32000	32000	2004.07.12
71	医用自动洗片机	ALL－pro－200X	国产	1	74000	74000	2004.07.20
72	－86℃冰箱	三洋	进口	1	53500	53500	2004.07.21
73	IBM 笔记本电脑		进口	2	11500	23000	2004.07.28
74	冷冻切片机		进口	1	34500	34500	2004.08.11
75	超声波清洗器	KQ600E	国产	2	10680	21360	2004.08.11
76	粒子计数器		进口	1	57800	57800	2004.08.26
77	防爆个体粉尘采样器	Gilair5	进口	3	11522	34566	2004.11.19
78	防爆粉尘采样器	Aircon2	进口	3	25826	77478	2004.11.19
79	全自动烟尘测定仪		青岛	1	37240	37240	2004.11.19
80	WBGT 综合指数测定仪		进口	1	17650	17650	2004.11.19
81	肌电图		国产	1	158000	158000	2004.12.13
82	高频电磁场放射分析仪	EMR300	进口	1	380000	380000	2004.12.14
83	放疗自动扫描水箱		进口	1	200000	200000	2004.12.27
84	氨基酸分析仪	ED－50	进口	1	800000	800000	2004.10.01
85	原子荧光分光光度计	AF－610A	国产	1	108000	108000	2004.11.01
86	全自动微生物分析系统		进口	1	640000	640000	2004.08.13
87	摄像机	SONY－2100		1	21600	21600	2004.07.05
88	荧光显微镜	BX51TRF	进口	1	156000	156000	2004.07.02
89	Ⅱ级生物安全柜	NU－425－400E	进口	1	120000	120000	2004.07.02
90	三洋超低温冰箱	MDF－382E	进口	1	89000	89000	2004.07.19
91	液相－质谱联用仪		进口	1	2749000	2749000	2004.08.13
92	DNA 纯化仪	Frac－950 型	进口	1	696000	696000	2004.08.13
93	X、γ射线（累计）测量仪			1	29377	29377	2004.08.01

续表

序号	设备名称	规格型号	产地	数量（台套）	单价（元）	金额（元）	购置时间
94	a、b 表面污染检测仪			1	34623	34623	2004.08.01
95	X 射线巡测仪			1	27278	27278	2004.08.01
96	环境 χ、γ 剂量率仪			1	45116	45116	2004.08.01
97	放疗剂量仪			1	183606	183606	2004.08.01
98	医用 X 线论断质量保证检测仪			1	460900	460900	2004.08.13
99	锌原仆啉测定仪	2002		1	57300	57300	2004.08.13
100	超纯水仪			1	47040	47040	2004.08.13
101	生物安全柜	SG603TX	进口	2	160000	320000	2004.08.13
102	病毒载量测定装置	COBASAMPLICOI	进口	1	540000	540000	2004.08.13
103	-85℃低温冰箱	MDF382	进口	1	80000	80000	2004.06.01
104	冷冻/石蜡两用切片机	KD-1508A	国产	1	25920	25920	2004.10.01
105	Ⅱ级生物安全柜	BSC-1500 Ⅱ 100%外排		1	35600	35600	2004.05.01
106	气相色谱（含 HP 计算机、打印机）	6890N	进口	1	355000	355000	2005.03.18
107	正置金相显微镜	XJZ-1A	国产	1	10000	10000	2005.02.25
108	-85℃低温冰箱	MDF-M4086S408L	进口	1	50000	50000	2005.03.15
109	1/万-1/10 万电子天平	GR202	进口	1	18800	18800	2005.02.25
110	显微镜	CX31-RTSF-2	进口	1	19800	19800	2005.02.25
111	动静态配气仪		国产	1	26000	26000	2005.02.25
112	甲醛测定仪	2-300P	进口	1	32000	32000	2005.02.25
113	便携式红外线 CO_2 分析器	GXH-3010E	国产	1	10780	10780	2005.07.19
114	便携式红外线 CO 分析器	GXH3011A	国产	1	19800	19800	2005.07.19
115	酶标仪	550	进口	1	38000	38000	2005.03.24
116	洗板机	1575	进口	1	39000	39000	2005.03.24
117	防污脉动真空蒸汽灭菌器	FWMG-D.17	国产	1	101520	101520	2005.01.20
118	半自动生化分析仪	EPPendorf-6124	进口	1	51500	51500	2005.04.19
119	阿洛卡便携 B 超	SSC-298	国产	1	120000	120000	2005.04.18
120	低温冷冻离心机 23300 转/分	负 40 度 Biofugestratos	进口	1	64000	64000	2005.05.16
121	低温冷冻离心机 15000 转/分	负 40 度 Biofugestratos	进口	1	46000	46000	2005.05.16

续表

序号	设备名称	规格型号	产地	数量（台套）	单价（元）	金额（元）	购置时间
122	流式细胞仪	Facscalibur	进口	1	1340000	1340000	2004.05.24
123	水浴锅	TW－12	进口	2	12000	24000	2005.04.04
124	显微图像分析系统	ZK－MIAS	国产	1	15800	15800	2005.03.03
125	匀浆器		进口	1	20500	20500	2005.11.19
126	倒置显微镜	TE－2000V	进口	1	93000	93000	2005.11.05
127	全自动高压灭菌器	樱花 56L ASV3023	进口	2	53250	10650	2005.11.12
128	荧光显微镜	ACX－41－32PH	进口	1	135000	135000	2005.06.19
129	水中微生物膜过滤装置	sartorlus16831	进口	1	49660	49660	2005.07.18
130	微波消解炉	XT－Ⅲ	国产	1	29000	29000	2005.09.20
131	超纯水仪	Academie	进口	1	55000	55000	2005.11.09
132	高精度恒温恒湿培养箱	KBF720	进口	1	125000	125000	2005.07.04
133	全自动高压灭菌器	樱花 56L ASV3023	进口	1	53250	53250	2005.11.12
134	倒置显微镜	Nikon TE2000－v	进口	1	93000	93000	2005.11.08
135	洗板机	M1575	进口	1	39000	39000	2005.08.16
136	超纯水仪	Academic	进口	1	55000	55000	2005.11.09
137	全自动高压灭菌器	樱花 56L ASV3023	进口	1	53250	53250	2005.11.05
138	真空冷冻干燥机	ALPHA1－2	进口	1	101200	101200	2005.11.08
139	自动凝胶成像仪	柯达 100E	进口	1	98000	98000	2005.11.08
140	倒置显微镜	TE－2000V	进口	1	93000	93000	2005.11.08
141	倒置显微镜	TE－2000V	进口	1	93000	93000	2005.11.08
142	个人及全身振动监测仪	HAVPOR		1	145000	145000	2005.11.01
143	全自动血凝仪	TRT－4	进口	1	42000	42000	2005.11.08
144	光密度计	07－443	进口	1	16900	16900	2005.11.07
145	高速冷冻离心机	SIFMA3－18K	进口	1	79000	79000	2005.11.14
146	全自动高压锅	H＋P75S	进口	1	165000	165000	2005.11.14
147	全自动酶标分析仪	858	国产	1	18000	18000	2005.11.14
148	全自动洗板机	828	国产	1	12000	12000	2005.11.14
149	高精度恒温恒湿培养箱	KBF720	进口	1	125000	125000	2005.07.04
150	显微镜	CX31－32C02 奥林巴斯	进口	1	16640	16640	2005.11.17
151	频谱分析仪	AWA6218B	国产	1	16500	16500	2005.09.28
152	微差计	8705 型	进口	1	10800	10800	2005.09.28
153	烟尘浓度测定仪	应用 3012H（11）	国产	1	37240	37240	2005.09.28

续表

序号	设备名称	规格型号	产地	数量（台套）	单价（元）	金额（元）	购置时间
154	振动测定仪	VI－100	进口	1	32000	32000	2005.09.28
155	噪声频谱测定仪	quest 2900	进口	1	70155	70155	2005.09.28
156	个体噪计量计	noisepro	进口	10	19860	198600	2005.09.28
157	综合温度指数仪	QT－32	进口	1	17650	17650	2005.09.28
158	粉尘采样器	aircon－2	进口	5	28200	141000	2005.09.28
159	防爆空气采器	Giair－5（1－5L/min）	进口	4	11522	46088	2005.09.28
160	超纯水仪	Academic	进口	1	55000	55000	2005.11.09
161	高效液相色谱仪	Alliance2695	进口	2	660000	1320000	2005.11.10
162	气相色谱仪	Traoc GC Ultia	进口	2	449500	899000	2005.11.10
163	原子吸收分光光谱仪	Z－2000	进口	1	530900	530900	2005.11.10
164	－152℃超低温冰箱			1	144000	144000	2005.11.10
165	离子色谱仪	ICS－2500	进口	1	798000	798000	2005.11.10
166	低温高速冷冻离心机			3	85518	256554	2005.11.10
167	紫外可见分光光谱仪	UV－1550	进口	1	153940	153940	2005.11.10
168	快速溶剂萃取系统	ASE200	进口	1	615000	615000	2005.11.10
169	原子吸收分光光度计	Z－5000	进口	1	496000	496000	2005.04.11
170	原子吸收分光光谱仪	Z－2000	进口	1	530900	530900	2005.04.11
171	动物饮（超纯）水机	UPK－Ⅲ－20	国产	1	22000	22000	2005.07.20
172	流量校正系统	Gilibrator－2	进口	1	23000	23000	2005.05.25
173	自动蛋白免疫印迹仪		进口	1	226000	226000	2005.11.25
174	温控自动进样器	Agilont G1327A	进口	1	173000	173000	2005.06.16
175	半导体智能柱温箱	Agilont G1316A	进口	1	33000	33000	2005.06.16
176	双通道数模转换器	35900E	进口	1	19300	19300	2005.06.16
177	蒸发光散射检测器	600200ES	进口	1	145400	145400	2005.06.16
178	八道生理记录仪		进口	1	162243	162243	2005.12.06
179	JVC 摄像机	X5AC	进口	2	11140	22280	2005.12.12
180	旋转蒸发仪	LABORAOTA4001	进口	1	38000	38000	2005.06.01
181	肺功能测试仪	HI－801	进口	1	118000	118000	2006.08.02
182	大鼠无创血压计	PBR－1	国产	1	11800	11800	2006.07.31
183	均质器		进口	1	23000	23000	2006.08.31
184	－85℃低温冰箱		进口	1	68500	68500	2006.08.01
185	高精度恒温恒湿培养箱	KBF720	进口	1	130000	130000	2006.12.01

续表

序号	设备名称	规格型号	产地	数量（台套）	单价（元）	金额（元）	购置时间
186	水中微生物膜过滤装置		进口	1	49660	49660	2007.03.15
187	氢气氮气空气发生器	TP3000	国产	1	16000	16000	2007.03.16
188	氢气氮气空气发生器	TP3000	国产	2	16000	32000	2007.03.16
189	高精度恒温恒湿培养箱	KBF720	进口	1	130000	130000	2007.03.21
190	全自动制冰机	LQP－B－4	国产	1	16500	16500	2007.03.21
191	高速冷冻离心机	TGL－16G－A	国产	1	19800	19800	2007.03.21
192	低温冰柜	负 152 度	进口	1	144000	144000	2007.03.26
193	生化培养箱		进口	3	29500	88500	2007.03.30
194	密集柜		国产	2	35850	71700	2007.04.03
195	荧光显微镜	来卡	进口	1	148931	148931	2007.04.05
196	荧光显微镜	来卡	进口	1	148931	148931	2007.04.05
197	荧光显微镜	来卡	进口	1	148931	148931	2007.04.05
198	生物安全柜 30% 外排	SG－403	进口	2	65800	131600	2007.04.08
199	生物安全柜 30% 外排	SG－403	进口	3	65800	197400	2007.04.08
200	生物安全柜 30% 外排	SG－403TX	进口	2	118000	236000	2007.04.08
201	PCR 仪	DTC－200	进口	1	294650	294650	2007.04.08
202	荧光显微镜		进口	1	98000	98000	2007.04.08
203	摄影荧光显微镜		进口	1	168000	168000	2007.04.08
204	－85℃低温冰箱	负 85 度 MDF	进口	1	50000	50000	2007.04.08
205	高速冷冻离心机	W08P151848WF	进口	1	173000	173000	2007.04.08
206	二氧化碳培养箱		进口	1	52000	52000	2007.04.08
207	酶标仪	550	进口	1	38000	38000	2007.04.08
208	洗板机		进口	1	40000	40000	2007.04.08
209	生物安全柜 100% 外排	SG－430TX	进口	2	118000	236000	2007.04.08
210	台式高压锅	YXQDY－250	国产	2	10540	21080	2007.04.08
211	立式高压灭菌器	LMQC4060V	国产	1	43600	43600	2007.04.08
212	高压灭菌器	卧式	国产	1	34500	34500	2007.04.08
213	生物安全柜 30% 外排		国产	1	29600	29600	2007.04.09
214	生物安全柜 30% 外排		进口	1	87000	87000	2007.04.10
215	二氧化碳培养箱		进口	1	52000	52000	2007.04.10
216	生物安全柜 30% 外排		国产	1	29600	29600	2007.04.09
217	厌氧培养箱		进口	1	88000	88000	2007.04.09
218	全自动高压锅		进口	2	53250	106500	2007.04.09

续表

序号	设备名称	规格型号	产地	数量（台套）	单价（元）	金额（元）	购置时间
219	脉冲场电泳仪	CHEFMAPPER	进口	1	328000	328000	2007.04.19
220	原子荧光分光光度计	AF－S－230E	国产	1	116000	116000	2007.04.15
221	热释光剂量仪	TLD3500	进口	1	400000	400000	2007.04.15
222	全自动生化分析仪	SYNCHRONCX5 PRO	进口	1	711000	711000	2007.04.15
223	膳食纤维素测定仪	GDE＋CSF6	进口	1	189000	189000	2007.04.15
224	全自动脂肪测定仪	SER148/6	进口	1	190000	190000	2007.04.15
225	流动注射分析仪	Quickchem8 500	进口	1	782000	782000	2007.04.15
226	等离子发射光谱－质谱联用仪	Dsape elan drc－e	进口	1	1760000	1760000	2007.04.15
227	超声波粉碎机		进口	1	40000	40000	2007.04.15
228	定量 PCR 仪	Stratagene mx3000P	进口	1	370000	370000	2007.04.26
229	红外分光光度计	Spectrum100	进口	1	339000	339000	2007.05.08
230	动静洗三合一染毒柜	8050－1	国产	1	46700	46700	2007.05.25
231	动式染毒控制仪	8050－1B	国产	1	49500	49500	2007.05.25
232	染毒废气处理装置	8050－PQ	国产	1	25300	25300	2007.05.25
233	染毒屏蔽柜	8050－PB	国产	1	43500	43500	2007.05.25
234	冷冻石蜡两用切片机	KD－1508III/B	国产	1	27800	27800	2007.05.25.
235	山特 UPS 电源	C10KVA	国产	1	25500	25500	2007.06.12
236	复印机	AR－M451N	国产	1	48500	48500	2007.06.18
237	高压灭菌器	ASV－3023	进口	3	58000	174000	2007.06.18
238	全自动荧光法微生物鉴定/药敏分析系统	ARISZX	进口	1	686000	686000	2007.07.06
239	全自动荧光酶标仪	syngergyz	进口	1	367000	367000	2007.07.06
240	酶标仪	GF－M2000	国产	1	38000	38000	2007.07.10
241	毛细管电泳仪	MDQ	进口	1	633000	633000	2007.07.24
242	微波消解仪	MARS	进口	1	198000	198000	2007.09.03
243	水质连续自动检测系统	HYDROLAB	进口	1	199600	199600	2007.09.06
244	便携式 γ 能谱仪	GR－135	进口	1	232000	232000	2007.09.11
245	双向蛋白电泳仪	Ettan IPGphorDIGE	进口	1	1200000	1200000	2007.10.10
246	低本底 γ 谱仪	GEM40	进口	1	695000	695000	2007.10.10
247	酶标仪	TECAN	进口	1	80000	80000	2007.12.31
248	高千伏 X 线机	FH－21HR	进口	1	492000	492000	2008.01.24
249	三洋高压锅	50L	进口	1	58000	58000	2008.02.24

续表

序号	设备名称	规格型号	产地	数量（台套）	单价（元）	金额（元）	购置时间
250	万能视频成像装置	LY－HPCCD	国产	2	16000	32000	2008.03.17
251	低本底 αβ 测量仪	BH1216Ⅲ型	国产	1	195000	195000	2008.04.22
252	Ⅱ级生物安全柜	1285 型	进口	1	56500	565000	2008.04.28
253	Ⅱ级生物安全柜	1285 型	进口	3	56500	169500	2008.04.28
254	Ⅱ级生物安全柜	1285 型	进口	2	56500	113000	2008.04.28
255	Ⅱ级生物安全柜	1285 型	进口	1	56500	56500	2008.04.28
256	Ⅱ级生物安全柜	1285 型	进口	3	56500	169500	2008.04.28
257	二氧化碳培养箱	MOC－18AIC	进口	1	49000	49000	2008.04.23
258	微波灰化装置	PHOENIX	进口	1	180000	180000	2008.05.15
259	微波消解仪	MARS	进口	2	249000	498000	2008.05.15
260	吹扫捕集装置	Tekmarvelocity	进口	1	186000	186000	2008.05.16
261	总有机碳测定仪	IOCⅡ	进口	1	342800	342800	2008.05.17
262	全自动高压灭菌器	SX－500（58 升）	进口	2	52500	105000	2008.07.08
263	全自动高压灭菌器	SX－500（58 升）	进口	2	52500	105000	2008.07.08
264	多功能快速检测仪	BGHMB	进口	1	120800	120800	2008.07.09
265	定量采样机器人	RRK－SR－1	国产	2	195000	390000	2008.07.09
266	AND 电子天平	GR202	进口	2	19900	39800	2008.07.11
267	环境计量率仪	6150AD － b FD －3013B	进口	1	137600	137600	2008.07.08
268	个人计量报警仪	PM1208 PM1621	进口	3	11000	33000	2008.07.08
269	热释光剂量仪	BR2000D	国产	1	92000	92000	2008.07.08
270	激光可吸入粉尘浓度连续测试仪	LD－3CH	国产	1	24500	24500	2008.07.11
271	电视（生物）解剖镜	尼康 SMZ1500	进口	1	205000	205000	2008.07.28
272	制备色谱仪	D600	进口	1	925000	925000	2008.06.28
273	电位滴定仪		进口	1	200000	200000	2008.07.08
274	超临界萃取仪		进口	1	465000	465000	
275	自动汞快速检测仪	DMA－80	进口	1	378000	378000	2008.07.12
276	自动凝胶分馏收集器	USAJ2	进口	1	728000	728000	2008.07.26
277	全自动蛋白测定仪	rap：dn cube	进口	1	439000	439000	2008.07.26
278	热解析（进样系统）	AUTOCan12	进口	1	848000	848000	2008.07.29
279	全自动固相萃取系统	DEX4790GX－274ASPEC	进口	1	1090000	1090000	2008.07.29

续表

序号	设备名称	规格型号	产地	数量（台套）	单价（元）	金额（元）	购置时间
280	水中贾第鞭毛虫和隐孢子虫检测系统		进口	1	880000	880000	2008.08.06
281	PCR仪	MX3000P	进口	1	400000	400000	2008.08.01
282	显微镜	CX41RF－5	进口	1	30000	30000	2008.08.01
283	二氧化碳培养箱	MCO－18AIC	进口	1	40000	40000	2008.08.01
284	离心机	5417C	进口	1	30000	30000	2008.08.01
285	荧光显微镜	80i	进口	1	98000	98000	2008.08.20
286	投影机	普乐士U8－3000SF		1	21900	21900	2009.01.19
287	ATP比浊仪	DENSIMAT常温	进口	1	15000	15000	2009.02.25
288	智能药敏鉴定分析系统	KB型		1	43000	43000	2009.03.11
289	智能抑制菌圈测量分析系统	800型		1	43000	43000	2009.03.11
290	WHONET导入系统			1	29000	29000	2009.03.11
291	多导心电图机	ECG－9130P	进口	1	49000	49000	2009.04.20
292	超纯水仪	Milli－Q－A	进口	1	45000	45000	2009.05.06
293	eppendorf离心机	5810R	进口	1	85518	85518	2009.05.31
294	eppendorf离心机	5810R	进口	1	85518	85518	2009.05.31
295	eppendorf离心机	5810R	进口	1	85518	85518	2009.05.31
296	荧光显微镜		进口	1	128000	128000	2009.05.31
297	立式高压锅	LMQ.J	国产	1	16800	16800	2009.05.31
298	紫外可见分光光度计	uv2450（PC）	进口	1	189000	189000	2009.05.31
299	薄层色谱仪	热电	进口	1	36000	36000	2009.05.31
300	气相色谱		进口	1	386000	386000	2009.05.31
301	真空冷冻干燥机		进口	1	101200	101200	2009.06.19
302	－86℃低温冰箱	ULF－1386－3－L	进口	2	46000	92000	2009.06.19
303	二氧化碳培养箱	HR	进口	1	31000	31000	2009.06.24
304	二氧化碳培养箱	BB15	进口	1	31000	31000	2009.06.24
305	二氧化碳培养箱	BB15	进口	4	31000	124000	2009.06.24
306	吹氮浓缩装置	N－EVAP24孔	进口	1	47000	47000	2009.06.23
307	自动凝胶成像分析仪	D55－26M－Auto	进口	1	91000	91000	2009.06.23
308	12导全自动分析心电图机	ECG－9130P	进口	1	42000	42000	2009.07.08
309	全自动电位滴定仪	809titrando	进口	1	198000	198000	2009.07.08
310	全自动电位滴定仪	809titrando	进口	1	198000	198000	2009.07.08

续表

序号	设备名称	规格型号	产地	数量（台套）	单价（元）	金额（元）	购置时间
311	酶标仪、洗板机	H850	国产	1	46000	46000	2009.08.19
312	多导生理记录仪	ML87018/30	进口	1	128000	128000	2009.08.31
313	全自动荧光酶标仪、洗板机	SYnerg2	进口	1	395000	395000	2009.08.31
314	原子吸收		进口	1	659800	659800	2009.11.16
315	超纯水仪		进口	3	52800	158400	2009.11.16
316	精密培养箱	MIR－262	进口	2	22800	45600	2009.11.19
317	基因扩增仪	9700	进口	1	128000	128000	2009.12.29
318	超纯水仪		进口	1	52800	52800	2009.12.29
319	超纯水仪		进口	1	52800	52800	2009.12.29
320	气相色谱－质谱－质谱仪		进口	1	2160000	2160000	2009.12.29
321	气相色谱仪		进口	1	498000	498000	2009.12.29
322	紫外可见分光光度计		进口	1	115000	115000	2009.12.29
323	紫外可见分光光度计		进口	1	115000	115000	2009.12.29
324	紫外可见分光光度计		进口	1	115000	115000	2009.12.29
325	紫外可见分光光度计		进口	1	115000	115000	2009.12.29
326	倒置生物显微镜	LEICA－LED	进口	1	87000	87000	2010.04.20
327	高温恒温培养箱	MIR－154	进口	4	23000	92000	2010.05.17
328	高温恒温培养箱	MIR－154	进口	4	23000	92000	2010.05.17
329	高温恒温培养箱	MIR－154	进口	1	23000	23000	2010.05.17
330	高温恒温培养箱	MIR－154	进口	2	23000	46000	2010.05.17
331	高温恒温培养箱	MIR－154	进口	1	23000	23000	2010.05.17
332	高温恒温培养箱	MIR－154	进口	6	23000	138000	2010.05.17
333	孵蛋器	S84	进口	2	45000	90000	2010.05.18
334	组织脱水机	TT1020	进口	1	176000	176000	2010.05.18
335	组织包埋机	EG1150	进口	1	116000	116000	2010.05.18
336	荧光分光光度计	F－7000	进口	1	240000	240000	2010.05.18
337	荧光分光光度计	F－7000	进口	1	240000	240000	2010.05.18
338	1/万电子分析天平		进口	1	13400	13400	2010.05.18
339	倒置荧光显微镜	IX51	进口	1	126000	126000	2010.05.19
340	便携式红外分析仪	Sapphirt 型	进口	1	518200	518200	2010.05.25
341	个体低流量采样器	LFS－113	进口	1	53800	53800	2010.05.25
342	原子荧光分光光度计	AFS－8220	国产	1	96000	96000	2010.05.26

续表

序号	设备名称	规格型号	产地	数量（台套）	单价（元）	金额（元）	购置时间
343	车载移动X线机	XMQ5160XYL	国产	1	1398000	1398000	2010. 05. 31
344	超低温冰箱	ULT－138－3－V	进口	2	46000	92000	2010. 07. 05
345	超低温冰箱	ULT－138－3－V	进口	2	46000	92000	2010. 07. 05
346	循环水冷却器	SH150－900	国产	1	14000	14000	2010. 07. 06
347	1/万电子天平	BSA224S	国产	1	15600	15600	2010. 07. 16
348	定量PCR仪（实时荧光）	7500	进口	2	491000	982000	2010. 07. 28
349	定量PCR仪（实时荧光）	7500	进口	1	491000	491000	2010. 07. 28
350	PCR扩增仪	9700	进口	1	127000	127000	2010. 07. 28
351	PCR扩增仪	9700	进口	1	127000	127000	2010. 07. 28
352	自动血球分析仪	POCH－80i	进口	1	49000	49000	2010. 08. 28
353	台式高速冷冻离心机	Fresco21	进口	3	47000	141000	2010. 08. 28
354	全自动全波长酶标仪	Epoclc TM	进口	1	129000	129000	2010. 09. 15
355	全自动洗板机	Elx50 TM	进口	1	37000	37000	2010. 09. 15
356	全自动全波长酶标仪	Epoclc TM	进口	1	129000	129000	2010. 09. 15
357	全自动洗板机	Elx50 TM	进口	1	37000	37000	2010. 09. 15
358	核酸提取仪	Zephyr	进口	2	580000	1160000	2010. 10. 15
359	气相色谱仪	7890A	进口	1	658000	658000	2010. 10. 29
360	超低温冰箱	MDF－U4186S	进口	2	56500	113000	2010. 12. 29
361	纯水仪	milli－Q	进口	1	56000	56000	2011. 03. 02
362	制冰机	ZBS－20	国产	1	16500	16500	2011. 03. 28
363	比浊仪		进口	1	15500	15500	2011. 03. 28
364	纯水仪	milli－Q	进口	1	57000	57000	2011. 03. 28
365	数显分散器（匀浆机）	IKA T25	进口	1	16000	16000	2011. 05. 23
366	呼吸机（成人/儿童）	V：V0－40	进口	1	68000	68000	2011. 06. 13
367	除颤监护仪	BeneHeartd6	进口	1	69000	69000	2011. 06. 13
368	监护仪	MEL－1000	国产	1	12000	12000	2011. 06. 13
369	低温冰箱	MDF－U5412	进口	2	27500	55000	2011. 06. 13
370	低温冰箱	MDF－U338－C	进口	2	15500	31000	2011. 06. 13
371	生物分析仪	Agilent2100	进口	2	296000	592000	2011. 06. 15
372	尿液分析仪	H－500	国产	1	14800	14800	2011. 07. 07
373	纯水仪	milli－Q	进口	1	57000	57000	2011. 08. 03
374	全波长酶标仪	Syaergy	进口	1	446500	446500	2011. 10. 10
375	液体处理系统	sciclone	进口	1	1095000	1095000	2011. 10. 10

续表

序号	设备名称	规格型号	产地	数量（台套）	单价（元）	金额（元）	购置时间
376	机械臂	TusisterⅡ	进口	1	1096000	1096000	2011.10.10
377	全自动DNA/RNA分析系统	LGX	进口	1	495800	495800	2011.10.10
378	条形码扫描仪	Cycle	进口	1	195000	195000	2011.10.10
379	ATP荧光检测仪	Noralum	进口	1	46000	46000	2011.10.10
380	液相原子荧光联用仪	AF－610D2	国产	1	292000	292000	2011.11.15
381	吸入染毒系统	Hope－MED8050	国产	1	274000	274000	2011.11.15
382	一体病理组织漂烘仪		国产	1	12000	12000	2011.11.15
383	实验动物饲养笼具		国产	1批	158242	158242	2011.11.15
384	实验动物饲养笼具		国产	1批	36406	36406	2011.11.15
385	电子天平	AL－204S	进口	1架	11450	11450	2011.11.28
386	振荡水浴槽	SW22	进口	3	28000	84000	2011.12.20
387	电解消解仪	SF36itouch	国产	1	44500	44500	2012.03.21
388	冰柜	BC/BD－146HC	国产	1	16740	1674	2012.03.29
389	十二导全自动心电图机	ECG－1350P	国产	1	41000	41000	2012.04.05
390	乳腺X机性能模体	M12	进口	1	39000	39000	2012.04.09
391	CR、DR性能模体	CRDR－26	进口	1	30000	30000	2012.04.09
392	乳腺电离室	6000－529	进口	1	19000	19000	2012.04.09
393	高压电离室ICU检仪	451P	进口	1	30000	30000	2012.04.09
394	电离巡检仪	451B	进口	1	30000	30000	2012.04.09
395	低温恒温培养箱	MiR－254	进口	1	62500	62500	2012.05.14
396	臭氧分析仪	49i－DINAB	进口	1	103800	103800	2012.05.14
397	超高效液相色谱仪		进口	1	898000	898000	2012.05.15
398	超高效液相色谱仪		进口	1	896000	896000	2012.05.15
399	超高效液相色谱－四级杆质谱/质谱联用仪		进口	1	3580000	3580000	2012.05.15
400	等离子体发射光谱仪		进口	1	786000	786000	2012.05.15
401	台式高速冷冻离心机		进口	3	156800	470400	2012.05.15
402	低温恒温培养箱	MIR－254	进口	1	62500	62500	2012.05.14
403	倒置显微镜	CKX41	进口	1	78850	78850	2012.07.09
404	超低温冰箱	EXF24086V	进口	1	56250	56250	2012.07.09
405	超低温冰箱	EXF24086V	进口	2	56250	112500	2012.07.09
406	超低温冰箱	EXF24086V	进口	1	56250	56250	2012.07.09
407	超低温冰箱	EXF24086V	进口	1	56250	56250	2012.07.09

续表

序号	设备名称	规格型号	产地	数量（台套）	单价（元）	金额（元）	购置时间
408	超低温冰箱	EXF24086V	进口	1	56250	56250	2012. 07. 09
409	全自动病毒载量检测仪	cobasAP/PM	进口	1	1535000	1535000	2012. 08. 20
410	高通量多样品研磨机	Xianou－24	国产	1	21800	21800	2012. 08. 22
411	尿液分析仪	H500	国产	1	14800	14800	2012. 10. 22
412	听力计	AD22GB	进口	1	49800	49800	2012. 10. 07
413	电脑、打印机		国产	1	35200	35200	2012. 10. 07
414	低温保存箱	DW－40W255	国产	2	11000	22000	2012. 12. 04
415	海尔 10P 柜机	KFRD－260LW/730A	国产	2	18500	37000	2012. 12. 05
416	投影仪	PT－BX51	进口	1	19500	19500	2013. 02. 18
417	全自动高压灭菌器	MLS－3780	进口	1	62500	62500	2013. 03. 13
418	全自动高压灭菌器	MLS－3780	进口	1	62500	62500	2013. 05. 09
419	致病因子溯源平台		国产	1	990000	990000	2013. 05. 09
420	全自动高压灭菌器	MLS－3780	进口	3	62500	187500	2013. 05. 28
421	全自动高压灭菌器	MLS－3780	进口	2	62500	125000	2013. 05. 28
422	全自动高压灭菌器	MLS－3780	进口	1	62500	62500	2013. 05. 28
423	全自动高压灭菌器	MLS－3780	进口	1	62500	62500	2013. 05. 28
424	实时荧光定量 PCR 仪	light cycler96	进口	1	390000	390000	2013. 06. 17
425	凝胶色谱气相色谱/四级杆质谱仪	QP2010ultra	进口	1	1692800	1692800	2013. 06. 17
426	高效液相色谱四级杆串联质谱仪	TSQAccess MAX	进口	1	2590000	2590000	2013. 07. 01
427	α 谱仪系统		进口	1	590000	590000	2013. 07. 02
428	三气培养箱	CB210	进口	1	148000	148000	2013. 07. 08
429	真菌毒素浓缩仪	M Evap	进口	1	102350	102350	2013. 07. 08
430	高温高压微波消解仪	MARS6	进口	1	318000	318000	2013. 07. 09
431	全自动电泳仪	QIAxeel	进口	1	449800	449800	2013. 07. 16
432	高分辨多功能显微镜	MDI9702	进口	1	334000	334000	2013. 07. 29
433	全自动电泳仪	QIAXcelAdvanced	进口	1	449800	449800	2013. 07. 31
434	旋转蒸发仪	RV10	进口	1	75800	75800	2013. 08. 05
435	全自动酶联荧光免疫分析仪	SynergyZ	进口	1	368300	368300	2013. 08. 05
436	电子血压计	HBP9020	国产	1	24000	24000	2013. 08. 12
437	白金坩埚	30ml 30g ±0. 1	国产	4	12800	51200	2013. 08. 21

续表

序号	设备名称	规格型号	产地	数量（台套）	单价（元）	金额（元）	购置时间
438	台式高速冷冻离心机	5417R	进口	3	46500	139500	2013.09.02
439	多参数监护仪	MEC－1000	国产	1	12000	12000	2013.09.05
440	呼吸机	V：Vo－40	进口	1	73000	73000	2013.09.05
441	除颤仪	BcheHearcd6	国产	1	69000	69000	2013.09.05
442	薄层色谱扫描仪		进口	1	363800	363800	2013.08.30
443	脉冲场电泳仪	CHEFMarexA	进口	1	378000	378000	2013.09.10
444	蛋白印迹仪	SYsten20	进口	1	132000	132000	2013.09.16
445	半自动生化仪		国产	1	19300	19300	2013.09.16
446	核酸提取仪	LaboTurbo24	进口	1	298000	298000	2013.09.23
447	荧光定量 PCR 仪	Mx3005P	进口	1	499000	499000	2013.09.23
448	PCR 仪	9700	进口	1	56000	56000	2013.09.23
449	倒置显微镜	ckx41	进口	1	135000	135000	2013.09.23
450	二氧化碳培养箱	311	进口	1	49800	49800	2013.09.23
451	微量冷冻离心机	TGL－16G	国产	1	11980	11980	2013.09.23
452	大容量冷冻离心机	TGL－20	国产	1	52000	52000	2013.09.23
453	水标本浓缩仪		国产	1	39800	39800	2013.09.23
454	水浴箱	W1320	国产	1	10000	10000	2013.09.23
455	全自动核酸提取仪	QLScube	进口	1	303000	303000	2013.09.25
456	全自动实时毛细管电泳仪	Labchip	进口	1	315800	315800	2013.09.25
457	低温保存箱	MDF－U5412	进口	1	33000	33000	2013.09.29
458	程控烘箱	600ADG3	进口	1	30000	30000	2013.09.30
459	程控恒温水浴培养箱		进口	2	29500	59000	2013.09.30
460	放疗剂量计	UnidosE	进口	1	225000	225000	2013.10.10
461	二维水箱	MP2	进口	1	924200	924200	2013.10.11
462	研究级显微镜	50i	进口	1	168800	168800	2013.10.11
463	全自动微波消解系统	S60	国产	1	393600	393600	2013.10.15
464	十二道数字心电图机	ZQ－1212	国产	2	22000	44000	2013.10.29
465	气相色谱仪	Agrelent789DB	进口	1	643400	643400	2013.10.30
466	冷冻干燥机	CS55－4Pro	进口	1	200350	200350	2013.11.05
467	冷冻干燥机	CS55－4Pro	进口	1	200350	200350	2013.11.05
468	凝胶成像系统	G－BoxEF	进口	1	137000	137000	2013.11.05
469	CT 剂量仪主机及检测附件	比拉那 160 型	进口	1	59000	59000	2013.11.05
470	CT 核磁共振检测模体	catphan600/76－907－908	进口	1	336000	336000	2013.11.05

续表

序号	设备名称	规格型号	产地	数量（台套）	单价（元）	金额（元）	购置时间
471	全自动凝胶成像仪	G – BoxF3	进口	1	105000	105000	2013.11.21
472	全自动凝胶成像仪	G – BoxF3	进口	1	105000	105000	2013.11.21
473	酶标仪/洗板机	SynergyZClx50	进口	1	395200	395200	2013.11.21
474	全自动样品稀释仪	3000 + icAP	进口	1	391000	391000	2013.11.21
475	全自动核酸提取仪		进口	1	685000	685000	2013.11.22
476	高通量 PCR 仪		进口	1	1100000	1100000	2013.11.22
477	恒温培养箱	SANYOMIR262	进口	1	24800	24800	2013.11.22
478	尼康显微镜		进口	1	47000	47000	2013.11.22
479	超低温冰箱	MDF – U3386S	进口	1	58000	58000	2013.11.22
480	外排生物安全柜 100%	BCG – 601	进口	1	165000	165000	2013.12.28
481	高压灭菌器	MLS – 3780	进口	1	65100	65100	2013.12.28
482	核酸提取	Labotor 24	国产	1	298000	298000	2014.01.12
483	PCR 仪	Agilont	进口	1	499000	499000	2014.01.12
484	负 86 度超低温冰箱	MBF – 193 – PC	进口	1	45450	45450	2014.03.25
485	高压灭菌器	MSL – 378 – PC	进口	1	62500	62500	2014.03.24
486	便携式 X 线机	BJI – UZ	国产	1	50000	50000	2014.03.25
487	饮用水检测系统		国产	1	480000	480000	2014.03.27
488	–40℃超低温冰箱	MDF – U5412 – PC	进口	1	32000	32000	2014.03.27
489	酶标仪、洗板机	Multiskan welinash	国产	1	96000	96000	2014.03.31
490	PCR 仪	Boflex TM	进口	1	286900	286900	2014.03.31
491	流式细胞仪	BD FACSCaunt	进口	1	330000	330000	2014.03.31
492	氢气、空气一体机	HA – 500	国产	1	11000	11000	2014.04.29
493	电泳仪	DYY – 12	国产	1	14360	14360	2014.05.12
494	投影仪、幕布		进口	1	33000	33000	2014.05.15
495	液体半固体 PH 测量计	S220	进口	1	19800	19800	2014.05.26
496	电离室巡测仪		进口	1	37800	37800	2014.06.16
497	便携式表面沾污仪		进口	1	47800	47800	2014.06.16
498	–86℃超低温冰箱		进口	2	45450	90900	2014.06.17
499	台式高速冷冻离心机	5424R	进口	1	57600	57600	2014.06.23
500	水平电泳仪	Gtmimi – Gel	进口	1	26800	26800	2014.06.25
501	超声波清洗器	P180H	进口	2	41000	82000	2014.07.02
502	电泳仪		进口	1	12900	12900	2014.07.21
503	制冰机	SIM – F140A	进口	1	49800	49800	2014.07.22

续表

序号	设备名称	规格型号	产地	数量（台套）	单价（元）	金额（元）	购置时间
504	超低温冰箱	MDF－193	进口	1	43000	43000	2014. 09. 03
505	手持匀浆器	MICCRAD－1	进口	1	18000	18000	2014. 09. 03
506	小型动物呼吸机		进口	1	32000	32000	2014. 09. 05
507	超低温冰箱	MDF－u5412	进口	4	33000	132000	2014. 09. 05
508	生物传感分析仪	SBA－40E	国产	1	32000	32000	2014. 09. 24
509	诊断型听力计	AD229B	进口	1	97000	97000	2014. 09. 28
510	水平摇床	S2030－RC－B－220	进口	2	11000	22000	2014. 09. 29
511	全自动均质器	AH－20	国产	1	98218	98218	2014. 09. 30
512	手持细胞计数器	Scepter	进口	1	35000	35000	2014. 11. 04
513	恒温孵育器		进口	1	26800	26800	2014. 11. 04
514	烘箱	CRM222	进口	1	34800	34800	2014. 11. 12
515	马弗炉	BF51842BC－1	进口	1	45000	45000	2014. 11. 12
516	手持细胞计数器	Scepter2. 0	进口	1	35000	35000	2014. 11. 12
517	赶酸器	VB20C	国产	1	12900	12900	2015. 04. 14
518	胶片密度计	331C	进口	1	40000	40000	2015. 04. 27
519	室内空气质量检测仪	7575	进口	1	53230	53230	2015. 04. 30
520	紫外可见分光光度计	L5S	国产	1	19000	19000	2015. 05. 14
521	显微镜	CX41	进口	2	29800	59600	2015. 05. 18
522	机房空调	S11－FVY71DQR2C	国产	3	29820	89460	2015. 05. 18
523	低温冰柜	MDF－436－pC	进口	1	39000	39000	2015. 09. 21
524	颗粒物监测仪	PDR1500	进口	6	57960	347760	2015. 09. 23
525	中流量采样器	TH150D	国产	4	15500	62000	2015. 06. 08
526	微电脑中流量压差测试仪	THM－150	国产	1	12700	12700	2015. 06. 08
527	颗粒物监测仪	PDR1500	进口	2	57960	115920	2015. 09. 28
528	核酸提取仪	SLA－16	国产	1	170000	170000	2015. 09. 29
529	脱气机		进口	1	41000	41000	2015. 10. 15
530	中流量采样器	TH－150D	国产	3	15500	46500	2015. 11. 04
531	中流量采样器配件	TH－150D	国产	1	35800	35800	2015. 11. 04
532	倒置显微镜	TS100－F	进口	1	86000	86000	2015. 11. 19
533	甲醛测定仪	TSI7575－X	进口	1	78900	78900	2015. 11. 19
534	全自动血球记数仪	5DIFFOV	进口	1	298000	298000	2015. 11. 30
535	－80℃超低温冰箱	MDF－U3386S	进口	2	67000	134000	2015. 12. 30
536	流式细胞仪	BDFACSalibur	进口	1	648000	648000	2015. 12. 30

2015年≥1万仪器设备明细

序号	仪器名称	规格型号	产地	数量（台套）	单价（元）	金额（元）	购置日期
1	赶酸器	VB20C	国产	1	12900	12900	2015.04.14
5	胶片密度计	331C	进口	1	40000	40000	2015.04.27
6	室内空气质量检测仪	7575	进口	1	53230	53230	2015.04.30
17	紫外可见分光光度计	L5S	国产	1	19000	19000	2015.05.14
20	显微镜	CX41	进口	2	29800	59600	2015.05.18
21	机房空调	S11－FVY71DQR2C	国产	3	29820	89460	2015.05.18
38	低温冰柜	MDF－436－pC	进口	1	39000	39000	2015.09.21
39	颗粒物监测仪	PDR1500	进口	6	57960	347760	2015.09.23
40	中流量采样器	TH150D	国产	4	15500	62000	2015.06.08
42	微电脑中流量压差测试仪	THM－150	国产	1	12700	12700	2015.06.08
45	颗粒物监测仪	PDR1500	进口	2	57960	115920	2015.09.28
46	核酸提取仪	SLA－16	国产	1	170000	170000	2015.09.29
48	脱气机		进口	1	41000	41000	2015.10.15
50	中流量采样器	TH－150D	国产	3	15500	46500	2015.11.04
51	中流量采样器配件	TH－150D	国产	1	35800	35800	2015.11.04
52	倒置显微镜	TS100－F	进口	1	86000	86000	2015.11.19
53	甲醛测定仪	TSI7575－X	进口	1	78900	78900	2015.11.19
56	全自动血球记数仪	5DIFFOV	进口	1	298000	298000	2015.11.30
59	－80℃超低温冰箱	MDF－U3386S	进口	2	67000	134000	2015.12.30
60	流式细胞仪	BDFACSalibur	进口	1	648000	648000	2015.12.30

实验室质量控制与管理工作综述

【概述】中心实验室质量控制和管理工作由质量检验管理处（实验室管理处）负责，质量检验管理处（实验室管理处）在岗职工7人，包括高级职称4人、中级职称2人。通过建立健全和有效运行、持续改进管理体系、改善仪器装备和设施环境条件、强化人员培训、规范操作程序、提高检测能力，达到了质量控制与管理的预期目标，为政府和广大社会客户提供了优质高效的技术服务。

【实验室检测资质】中心继续保持国家和省认证认可的技术服务资质13项，包括：国家实验室认可、检验检测机构资质认定、首批食品复检机构、保健食品注册检验机构和国家农药毒理学检验鉴定机构资质、职业卫生技术服务机构资质（甲级）等6项，河北省健康相关产品检验机构资质、河北省消毒鉴定实验室资质、河北省职业卫生技术服务机构资质、河北省职业健康检查机构资质、河北省职业病诊断机构资质、河北省新药临床前药理毒理研究资质和河北省实验动物使用许可资质等7项省级资质；获得批准的检验检测能力涵盖理化、微生物（卫生微生物和致病微生物）、毒理学检验检测和职业卫生、放射卫生等专业的检验检测领域17大类737个检验检测项目，继续确认维持20名授权签字人的资格。目前，中心正在进一步整合检验检测资源，全面核查实验室检验检测能力，确保今年的“三合一”复评审中扩大检验检测能力，涵盖国家要求的检验检测领域，为提高中心的整体形象，更好地服务于民、服务于社会做出最大努力。

【管理体系文件】中心成立了以中心主任崔泽为组长的中心E版管理体系文件的修订工作领导小组，遵循“领导作用、全员参与、过程控制、系统管理”的原则，修订实施了中心现行有效的E版管理体系文件，对所有与实验室管理和检验检测相关的内容及其操作细节进行了阐述。《管理手册》覆盖《实验室认可准则》全部25个要素，其中管理要素15个、技术要素10个，《实验室认可准则》在微生物和化学领域的应用说明一并在管理体系文件中予以阐述；同时，对《检验检测机构资质认定评审准则》（试用版）65条69款、《食品检验机构资质认定评审准则》22条37款的特殊要求及《食品检验工作规范》《安全生产检测检验机构能力的通用要求》的有关规定以附则形式进行了详细说明，是中心的纲领性文件；《程序文件》56个，对各项管理和技术要素的执行流程进行了详细规定；《作业指导书》21个，规定了《程序文件》没有明确的工作细节；部门专用《作业书》1056个，对仪器设备操作规程、检验检测方法及其流程和部门内部管理规范进行了说明和规定；《格式文件》1032个，使各项记录得到了相对统一和信息量保障，运行过程中按照《文件管理程序》予以随时修订和控制，2016年度将依据2016年5月31日经修订、颁布实施的《检验检测机构资质认定评审准则》50条完成修订管理体系文件，形成中心的F版管理体系文件，届时将呈现全新的、更切合中心实际的、可操作性的管理体系文件，必将进一步强化中心组织管理，更好地保证管理体系的有效运行，全面满足国家法律法规、实验室认可和检验检测机构资质认定评审准则及各项方法标准和规范的需要。

【食品安全风险监测质量管理】结合我省实际工作，制定和实施2015年度食品安全风险监测质量管理方案及其实施细则，组织完成全省食品安全风险监测质量管理工作的具体实施和评价，推动和完善省市县三级食品安全风险监测质控体系，形成了省级统一管理和指导、市级组织管理和实施、县级执行的三级网络，覆盖食品安全风险监测的采样、检测和数据报告的全过程。完成对食品安全风险监测的采样和质量管理的强化培训，对各级食品安全风险监测检验机构进行有效质量控制13项19个指标，覆盖理化和微生物检测的关键项目，协助省卫计委完成全面的食品安全风险监测督导检查和质量管理工作，进一步发现问题、解决问题、推动食品安全风险监测工作的有序开展。

【文件控制】严格按照《文件控制程序》要求，起草编制、审批、印制、发放、使用、保管、归档、更改、作废、回收、管理受控文件。查新检验检测标准471个，共追踪更新标准112个，新增受控标准文件56个，修订和受控部门专用作业书46个、记录格式文件59个，提供实验室检验检测应用书籍245册（套），并对检验检测方法标准实施有效管理，及时转换和回收废止文件，确保各个部门使用现行有效版本。

【实验室安全管理】完成全省疾控系统和中心实验室生物安全季度和年度及应急监督检查，全面核查安全管理死角，及时发现问题、组织整改，确保实验室安全管理零事故、无差错。

【检验检测】质量检验管理处（实验室管理处）统一负责监督抽检及各项委托检验等所有检测检验任务的接收，完成合同评审。遵照样品接收、流转、处置、管理程序和制度，规范了样品统一标识系统和检验状态标识，配备专用样品保藏柜、冰箱、冰柜，严格登记程序，做好留样环境条件的监控和记录，规范留样的管理。

2015年，全面完成国家级和省级监管、行政部门的监督抽检及各项委托检验合同评审、全年度各项检测检验。受理检验样品共589份，其中保健食品 59 份、食品（含食品添加剂）49 份、水及涉水材料 287 份、消毒药械和杀虫、农药 75 份、药物研究 3 份；本单位自采 52 份，其他 25 份。完成执法委托、省政府食品安全办公室抽检、省卫生监督抽检及省直管企业产品抽检共 47 份（含消毒与灭菌 24 份、设水产品 23 份）。

除此之外，协助省食品药品监督管理局进行保健食品检验现场核查 6 次；组织完成食品复检工作 3 次。

【BSL－3 实验室认可准备】按照 GB 19489－2008 和实验室建设要求，中心生物安全三级实验室（BSL－3）完成了内部改造，经国家相关专家和中心内部核查，基本满足国家要求，中心生物安全三级实验室（BSL－3）的资质申报工作正在有序进行。质量检验管理处（实验室管理处）制定并监督实施了推进计划；按照 GB 19489－2008 编制、审核、批准、受控发放 C 版实验室安全管理体系文件安全管理手册 28 本，安全程序文件 28 本，消毒灭菌手册 17 本、风险评估手册 17 本、BSL－3 实验室 SOP17 本、快速阅读手册（BSL－3）27 本，共计 134 本。收回作废的 B 版实验室安全管理体系文件 67 本。组织相关的病毒病防治所、细菌病防治与消毒所、结核病防治所和免疫规划所宣贯和进行初步实践；组织 10 人次，经过山东、吉林和浙江省疾病预防控制中心的学习和实践，取得了培训合格证书。目前，正待环评工作结束，完成后续科技部备案和实验室认可等关联工作。

【实验室质量控制】制定和组织实施 2015 年质量控制计划、监督活动计划、期间核查计划、不确定度评定计划、设备检定及确认计划等年度计划，并有序完成各项质量控制工作。全年组织或参加国家质量控制、能力验证活动 19 次，涉及参数 28 项、涉及理化检验所、性病艾滋病防治所、放射防护所、职业卫生与职业病防治所、微生物检验所、病毒病防治所、地方病防治所等 7 个业务所，均取得满意结果。

开展年度内部质量控制活动 1112 项，质控完成率96.1%，采取人员比对、留样再检、质控样和标准物质检测验证等方法，覆盖检测检验活动的关键领域和设备设施、人员、场所等，尤其是上一年度不稳定、有疑问或不满意的项目，对可能发生的不符合项进行有效预防，效果显著。

【内审和管理评审】按照管理体系要求，中心各处室对本部门随时进行监督自查，包括受控文件管理、仪器设备状态及管理、环境状况控制、检测项目所采用的方法确认、样品管理、危险物品管理、标准物质管理、客户投诉和人员管理等工作，尤其是对检验检测过程进行全面的监督检查，对自身发现的问题和不符合项认真整改，使各项工作进一步规范。

有效实施了内部审核，组织完成管理评审，核查中心管理体系运行的符合性、有效性和适宜性，全面落实中心质量方针和质量目标，内部审核提出 11 个整改项，组织完成持续改进工作，提交需要管理评审解决的 2 个关键问题，持续改善管理体系。

【实验室信息化管理系统（LIMS）】从任务受理到出具检测报告，实现 LIMS 全面正常运行，常态化控制和评估关键环节，在工作中修正，强调使用效率，推动实验室检验检测信息自动化工作的开展。

【其他】在全面分析全省各级疾控中心的工作现状的基础上，组织实施省市县各级疾控中心参加的实验室质量管理与控制和实验室安全管理工作会议、食品安全风险监测采样和质量控制会议及有针对性的培训 3 次，强化和提高了理论知识，并进行了经验交流，指导实验室质量管理与控制和实验室安全管理工作有序开展。

（李绍连）

安全保卫工作综述

【概况】中心安全管理工作由安全保卫处负责，其主要职责是维护中心正常治安秩序，防止违法犯罪和灾害事故的发生，保护中心财产和职工人身安全，确保各项工作顺利开展。现有职工4人。

【安全保障】加强中秋、国庆、春节等节假日及“两会”期间和中心承办全省公卫类执业医师资格技能考试安全保卫工作，专门召开安保工作会，研讨应急措施，要求安保人员提高安全防范意识，严格人员、车辆出入制度，检查消防设施和视频监控系统，排查安全隐患，全力保障工作顺利开展。

【宣传培训】强化消防“四个能力”建设，举办全员消防安全生产知识教育培训，聘请消防培训中心教员授课，提高火灾防范意识和能力，达到会查找火灾隐患、会扑救初期火灾和会组织人员疏散逃生。开展新聘人员岗前培训，讲解基本消防知识，使其了解中心安全生产相关制度，掌握消防设施器材使用方法和逃生自救技能。

【安全生产月活动】制定“安全生产月”活动方案，签订中心（生产、消防）安全目标管理责任书，制作“加强安全法治、保障安全生产”和“学一点消防知识，多一点平安幸福”的宣传横幅；张贴消防安全宣传挂图和“四个能力”建设宣传牌，LED屏幕滚动播出消防安全常识，提高职工安全意识，联合后勤服务中心和质量检验处开展隐患排查，限期整改发现的问题。

【隐患排查】组织协调后勤服务中心、质检处开展安全隐患排查50次，中秋、国庆、春节等节假日前对办公区、单身宿舍的水、电等使用情况进行检查，通报存在的安全隐患，限期整改。坚持不定时巡查、登记制度，监督消防维保单位对综合楼的消防设施维保检查12次，检查实验楼消防设施12次，完成实验楼自动消防设施年度消防检测。接受裕华区消防大队消防检查4次，裕华区公安分局反恐办、国保大队和裕华路派出所反恐安全检查8次，补充消防管理档案，实行消防户籍化管理。妥善处理民事纠纷5次。

【安保管理】严格人员和车辆出入登记制度，坚持岗前培训制度，使新聘保安人员熟悉了突发事件处理流程，熟练各类消防设施的使用与维护。每月检查保安巡更系统记录情况，不定时抽查保安值班情况，并为保安配备头盔、防刺服、盾牌、反光背心、长藤棍、灭火毯、镐钯等反恐装备，安装大门出入口阻车装置。

后勤服务管理工作综述

【维修维护】开展办公区和宿舍区水、电、暖、房屋以及实验楼供水系统、空调系统和电梯等设备、设施检查、维修保养2500余次。维保清洗制冷机组1台、冷却塔2台、出风口过滤网435个，P3实验室2台制冷机组、管道和新风机组；签订物业、保洁、花卉摆放合同，以及电梯、中央空调制冷机组维保合同；完成中心排污许可证的换证工作；采购安装职工食堂电动卷闸门1个、售饭口墙面55平方米铝塑板贴面、65寸彩电4台、55寸2台、洗衣机1台、移动信号放大器3台，安装食堂视频监控系统 、冬夏季门帘；采购安装综合楼纱窗100个、热水器1台、办公桌椅63套、铁皮柜43个；配合4个科室搬迁，电话移机20部，新档案室不锈钢防盗网29平方米、防盗门2个；完成实验楼地下冷却水管道焊接、色谱实验室装修和实验楼楼顶防水工程，修建综合楼3层至楼顶钢结构楼梯，制作安装不锈钢大气监测箱3个。

【院落绿化】平整综合楼周围场地1600余平方，清运建筑垃圾160余车；硬化P3西侧和东侧、综合楼西侧和北侧、物业院内水泥路面855平方米，安装道牙砖200米，绿化2860平方米；更换广场灯762个、安装草坪灯16个；整修粉刷临时食堂外部，修建物业用房45平方米、花墙50米。清理垃圾42车、清掏化粪池5个。

【基础建设】组织协调施工、监理等单位，完成物资库房和职工食堂项目竣工验收、消防验收、规划核实验收，以及空调系统、多功能会议室声光系统综合工程、厨房设备、会议室多功能设备验收工作，并正式启用。拆除施工单位临时房，平整场地，装修中心荣誉室。委托河北中瑞华建设工程咨询服务有限公司审核多功能会议室声光系统综合工程和空调设备工程，出具报告书。委托河北慧德工程项目管理有限公司审核物资库房和职工食堂项目，出具报告书和建设项目竣工财务结算报表。

【车辆保障】落实省委省政府关于党政机关公务用车“八不准”规定，执行中心《车辆使用管理规定》，实行单车核算、定点维修保养、加油，以及24小时值班和派车单制度、节假日车辆封存制度，严禁公车私用。完成车辆年检、保险、维修保养和警灯、警报使用证年审工作。开展安全驾驶和交通法规教育以及疫情防护知识培训，举办有车一族交通法律法规知识专题讲座，提高安全交通意识。保障京津冀联合应急演练、实验室评审、督导检查和突发公共卫生事件用车共7962台次，安全行车97万余公里。

【职工食堂管理】安装调试职工食堂厨房设备，采购补充食堂餐具，调整选聘炊事人员，签订管理合同，3月23日新食堂正式启用。落实《订食谱制度》《厨房值班制度》《实物验收制度》《饮食卫生制度》《成本核算制度》，保障职工86038人次就餐安全。发放新饭卡，增加小笼包、盖浇饭、麻辣烫、冷拼窗口。改造新增小餐厅，按照行业标准，整改完善后厨环境流程操作，7月28日取得卫生许可证。

【物资管理】执行《物资采购管理办法》和《库房管理制度》，根据工作需求，采购办公用品和物资200余次，出库900余次，采购发放2014年585人次职工洗涤用品（4个品种）。采购折叠式帐篷2顶、应急物资1批。

【医疗垃圾处理】与石家庄市医疗垃圾处理中心签订医疗废弃物清运处理合同，制定医疗垃圾清运时间表和中心病理性垃圾移送时间表，保证医疗垃圾按时清运和有效处理。建设30平方米中心医疗废物暂存点，8月份投入使用。

【保定后勤服务管理】主要承担保定办公区党务、工会、妇委会、后勤服务、安全生产和离退干部职工服务与管理工作。

一是办理党员组织关系转入、转出，收缴党费，购买音箱收音机，播放新闻广播，组织参加中心演讲比赛、知识答卷、运动会、每日万步走等活动；二是组织职工及育龄妇女体检，办理医药费报销及职工定点医院变更。发放职工生日蛋糕卡；三是走访慰问离休干部、老党员、特困职工29人次，组织离退职工参观学习、迎新春茶话会。协助办理发放丧葬费、抚恤金、困难补助。协助办理孟宗达、叶世柏、李性善、张作儒特贴、省管专家待遇。四是组织4个生活区470多户安装天然气和高知楼、邮电宿舍生活区集中供暖改造。修剪花草树木3700平方米，安全行车2万公里，采购发放职工洗涤用品94份。五是维护办公区监控、门禁系统，不定期检查库房、闲置房。配合街道、社区、派出所安全检查20多次，签订安全生产责任书，更换40个灭火器药液；维修保存毒株冰箱，每天观察毒株冰箱并做温度记录。六是更换宣传橱窗11期。出版《医药前沿》学术期刊36期，审、修改稿件36期6336页。

内部审计工作综述

【概况】内部审计工作由中心内部审计处承担，该处主要职责是审计年度预算编制和决算的执行情况，中心财务日常收支情况及有关经济活动，从审批、拨付、使用、绩效等环节对专项资金进行全过程跟踪审计，开展有关人员任职、任期经济责任审计，基本建设和修缮工程专项审计等工作。现有职工3人，其中高级会计师2人、审计师1人，均具有内部审计资格证书和会计从业资格证书。

【预算项目审计】审计监管中心基建、修缮、维修工程预算项目26项，涉及实验室维修安装、中央空调维保、职工食堂及学术报告厅相关设施工程、地下室及消防设施维修、更换、监控安全设施改造以及供水、供热、锅炉等设施维修施工等项目。审计资金169.5万余元，审计核减节约资金8.6万余元，核减资金比例为5.05%。赴现场调研、询价50余人次，汇总审计工作底稿100余份，汇总成本核算表40余份，出具审计报告、请示26份。

【对外合同协议签订审计】审核一般经济合同、协议、主管部门下达的任务委托书和政府采购项目合同100余项，全年审核资金12000余万元，针对不符合要求的项目或文字表述均做了修改提示，保障中心对外合同签订的平等、公正。

【审计厅调研督导】河北省审计厅对省卫生计生委及直属单位内部审计工作进行调研督导，省疾控中心作为委直属10家重点单位之一，接受省审计厅的调研督导，调研组对中心内部审计工作综合开展情况进行打分，取得综合排名第三名的成绩（省儿童医院、医大二院分列前两名）。中心内部审计工作方法被作为经验交流在审计厅官方网站公开发布。

老干部管理工作综述

【概况】老干部服务管理工作由中心老干部处承担，主要职责是宣传、贯彻党和国家有关离退休工作的方针、政策，落实离退休干部各项政治、生活待遇，组织离退休干部参加政治学习教育活动，做好离退休干部职工的思想政治工作，负责离退休干部的医疗保健、生活福利、参观旅游、健康疗养、节日慰问和用车等日常服务工作，组织开展有益于老同志身心健康的各项活动，接待老同志来电、来信、来访，办理老同志丧葬和善后处理事宜等。现有工作人员4名，本科学历1人，大专学历3人，高级政工师1人，政工师1人。有离休、退休及内退干部职工共385人，其中：离休干部26人，退休职工285人，内退职工74人。年内退休16人，去世7人。

【老干部政治待遇落实】按政策规定为离休干部和退休干部发放书报费、订阅党报党刊，定期传达党和政府以及省老干部局、省卫计委和中心的有关文件，保证老干部有必读的书目、必看的报纸、必阅的文件。组织离退休党员干部参与中心开展的“三严三实”“解放思想大讨论”等主题学习教育活动，每季度组织一次党员集中学习活动，针对老干部关心的热点问题讲实情、讲政策，与老干部沟通、交换意见，以座谈学习等形式，统一思想，提高觉悟，保持思想常新。落实走访慰问老干部工作制度，平时慰问住院和年老体弱足不出户的老干部，“春节”“七一”“中秋”节前，中心领导带队登门到户慰问全体离休干部、生活困难老党员及重病卧床老同志。9月2日，中心举行中国人民抗日战争胜利70周年纪念章颁发仪式，向中心12位抗战老干部代表颁发纪念章，按规定向抗战老干部发放每人5000元慰问金。并于9月中旬，派人专程赶赴深圳看望慰问老战士张玉霜，送去慰问金和抗战胜利70周年奖章。

【老干部生活待遇落实】落实河北省出台的有关离退休干部职工的一系列政策，按时足额发放离休干部各项生活补贴，按规定期限报医保中心审核报销离休干部医药费，安排离休干部看病用车，探望生病住院老同志。为11名退休职工和遗属发放困难补助，办理困难职工遗属补（1人）。组织全体退休及内退职工健康体检和“四方面人”健康体检，登记离休干部医保卡信息，换发保健证（12人），申报慢病医疗（6人）。换发离退、内退职工新工资卡，办理敬老证（3人），填报内退职工干部任免审批表，报销离退休干部电话、书报费，发放生日蛋糕卡，为1名年满90岁的老同志祝寿，统计上报中心抗战老战士、老同志情况。协助办理离退干部职工病逝丧葬事宜，发放丧葬费和抚恤金。定期走访有思想包袱、身体状况差、行动不便的老同志，帮助解决生活上遇到的具体问题。协调并多次到省档案局查询文件，帮助冯润金寻找享受国家政府特贴相关原始文件，办理医保优惠。与后勤服务中心协调解决老同志住房的水电、暖气等维修工作。协调处理老同志信访反映的问题，做好解释安抚工作。

【老干部文化活动开展】为老干部活动室订阅党报党刊和生活杂志，方便老同志阅读学习。春节前，在石家庄、保定两地分别举办离退休老干部迎新春联欢会，5名老干部参加中心迎春联欢会太极拳表演。组织全体离退休老同志到邯郸京娘湖参观游览（保定办公区离退休老干部到北京动物园参观游览），离休老干部到市区西部的大马樱桃生态园采摘樱桃，参观市容市貌。组织参加省老干部局举办的庆祝抗战胜利70周年书画作品展，以及两个办公区离退休职工分别参观石家庄水生态风景区和北京野生动物园，欢度重阳节。陪同省卫生计生委老干部处到中心退休职工吕日新创办的红色教育基地－洞阳坡生态园区参观学习。

【老干部工作拓展】坚持每周一工作例会制度，学习传达上级有关老干部工作的政策文件、会议精神及中心有关文件，交流探讨，不断提高老干部工作者的政策水平和服务保障工作能力。注重工作调研，强化服务。紧密联系中心实际加强老干部工作调查研究，以多种方式与老干部进行交流沟通，不断发现新情况，解决新问题，进一步增强老干部工作的针对性、实效性，坚持以人为本的理念，为老干部办好事、办实事。注重加强老干部工作的宣传，以简报等形式报道老干部工作动态9篇。

省疾控中心2015年获得荣誉统计

序号	获奖部门	所获荣誉名称	颁发单位	颁发时间
1	中心	第四届“全国文明单位”	中央精神文明建设指导委员会	2015年3月
2	中心	全国疾病预防控制工作先进集体	国家卫生计生委	2015年3月
3	中心	“全国脑血管病流行病学专项调查”先进集体	北京市神经外科研究所、全国脑血管病防治研究办公室、中国疾病预防控制中心慢病非传染性疾病预防控制中心	2015年6月
4	中心	2014年中央补助地方健康素养促进行动项目优秀公益广告作品（《母乳喂养》）	国家卫生计生委宣传司	2015年8月

续表

序号	获奖部门	所获荣誉名称	颁发单位	颁发时间
5	中心	2015 年度全国疾控纪实摄影大赛优秀组织奖	中国疾病预防控制中心、中国卫生摄影协会、人民网、中华预防医学会	2015 年 10 月
6	中心	中国全球基金项目省级执行机构河北省疾病预防控制中心受到中国疾控中心表扬	中国疾控中心	2015 年 3 月
7	中心	“最美无偿献血志愿团体”优秀组织奖	省文明办、省直工委	2015 年 12 月
8	办公室	“2013—2014 年全国青年文明号”称号	共青团中央、国家卫生计生委	2015 年 5 月
9	病毒病防治所	“河北省工人先锋号”称号	省总工会	2015 年 4 月
10	河北省针灸学会	4A 级学会	省民政厅	2015 年 12 月
11	第四党支部	优秀党支部	省卫生计生委	2015 年 6 月
12	第五党支部	优秀党支部	省卫生计生委	2015 年 6 月
13	第八党支部	优秀党支部	省卫生计生委	2015 年 6 月
14	理化检验所	2014 年度省直工人先锋号	省直工会	2015 年 8 月
15	中心工会	省直“工会业务管理系统录入工作先进单位”称号	省直工会	2015 年 2 月
16	中心工会	2014 年度省直职工经济技术创新暨合理化建议活动优秀组织单位	省直工会	2015 年 8 月
17	中心工会女职工委员会	2013—2014 年度省直基层工会女职工组织规范化建设先进女职工委员会	省直工会	2015 年 4 月

省疾控中心 2015 年个人获得荣誉统计

序号	获奖人	所获荣誉名称	颁发单位	颁发时间
1	张振国	全国疾病预防控制工作先进个人	国家卫生计生委	2015 年 3 月
2	朱小波	全国营养行业先进工作者	中国营养学会	2015 年 5 月
3	曹亚景	“全国脑血管病流行病学专项调查”先进个人	北京市神经外科研究所、全国脑血管病防治研究办公室、中国疾病预防控制中心慢病非传染性疾病预防控制中心	2015 年 6 月
4	刘玉环	“全国脑血管病流行病学专项调查”先进个人	北京市神经外科研究所、全国脑血管病防治研究办公室、中国疾病预防控制中心慢病非传染性疾病预防控制中心	2015 年 6 月

续表

序号	获奖人	所获荣誉名称	颁发单位	颁发时间
5	刘玉环	“中国重要心血管病患病率调查及关键技术研究”先进工作者	中国医学科学院阜外心血管病医院、国家心血管病中心	2015年2月
6	鲍文	2014年度省直职工经济技术创新暨合理化建议积极分子	省直工会	2015年4月
7	宗华	2014年度省直职工经济技术创新暨合理化建议积极分子	省直工会	2015年4月
8	杨洋	2014年度省直职工经济技术创新暨合理化建议积极分子	省直工会	2015年4月
9	刘霞	2014年度省直职工经济技术创新暨合理化建议积极分子	省直工会	2015年4月
10	王喆	2014年度省直职工经济技术创新暨合理化建议积极分子	省直工会	2015年4月
11	王珅	2014年度省直职工经济技术创新暨合理化建议积极分子	省直工会	2015年4月
12	郭晓亮	2014年度省直职工经济技术创新暨合理化建议积极分子	省直工会	2015年4月
13	张富才	2014年度省直职工经济技术创新暨合理化建议积极分子	省直工会	2015年4月
14	崔红霞	2014年度省直职工经济技术创新暨合理化建议积极分子	省直工会	2015年4月
15	甘承钰	2014年度省直职工经济技术创新暨合理化建议积极分子	省直工会	2015年4月
16	曹焱翔	2014年度省直职工经济技术创新暨合理化建议积极分子	省直工会	2015年4月
17	鲍文	省直“先进女职工工作者”	省直工会	2015年4月
18	宗华	省直“先进女职工”	省直工会	2015年4月
19	崔红霞	省直“先进女职工”	省直工会	2015年4月
20	刘霞	省直“先进女职工”	省直工会	2015年4月
21	达利亚	“最美无偿献血志愿者”称号	省文明办、省直工委	2015年12月
22	鲍文	2014年度委直属机关优秀共产党员	中共河北省卫生计生委直属机关委员会	2015年6月
23	韩艳淑	2014年度委直属机关优秀共产党员	中共河北省卫生计生委直属机关委员会	2015年6月

续表

序号	获奖人	所获荣誉名称	颁发单位	颁发时间
24	刘树力	2014 年度委直属机关优秀共产党员	中共河北省卫生计生委直属机关委员会	2015 年 6 月
25	彭世强	2014 年度委直属机关优秀共产党员	中共河北省卫生计生委直属机关委员会	2015 年 6 月
26	王英豪	2014 年度委直属机关优秀共产党员	中共河北省卫生计生委直属机关委员会	2015 年 6 月
27	张新亮	2014 年度委直属机关优秀共产党员	中共河北省卫生计生委直属机关委员会	2015 年 6 月
28	司永光	优秀党务工作者	省卫生计生委	2015 年 6 月
29	赵辉生	优秀党务工作者	省卫生计生委	2015 年 6 月
30	宗华	优秀党务工作者	省卫生计生委	2015 年 6 月
31	石永亮	优秀共青团员	省卫生计生委	2015 年 6 月
32	郝玲	优秀青年志愿者	省卫生计生委	2015 年 6 月
33	路丽	河北省农民工工作先进个人	河北省农民工工作领导小组	2015 年 12 月
34	张怡宁	第二届河北省青年医学科普能力比赛二等奖	河北省医学会	2015 年 5 月
35	张怡宁	扬子江杯．第二届全国医学科普能力大赛优秀奖	中华医学会科学普及分会	2015 年 7 月
36	张怡宁	2015 年省直“中国梦．劳动美”演讲比赛三等奖	河北省直属机关工会工作委员会	2015 年 7 月
37	贾肇一	突发急性传染病竞赛二等奖（团体）	国家卫生计生委	2015 年 7 月
38	程蔼隽	中国控烟贡献奖	中国控制吸烟协会	2015 年 10 月
39	王坤	中国卫生政促会疾控分会 2015 年主题征文活动优秀奖（征文《2014 年河北省疾控中心媒体沟通评估报告》）	中国卫生思想政治工作促进会疾病预防控制分会	2015 年 8 月
40	冯毅	2015 年度全国疾控纪实摄影大赛优秀奖（作品《耐心讲解》）	中国疾病预防控制中心、中国卫生摄影协会、人民网、中华预防医学会	2015 年 10 月
41	冯毅	“庆祝建国 66 周年省直卫生单位书画展”书法类二等奖	省卫生计生委机关党委	2015 年 9 月
42	冯毅	“庆祝建国 66 周年省直卫生单位书画展”摄影类二等奖（作品《关注》）	省卫生计生委机关党委	2015 年 9 月
43	陈春雷	“践行社会主义核心价值观 2015 河北省新闻界书画作品展”优秀奖（作品《春归莽原》）	中共河北省委宣传部	2015 年 11 月

续表

序号	获奖人	所获荣誉名称	颁发单位	颁发时间
44	陈春雷	“庆祝建国 66 周年省直卫生单位书画展”绘画类二等奖（作品《寒山雪霁》）	省卫生计生委机关党委	2015 年 9 月
45	陈春雷	“纪念抗日战争胜利 70 周年作品展”优秀奖（作品《圣地追思延安颂》）	河北省书画艺术研究院	2015 年 8 月

主要业务工作进展

公共卫生信息管理

【概况】公共卫生信息工作主要由中心公共卫生信息所承担。其主要职责是：管理、维护河北省五级疫情与突发公共卫生事件报告网络、传染病与突发公共卫生事件报告系统及专病报告传染病相关应用系统；承担网络直报信息统计与分析；传染病疫情、突发公共卫生事件信息收集分析，对监测数据进行质量评价；河北省医疗机构传染病与突发公共卫生事件漏报调查和检查指导；承担12320卫生热线管理。《河北省疾控机构基本信息系统》管理和维护，中心科技文献信息服务系统建设、管理与维护；图书、报刊订阅与管理；编印《河北疾病预防控制信息》；河北省疾病预防控制机构网络平台及信息化建设规划；建设、管理及综合维护河北省疾病预防控制信息网络系统及相关系统；维护中心局域网、计算机网络运行及安全管理；组织网络系统软件引进、开发、更新和升级；管理维护更新中心网站；承担/参与有关网络技术和计算机应用技术培训、教学、技术指导与应用性研究工作。现有职工15人（1人借调河北省卫生计生委红十字会），其中正高级职称2人，副高级职称5人，中级3人，初级5人。

【法定传染病报告】全省共报告法定传染病27种279031例，死亡201例。报告发病率377.8988/10万，死亡率0.2722/10万，病死率0.07%。报告发病率同比下降10.39%，死亡率同比下降8.44%，病死率与上年持平。发病数居前5位的病种依次为：其他感染性腹泻病57715例，乙型肝炎54593例，手足口病52425例，肺结核34046例，流行性感冒22537例，上述病种占全省报告传染病总发病数的79.32%。死亡数居前五位的病种依次为：艾滋病110例，狂犬病30例，肺结核27例，乙型肝炎15例，丙型肝炎6例，分别占全省报告传染病死亡总数的54.73%、14.93%、13.43%、7.46%、2.99%。病死率居前5位的病种依次为：狂犬病、流脑、艾滋病、出血热、风疹。（2014年人感染H7N9禽流感纳入乙类传染病报告；甲型H1N1流感纳入丙类传染病的流行性感冒报告）。

【疫情监测】实行24小时值班、网络浏览及疫情报告处置制度，疫情及相关资料由专人专柜保管。每日统计分析传染病疫情和突发公共卫生事件报告并完成日分析报告。撰写2014年河北省法定报告传染病及突发公共卫生事件分析。完成本年度疫情日报、周报分析和疫情月监测分析。每日、周、月向省卫生计生委疾控处、应急办，中心及有关科室报告疫情信息并提供疫情资料查询。向省卫生计生委疾控处提供疫情公布信息，向各市疾控中心反馈疫情信息。7月8～10日，协助中国疾控中心在石家庄举办全国疾控信息安全培训班和中国疾病预防控制信息系统管理员培训班。8月24～26日，在北戴河举办全省疫情及信息管理培训班，培训内容包括：网络直报系统虚拟专网（VPN）维护及应用；全省传染病报告质量分析评价；用户权限和隐私信息管理；《人口死亡信息登记管理规范（试行）》；《河北省传染病疫情分析预警与决策系统》需求分析；河北省法定传染病报告质量和管理现状调查方案。6月7日至7月17日，对全省法定传染病疫情信息报告管理工作进行督导检查。其中包括11个设区市疾控中心，21个县（市、区）疾控中心，33所县级及以上综合医院，36所乡镇卫生院（社区卫生服务中心），共计101个单位。

【网络建设与管理】全省所有县区级疾控机构关闭公网登录网络直报系统功能，改为通过硬件VPN虚拟专网和远程访问方式登录网络直报系统，保证省市县三级网络直报用户数据传输安全。该项工作处于全国领先水平。保证中心局域网网络安全，定期维护网络核心设备，安全设备，保障中心网络畅通、稳定、高效运行。维护与维修网络，出现网络问题及时检查和维修，解决局域网中核心问题20多次，终端问题100多次，新增终端节点50余个。保证各部门网络畅通。8月31日完成并开通综合楼局域网络并通网。保障国家到省视频会议系统正常运行，全年共召开视频会议17次。

【情报信息管理】河北疾控网服务器迁移到中心机房自己维护管理后，网站空间充足，运行速度加快，维护更加便利，费用大大节减，工作效率和服务能力得到提升；每天及时更新维护河北省疾病预防控制中心网站（Hebei CDC 网），适时对中心网站进行全面改版升级；中心网站分设45个栏目，更新信息大约4000条，年内浏览量达7万人次，历年累计访问次数已高达681万余人次，“河北疾控网”内容丰富，信息量大，已成为大众了解疾病预防控制相关信息的重要窗口，扩大了中心知名度和影响力，得到同行及广大网民的称赞。确保中心内网正常运行，保证内网信息安全性，给各科室分配不同账号，对挂网内容给予权限限制，提高网站保密性和实时性；为中心400多名在职职工建立个人网站，形式新颖，富有创造性，平均日更新条数为12条左右；搜集、整理国内外相关信息，编写印发《河北疾病预防控制信息》10期，翻译文献20篇；组织、指导全省疾控机构完成“2015年疾病预防控制基本信息报告工作”，编写印发《2013年河北省疾病预防控制基本信息统计分析报告》和《2014年河北省疾病预防控制基本信息统计分析报告》；参加编写《河北省疾病预防控制中心年鉴（2015卷）》；完成图书、报刊等管理工作，对各类档案按照要求存档；维护中心电子图书馆、清华同方知网、万方数据图书期刊系统正常运行，及时更新信息数据，为中心业务人员、实习学生、进修人员提供信息服务。

【12320卫生热线管理工作】1月19～21日，在河北省人口教育培训中心举办全省12320卫生热线戒烟干预培训班，石家庄、邯郸、张家口市卫计委（卫生局）12320卫生热线管理处室负责人及12320卫生热线管理中心主任各1人，12320卫生热线咨询员各2人参加；3月17日，与省卫生计生委江建明副主任、宣传处尹晨茹处长、杨秋义副处长等一起参加石家庄12320卫生热线工作会议暨媒体开放日活动，所长高贵军接受省电视台今日资讯栏目采访；5月22～24日，迎接云南省12320来石家庄参观12320工作；12月9～11日，在廊坊举办2015年中央补助地方健康素养促进行动项目—12320卫生热线戒烟咨询服务现场培训班，部署2016年具体工作。

附

全省传染病疫情概况

根据国家“疾病监测信息报告管理系统”统计，全省共有11个设区市，174个县（市、区、开发区），系统注册网络直报单位共计3465个，其中疾控机构197个（含企业和开发区）、医疗机构2896个（县级以上医疗机构714个、乡镇社区级医疗机构2177个、村级医疗机构5个）、监督机构184个，卫生行政机构188个。所有注册网络直报单位均具有报告突发公共卫生事件权限和功能。注册的197个疾控机构和2896个医疗机构（共计3093个）被系统赋予报告传染病权限和功能。全省法定报告传染病和突发公共卫生事件资料均按“现住址”进行统计分析。

39种法定报告传染病中，甲类无报告，乙类报告18种，丙类9种，全年共报告27种279031例，死亡201例，报告发病率377.8988/10万，死亡率0.2722/10万，病死率0.07%。报告发病率同比下降10.39%，死亡率下降8.44%，病死率与上年持平。发病数居前5位病种依次为：其他感染性腹泻病57715例，乙型肝炎54593例，手足口病52425例，肺结核34046例，流行性感冒22537例，上述病种占全省报告传染病总发病数79.32%。死亡数居前五位病种依次为：艾滋病110例，狂犬病30例，肺结核27例，乙型肝炎15例，丙型肝炎6例，分别占全省报告传染病死亡总数54.73%、14.93%、13.43%、7.46%、2.99%。病死率居前5位病种依次为：狂犬病、流脑、艾滋病、出血热、风疹。详见表 1。

表 1　2015 年法定传染病发病数、死亡数、病死率前 10 位病种排序

位次	发　病		死　亡		病死率（%）	
	病　种	发病数	病　种	死亡数	病　种	病死率
1	其他感染性腹泻病	57715	艾滋病	110	狂犬病	68.18
2	乙　肝	54593	狂犬病	30	流　脑	16.67
3	手足口病	52425	肺结核	27	艾滋病	16.15
4	肺结核	34046	乙　肝	15	出血热	0.65
5	流行性感冒	22537	丙　肝	6	风　疹	0.50
6	梅　毒	9966	出血热	4	斑疹伤寒	0.39
7	痢　疾	9625	梅　毒	2	肺结核	0.08
8	丙　肝	9409	其他感染性腹泻病	2	丙肝	0.06
9	流行性腮腺炎	7573	麻　疹	1	乙　肝	0.03
10	布　病	5526	流　脑	1	麻　疹	0.03

【甲类传染病】本年无报告，2008 年以来连续 8 年无报告。

【乙类传染病】全年报告 18 种：艾滋病、病毒性肝炎、麻疹、流行性出血热、狂犬病、流行性乙型脑炎、登革热、细菌性和阿米巴性痢疾、肺结核、伤寒和副伤寒、流行性脑脊髓膜炎、百日咳、新生儿破伤风、猩红热、布鲁氏菌病、淋病、梅毒和疟疾。无病例报告 6 种：传染性非典型肺炎、脊髓灰质炎、人感染高致病性禽流感、炭疽、白喉、钩端螺旋体病、血吸虫病和人感染 H7N9 禽流感。全年报告发病 136539 例，死亡 196 例。报告发病率 184.9182/10 万，死亡率 0.2654/10 万，病死率 0.14%。发病率同比下降 0.73%，死亡率同比下降 2.21%，病死率同比下降 6.67%。与上年报告病种相比减报炭疽、钩端螺旋体病。与上年报告病种相比报告发病率上升病种有 8 种：登革热（+79.41%），艾滋病（+31.33%），猩红热（+29.12%），梅毒（+16.33%），伤寒+副伤寒（+9.20%），疟疾（+8.40%），病毒性肝炎（+3.52%），淋病（+3.12%）。与上年报告病种相比报告发病率下降病种有 12 种：百日咳（-1.53%），肺结核（-4.23%），痢疾（-12.03%），新生儿破伤风（-13.10%），布鲁氏菌病（-15.82%），狂犬病（-21.99%），麻疹（-29.20%），流行性出血热（-36.67%），流行性脑脊髓膜炎（-54.24%），流行性乙型脑炎（-58.30%），炭疽（-100.00%），钩端螺旋体病（-100.00%）。见图 1。

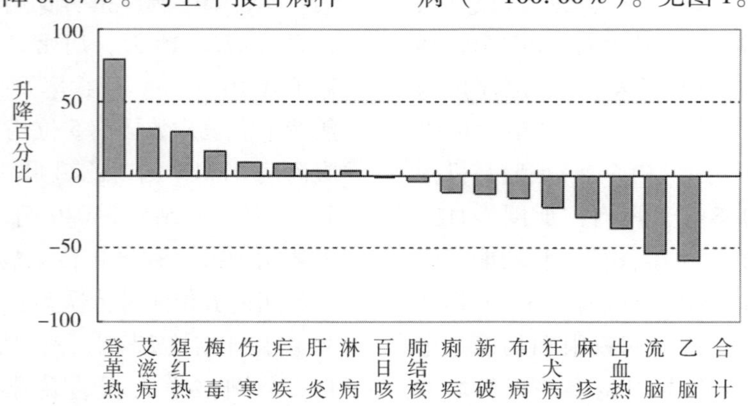

图 1　2015 年河北省乙类传染病发病率与上年同比（%）

发病数居前5位病种依次为：乙型肝炎54593例，肺结核34046例，梅毒9966例，痢疾9625例，丙型肝炎9409例，占全省乙类传染病总发病数86.16%。有死亡病例报告传染病8种，死亡数居前五位病种：艾滋病110例，狂犬病30例，肺结核27例，乙型肝炎15例，丙型肝炎6例，占全省乙类传染病总死亡数95.92%。病死率居前五位病种依次为：狂犬病、流脑、艾滋病、出血热、肺结核。详见表2。

表2 2015年乙类传染病发病数、死亡数、病死率前10位病种排序

位次	发病		死亡		病死率（%）	
	病种	发病数	病种	死亡数	病种	病死率
1	乙肝	54593	艾滋病	110	狂犬病	68.18
2	肺结核	34046	狂犬病	30	流脑	16.67
3	梅毒	9966	肺结核	27	艾滋病	16.15
4	痢疾	9625	乙肝	15	出血热	0.65
5	丙肝	9409	丙肝	6	肺结核	0.08
6	布病	5526	出血热	4	丙肝	0.06
7	猩红热	4192	梅毒	2	乙肝	0.03
8	麻疹	3825	麻疹	1	麻疹	0.03
9	淋病	1270	流脑	1	梅毒	0.02
10	戊肝	768				

1. 季节分布。发病季节高峰不明显，3～8月份发病较多，占乙类传染病发病总数54.00%，5月份最高，报告发病13092例，发病率17.7308/10万。见图2、表3。

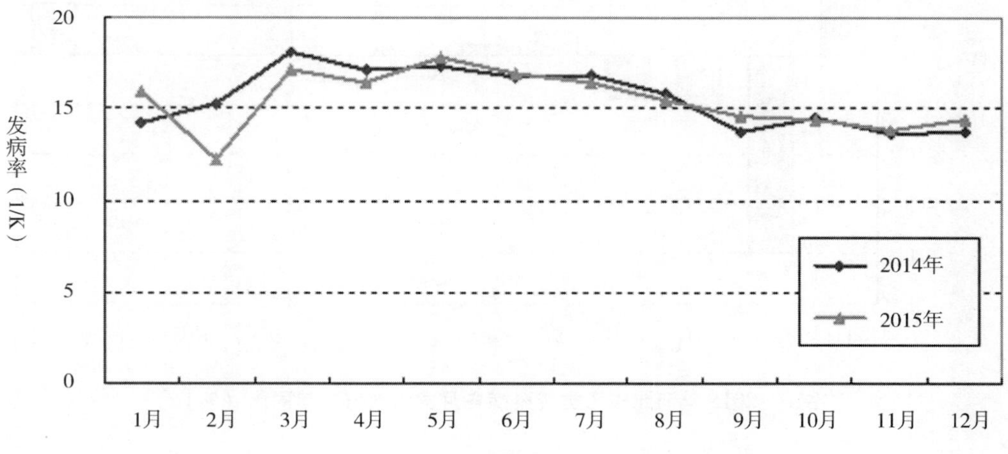

图2 2015年河北省乙类传染病发病率按月分布

表 3　2015 年乙类传染病与 2014 年同期发病的季节分布比较

月份	2015 年		2014 年		与 2014 年同期比升降%	
	发病数	死亡数	发病数	死亡数	发病数升降	死亡数升降
1	11714	13	10379	23	12. 08	-43. 95
2	8994	13	11162	12	-19. 98	7. 32
3	12641	19	13202	15	-4. 91	25. 37
4	12068	12	12527	11	-4. 33	8. 67
5	13092	17	12672	18	2. 60	-6. 12
6	12478	16	12257	22	1. 10	-27. 67
7	12079	14	12292	22	-2. 41	-36. 67
8	11367	18	11598	19	-2. 67	-5. 79
9	10727	19	9985	15	6. 69	25. 37
10	10606	15	10584	11	-0. 49	35. 33
11	10185	18	9938	12	1. 78	48. 78
12	10588	22	10000	19	5. 15	15. 06

乙类传染病各月发病数与上年同期升降比较，除 2、3、4、7、8、10 月份有所下降外，其他各月都有不同程度上升。见图 3。

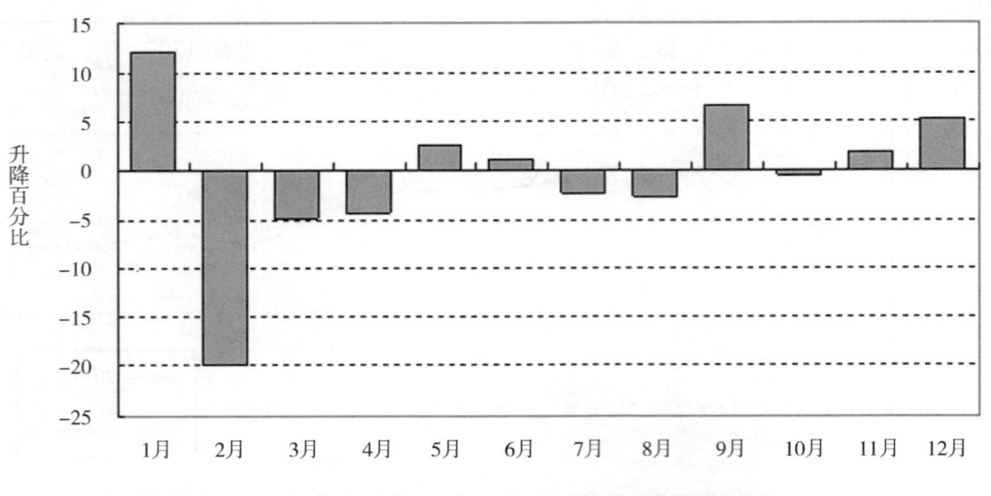

图 3　2015 年河北省乙类传染病各月发病数与上年同比（%）

2. 地区分布。全省 11 个设区市均有病例报告。报告发病率前五位设区市依次为：承德、沧州、廊坊、张家口、唐山，该五市报告发病率超过全省平均值（184. 9182/10 万）。见表 4。

表4　2015年各市乙类传染病发病数、发病率排序情况

地区名称	发病数	位次	地区名称	发病率（1/10万）	位次
石家庄市	17260	1	承德市	233.0988	1
保定市	17229	2	沧州市	228.9157	2
邯郸市	17118	3	廊坊市	217.288	3
沧州市	16840	4	张家口市	198.6887	4
唐山市	15059	5	唐山市	193.9538	5
邢台市	13078	6	邯郸市	182.07	6
廊坊市	9787	7	秦皇岛市	180.4174	7
张家口市	8837	8	邢台市	179.5767	8
承德市	8254	9	衡水市	170.3396	9
衡水市	7555	10	石家庄市	163.4631	10
秦皇岛市	5522	11	保定市	150.0183	11

3．职业分布。病例分布农民为主，其次为家务及待业，散居儿童，不详和离退人员，上述人群发病数占乙类传染病总报告发病数的86.78%。见表5。

表5　2015年乙类传染病发病职业构成情况

职业	发病数	构成比%	死亡数	构成比%
总计	136539	100.00	196	100.00
农民	93774	68.68	108	55.10
家务及待业	8601	6.30	31	15.82
散居儿童	6057	4.44	2	1.02
不详	5043	3.69	6	3.06
离退人员	5018	3.68	12	6.12
工人	4434	3.25	9	4.59
学生	4419	3.24	2	1.02
其它	1871	1.37	13	6.63
幼托儿童	1799	1.32	0	0.00
干部职员	1739	1.27	3	1.53
商业服务	1255	0.92	6	3.06
教师	667	0.49	0	0.00
民工	652	0.48	4	2.04
牧民	402	0.29	0	0.00
医务人员	347	0.25	0	0.00
餐饮食品业	236	0.17	0	0.00
公共场所服务员	86	0.06	0	0.00

续表

职业	发病数	构成比%	死亡数	构成比%
海员及长途驾驶员	64	0.05	0	0.00
渔（船）民	63	0.05	0	0.00
保育员及保姆	12	0.01	0	0.00

4. 年龄、性别分布。报告发病数最多年龄组为25～29岁组，15617例，占乙类传染病总发病数11.44%。病例中男性80632例，女性55907例，男女发病数之比约为1.44∶1。报告发病率最高年龄组为65－岁组，报告发病率为371.7807/10万。男女发病率之比约为1.37∶1。

【丙类传染病】全年报告9种：流行性感冒、流行性腮腺炎、风疹、急性出血性结膜炎、麻风病、斑疹伤寒、包虫病、其他感染性腹泻、手足口病。报告发病142492例，死亡5例。报告发病率192.9805/10万，死亡率0.0068/10万，病死率0.0035%。报告发病率同比下降18.03%，死亡率同比下降73.75%，病死率同比下降68.18%。与上年报告病种相比，增报麻风病，减报黑热病。发病率上升病种有2种：斑疹伤寒（+42.14%），其他感染性腹泻病（+10.35%）。发病率下降病种有6种：急性出血性结膜炎（－0.13%），流行性腮腺炎（－2.78%），流行性感冒（－10.67%），手足口病（－38.91%），风疹（－72.82%）。包虫病发病率与上年持平。见图4。

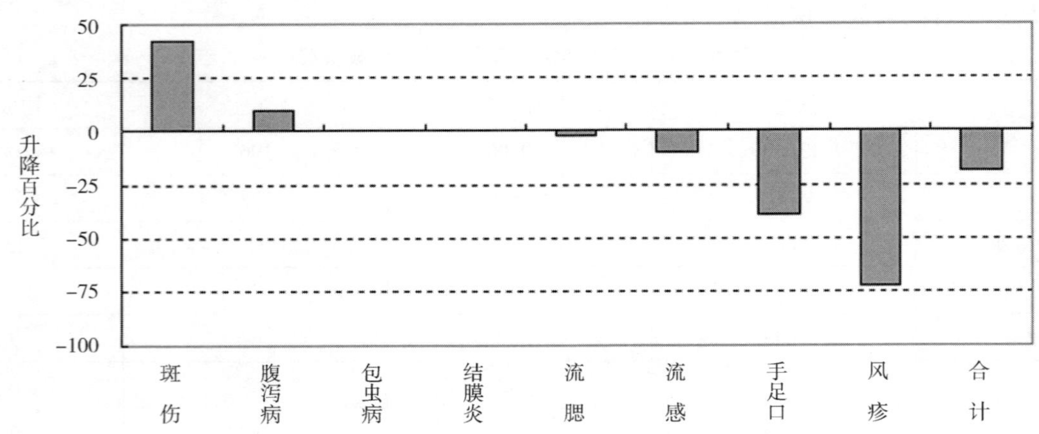

图4　2015年河北省丙类传染病发病率与上年升降比（%）

按照发病数高低排序依次为：其他感染性腹泻57715例，手足口病52425例，流行性感冒22537例，流行性腮腺炎7573例，急性出血性结膜炎1782例，斑疹伤寒259例，风疹199例，麻风病1例，包虫病1例。死亡病例情况：其他感染性腹泻2例，流行性感冒1例，斑疹伤寒1例，风疹1例。

1. 季节分布。发病集中在5～8月，共报告77200例，占丙类传染病报告总数54.18%。6月份最多，26074例，发病率35.3127/10万。1～12月报告发病率不同程度高于上年同期，主要是手足口病、流感增多的缘故。见表6。

表 6　2015 年各月份丙类传染病发病及死亡数与上年同期比较

时间	2015 年		2014 年		与 2014 年同期比升降%	
	发病数	死亡数	发病数	死亡数	发病数升降	死亡数升降
合计	142492	5	172634	19	-17.46	-73.68
1 月	6884	0	7174	0	-4.04	–
2 月	5297	1	5754	1	-7.94	0.00
3 月	7133	1	8106	2	-12.00	-50.00
4 月	8083	0	15502	0	-47.86	–
5 月	15825	0	24792	3	-36.17	-100.00
6 月	26074	0	29186	3	-10.66	-100.00
7 月	20296	1	23290	7	-12.86	-85.71
8 月	15005	1	13725	2	9.33	-50.00
9 月	9070	0	10756	0	-15.67	–
10 月	8743	0	10902	1	-19.80	-100.00
11 月	9661	0	13147	0	-26.52	–
12 月	10421	1	10300	0	1.17	–

丙类传染病各月发病数与上年同期相比，1～12 月份发病数均有不同程度的下降。见图 5。

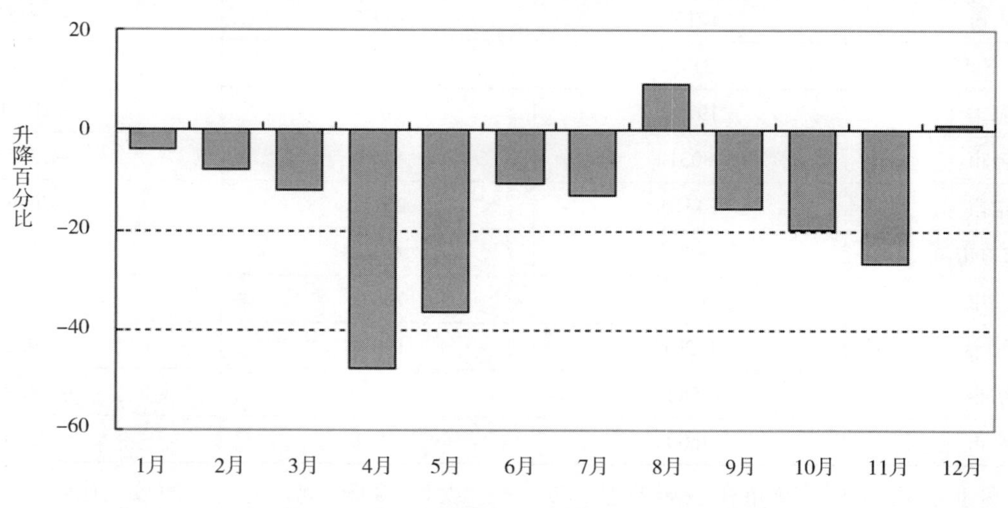

图 5　2015 年河北省丙类传染病各月发病数与上年同期升降比（%）

2. 地区分布。全省 11 个设区市均有病例报告。报告发病数前五位设区市依次为：石家庄、保定、邯郸、沧州和唐山，占全省报告丙类传染病总数 74.78%。报告发病率排前 5 位设区市依次为：石家庄、保定、邯郸、廊坊和承德。见表 7。

表7　2015年各市丙类传染病报告发病数、发病率排序情况

地区名称	发病数	位次	地区名称	发病率	位次
石家庄市	37177	1	石家庄市	352.0897	1
保定市	24310	2	保定市	211.6748	2
邯郸市	19710	3	邯郸市	209.6389	3
沧州市	13201	4	廊坊市	190.6237	4
唐山市	12155	5	承德市	183.6493	5
廊坊市	8586	6	沧州市	179.4487	6
邢台市	8031	7	唐山市	156.5514	7
承德市	6503	8	张家口市	113.9925	8
张家口市	5070	9	邢台市	110.2753	9
衡水市	4600	10	衡水市	103.7144	10
秦皇岛市	3149	11	秦皇岛市	102.8856	11

与上年同期相比，报告发病数除石家庄略有上升外，其他10个设区市均有不同程度下降。见表8。

表8　2015年各市丙类传染病发病数与上年同期比升降情况

地区名称	2015年发病数	2014年发病数	与2014年相比%
石家庄市	37177	36188	2.73
唐山市	12155	14927	-18.57
秦皇岛市	3149	5070	-37.89
邯郸市	19710	24854	-20.70
邢台市	8031	9531	-15.74
保定市	24310	26252	-7.40
张家口市	5070	6782	-25.24
承德市	6503	10842	-40.02
沧州市	13201	18830	-29.89
廊坊市	8586	13194	-34.93
衡水市	4600	6164	-25.37

3. 职业分布。发病主要分布在散居儿童、农民、幼托儿童和学生，占丙类传染病总报告发病数94.79%。

4. 年龄、性别分布。病例数主要集中在0～3岁组，共报告99771例，占丙类传染病总发病数47.19%。其中1岁组发病最多27251例，占丙类传染病总发病数19.12%。病例中男性84436例，女性58056例，男女发病数之比约为1.45:1。发病率最高年龄组为1岁组，发病率为2390.2792/10万，其次为0岁组和2岁组。男性发病率223.3561/10万，女性发病率161.1136/10万。男、女发病率之比约为1.39:1。

（张振喜 高贵军）

突发公共卫生事件应急处置

【概况】突发公共卫生事件应急办公室主要职责是组织协调对重大传染病疫情、突发公共卫生事件的应急处理和卫生应急日常管理工作。包括：建立健全中心突发公共卫生事件应急预案体系；建立中心突发公共卫生事件应急处理专家库和卫生应急队伍，并组织应急队伍开展日常培训和演练；负责中心应急值班安排、协调工作；组织协调突发公共卫生事件现场调查和处置工作，指导下级疾病预防控制中心开展应对突发公共卫生事件处置；组织开展全省疾病预防控制系统突发公共卫生事件专业技术培训，指导并协助基层做好应急处理工作；积极开展与国家、兄弟省（市）同行和其他部门间沟通协作；组织开展对重大传染病和突发公共卫生事件的分析和预测，开展日常风险评估及专题风险评估工作；开展相关科学研究工作等。现有职工8人，其中正高级职称1人，副高级职称2人，中级职称1人，初级职称4人；硕士研究生2人，本科生6人。

【疫情统计】2015年，全省共报告突发公共卫生事件22起，较去年同期（23）下降1起，下降4.35%；发病885人，较去年同期（1613）下降728例，下降45.13%；死亡4人，较去年同期（2）上升2人，上升50.00%。所报突发事件中较大事件2起，一般事件20起。22起事件中，承德市报告最多，共报告突发公共卫生事件9起（占总报告数的40.91%），石家庄市次之，共报告4起（占总报告数的18.18%）。类别主要以传染病事件为主，共17起（占总报告数的77.27%），突发中毒事件4起（占总报告数的18.18%），环境因素1起，（占总报告数的4.55%）。人群主要以学校为主，发生在各类学校的共13起（占总报告数的59.09%），共涉及15296人，发病376人，无死亡。

【疫情处置】全年共组织协调处置疫情22起，处理举报疫情电话事件15起，组织、派遣专家指导处置邢台金华中学疑似学生食物中毒事件、石家庄市世纪康城小区饮用水污染引起的感染性腹泻暴发疫情、华油创业小区饮用水污染事件、保定徐水疑似埃博拉发热病例以及保定、沧州发热伴血小板减少综合征等事件。

其中，华油创业小区饮用水污染事件涉及人数达上万人，并涉及华北油田系统内部人员。由于事件发展迅速，波及人员不断增长，华油疾控中心向河北省疾控中心请求支援。中心立即派相关专家多次对该小区污染源及水源消毒进行指导，并对上百份相关水样进行检测，有效控制了此事件蔓延。

【突发急性传染病防控和突发中毒事件应急处置全国技能竞赛复赛工作】竞赛由国家卫生和计划生育委员会组织，中心受省卫生计生委的委托，负责河北省参赛队伍的选拔、集训和竞赛相关准备工作，并带队参加全国竞赛。

（一）认真研读国家下发的有关竞赛复赛细则的通知，充分领会文件精神，严格按照文件要求，组织全省复赛工作。

（二）起草下发《河北省疾病预防控制中心关于突发急性传染病防控和突发中毒事件应急处置全国技能竞赛集训及复赛的通知》。

（三）组织各市上报联系人和参赛队员名单，最终确定领队1名，突发急性传染病防控参赛队员4名，突发中毒事件处置参赛队员3名。

（四）做好盲样考核工作。6月25日，突发急性传染病竞赛考核盲样送达，立即组织中心细消所竞赛人员进行试验。6月30日，突发中毒技能竞赛考核盲样送达，立即组织中心理化所和石家庄市疾控中心完成盲样考核。

（五）7月13～19日，对全省的参赛队员进行集中培训，并组织到河北省疾控中心进行个人防护、物资储备、实验室仪器等多方面的参观学习。

（六）7月21～22日，突发急性传染病防控和突发中毒事件应急处置全国技能竞赛复赛在北京举办，来自全国30个省、市、自治区和新疆生产建设兵团的61支队伍210多名选手参加。

我省代表队经过盲样考核、闭卷笔试、技能操作、桌面推演和实验室操作的激烈角逐，最终，凭借扎实的专业知识和过硬的实践技能，获得了传染病竞赛组二等奖，中毒竞赛组三等奖的优异成绩。

【京津冀合作机制建设工作】积极响应国家京津冀协同发展这一重大国家战略，多方面、多层次加强与北京、天津合作，坚持优势互补、互利共赢，实现京津冀三地卫生应急工作的共同发展。

1月18～19日，受邀参加在张家口市召开的京津冀重大活动卫生安全保障研讨会。会议就京张联合申办冬奥会公共卫生安全保障有关事宜进行研讨交流。

3月13日，参加京津冀2015年卫生应急协作工作会议，会议旨在深入贯彻落实党中央、国务院关于京津冀协同发展的国家战略部署，切实履行《京津冀突发事件卫生应急合作协议》，共同研讨三地2015年卫生应急合作交流重点工作。

6月3日，京津冀3省市和相关区县卫生（计生）行政部门负责同志在我省廊坊市签署《京津冀毗邻县（市、区）卫生应急合作协议》。协议指出，北京市、天津市、河北省所辖毗邻县（市、区）在相邻区域内建立长期、稳定、高效的卫生应急合作机制。

6月5日，参加京津冀夏季传染病防控工作研讨会，目的为深入落实国家京津冀协同发展的战略部署，进一步推进京津冀疾病预防控制工作一体化。

6月29日，参加天津召开的京津冀新发传染病及免疫规划工作研讨会，进一步加强了京津冀地区中东呼吸综合征等新发传染病联防联控工作，落实麻疹控制措施，研讨疫苗预防传染病策略。

9月25日，顺利完成京津冀三省市联合卫生应急综合演练。为进一步增强京津冀突发事件卫生应急处置能力，京津冀三地卫生计生行政部门联合在天津市宁河县开展卫生应急综合演练。演练通过实战、桌面推演和现场考核评估等方式对卫生应急队伍进行全面实战锻炼与考核。河北省疾控中心参演内容为穿戴A级重装防护服进入事故现场开展人员搜救、洗消和转运。中心采取省、市联合组队形式，与唐山市疾控中心组队参加，切实锻炼了队伍。通过此次演练，检验和锻炼了三地卫生应急队伍综合组织协调、多部门联动配合能力，进一步提高了三省市突发事件卫生应急联合处置能力。

10月12～18日，中国红十字会供水和大众卫生救援队培训及演练在京举办。中心受河北省红十字会邀请，组织两名专业技术人员参加了为期一周的培训及实战演练。

【埃博拉出血热防控工作】坚持做好埃博拉出血热疫区归国人员的数据统计、汇总和上报工作。2015年，我省累计接到北京、上海、广东三省市和我省各市出入境检验检疫部门通报的入境人员共329人，排除273人。累计进行健康监测56人，已全部解除。中心病毒病防治所韩旭同志作为世界卫生组织西太区专家组成员被派往塞拉利昂开展埃博拉专业知识培训并指导当地开展防控工作。应急办全力做好韩旭同志出访的后勤保障工作，及时与其沟通，了解当地疫情动态，及时将韩旭同志援助塞拉利昂工作总结上报省卫生计生委应急办和外事处。

【中东呼吸综合征防控工作】我国出现首例输入性中东呼吸综合征确诊病例，为有力有序应对中东呼吸综合征疫情，中心未雨绸缪，积极做好各项应对准备工作。一是成立由中心主任任组长，领导班子成员任副组长的中东呼吸综合征疫情工作领导小组。下设综合协调与疫情处置组、疫情监测组、药械供应组、后勤保障组和新闻宣传组5个专业组，明确分工，有效履行各项职责。二是起草《河北省中东呼吸综合征冠状病毒感染疫情防控应急预案》；修订《河北省中东呼吸综合征疫情防控工作实施方案（第二版）》；下发《河北省疾病预防控制中心中东呼吸综合征防控工作方案》。三是组织召开中东呼吸综合征专题风险评估及相关知识培训，并组织进行了中东呼吸综合征桌面推演。四是6月10日，在中心召开中东呼吸综合征会商沟通会。省卫生计生委、省旅游局、省检疫局等多家单位到场参会。五是加强应急值守，密切跟踪疫情信息，确保做到“早发现、早报告、早处置、早隔离、早治疗”。六是确保个人防护用品、消杀药品和实验室检测试剂储备充足。七是组织专家接受河北卫视新闻中心采访，主动与媒体沟通，为公众答疑解惑。

【突发事件公共卫生风险评估工作】严格按照国家风险评估实施方案要求，每月定期参加国家风险评估视频会，按时组织专家召开河北省突发事件公共卫生日常风险评估专家研讨会，对我省可能出现的突发公共卫生事件进行风险研判，并将评估报告上报国家疾控中心和省卫生计生委。全年共完成12份月度日常风险评估报告，4份季度报告；及时开展专题风险评估，针对中东地区及韩国中东呼吸综合征疫情开展专题风险评估，采用专家会商法，最终综合专家意见形成评估报告，上报省卫生计生委和国家疾控中心。

【卫生应急队伍建设】一是组织参加国家级、省级举办的会议和培训40余次。通过培训强化卫生应急意识，补充更新卫生应急知识，切实提高专业人员应急处置的综合能力；二是全年组织参加演练7次。包括京津冀联合应急演练、省级卫生应急队伍自然灾害卫生应急实战拉练、石家庄机场突发急性传染病防控应急演练等。演练过程中，注重新老结合，侧重锻炼新应急队员，提高其业务知识和实战能力。此外，组织中心相关专家对各市疾控系统演练，以及张家口市、北京朝阳区、延庆县疾控中心联合举办的2015减灾防病应急演练进行观摩指导。

【卫生应急物资储备】根据突发公共卫生事件的特点，积极做好各项应急物资储备工作。一是做好省级防护服、发电机、消杀药品器械等物资装备的存放、管理以及各市疾控领用事宜。二是为做好2015年全省群体性不明原因疾病监测工作，为全省19家哨点医院和疾控机构配发生物样品转运箱、快检箱、防护服等。并为中心实验室配置细菌性急性传染病检测试剂700人份、呼吸道病毒多重PCR检测试剂480人份。三是更新补充各类防护用品，消杀药品，后勤保障物资等上百件。考虑实战演练现场情况特殊性，专门采购防摔、防震型环境样品采样箱，空气样品采集箱，消毒杀虫器材箱等快速检测滚塑箱8种。定期补充中心应急队伍个人携行装备，确保一旦发生突发公共卫生事件能够及时快速应对。

【联防联控机制建设】一是做好与政府其他部门（气象、教育、畜牧、检验检疫等）信息沟通。在有效应对中东呼吸综合征和埃博拉疫情防控中得到了检验检疫部门的大力支持，为我们做好埃博拉出血热疫区归国人员的数据统计提供了重要帮助，共同完成了石家庄机场突发急性传染病防控应急演练。7月1日，参加了省公安厅反恐办举办的反恐怖药品疫苗储备应急调用预案研讨会。二是继续做好与国家疾控中心和其他兄弟省市同行的交流。根据《豫冀突发事件卫生应急合作协议》，与河南省加强联系和沟通。10月19～21日，河北省卫生计生委举办重大自然灾害实战拉练，特邀河南省卫生计生委和疾控部门参加观摩。10月25～27日，河北省疾控中心应邀参加了在开封举办的2015河南卫生应急省级队伍检验性拉动演练。

【卫生应急宣传】加大卫生应急知识普及和宣传教育力度，提高公众公共卫生安全意识和应对突发公共卫生事件的能力，重点做好“5·12”应急宣传活动；起草河北省疾控中心卫生应急防灾减灾宣传活动总结上报省卫生计生委应急办。为更好开展禽流感等传染病的卫生知识宣传工作，组织印制系列卫生应急知识宣传品，号召民众积极参与进来。

【应急值守】坚持24小时应急值守，确保紧急情况突发事件的及时上报；每季度下发中心值班安排通知，对中心领导、应急队员、实验室人员、后勤、药械以及司机的值班作出安排；节假日期间要求值班应急队员做到24小时通讯畅通，做到人员到位、工作到位、责任到位、准备充分、反应迅速，确保一旦发现疫情，第一时间迅速到位、及时处置。

生物制品供应管理

【概况】生物制品供应管理所负责全省生物制品的定购、供应及管理，参与疫苗使用效果评价和重大免疫接种异常反应及事故处置。依据《疫苗流通和预防接种管理条例》《疫苗储存和运输管理规范》《药品经营质量管理规范》，建立了规范的质检、仓储、物流和冷链养护队伍和规章制度，及时、高效地完成了历年全省的生物制品定购和分配任务。在保证全省预防性生物制品顺利、及时供应的同时，加强了与相关行业的合作与交流，建立了一整套全程的工作管理模式。现有工作人员13名，其中硕士1名、本科3名、大专7名；有主任技师1名、高级工程师和政工师各1名、主管医师1名。

【质量控制】设置了专门的质量管理员、验收员、养护员和质量信息管理人员，定期对质量制度的执行情况进行考核、检查。对于检查中发现的问题，及时进行反馈并提出整改措施，限期进行整改。年终对全年的质量体系执行情况进行内部审核，发现问题及时进行解决，确保整个质量体系的正常运转，从而保证疫苗整个流通环节的安全性。

正在逐步建立全省的疫苗全程电子监管系统，以达到对疫苗生产、储运、流通和使用的全过程进行监督管理，及时监督疫苗流向，防止疫苗流通过程中的违法、违规行为，做到事前规范，减少接种事故的发生，保护受种者的接种安全；做到儿童接种信息和疫苗流程信息的共享，帮助家长行使药品信息的知情权，达到群众主动监督的目的；促进疫苗接种信息实事求是，促使疫苗订购计划与实际使用数量的吻合，便于流动儿童接种管理与接种数据的实时查询和预警。

【采购入库】严格审核供货单位的资质，并及时索要供货单位相关资质证明文件，并建立供货单位档案。验收时对到货疫苗进行温度检测，并对每批次疫苗及时索要批签发报告复印件、检验报告、随货同行的出库单，疫苗运输温度记录等；对所有到货疫苗填写收货记录、验收入库通知单，并建立验收记录，保证所有购进的疫苗具有合法资质、属于合格产品、且运输状态符合规定的温度要求。所有入库疫苗凭验收入库通知单填写入库记录。

【储存运输】按照每种疫苗的储存规定，分区并按品种、批号等进行码放。每品种、批次均配备有货位卡，并按照出入库的时间、数量及时进行记录。所有疫苗均严格按照规定的间距进行码放。保证储存的安全，以及出入库的便捷。每次疫苗的运输过程，均按照原卫生部颁布的《预防接种工作管理规范》制定的疫苗运输温度记录表记录启运时间、温度、行驶里程、启运时的温度、到达时间、温度，接收人签字等内容，一式两份，一份交客户、一份存档备查。

【出库】所有疫苗按照批号进行管理，并开具疫苗出库单，按照疫苗出库单开具的品种、数量、批号等，由保管员予以出库、复核，品种、数量、批号、生产单位等确认无误后方能出库，并填写出库复核记录。

在疫苗出库过程中，严格按照“按批次出库”“先进先出、近效期先出”的原则，避免因储存时间过长而出现质量问题，同时也避免了因效期的原因出现报废或损失。

【全省冷链运转情况】2015年共分发注射器1873余万支；分发疫苗2233余万支（粒或人份），其中：脊髓灰质炎疫苗735万粒，乙肝疫苗1216717人份，无细胞百白破疫苗4189040支，白破疫苗525874支，卡介苗513500支，乙脑疫苗2030624支，A群流脑781360支，A+C群流脑1597403支，麻风二联1183040支，麻腮风疫苗1065806支，甲肝疫苗1141000支，卡介苗纯蛋白衍生物19700支，麻疹疫苗541500支，出血热疫苗180998支。按计划和需求如期完成了2015全年扩免疫苗和注射器的储运和分发任务，任务完成率100%，运送里程达26万余公里，有效保证了全省扩大免疫规划工作的顺利实施。

免疫规划管理

【概况】免疫规划管理所由流行病学与免疫服务室、脊髓灰质炎实验室和麻疹实验室三部分组成，主要负责全省儿童疫苗的免疫规划管理、常规免疫接种率监测、儿童疫苗可预防疾病（包括脊髓灰质炎、麻疹、乙型肝炎）监测和常规免疫接种率监测、免疫服务实施的督导、对市级及以下基层工作人员的培训、对国内外合作项目提供技术支持、为省卫生计生委策略的制定提供依据。现有工作人员16人，其中博士研究生1人，硕士研究生6人，大学本科9人，高级专业技术人员7人，中级专业技术人员8人。拥有万元以上大型高精仪器设备50台，价值100余万元。

【基础免疫接种】常规免疫监测系统运转良好。国家免疫规划疫苗报告接种率保持95%以上，乙肝疫苗首针及时接种率97.2%。

【巩固无脊髓灰质炎成果】全省组织开展2014/2015年度脊髓灰质炎强化免疫工作，接种适龄儿童7342335人，两轮接种率98%以上；全省组织开展2015/2016年度脊髓灰质炎强化免疫工作，接种适龄儿童3371688人，接种率97%以上；全省急性弛缓性麻痹（AFP）监测系统继续保持较高的灵敏度，AFP监测系统报告AFP病例304例，15岁以下儿童非脊灰AFP病例报告发病率2.33/10万；省脊灰实验室在收到的606份AFP病例粪便标本中分离出脊灰病毒7株，定型准确率100%。全省开展了AFP病例主动搜索，共计调查了13家县级综合医院，没有发现漏报的AFP病例。

【实施消除麻疹行动】全省共报告确诊病例3825例，报告发病率5.18/10万；实验室检测麻疹疑似病例咽拭子标本602份，阳性率22.76%；3月份全省开展麻疹类疫苗查漏补种月活动，在非重点县（市、区）摸底调查8月龄至4周岁儿童5177880人，麻疹类疫苗第一、第二剂次补种率分别为96.40%、96.73%。在重点县（市、区）开展麻疹疫苗非选择性补充免疫活动，共摸底儿童数161425人，接种率96.52%；10月份全省开展麻疹类疫苗查漏补种活动，麻疹类疫苗第一、第二剂次补种率分别为94.91%、93.94%。

【疑似预防接种异常反应（AEFI）监测】AEFI监测系统运转良好，敏感度进一步提高，报告AEFI病例10548例，未报告发生群体性疫苗接种反应。

【“寻找最美接种医生”公益活动】本次活动从11月份启动，经过11个设区市、省直管县以及华北石油疾控中心层层筛选推荐，有13名“最美接种医生”候选人进入最终的评审。秦皇岛市疾控中心推荐的刘少青等5名接种医生被评为河北省“最美接种医生”，张家口市疾控中心推荐的郭淑彬等8名接种医生被评为河北省“优秀接种医生”。

性病艾滋病防治

〖概况〗性病艾滋病防治工作由性病艾滋病防治所和高危行为干预工作队共同承担，主要职责是全省性病艾滋病预防控制业务规划、技术方案制定和组织实施、性病艾滋病监测、检测及基本资料收集整理与报告、性病艾滋病健康教育、自愿咨询检测、高危行为干预、病人和感染者流行病学调查与随访、抗病毒药品管理管理等综合管理，为基层提供技术培训和指导，为各类人群提供技术服务。现有工作人员16人，其中正高级职称5人、副高级职称3人、中级及以下8人。拥有流式细胞仪、全自动病毒载量仪等设备。

【疫情态势】截止 2015 年底，河北省累计报告现存活感染者/病人 5951 例，其中感染者 3702 例，病人 1352 例。死亡 1352 例，疫情覆盖全省 11 个设区市所有县（市、区），疫情居全国第 22 位，处于低流行状态。

【艾滋病病毒感染者发现与管理】全省新报告病例 1777 例，其中感染者 1272 例，病人 505 例，死亡病例 193 例。性途径传播占 98.3%，其中同性传播 69.3%，异性传播 29.0%；所有新报告病例均完成网络报告和首次随访，网络直报及时率、个案流调率均为 100%。完成随访且接受 CD4 检测的感染者和病人 5313 人，感染者/病人配偶检测 1616 例，结核检查 5531 例，完成率分别为 97.2%、98.6%、99.2%。

【哨点监测】河北省 70 个国家级监测哨点覆盖人群包括暗娼、男男性接触人群、青年学生、长卡司机、孕产妇、性病门诊就诊病人、吸毒者、流动人口等，共监测 32400 人，检出 HIV 抗体阳性 144 人，丙肝抗体阳性 246 人，梅毒抗体阳性 360 人。

【自愿咨询检测】全省共建立自愿咨询检测门诊 521 个（疾控 185 个、医疗机构 201 个、妇幼保健机构 135 个），检测前咨询 144764 人次，检测 144168 人次，其中高危人群 142150 人次，占检测人群的 98.6%。其中商业异性性行为史者 89826 人，非商业非固定异性性行为史者 45470 人，注射毒品史者 128 人，男男性行为史者 6758 人，母亲阳性史者 31 人。发现艾滋病病毒阳性 737 人，阳性结果告知 100%，梅毒检测 141419 人，发现阳性 775 人。

【高危人群干预】河北省、市、县三级组建高危行为干预工作队 184 个，人员 1788 人。累计干预覆盖各类高危人群 250 万人次，其中暗娼 278693 人次、男男性接触者 97932 人次，性病就诊者 796416 人次，吸毒者 7788 人次，外来务工人员 1321092 人次，月均干预暗娼 22683 人，月均覆盖率 97.9%，月均干预男男性行为者 8161 人，月均覆盖率 72.8%。4 个美沙酮维持治疗点累计治疗 602 人，正在治疗 342 人，维持治疗年保持率 81.8%。HIV 抗体检测 247 例，发现阳性 7 例，HCV 抗体检测 183 例，发现阳性 143 例，梅毒检测 245 例，发现初筛阳性 4 例。

【抗病毒治疗】累计实施免费抗病毒治疗 4782 人，正在治疗 4052 人，其中成人累计治疗 4729 人，在治 4006 人，儿童累计治疗 63 人，在治 46 人。免费为艾滋病感染者和病人进行 CD4 细胞检测 9331 人次，病毒载量检测 2517 人份。2015 年 9 月 14 日，省卫生计生委下发《河北省艾滋病抗病毒治疗管理实施方案》，将全省治疗相关工作移交医院管理，省抗病毒治疗质量控制中心负责全省治疗工作。

【实验室建设】河北省共建立艾滋病检测实验室 612 个，新增 15 家，其中艾滋病检测确证中心实验室 1 个，艾滋病检测确证实验室 11 个，艾滋病检测筛查中心实验室 12 个，艾滋病检测筛查实验室 588 个，其中县级疾控艾滋病筛查实验室 172 个，采供血机构 15 个，医疗机构 401 个。共检测各类人群 4426822 人次，发现阳性病例 1740 例。

【示范区建设】省示范区管理办公室分别组织召开示范区现场工作会和汇报会，对示范区 2015 年工作进行督导，全省三个城市示范区和四个县级示范区全部制定“一地一策”实施方案。2015 年中央示范区经费 260 万元及时足额到位，各市、县级示范区政府全部落实配套经费。

【艾滋病项目】河北省执行中央 2014 年度艾滋病防治项目专项资金投入总资金 6570 万元，主要内容包括监管场所人群筛查、咨询监测、哨点监测、实验室能力建设、重点人群干预、高危行为干预、美沙酮维持治疗、性病防治、新近感染、耐药检测、免费母婴阻断、抗病毒治疗、感染者随访、中医药治疗、血液质量安全管理、艾滋病综合示范区等。制定了《河北省执行中央 2014 年艾滋病防治项目实施方案》，明确了项目目标、工作内容和范围、项目组织管理体系、资金的使用管理等具体措施。目前项目活动全部完成，经费基本使用完毕。

【丙型肝炎防治】制发《2015 年河北省丙肝病例报告数据质量核查方案》，组织 11 个设区市疾控中心开展丙肝病例报告质量核查工作。抽取 44 家医疗机构报告的 850 例丙肝病例进行实验室、临床病例、网络报告核查。5 个丙肝监测点共监测 5200 人，发现 13 例梅毒抗体阳性，32 例丙肝抗体阳性。

【性病防治】11 个市通过网络直报系统共报告 5 种性病病例 17148 例，同比增加 13.95%，其中梅毒、淋病、尖锐湿疣数、生殖器疱疹、生殖道沙眼衣原体感染病例分别增加 18.33%、2.88%、3.41%、66.06%、18.15%。梅毒、淋病报告病例数分别位居全省甲乙类传染病报告发病数第 3 位和第 8 位，整体看全省性病疫情仍在上升。在全省范围内开展性病漏报调查，性病总漏报率 1.05%，与 2014 年（漏报率 4.95%）相比明显下降，梅毒漏报率 1.04%。对全省 2014 年 7 月 1 日至 2015 年 6 月 30 日期间报告的梅毒病例进行准确性核查，梅毒诊断准确性 91.23%。

【业务培训】全省共培训 5073 人，其中省疾控中心组织举办 11 期，培训省、市、县三级艾滋病防治骨干、健康教育人员、临床诊疗医生等 1030 人。内容包括抗病毒治疗、哨点监测、高危行为干预、实验室、性病防治、自愿咨询检测、丙肝、示范区、疫情管理、美沙酮维持治疗等。

【信息简报】市级收集、整理、上报信息 817 篇。其中省级简报采用市、县信息共 172 篇，上报中国疾病预防控制中心网站和期刊并被采用 32 篇，长城网采用 56 篇，河北疾控网采用 153 篇。2015 年，编印《河北省艾滋病防治信息简报》5 期。

病毒病防治

【概况】病毒病防治工作由中心病毒病防治所承担，主要职责为：拟定病毒性传染病防治规划、方案，组织开展重点病毒性传染病监测、分析，负责法定病毒性传染病的流行史与现状资料收集、建档，相关菌毒种检验、鉴定和管理、保存、供应，掌握菌型或毒株分布及变迁，为基层提供技术培训、指导，督导各项防治措施落实，负责相关工作对外交流、合作和科学研究，总结推广经验等；现有职工 18 人，其中正高级职称 7 人，副高级职称 1 人，中级职称 6 人，初级职称 4 人。硕士研究生 13 人，本科生 5 人。硕士研究生导师 1 名。是河北省医学病毒学重点学科，拥有全省唯一的生物安全三级实验室（BSL－3）以及五个生物安全二级实验室（BSL－2），全部实验室面积约 2000 平方米。有 ELISA 工作站、核酸提取仪、实时荧光定量 PCR 仪、双向蛋白电泳仪等各类大型仪器、价值约 2000 余万元。

【手足口病】全省累计报告手足口病 52424 例，报告发病率 70.9992/10 万，同比下降 38.95%，其中重症病例 58 例，同比下降 82.53%，未报告死亡病例。病例主要集中在河北省中南部和中东部地区，发病率最高的为保定市 133.19/10 万。男女比例 1.51：1，0～3 岁年龄组病例 42744 例，占全部病例的 81.54%。以散居儿童为主 41479 例（79.13%），其次为幼托儿童。检测样本 5847 例，阳性 3748 例，检测普通病例 5811 例，阳性 3720 例，检测重症病例 36 例，阳性 28 例。与去年不同，普通病例、重症病例病原构成均以其他肠道病毒为主，分别为 66.13%、82.14%，其他肠道病毒成为优势血清型别。用 RD 和 Hep－2 细胞对 507 份手足口病临床标本（咽拭子和肛拭子）进行肠道病毒分离，共分离 274 株，其中 EV71 60 株，CoxA16 91 株，其他肠道病毒 126 株。序列分析显示 HEV71 依然为 C4a 亚型。报告手足口病聚集性病例 207 起，均为轻症病例，未出现死亡病例。

【流感监测】第 1 周至 52 周，28 所监测点医院监测门急诊病例 3522275 例，流感样病例数（ILI）52079 例，就诊百分比 1.48%，略低于去年的 1.63%。儿科门急诊病例总数 1885649 例，ILI 26360 例，就诊百分率 1.40%，与去年持平；内科门诊病例 1636626 例，ILI25719 例，就诊百分率 1.57%，高于儿科诊室；采集 ILI 咽拭子标本 15658 份，12 家网络实验室检测标本 15015 份，流感病毒核酸阳性率 7.03%，低于去年的 18.88%，以乙型（含乙型 Yamagata 系）为主，647 份（61.27%），其次为季节性甲 3 亚型 405 份（38.35%），混合型3份（0.28%），新甲1亚型1份（0.09%）。年初季节性甲3亚型流感病毒为主，随时间推移乙型流感病毒流行增强，31 周以季节性甲 3 亚型流感病毒为主。10 家网络实验室对1044 份咽拭子标本流感病毒分离培养，分离流感病毒350株。B 型 Yamagata 系 214 株（61.14%），季节性甲 3 亚型 133 株（38.00%），B 型 Victoria 系3株（0.86%）。省疾控中心将复核合格的 326 株上送国家流感中心，经复核全部合格。

【流感网络实验室考核】根据《全国流感监测方案》（2010版）和《省级流感参比中心评估管理方案》要求，组织全省流感监测网络实验室开展流感病毒核酸检测能力考核工作，各市疾控中心流感网络实验室均上报了考核结果，且盲样考核结果全部正确。省疾控中心和廊坊市疾控中心流感网络实验室参加国家级流感病毒核酸检测能力考核，2 家实验室均以100%准确率通过国家考核，我省连续7年获得满分。

【禽流感监测】开展职业暴露人群血清学和环境高致病性禽流感监测，4 个监测点采集环境标本379 份，对370 份环境标本进行 A 型流感病毒核酸检测，结果均为阴性。对200份职业暴露人群血清标本检测 H7N9、H5N1 和 H5N6 抗体，结果为阴性。

【住院SARI病例监测】开展住院严重急性呼吸道感染（SARI）病例监测，监测 SARI 病例 51例，占住院病例总数的 1.58%，网络实验室对 29份进行甲、乙型流感病毒检测，结果均为阴性。

【肾综合征出血热】全省报告肾综合征出血热病例613例，同比下降36.87%，死亡4例。病例主要分布在唐山和秦皇岛两市，占85.48%；开展鼠间疫情监测，共布夹40692夹次，捕鼠818只，平均鼠密度2.01%。检测鼠肺标本1006份，抗原阳性17份，平均鼠带毒率1.69%；6个国家级监测点春、秋季居民区鼠密度分别为3.11%、2.95%，野外为0.92%、0.32%。春、秋季居民区鼠带毒率分别为2.23%、0.25%，野外均为0。鼠种以褐家鼠为主，其次为小家鼠，居民区和野外的优势鼠种均为褐家鼠；用定量 PCR 方法对 82 份急性期血清标本进行基因分型，阳性 8 份，对 20 份荧光检测阳性鼠肺进行基因分型，均为家鼠型（Ⅱ型）；首次报告发热伴血小板减少综合征病例2例，分离出新型布尼亚病毒。

【病毒性腹泻监测】采集并检测127份腹泻患儿粪便标本，以轮状病毒为主，阳性率 37.02% 。与去年相同，G 分型为 G9 型，P 分型以 P8 为主。杯状病毒阳性率21.27%，以诺如病毒为主；1－2月在卢龙县医院和卢龙县妇幼保健院采集住院腹泻患儿粪便标本 108 份，个案录入 EpiData 数据库。标本送中国疾控中心病毒所腹泻室检测。

【病毒性肝炎】6个监测点县（区）报告乙肝病例256例，其中慢性肝炎202例（78.91%）、急性肝炎40例（15.62%）、未分型14例（5.47%）。报告病例数同比下降6.74%。监测点内的医疗机构报告乙肝病例的 ALT 检测率均达到100%，6个监测点未能明确诊断为慢性乙肝病例的抗－HBc IgM 1：1000检测率均为100%。传染病网络直报系统乙肝病例报告卡“附卡”信息填写完整性为98.83%。

【狂犬病监测】全省报告狂犬病42例，发病率0.0569/10万，同比下降26.77%。除唐山市和秦皇岛市外，其余各市均有病例报告，沧州市和廊坊市发病率较去年明显上升，增幅分别为98.54%和32.34%。各市对46例狂犬病临床诊断病例和疑似病例进行了个案流行病学调查，狂犬病暴露预防处置门诊共上报14231例暴露后预防处置信息。

细菌病防治与消毒

【概况】细菌病防治与消毒工作由中心细菌病防治与消毒所承担。主要职责是拟定全省细菌性传染病监测与防治计划并组织落实。分析掌握细菌性传染病流行规律，开展疫情预测预报，甲类传染病首发病例、细菌性传染病暴发以及不明原因疾病调查处理。消毒产品鉴定和抽检样品检测，医疗、托幼机构等公共场所消毒工作指导和技术咨询。基层培训和督导等。现有职工 14 人，博士 1 人，硕士 5 人，本科 8 人。其中主任医师 4 人、副主任医师 4 人、主管医（技）师 4 人、医师 2 人。拥有 5 个二级生物安全实验室（BSL－2）、1 个百级实验室和 1 个空气消毒实验室，具有河北省消毒鉴定实验室资质，国家实验室资质认定和国家实验室认可项目 58 项。有全自动微生物鉴定/药敏分析系统、脉冲场凝胶电泳仪、凝胶成像仪、核酸实时荧光定量 PCR（Real－time PCR）仪/普通 PCR 仪、核酸提取仪、荧光显微镜/倒置显微镜等设备。

【霍乱防控】全年全省无霍乱病例报告。

1．病例监测。制发《河北省霍乱等重点肠道传染病防控与监测工作方案》，5～10 月，全省肠道门诊累计登记腹泻病人 47794 例，开展病原检索 29113 例，检索率 60.91%，未发现霍乱病例。检测外环境各类标本 60.91% 份，廊坊市检出阳性样品 3 份，为 O1 群霍乱弧菌小川型，霍乱毒力基因（ctxAB）阳性；石家庄市检出阳性样品 2 份，为非 O1/O139 群霍乱弧菌（ctxAB 阴性）。7～9 月份，11 个市共采集农村婚（丧）家庭举办宴席食品和水标本 985 份，均未检出霍乱弧菌。

2．其他病原监测。对 2866 份腹泻病例粪便标本进行志贺氏菌、伤寒副伤寒杆菌和出血性大肠杆菌 O157：H7 检测，共检索出细菌性痢疾 114 例、伤寒 1 例、其他感染性腹泻 317 例，检出 5 株沙门菌和 2 株志贺菌。

3．肠道门诊督导。按照《河北省 2015 年肠道传染病防治工作督导方案》要求，6～7 月，由省卫生计生委疾控处副处长和省疾控中心副主任带队，分四个督导组，对 11 个设区市 10 个省直管县（市）和华北石油肠道传染病防控工作进行督导。共督导疾控机构 32 所，县级及以上医疗单位 34 所，乡镇卫生院（社区卫生服务中心）37 所。中心建立了数据库，整理、录入、汇总、分析督导数据，将督导总结上报省卫生计生委疾控处。

4．国家级监测点监测。唐山市丰南区作为国家级霍乱监测点，按照《全国霍乱监测方案》（2012 年版）要求，于 5～10 月份共采集腹泻病例粪便标本 206 份，开展霍乱弧菌、副溶血弧菌、拟态弧菌、河弧菌、气单胞菌和类志贺菌共 6 种致泻性弧菌检测，均未检出相关致病菌。

【流行性脑脊髓膜炎监测】

1．病例报告。全省报告流脑病例 6 例，死亡 1 例，发病率 0.0081/10 万，死亡率 0.0014/10 万，病死率 16.67%。与去年同期（报告发病 13 例，死亡 0 例）相比，发病数减少 53.85%，死亡增加 1 例。

2．病例监测。对报告的 8 例流脑疑似病例进行了个案调查，个案调查率 100.00%。8 例疑似病例中有 6 例同时采集血液标本和脑脊液标本，分离出流脑菌（未分群）3 株。排除 2 例（其中 1 例为 Hib），临床诊断 3 例，实验室诊断 3 例（1 例 B 群，2 例 Nm 未分群）。对 8 例疑似病例的 73 名密切接触者进行调查，共采集 67 份咽拭子标本，分离出流脑菌 3 株（均为 Nm B 群）。

3．健康人群带菌调查。购置 2880 块流脑培养基下发 11 个市、辛集、定州市疾控中心，全省健康人群流脑带菌监测（两期）共采集健康人群咽拭子标本 2904 人份，检出带菌者 98 人，带菌率 3.37%。指导石家庄、辛集和定州市开展现场调查、标本采集和实验室检测等工作。

4．省流脑实验室检测。对各市送检的 114 株流脑菌进行复核鉴定，确定流脑菌 67 株。完成 1

例病例标本（脑脊液 1 份、血清 1 份）流脑菌（Nm）、b 型流感嗜血杆菌（Hib）和肺炎链球菌（Sp）核酸实时荧光定量 PCR（RT－PCR）检测，结果 Hib 阳性 1 例。

5. 急性脑膜炎脑炎监测项目。接受石家庄市送检的脑膜炎脑炎病例标本 682 例 982 份，完成 418 例 467 份标本 Nm、Hib 和 Sp 核酸 RT－PCR 检测，结果 Hib 阳性 1 例、Sp 阳性 2 例、Nm B 群阳性 1 例。其中对石家庄市平山县脑炎暴发标本（10 份）进行应急检测（Nm、Hi 和 Sp），结果全部阴性。

【布鲁氏菌病防控】

1. 病例报告。全省共报告布病新发病例 5526 例，死亡 0 例，发病率 7.484/10 万，同比下降 15.23%（2014 年 6519 例）。病例个案调查 5622 例。

2. 布病监测点监测。按照全国人间布病监测方案要求，张家口市张北县、张家口市阳原县、承德市围场县、邢台市邢台县 4 个国家级布病监测点在 47 个乡镇 104 个村（场）开展现场监测，共调查职业高危人群 4794 人，采集血标本 2372 人份，阳性 406 份，平均血检阳性率 17.12%，平均患病率 14.71%，血培养 90 人份，未培养出布氏菌。

3. 重点人群血清学监测。全省共完成 27192 名重点人群血清学筛查，确诊新发布病病例 2502 人。其中主动筛查 16404 例，阳性 1189 人，平均阳性率 7.25%，平均患病率 5.71%；门诊筛查 10788 人，确诊新发病人 1981 例、旧病例 674 例，隐性感染者 52 例。

4. 暴发疫情处理。全省报告并处理布病爆发疫情 11 起，涉及张家口、承德、保定、唐山、衡水 5 市 9 个县 10 个乡 11 个村（场），共流调 1499 人，采血 420 人份，血清学阳性 72 份，确诊新发病例 42 例。

5. 病原学监测。对培养出的疑似布氏菌 18 株进行初步鉴定，其中布氏菌 14 株，均完成布鲁氏菌属 BCSP31－PCR 和 AMOS－PCR 检测，羊 3 型 10 株，羊 1 型 2 株，牛种菌 1 株，犬种菌 1 株。对犬种和牛种菌开展布氏菌种多重 PCR 检测，对 54 株布鲁氏菌进行 MLVA－16（多位点可变数目串联重复序列分析）检测和分析。

6. 健康教育。全省共发放布病宣传品 5 万余份，重点人群健康知识知晓率、健康行为形成率分别为 82.32%、75.51%。订制 4 万余套布病干预包，在张家口市张北和尚义县开展布病重点人群干预试点工作。

7. 病例治疗督导。制发《人间布病病例督导指南》，共对新确诊的 2056 例急性、亚急性期布病病例开展治疗督导。

8. 中央补助地方布病防治项目。完成河北省 2014 年布病防治工作总结、中央转移支付布病防治项目总结上报中国疾控中心，完成 2012、2013 年度中央转移支付布病项目自查报告修订 2014 年度中央转移支付布病项目实施方案；制定 2015 年中央补助地方布病防治项目实施方案和资金分配表，制发 2015 年河北省布鲁氏菌病防治工作方案，对 2015 年中央补助地方布病防治项目工作安排部署。

9. 培训与督导。5 月中旬，举办全省布病防治项目培训班，各设区市、华北石油、省直管县（市）疾控中心（地方病防治所）和张北、阳原、围场、邢台县国家级布病监测点疾控中心负责布病防治流行病学和实验室检测的 60 余名专业人员参加。

4 月 20～24 日，2 人对张家口市张北、崇礼等县布病重点人群行为干预项目进行督导。7 月 20～23 日，中国疾控中心传染病预防控制处陈秋兰副研究员一行 2 人对我省布鲁氏菌病防控工作开展情况－调研。8 月 24～28 日，中国疾控中心鼠布基地副主任王大力一行 4 人调研全省布病防治工作，并对承德市围场县国家级布病监测点工作进行督导。省疾控中心组织 20 人次对 11 个设区市布病防治工作督导，1 人对承德市实验室进行布病病原学技术指导。

【其他细菌传染病防控】

1. 百日咳监测项目。2014 年 12 月，高碑店市开展百日咳专项监测工作，为将此工作纳入中国疾控中心细菌性疫苗可预防疾病监测项目，2015 年 10 月 14 日，接受中国疾控中心免疫规划中心和传染病预防控制所专家组的现场调研，了解百日咳监测工作流程、具体实施情况，查看监测方案、病例个案和实验室检测数据，以及实验室相关设备，并到高碑店市医院和高碑店儿童医院了解病例监测情况，并就监测病例定义和报告、标本采集、运送、检测、结果反馈、资料收集与分析、病例治疗等内容与疾控和医疗机构相关人员座谈。

2. 肺炎链球菌监测。收集肺炎链球菌菌株125株（省儿童医院100株/保定市疾控25株），活化、保藏、提取DNA，进行cpsA基因种属的PCR鉴定和菌型多重PCR鉴定。对1例辛集市肺炎病例分离的菌株开展16SrDNA检测，鉴定种属并出具报告，对省儿童医院上送的2株肺链菌进行MLST分型分析。

3. 立克次体病监测。对承德市送检的4份（病例3份、密接1份）疑似无形体血液标本进行无形体、埃立克体和斑疹伤寒的PCR检测，检测结果均阴性；对唐山市送检的1份疑似恙虫病患者血液标本进行斑疹伤寒和恙虫病东方体热休克蛋白基因groEL检测，结果均阴性。

【消毒工作】共鉴定健康相关产品56份，其中消毒剂33份（466项次）、消毒器械6份（14项次）、抗抑菌产品17份（187项次），共完成667项次检验，均按规定时限出具鉴定报告。

根据国家绩效考核要求和BG15982－2012《医院消毒卫生标准》，在全省开展医疗、托幼机构消毒质量监测工作，共监测医疗机构1079所，检测各类样品25200份，合格23978份，合格率95.15%。共监测托幼机构477所，检测各类样品9330份，合格8631份，合格率92.51%。

【实验室管理】

1. 国家实验室管理。完成突发急性传染病应急处置全国技能竞赛复赛盲样检测。6月25日收到考核盲样，10份细菌病原考核样本（核酸3份/活菌7份），进行属种鉴定、血清分群分型、抗生素耐药、基因分型、相关酶和毒力基因等检测，按要求时限（7月16日前）完成检测并上报结果。11月，接受国家PulseNet China中心实验室质控考核，完成质控标本（5株金黄色葡萄球菌）PFGE实验，按时上报结果，并指导石家庄市CDC PulseNet China网络实验室开展工作。

2. 质控和仪器检定。制定和上报中心2015年质量控制计划、质量活动监督计划、仪器设备期间核查计划、仪器设备检定/自检计划。检定空气微生物采样器、温度类和天平类仪器31台、玻璃器具10件，完成17个质控项目和12台仪器期间核查并出具报告，将全年监督活动上报质检处。

3. 实验室项目扩项。完成6项消毒相关产品扩项申报和3项标准转换评审报告，9月18～19日国家专家评审组对细菌和消毒实验室进行了现场考核和审查，完成专家开具的7项现场试验并出具报告，已批准的56项和申请的6个扩项项目均通过评审，整改不符合项1项。

【培训与演练】参加国家和省举办的相关会议（含视频）或培训班（51人次）和现代医疗从业人员职业素养继续教育。对石家庄市、县级疾控人员进行细菌性传染病防控知识培训1人次，中心学术讲座授课2人次；参加省卫计委组织的2015年河北省卫生应急实战拉练、省级自然灾害（地震）卫生应急实战拉练、全省重大自然灾害医疗卫生救援暨突发急性传染病防控卫生应急实战拉练和机场突发急性传染病防控应急演练等6人次。贾肇一等3人代表河北省参加中国疾控中心承办的全国突发急性传染病防控和突发中毒事件应急处置技能竞赛，荣获突发急性传染病竞赛二等奖。

结核病防治

【概况】河北省结核病防治工作由结核病防治所承担，主要职责是制定全省结核病防治规划、计划、经费预算并组织实施。指导、评价全省肺结核患者发现、治疗、管理和结核病实验室工作。开展结核病疫情监测，协助卫生行政部门对医疗机构疫情报告、转诊工作督导检查，调查与处理结核病突发公共卫生事件。实施和推广国家结核病实验室诊断标准和操作规程，开展分支杆菌涂片、药物敏感试验以及结核病实验室生物安全管理等工作。开展结核病健康促进活动，制定、举办市级结核病防治机构和医疗机构业务人员技术培训。

制定抗结核药品和设备的需求计划，协助药品和设备招标采购、供应和调剂药品等；开展结核病防治应用性研究，收集、分析、反馈、上报结核病防治信息。现有职工 13 人，本科及以上学历 10 人，专科 3 人。正高职 4 人，副高职 4 人，中职 4 人，初级 1 人。

【患者发现和治疗管理】开展重点人群结核病筛查、患者转诊与追踪、落实激励政策、提供免费检测和治疗管理，共检查可疑肺结核症状者 142177 例，发现活动性患者 30686 例，登记治疗涂阳患者 8935 例，涂阳肺结核患者密切接触者筛查 25009 例，通过转诊追踪，肺结核患者或疑似患者到结防机构就诊 9945 例，转诊追踪总体到位率、治愈率、系统管理率、筛查率、流动肺结核患者成功治疗率分别为 91.9%、93.3%、98.6%、99.7%、96.9%，全部超过国家目标要求。

【耐多药结核病防治项目】成立中国疾病预防控制中心 - 礼来基金会耐多药结核病全球合作项目河北省培训基地，设协调小组和协调小组办公室，负责项目的管理协调，开展具体工作。制作培训基地牌匾 3 幅（省疾控中心、石家庄市疾控中心、石家庄市第五医院）。接受礼来项目副总裁 Evan Michael Lee 及俄罗斯、印度、南非等国礼来项目经理一行 16 人对河北省培训基地建设、分散式治疗管理等情况考察，访视 1 名耐多药肺结核患者。8 月，中国疾控中心在张家口市对河北省省市级疾控中心及定点医疗机构进行耐多药结核病防治综合师资培训。

【结核病防治规划终期评估】按照《全国结核病防治规划（2011 ~ 2015 年）终期评估方案》开展终期评估，以省市县自评的方式，结合终期评估调查表、问卷调查表等，对 182 个疾控机构“十二五”规划落实、防治服务体系建设等情况评估。市级除保定市外其余 10 个市已将诊疗职能转到当地医院（县级诊治单位共 144 个，其中 56 个已转到定点医院）；累计治疗管理活动性肺结核患者 15.35 万人，治疗管理涂阳肺结核患者 6.81 万人，治愈涂阳肺结核患者 5.22 万人，以县为单位抗结核固定符合制剂使用覆盖率 100%；省市县三级财政投入 435.2 万元建设结防机构实验室，省级具备快速菌种鉴定能力，11 个市级全部开展结核病培养与药敏实验，建设 92 个县级生物安全实验室，其中 70 个开展痰培养工作；非结防机构报告肺结核患者和疑似患者总体到位率 93.74%，耐多药可疑者诊疗工作覆盖率 54.55%，可疑者筛查率 23.74% 全民结核病核心信息知晓率 87.63%，流动人口结核病患者成功治疗率 93.7%，双重感染肺结核患者筛查率 87.9%。

【结核病防治督查】根据国家卫生计生委疾控局《关于开展结核病防治督查工作的通知》（国卫疾控结防便函〔2015〕129 号）要求和省卫生计生委《关于开展结核病防治督查工作的通知》要求，我中心组织专业人员对被纳入督查范围的 9 个设区市 28 个县（市、区）结核病防治工作情况现场督查，撰写督查报告上报省卫生计生委，对存在的问题提出整改意见和措施。

【业务培训】8 月，在秦皇岛市举办全省结核病定点医疗机构防治技术培训班，结合新型结核病防治服务体系转型工作，重点就结核病防治形势与要求，肺结核患者发现、治疗和管理，结核病信息管理和健康促进，耐药结核病防治与感染控制等内容进行培训；8月15～21日在邯郸分两期举办全省结核病定点医疗机构痰抗酸杆菌涂片检查培训班，主要就痰抗酸杆菌涂片检查和分离培养、药敏实验技术操作规范，结核病分子生物学诊断技术培训等内容进行培训；12月28～29日，举办耐多药结核病防治培训，石家庄市县（区）级结核病防治人员50名参培。11月9～12日在石家庄举办全省结核病健康促进培训班，邀请中国疾控中心结核病预防控制中心健康促进部吕青主任授课。

寄生虫病防治

【概况】寄生虫病防治工作由中心寄生虫病防治所承担，主要职责是拟定全省寄生虫病防治工作规划，并组织实施，开展全省寄生虫病防治工作技术培训、督导、评估和考核，处置突发疫情。现有职工6人（硕士研究生3人，本科3人），其中正高2人，副高1人，中级1人，初级2人。

【输入性疟疾病例管理和处置】按现住址和录入时间统计，共发生隶属河北省疟疾病例63例，同比增长12.50%，无疟疾死亡病例报告。年龄在10～58岁，男女性别比62∶1，无明显的季节分布。11个设区市中，保定最多（27例）。所有病例均有明确的境外高疟区（以非洲国家和地区为主）流行病学史，其中恶性疟53例，占82.54%。河北省医疗机构诊治疟疾病例43例，全部按照《消除疟疾技术方案（2011年版）》要求管理与处置，病例及时报告率、规范处置率均为100%。

【发热病人疟原虫血检】在171个县（市、区）开展发热病人疟原虫血检40458人次，完成全年血检任务的112.91%（40458/35833），发现疟原虫阳性者43例，均为境外输入病例。阴性血片按照《消除疟疾技术方案（2011年版）》抽检复核，结果符合率100%；全部阳性血片经省级复核，结果符合率100%。

【消除疟疾市级评估】制发《河北省消除疟疾市级评估实施方案》，分3个组对11个设市区2011年以来消除疟疾工作现场评估。累计报告隶属河北省疟疾病例263例（其中外省报告93例），经调查全部为境外输入性病例，输入地以非洲地区为主，连续5年保持无本地感染疟疾病例发生，输入性疟疾病例均得到规范管理与处置，诊断后24小时报告率、个案调查率、实验室确诊率、规范治疗率、疫点处置率均为100%。11个设市区全部通过市级评估。

【消除疟疾行动计划中期评估】开展以县为单位消除疟疾行动计划执行情况中期评估，审核、汇总工作量表数据，对11个市级22个县级现场抽查，撰写、上报省、市、县三级中期评估报告和工作量表。全省共投入经费1264.14万元用于消除疟疾工作，建立省级疟原虫镜检实验室，疟疾诊断参比实验室通过中国疾控中心评审组验收，至少选定一所县级医疗机构建立镜检站。2011年至2015年6月30日，全省发热病人疟原虫血检30多万人次，发现疟疾患者169例，全部为境外输入性病例。省、市级和171个县级寄生虫病防治信息管理系统运行正常，共报告河北省疟疾病例257例，诊断后24小时报告率、个案调查率、实验室确诊率、规范治疗率、疫点处置率均为100%。完成省市县三级疟疾防治人员、临床医生、镜检人员培训14万人次。通过国家卫生计生委和质检总局联合评估组的现场评估，量化评分94.4分，为优秀等次，河北省如期实现消除疟疾目标。

【人体重点寄生虫病调查】第三次全国人体重点寄生虫病现状调查在31个省开展，河北省调查范围为11个市38个县（市、区）116个调查点，调查29587人次，阳性检出率0.11%，调查病种为土源性线虫病（包括钩虫病、蛔虫病、鞭虫病、蛲虫病）、带绦虫病、华支睾吸虫病和肠道原虫病。在31个县（市、区）104个调查点开展农村地区人群土源性线虫感染状况调查，检测粪便标本26526人次，调查总感染率0.09%（24/26526）；肛试法检查其中2342名3～6岁儿童，儿童蛲虫感染率0.26%（6/2342）；在9个县（市、区）12个调查点开展城镇华支睾吸虫感染状况调查，检测粪便标本3061人份，未发现虫卵阳性者；城镇调查人群中发现2例蛔虫感染者，城镇居民蛔虫感染率0.07%（2/3061）。在31个县（市、区）104个调查点开展农村居民肠道原虫调查，检测粪便标本26526人份，未发现肠道原虫感染者。

【土源性线虫病监测】在国家级监测点沧县姚官屯乡仁和村开展土源性线虫病监测，共检测便标本1016份，检出蛲虫感染者1人，感染率0.10%（1/1016），其他蛔虫、钩虫、鞭虫均未检出。12岁以下儿童肛拭子检查148人次，检查出蛲虫感染者3人，感染率2.03%（3/148）。采集环境土壤样本40份，均未检出蛔虫卵。

有害生物防治

【概况】有害生物防治工作由中心有害生物防治所承担，主要职责是组织全省疾控机构开展主要病媒生物种群密度与季节消长监测、病媒生物抗药性监测；和全省病媒生物监测质量控制，以及全省病媒生物防制技术指导和业务技能培训等。现有9名工作人员，其中研究生2人，本科4人，双专科学历1人，专科1人，中专1人。职称构成为正高3人，中级2人，初级3人，其他1人。设有媒介昆虫饲养室、生物测定室、模拟现场实验室、医学昆虫鉴定室、病媒生物标本室等。

【市级病媒生物监测】在11个设区市开展蚊、蝇、蟑、鼠四种病媒监测。市病媒生物监测点实设616个，监测点设置完成率100%；监测数据实报6402组，监测数据上报完成率100%。监测点设置完成率和监测数据上报完成率均与上年持平。

【县级病媒生物监测】全省应开展监测的134个县（区）中仅高阳县、东光县、沽源县、鹰手营子矿区4个县（区）未开展监测，实际开展监测的县（区）数130个，县（区）病媒生物监测开展率97.01%，同比提高4.00%。其中，开展4种病媒生物监测的县（区）107个，开展率79.85%，同比提高17.58%。8个市（石家庄、秦皇岛、廊坊、邯郸、沧州、唐山、保定、承德）县区4种病媒生物监测开展率超过70%，3个市（衡水、张家口、邢台）未达到70%的指标要求。全省应设县区病媒生物监测点1474个，实设1326个，监测点设置完成率89.96%，同比提高9.04%；上报监测数据11227组，监测数据上报完成率87.27%，同比提高13.68%。

【示点县病媒生物监测】全省共有44个病媒生物监测示点县，示点县监测开展率100%，同比持平。其中39个县（区）开展了蚊、蝇、蟑、鼠4种病媒监测，占全部示点县的88.64%，同比提高14.71%。5个示点县（冀州市、枣强县、万全县、蔚县、宣化县）病媒监测种类不足4种。

【病媒生物抗药性监测】2014年未完成第二轮病媒生物抗药性监测的5个市中的沧州、张家口、廊坊完成各项监测指标，抗药性监测完成率100%。衡水市完成蚊、蝇2种试虫抗药性测定，未开展蟑螂抗药性监测，抗药性监测完成率66.67%。邢台市仅完成家蝇抗药性测定，未开展蚊、蟑螂抗药性监测，抗药性监测完成率33.33%。

【病媒生物监测质量控制】1～6月，对2014年省内17个蚊监测质控点寄送的11901只蚊虫标本鉴定、复核，制作蚊虫标本287只。鉴定、复核18个鼠监测质控点寄送的152只鼠头标本。完成蚊虫、鼠类监测质控工作评估报告，将评估结果反馈35个质控点。7～9月，对2015年17个蝇监测质控点和16个蟑螂监测质控点开展工作，收到质控点寄送的蝇标本复核数量2539只、蟑螂标本复核数量3820只，蝇标本数量总复核率97.36%，蟑螂标本数量总复核率94.06%。

【登革热媒介伊蚊监测】按照国家疾控中心《登革热防控技术指南》的要求，依据各地蚊媒监测结果及所处地理位置，选择保定市满城区、邯郸永年县、石家庄无极县、沧州吴桥县、唐山玉田县作为河北省登革热媒介伊蚊监测点，每个监测点选择4个村，采用布雷图指数法进行监测，由县（区）疾控中心负责实施，省、市负责督导和现场技术指导。监测结果显示，各监测点均发现白纹伊蚊，调查积水容器数3524个，阳性率9.59%。

【病媒生物监测督导】7、8、9、11月，省疾控中心对保定、沧州、衡水、唐山等10个设区市以及迁安、任丘、景县、涿州4个县（市）病媒生物监测等工作进行督导检查。在7个蝇监测点和30个蟑螂监测点开展现场监测13次，对张家口15个蝇监测点诱集的蝇标本进行了分类鉴定。完成廊坊市蝇和蟑螂抗药性检测试虫采集任务，对首都新机场建设涉廊区域病媒生物本底调查工作进行现场调研和技术指导，对沧州市、衡水市如何完成好的病媒生物抗药性监测工作提出建议。

【病媒生物监测技术培训】6月，在石家庄举办河北省主要蚊种分类技术培训班，11个设区市和10个省直管县（市）、42个病媒生物监测示点县的专业技术人员80余人参加。7月，与病毒所合作在石家庄举办全省登革热监测与防控技术培训班，全省11个设区市以及满城、永年等5个伊蚊监测点的40余人参加。

地方病防治

【概况】地方病防治工作由中心地方病防治所承担，其职责是河北省碘缺乏病、地方性氟中毒、克山病和大骨节病防治监测，地方病突发事件应急处理，病情监测与评价、干预措施监测与评价、综合防治措施与评价，盐碘、尿碘、水碘、水氟、尿氟等监测样品实验室检测，地方病健康教育与健康促进、技术咨询、业务指导、人员培训及防治科研等工作。现有职工9名，其中高级职称4人，中级职称1人，初级职称2人，未定职称2人。有原子荧光分光光度计、紫外可见分光光度计、离子计、尿碘消解仪、高纯水机、万分之一电子天平等仪器设备20余件。

【“十二五”规划终期评估】通过国家地方病“十二五”规划终期考核评估。制定终期评估方案，开展县级自查、市级评估、省级复核。9月23～25日，接受国家考评组现场考评，考评重点是2011—2015年河北省碘缺乏病、水源性高碘甲状腺肿、饮水型地方性氟中毒防治工作情况。结果显示，全省碘缺乏病病情稳定，8～10岁学生碘营养状况良好，学生尿碘中位数维持在100～300μg/L，甲状腺肿大率控制在国家规定的5%以下，碘盐覆盖率98%以上、碘盐合格率96%以上，合格碘盐食用率94%以上，均达到国家目标要求。建立水源性高碘地区监测网络，高碘地区居民户无碘盐率由76.92%上升到95.31%，水碘含量在300μg/L以上的监测村存在高碘甲状腺肿大流行。累计改水工程17031个，中、重病区改水率大于90%，全省80%的病区县饮水型地方性氟中毒有效控制，8～12岁儿童氟斑牙检出率11.2%。全省7个大骨节病病区县全部达到消除标准，全省克山病病情稳定，11个病区县，6个县达到了消除标准，其余5个县达到控制标准。

【实验室外质控考核】在全省开展碘缺乏病实验室外质控考核工作，省本级、11个市级、2个省管市、30个县参加国家碘缺乏病参照实验室尿碘、盐碘外质控考核，反馈率、合格率均为100%。141个未参加国家级考核的县级盐碘实验室参加省级考核，反馈率100%，合格率97.2%。省本级、11个市级以及辛集、定州市和18个县级地氟病实验室参加中国疾控中心地方病控制中心的氟实验室考核，反馈率和合格率均为100%，25个市、县级实验室参加省级实验室考核，结果全部合格。

【碘盐监测】在167个含非高碘乡（市、区）开展居民食用盐监测，上报率、有效监测率均为

100%。共监测居民户食用盐 48601 份，碘盐覆盖率、合格率、合格碘盐食用率分别为 98.18%、96.07%、94.36%，达到国家消除碘缺乏病标准的要求。165 个县（市、区）的居民户碘盐覆盖率均大于 90%，其中 153 个县（市、区）碘盐覆盖率 ≥95%。163 个居民户合格碘盐食用率均 90% 以上（4 个低于 90%），达标率 97.6%。13 个县（市、区）非碘盐率高于 5%；在 30 个县（市、区）172 个高碘乡开展高碘地区食盐监测，监测居民户盐 6902 份，无碘食盐率 95.31%，13 个高碘县非碘盐率高于 5%，3 个高碘县碘盐覆盖率高于 10%。

【氟中毒防治】氟中毒项目监测覆盖全省 30 个村，其中已改水村 27 个。共监测 27 个改水工程，正常运转工程 23 个，水氟含量合格工程 16 个，水氟含量超标的工程 11 个；在 27 个改水村开展儿童氟斑牙病情监测，检查 8～12 岁儿童 1168 人，检出氟斑牙患者 193 例，氟斑牙检出率为 16.5%，氟斑牙指数 0.34。在改水工程水氟超标或工程不能正常运转甚至报废的 11 个村检查 648 名 8～12 岁儿童，检出氟斑牙患者 292 例，氟斑牙检出率 45.1%，氟斑牙指数 1.05。

【克山病与大骨节病防治】完成六个县 5000 多人克山病病情调查工作，其中省疾控中心对张家口沽源县、尚义县共 4 个村检诊 1600 余人，无急性、亚急性克山病人，慢型、潜在型均有检出。开展克山病、大骨节病消除评价工作，6 个县实现消除目标，5 个县达到控制水平，7 个大骨节病区县全部达到消除标准。

【防治宣传活动】制作宣传折页、手册，发放各项目县开展碘缺乏病、地方性氟中毒健康教育宣传。参加省、市、县三级卫生、供销、盐业、盐务等部门在邢台市临西县政府广场举行的第 22 届“防治碘缺乏病日”宣传活动，宣传主题是“科学补碘，重在生命最初 1000 天”，开展现场健康咨询，摆放宣传展牌 6 块，发放宣传折页、宣传画、手提包、作业本等宣传品 5000 余份，河北电视台等多家新闻媒体采访报道。

【督导和培训】对 11 个设区市和定州、辛集市碘盐监测工作进行督导，采集 20 个县 300 份样品，完成实验室复核。举办全省基层地方病检验业务骨干培训班，讲解食用盐中碘含量测定－新国标方法、生活饮用水中碘的测定方法、尿碘的砷铈催化分光光度法测定（现用标准及新标准报批稿），水、尿中氟化物的测定，实验室现场检测培训，11 个设区市、2 个省直管县、170 个县（区）疾控中心地方病检验相关业务人员 180 余人参加。

慢性非传染性疾病防治

【概况】慢性非传染性疾病防治工作由中心慢性非传染性病防治所负责，其主要职责为慢性非传染性疾病（以下简称慢性病）防治研究、制定预防控制方案并组织实施。开展慢性病行为危险因素监测、患病监测、死因监测及专项调查。制定全省社区慢性病预防控制方案，指导社区慢性病防控、健康教育及考核评估。负责心理健康促进和伤害危机干预研究。指导全省高血压、肿瘤、糖尿病、牙病防治办公室业务。开展基层业务培训和技术指导。现有在编职工 13 人，其中在岗职工 12 人。正高职称 4 人，副高职称 1 人，中级职称 5 人，初级职称 1 人；博士学历 1 人，硕士学历 5 人，本科学历 4 人，大专学历 1 人。

【国家基本公共卫生服务项目】河北省 13 个设区市 172 个县（区）开展国家基本公共卫生服务慢性病患者健康管理工作，基层卫生服务机构慢性病综合防治覆盖率 99.71%。高血压患者建档 706.63 万人，管理率 64.40%，规范管理率 87.79%。2 型糖尿病患者建档 228.81 万人，管理率 39.80%，规范管理率 86.29%。2014 年度高血压、糖尿病患者健康管理效果评估结果显示，参加规范管理高血压人群血压控制率 57.30%，较 2012 年度提高 3.50%，参加规范管理糖尿病患者空腹血糖控制率 69.60%。

【全民健康生活方式行动】在全省 172 个县（区）开展全民健康生活方式行动工作，创建全民健康生活方式支持性环境“健康单位”234 家、“健康餐厅”399 家、“健康食堂”487 家、“健康社区”439 家、“健康小屋”73 家、“健康学校”269 所，“健康步道”61 条、“健康一条街”90 条、“健康主题公园”68 个、无烟环境 875 个，快乐 10 分钟活动覆盖 11 个设区市 91 所学校，培训健康生活方式指导员 4723 人；组织开展河北省中国职业人群健步走激励干预项目，井陉矿区代表河北省参加，位列全国第九名。在中心举办“日行一万步，健康新常态”主题职工健步走竞赛活动，赛前赛后对 394 人进行问卷评估。

【癫痫病防治】河北省项目县 8 个，覆盖总人口 459 万。累计筛查查癫痫患者 10236 人，占辖区人口总数 2.33‰，入组管理 4993 人（占辖区人口 1.09‰），完成国家任务指标的 120.49%，管理患者退组 371 人，退组率 7.43%，死亡患者 186 人，占管理总人数 3.73%。逐级培训癫痫项目人员 639 人次，完成项目工作督导与质量评估。

【慢性病综合干预控制示范区建设】组织 10 个国家级 8 个省级慢病综合防控示范区开展慢病综合监测，培训项目点技术骨干 200 人。大名县、永年县、高碑店、邢台市桥东区新申报省级慢病综合防控示范区，完成创建考核验收。

【中国慢性阻塞性肺疾病监测项目】在石家庄辛集市、邢台内丘县、保定南市区、承德双桥区、沧州新华区 5 个慢性阻塞性肺疾病国家监测点开展监测，抽取 15 个乡镇（街道）30 个行政村（居委会）3038 户家庭进行问卷调查，询问调查 3000 人，血压测量 2905 人、身高体重测量 2916，肺功能检查 2782 人。完成数据上传、仪器使用及肺功能检查等工作的现场指导、审核。

【中国成人慢性病及营养调查】启动河北省慢性病及营养监测调查，成立慢性病及其危险因素监测领导小组和技术指导小组，确定 13 个监测点，制发《2015 年河北省慢病及营养监测实施方案》，完成培训、示范点现场观摩及省级督导，共对 3510 户，8000 余名常住居民 390 名孕妇进行现场调查、血样和尿液采集、实验室检测、网上数据录入和省级审核，任务完成率 100%。

【心脑血管事件报告】石家庄市赞皇县和定州市、唐山市迁安市、邢台市内丘县、保定市望都县、张家口市桥东区、衡水市景县 7 个心脑血管事件报告监测点，开展居民心脑血管事件回顾性调查工作，全省心脑血管事件平均报告发病率 441.53/10 万，达到项目要求的年发病率指标（160/10 万）。共上报脑卒中 54360 例，急性心肌梗死及心源性猝死 17218 例，其中脑卒中发病率 335.32/10 万，心梗及心脏性猝死发病率 106.21/10 万。

【全国疾病监测系统死因监测】全省 30 个国家疾病监测点共报告死亡病例 83817 例，报告粗死亡率 573.71/10 万。其中 25 个监测点（占所有监测点的 83%）的报告死亡率 500/10 万以上，17 个监测点（占所有监测点的 57%）600/10 万以上，5 个监测点未达到 400/10 万。死因排前五位的依次为心脏病、脑血管病、恶性肿瘤、损伤及中毒、呼吸系统疾病。对辛集市、邢台市内丘县、保定市南市区、承德市双桥区和沧州市新华区监测工作进行督导，发现有基本信息漏填、无盖章、网络与纸质记录内容不一致以及死因链填写不准确等问题。

【伤害监测】秦皇岛市海港区和藁城市 2 个国家级监测点共收集伤害病例 24028 例，男性 14686 例，女性 9342 例，男女性别比 1.57∶1。前 5 位伤害原因依次是跌倒/坠落、机动车车祸、钝器伤、非机动车车祸、中毒，构成比分别为 36.33%、22.52%、15.12%、10.79%、5.43%。10 月启动石家庄市新华区 3 家哨点医院。对 3 个监测点报告卡录入和填报工作进行抽查，存在漏录和错填情况。

【减盐预防脑卒中项目】按照项目方案要求，在鹿泉市、安国市开展减盐干预与项目过程评估，完成 120 个村 4200 户家庭心脑血管事件及死亡事件随访调查。

【国家十二五科技支撑心血管病流行病学调查项目】年初，国家心血管病中心召开 2014 年项目总结会，我省被授予优秀集体。6～11 月，8 个项目县（区）开展心脑血管事件漏报调查，调查 760 余人，心脑血管事件漏报率 20%。

【宣传日活动】在全省组织开展“世界卫生日”

“全国肿瘤防治宣传周”“世界高血压日”“世界无烟日”“全民健康生活方式行动日”“全国爱牙日”“世界心脏日”“全国高血压日”“世界精神卫生日”“世界卒中日”“联合国糖尿病日”等宣传活动，出动专业人员1.52万人次，发放宣传品461万份，制作宣传展牌、条幅1380块（条），接受咨询人数达12.7万人次，举办讲座504场，电视播出526期，广播稿和报纸发表共629篇，编写发放健康生活方式大众读本5万册、胃癌防治手册3万本、糖尿病防治折页16万册、慢阻肺防治7万册、扑克牌6万盒，制作发放支持性工具定量油壶、限盐勺、围裙、健康指导员标示帽、多功能腰围尺、计步器等53万余个。

营养与食品卫生安全

【概况】营养与食品安全工作由中心营养与食品安全所承担，该所主要负责食品安全风险监测，组织制定食品安全事故相关技术方案，参与食品安全风险评估及有关标准的修订，协助卫生行政部门对食品安全事故现场进行卫生处理和现场流行病学调查；承担营养监测和农村学生营养调查工作，开展营养与食品安全相关研究，负责全省营养与食品卫生相关业务培训和技术指导等工作。现有职工13人，其中，正高4人，中级3人，初级6人。

【食源性疾病监测】根据《2015年河北省食品安全风险监测方案》要求，指定184家医院和177家疾病预防控制机构承担2015年食源性疾病病例监测任务，由哨点医院的临床检验实验室和对应的疾病预防控制中心共同承担病原学生物样本检验。监测病例11864例，其中，17家哨点医院开展病原检验，采集以腹泻症状为主诉就诊的门诊病例标本，检出阳性标本141份。全省通过食源性疾病暴发监测系统报告食源性疾病93起，发病694人，死亡6人。

【成人营养监测】开展中国成人慢病及营养监测工作，制发《2015年河北省慢病及营养监测实施方案》，完成13个监测点技术培训、省级督导，指导监测点完成1560户常住居民的现场膳食调查、纸质问卷填写和网上数据录入。

【居民食物消费量调查】确定石家庄市长安区、廊坊市广阳区、衡水市武强县为监测点开展居民食物消费状况调查，制发《河北省居民食物消费状况调查工作方案》，完成省、市级培训、技术指导，对1473名3岁以下儿童进行不连续3天24小时膳食回顾调查。使用SAS软件完成2014年2个监测点数据清理工作。

【学生营养改善计划监测】按照《农村义务教育学生营养改善计划营养健康状况监测评估工作方案（试行）》要求，开展农村义务教育教育学生营养健康状况监测，组织技术培训，指导数据上报；撰写河北省2014年农村义务教育学生营养改善计划学生营养健康状况监测技术报告，分析监测学校供餐方式、供餐条件、学生体质以及学生膳食摄入情况，监测涞源县等22个县767128名学生。

职业卫生与职业病防治

【概况】职业卫生与职业病防治工作由中心职业卫生与职业病防治所承担，其职责主要包括：为卫生行政部门拟定全省职业卫生与职业病防治规划、标准修订、研制提供技术支持；开展职业病诊断、职业健康监护及评价；开展重点职业病监测和专项调查，开展职业健康风险评估；负责全省职业病报告管理；开展职业病防治科学研究；开展职业病防治法律法规和防治知识的宣传教育；开展职业人群健康促进；开展职业病危害因素检测与评价等工作。现有职工18人，其中正高3人，副高2人，中级及以下13人。硕士6人，本科7人。

【职业病报告】截至2015年12月31日，全省共报告各类新发职业病768例，其中尘肺病637例、职业中毒32例、物理因素所致职业病5例、职业性传染病37例、职业性皮肤病1例、职业性耳鼻喉口腔疾病54例、职业性肿瘤1例、其他呼吸系统疾病1例。对3779家企业573900名职业病危害作业人员进行职业性健康体检，共检出疑似职业病人1327人，职业禁忌证4007人，检出率分别为0.23%、0.70%。

【职业病哨点监测】对连续5年数据进行整理、汇总，建立数据库，完成2014年度、2010—2014年河北省重点职业病哨点监测分析报告，共达10万字；按照国家2015年重点职业病监测与健康风险评估项目要求，编制2015年河北省重点职业病监测与健康风险评估方案；召开2015年重点职业病监测与健康风险评估项目启动及培训会，对2015年重点职业病监测与健康风险评估工作进行布置，提出具体要求。确定了22家市、县疾控中心或职业病防治院（所）为监测机构，明确职责；建立多渠道技术指导平台。利用电话、网络等方式进行技术指导及交流。建立河北省重点职业病监测QQ群，在线沟通，适时进行技术指导，并将存在的共性问题及时反馈国家所；对238家职业健康检查机构实验室指标计量单位、正常范围等进行摸底调查，编制河北省数据库软件，为监测机构数据分析和汇总质量控制提供技术支撑；对6家监测机构即承德市、廊坊市、霸州市、平泉县、张家口市和辛集市进行现场督导和技术指导。收集企业信息43703家，完成监测86314人次。

【健康素养促进行动项目】根据《国家卫生计生委宣传司关于做好2014年中央补助地方健康素养促进行动项目的通知》要求，我所积极做好项目的资金安排，工作安排、进度安排；编制“2014年度河北省健康素养促进行动项目（职业卫生）”实施方案“工矿企业工作场所评估问卷”“工矿企业员工健康素养调查问卷”“工矿企业员工职业健康促进调查问卷”，问卷录入软件、数据统计汇总表及总结编制提纲等，召开“2014年河北省健康素养促进行动项目（职业卫生）启动暨培训会”。完成健康促进企业员工调查问卷现场调查工作，共选择28个企业，7490名员工进行企业评估问卷及员工调查问卷的现场调查，数据录入，并撰写工作总结。

【《职业病防治法》宣传】五一宣传《职业病防治法》活动中全省共开展研讨会、主题报告会、员工座谈会、知识讲座等活动91场次；知识竞赛、职业健康教育资料创作竞赛7场次；新闻报道53次；现场咨询26406人；广播、电视、报刊等媒体报道107次；公益短信、微博、微信、在线访谈等新媒体报道55144余次；印发宣传材料316885份；深入企业发放宣传材料119192份；开展培训班65场次；接受培训人数6753人；职业健康检查义诊324次，接受职业健康检查人数15537人次；出动宣传人员1261人次，出动宣传车398次。

【职业健康体检】完成黄骅电厂420人职业健康体检工作，包括职业流行病问卷调查、内科、血压、耳鼻喉、心电图、听力检测、X线胸片、肺功能、血常规、尿常规、肝功能等检测项目约25000项次检查、检测；完成中电五十四所166份血铅、

6 份尿氟、6 份尿肌酐生物样品检测。

【建设项目职业病危害评价工作】与国家辐射防护研究所合作，完成中核海兴核电厂职业病危害预评检报告编制、修改、内审等工作。完成霸州电镀厂、辛集 3 个皮革有限公司现场采样工作。

【消杀产品检测】完成消杀产品 50 份样品理化检测项目，包括 pH 值、稳定性、有效氯含量、戊二醛含量等。

【空气污染（雾霾）人群健康影响监测】负责空气污染（雾霾）工作医院、急救、死因部分质量控制、技术指导、数据审核、分析、撰写分析报告；承担部分样品采集及实验室检测工作。已对 2014 年数据进行初步分析，对 2015 年上报的 3346094 条数据进行审核（其中医院 3342235 条，急救 3859 条）；采集样品 300 份，完成质量浓度称量 260 份。

【实验室质量控制】完成三合一复评审现场准备工作及 18 项现场实验报告的编写，顺利通过三合一复评审现场审核工作；完成国家安监局活性炭管中丙酮、甲苯、微孔滤膜中铜、水中砷、有机物定性，活性炭管中四氯化碳、三氯甲烷、丁醇，微孔滤膜中钾、水中氟等 10 项盲样考核工作；检定仪器 110 台；完成质控实验 37 项，仪器设备期间核查 4 项。

【业务培训】举办职业中毒、物理因素职业病诊断医师及职业健康检查主检医师培训班，共对疾控系统 82 家具有职业健康检查资质的机构 140 人进行了培训，培训内容为职业中毒、物理因素职业病诊断职业健康体检相关标准、法律法规、案例分析等内容，理论与实际相结合，取得了良好的效果。对全省职业病报告人员进行全员培训，共培训 238 家职业健康检查机构、36 家职业病诊断机构从事职业病报告人员及主管领导 332 人；培养研究生 3 人，本科生 5 人；派出参加国家培训 21 人次。

【科研项目】承担在研课题 3 项：河北省重点职业病防治技术研究科研课题；空气污染对人群健康影响监测；河北省尘肺流行规律与防治对策研究；完成国家疾控中心三氯乙烯、四氯乙烯、丙酮、丁酮、甲基异丁基甲酮 5 项标准方法验证工作；完成职业卫生标准修改 20 个；按照进度安排进行工作，完成论文 12 篇，发表 7 篇，5 篇在投。

张晓娜　赵春香

环境卫生监测评价

【概况】环境卫生监测与评价工作由中心环境卫生监测与评价所承担，其职责主要包括开展全省生活饮水水质卫生监测、农村环境危害因素监测、空气污染（雾霾）人群健康影响监测、重点地区环境与健康专项调查，协助省爱卫办对开展爱国卫生活动等工作。环境卫生监测与评价所成立于 2010 年 4 月，现有职工 11 人，其中本科生 7 人、硕士 3 人；副高级职称以上人 6 人，中级职称 2 人。

【生活饮用水水质卫生监测】制定下发了《2015 年河北省生活饮用水水质卫生监测方案》，利用中央转移支付资金 2254 万元，在全省所有县级以上城市及 70% 的乡镇建立监测点数 5843 处；丰水期、枯水期共采集水样 11692 份，全分析样品 48 份；常规分析项目 41 项。为了保证生活饮用水卫生监测工作的顺利完成，加大了检查督导力度，向 126 个市、县下发了质控样品，多次到监测点督导检查，保障了监测工作的质量和进度。参加邢台、石家庄、承德、华北油田发生的饮用水污染事件调查和处置工作。印制了 10 万册饮水卫生宣传折页，下发到各市及省直管县。使用中央转移支付资金 871 万元为基层购置实验室大型检测设备 18 台件。对“十二五”期间农村饮水安全工程改水效果进行综合评估，组织 4 个市对 8 个水厂开展调查，并完成评估报告。

【农村环境卫生监测项目】制定了《2015 年河北省农村环境卫生监测技术方案》，监测范围为全省 11 个设区市 45 个县 900 个行政村，并于 8 月中旬召开了全省农村环境卫生监测项目启动及培训会议，安排了工作任务，进行了技术培训和网络直报培训。本次调查以 2014 年监测工作为基础，继续调查我省农村地区环境卫生基本情况，共调查乡镇 225 个、行政村 900 个，入户调查 4500 户、采集重金属、蛔虫卵土壤样品各 900 份、学校 437 所（其中小学 221 所、初中 216 所）；垃圾处理厂（场）40 个 、污水处理厂 66 个。

【空气污染（雾霾）人群健康影响监测工作】2015 年张家口市列入国家监测点，我省监测点扩大到 9 个。建立中心监测点，并于 7 月 1 日起正式采样，共采集 PM2.5 样本 400 余个。制定《河北省 2015 年空气污染（雾霾）人群健康影响监测工作方案》，组织各监测单位参加国家培训 18 人次，于 9 月 23 日在组织召开了全省培训及启动会。为加快数据上报速度，专门下发督促通知，两次组织各监测点技术人员培训数据分析软件的使用方法，对新建监测点张家口市进行了现场指导和培训，2015 年各监测点的数据质量有了大幅度提升。使用中央转移支付资金 900 万元，申请省级财政资金支持 1000 万元，有力推动全省空气污染对人群健康影响监测工作进行。

2 月初云南省疾控中心和昆明市卫生局前来参观交流空气污染（雾霾）监测工作；5 月 5 日受省卫生计生委的委托，组织召开全省雾霾监测工作调度会，赵瑜巡视员、翟京波处长等领导出席会议。5 月 28 日组织召开雾霾工作研讨会，省卫生计生委刘波副处长，中心崔泽主任、李建国副主任出席会议，省医大一院、省儿童医院、石家庄市第一医院、石家庄市疾控中心的领导参加会议。会议讨论了雾霾监测工作方案，并就监测工作合作事项进行了研究。目前，中心已与省医大一院、省儿童医院、石家庄市第一医院、省气象服务中心、山西医科大学、河北医科大学等单位签署了合作协议，多部门合作，共同开展空气污染对人群健康影响研究的良好局面已经初步成形。

【重点地区环境与健康专项调查】11 月 17 日，国家卫生计生委在北京召开了全国重点地区环境与健康专项调查技术对接会，启动专项调查工作，我省石家庄市藁城区列为监测点。中心建立内部组织体系，与省环保厅配合，牵头做出了我省方案初稿，并接受国家督导组的督导检查。

【爱国卫生工作】在省爱卫办的领导下，指导全省农村改厕工作，多次派人参加全省农村改厕验收工作、卫生城市评审、暗访等工作。

放射卫生防护

【概况】放射卫生防护工作由中心放射防护所承担，其职责是开展全省核事故和辐射事故卫生应急；开展电离辐射危害的监测、评价和预防控制，参与开展放射病预防控制应用性科学研究，推广先进技术，参与拟订国家放射卫生相关标准；承担国家食品放射性污染风险监测项目、职业性放射性疾病监测和职业健康风险评估项目、医疗卫生机构医用辐射防护监测项目；开展医用辐射机构放射诊疗卫生防护监测、食品和饮用水放射性检测、建设项目职业病危害放射防护评价、放射工作人员职业健康监护、大型医用设备应用质量检测、评审工作；对放射防护相关工作提供技术指导、专业培训和咨询服务。主要设备：高纯锗 γ 谱仪系统、低本底 α、β 测量仪、多功能辐射测量仪、表面污染检测仪、热释光阅读器、放疗剂量仪、CT 剂量仪、MRI 质量检测仪、CO2 培养箱等。现有职工 12 人，职称构成：高级 6 人，中级 2 人，初级 2 人，其他 2 人。

【国家食品安全放射性污染风险监测项目】采集样品 5 类 11 种 23 份，完成计划的 164%，其中：监测点秦皇岛青龙县铀矿山周围采样 4 类 10 种 10 份，对照采样点石家庄市和廊坊市采样 4 类 10 种 10 份，石家庄市售奶粉样品 3 份。每份样品检测 10 种放射性核素。样品中放射性水平未见异常。检出的人工放射性核素 137Cs 来源于上世纪大气层核试验和切尔诺贝利核事故所遗留的产物；238U、

232Th、226Ra 和 40K 放射性水平在既往环境本底调查范围之内，均未超出国家标准限值。

【国家职业性放射性疾病监测与职业健康风险评估项目】监测全省 11 个设区市、10 个直管县、3 个试点县，共 96 家放射诊疗单位，是国家要求的 240%。全省共有放射诊疗机构 3344 个，放射工作人员 16877 人，个人剂量监测人数 15694 人，个人剂量监测率 93.0%。放射工作人员职业健康检查人数 11246 人，放射工作人员职业健康检查率 66.6%。

【国家医疗卫生机构医用辐射防护监测项目】监测全省 11 个设区市、10 个省直管县（市）及 2 个试点县。共监测 91 家医疗机构，监测医院数为国家方案要求的 182%。调查的 91 家医疗机构，407 个放射诊疗场所，合格率 99.5%。351 台放射诊疗设备性能监测合格率 94.0%。参加了全国放射工作人员个人剂量监测、全国生物剂量估算、全国总 α 总 β 放射性测定、全国放射性核素 γ 能谱分析等四项国家质量控制比对项目，结果全部合格。

【全省主要工作概况】河北省共有放射诊疗机构 3344 个，放射工作人员 16877 人。全省 11 个市职防（院）所及华北油田疾控中心共完成职业病危害放射防护评价项目 172 项；放射性工作人员个人剂量监测 63808 人次；放射诊疗设备性能检测及放射工作场所防护检测 3395 次；放射工作人员职业健康检查 11951 次。

（赵智慧）

学校卫生防病

【概况】学校卫生防病工作有学校卫生防病所承担。其主要职责是负责制定学校卫生工作规划、计划或方案并督导计划实施；组织开展辖区内学校卫生监测和卫生学评价；学校卫生与学生健康监测信息的汇总、分析与发布；制定学校健康教育与健康促进工作计划或方案并督导实施；参与学校突发公共卫生事件应急处置；对辖区学校卫生与学生常见病防控工作的业务指导和培训；开展学校卫生与学生常见病防控技术的研究和应用工作。现有职工 4 人，其中主任医师 1 人，研究员 1 人，副主任检验师 1 人，主管技师 1 人。

【主要工作】举办全省学校卫生环境监测培训班，主要讲授学校环境监测相关知识、布置全年的学生防病和环境监测等业务工作。下发河北省学校卫生工作方案，确定在 13 个市开展学校卫生防病工作。购买学校卫生检测仪器和学校卫生国标，通过监测掌握和了解各级学校教学建筑设施、设备及学生学习生活环境卫生安全现状和发展变化趋势。制订学校卫生宣传资料，已印制 6 种 5 万份，并已下发各地市的辖区学校。根据省卫计委要求，对《河北省高校后勤管理规范》、《河北省高校后勤建设规范》、《河北省高校后勤服务规范》和《河北省高校公寓建设规范》提出修改意见并上报。

【学校环境监测】对 239 所学校教室环境进行监测，监测了黑板破损、有无眩光、墙壁和顶棚，窗户玻璃、检测窗地比、灯管垂直黑板、控照式灯具、检测课桌面照度等项目。通过检测，课桌椅配备符合卫生要求的学校数占 38.33%，教室采光符合卫生要求的学校数占 55.95%，黑板照度符合卫生要求的学校数占 59.03%。

【学生常见病监测】对 129393 名学生进行了体质监测，筛查视力低下、患龋率、营养不良、超重和肥胖等常见病，其中视力低下占 41.17%，患龋比例为 17.56%，营养不良比例为 7.59%，超重和肥胖比例为 8.64%。

【督导】对 13 个市进行学校卫生工作督导。9～10 月，分两个组，历时 20 天，共督导了 13 个市、8 个县、21 所学校。

理化检验

【概况】卫生理化工作由中心理化检验所承担，其主要职责是保健食品、食品、食品添加剂、食品包装材料、化妆品、生活饮用水及涉水产品、消杀药品、食物中毒及污染事故处理分析、食品安全风险监测、政府委托抽检、行政部门抽检、食品安全应急监测等样品理化项目的卫生学检验，保健食品功效成分监测和检测方法研究，北戴河暑期服务任务，建立理化检测工作质控网络，组织开展全省食品中化学污染物和有害因素监测，基层培训和技术指导等。现有职工 21 人，其中主任技师 3 人，副主任技师 4 人，中级 5 人，初级 9 人，其中博士 1 名，硕士 9 名，学士 6 名，专科及以下 5 名，平均年龄 37.5 岁。获河北省直属机关工会工作委员会“工人先锋号”荣誉称号。

拥有光谱组、气相色谱组、液相色谱组、理化组、营养室、水质检验室和收样室 7 个组室。有大型仪器设备 64 台件，其中主要大型精密仪器设备有：气相色谱－质谱联用仪、凝胶渗透在线净化－气相色谱－质谱联用仪、气相色谱－质谱－质谱联用仪 、超高效液相色谱－串接质谱联用仪（2 台）、液相色谱－串接质谱联用仪、电感耦合等离子体－质谱联用仪、高效液相色谱－电感耦合等离子体质谱联用仪、液相色谱－原子荧光联用仪、电感耦合等离子体发射光谱仪、原子吸收分光光度计（3 台）、原子荧光分光光度计（2 台）、分子荧光分光光度计、直接测汞仪、蛋白质测定仪、总有机碳（氮）测定仪、离子色谱仪、氨基酸分析仪 、气相色谱仪（4 台）、高效液相色谱仪（3 台）、超高效液相色谱仪（2 台）、傅里叶变换－红外光谱仪、紫外可见分光光度计、快速溶剂萃取仪、全自动固相萃取仪、超临界流体萃取仪、制备色谱仪、高速冷冻离心机（3 台）。

【各类检品检测】完成各类检品 3743 份，涉及总项次 39518 项。临时检品 355 份，检测总项次 9000 余项，其中水及涉水产品 250 份，食品及保健食品 60 份，消杀产品 7 份，其他 38 份；省卫生计生委卫生监督局涉水产品监督抽检 50 份，检测项次 1000 余项；雾霾监测 334 份，监测项次 9448 项；生活饮用水非常规项目分析 14 份，涉及 882 项次；华北油田某小区应急监测水样 20 份，监测项次 260 项；临西县农村水样 32 份，监测项次 868 项；食品安全风险监测样品 1231 份，涉及 15000 余项次；生物安全柜安全监测 77 台套，涉及 616 项次；尿液、血液等其他样品 870 份，涉及 1740 项次；春节前、中秋节前和北戴河暑期专项监测样品分别为 390 份、120 份和 370 份。

【食品中化学污染物和有害因素监测】河北省食品安全风险监测－食品中化学污染物和有害因素监测网覆盖 11 个市级，有 12 个监测点（省本级、11 个设区市）171 个县（市）区采样点。共监测样品 5298 份，完成率 119%，涉及 43660 项次，其中超标样品 75 份，超标率 1.42%，监测样本合格率 98.58%。监测食品涉及蔬菜、水果、畜禽肉、蛋、奶、酒、饮料、保健食品等食品类别 19 类。监测项目涉及农药、真菌毒素、有机污染物、元素、食品加工过程产生的污染物、食品添加剂、非食用物质和禁用药物 10 大类 166 项（较 2014 年增加 25 项）。上报食品安全风险监测专报 8 期。

【瘦肉精专项监测】春节期间，开展瘦肉精专项监测（包括沙丁胺醇、克伦特罗、莱克多巴胺、特布特林），采集牛肉、牛肝和牛肾样品 61 份，其中牛肉 39 份、牛肝 9 份、牛肾 13 份，全部为散装零售。监测样品来自唐山（15 份）、保定（15 份）、石家庄（15 份）、邢台（16 份）。监测结果显示，8 份样品检出瘦肉精——克伦特罗，检出率 13.11%。

【白酒专项监测】春节期间，在 11 个设区市开展白酒专项监测，检测项目甲醇。共采集监测样品 116 份，其中邢台市 15 份，廊坊 11 份，其他各市均为 10 份。其中本省产品 86 份，占 74.1%，定型包装 106 份（91.4%）。检出甲醇 51 份，检出率 44.0%，检出值 0.0046～0.346g/L，均未超过国家标准（GB 2757－2012）限值（0.6g/L）。

【熟肉制品专项监测】春节期间，在 11 个设区市开展熟肉制品专项监测，检测项目亚硝酸盐。共采集监测样品 119 份，其中衡水 15 份，邢台和廊坊各 12 份，其他 8 个设区市各 10 份。本省产品 105 份，占 88.2%，以散装样品为主（96 份，占 80.7%）。检出亚硝酸盐 90 份，检出率 75.6%，其中 14 份超过国家标准（GB 2460－2011）限值（30mg/kg）规定，占监测样品的 11.8%。超标样品检出值在 30～50mg/kg 之间的 5 份，在 50～100mg/kg 之间的 7 份，大于 200mg/kg 以上的 2 份。

【干红葡萄酒专项监测】春节期间，在 11 个设区市开展干红葡萄酒专项监测，检测项目苋菜红和胭脂红。共采集监测样品 116 份，其中邢台、廊坊市各 13 份，其他设区市各 10 份。均为定型包装产品，本省 98 份，占 84.5 %，主要为张家口和秦皇岛市产品。外省 18 份，主要为山东、吉林和天津产品。检出苋菜红 2 份，检出值分别为 0.016g/kg 和 0.0213g/kg。

【食醋专项监测】春节期间，在 11 个设区市开展食醋专项监测，检测项目矿酸，共采集监测 110 份，每个设区市 10 份。其中本省产品 61 份，占 55.5%；外省产品 49 份，主要涉及山西、北京、天津、山东、江苏等省；全部为定型包装。监测结果显示矿酸全部阴性，未发现食品安全风险。

【中秋节前食品安全风险专项监测】对中秋和国庆期间市场上销售的白酒中甲醇，葡萄酒中苋菜红、胭脂红、二氧化硫、总铬，熟肉制品中亚硝酸盐，畜肉中瘦肉精，发酵乳中总铬和月饼产品中苯甲酸、山梨酸、脱氢乙酸、过氧化值、酸价开展专项监测，上报监测数据。

【北戴河暑期专项监测】监测样品 370 份，涉及检测项目 600 余项次。乳制品中黄曲霉素 M1、三聚氰胺、铬、硫氰酸钠，鱼片中河豚毒素，葡萄酒中二氧化硫，含乳饮料中蛋白质、三聚氰胺、铬、硫氰酸钠。完成北戴河暑期保障服务，河北省保健委员会办公室发感谢信给予肯定。

【瘦肉精风险监测】开展畜肉及其肝脏中瘦肉精风险监测，第一批共收到畜肉类（包括猪、牛、羊及其肝组织）样品 131 份，其中唐山市 19 份、廊坊市 15 份、邢台市 25 份、沧州市 22 份、承德市 15 份、保定市 29 份和辛集市 6 份。

5 份样品（牛肝 1 份，牛肉 2 份、羊肝 2 份）检出瘦肉精——克伦特罗，检出率 3.82%，检出值在 0.7～116μg/kg 之间；第二批共收到样品 55 份，其中秦皇岛 10 份、邯郸 25 份、衡水 20 份。3 份样品（猪肝 1 份，牛肝 1 份、羊肝 1 份）检出瘦肉精——克伦特罗，检出率 5.45%，检出值在 71.8～204μg/kg 之间。

【花生中黄曲霉毒素风险监测】在 11 个设区市开展市售花生中黄曲霉毒素（B_1、B_2、G_1、G_2）风险监测。监测花生样品 30 份，10 份检出黄曲霉毒素，其中检出黄曲霉毒素 B_1、B_2、G_1 的样品分别为 10 份、5 份、1 份，4 份样品同时检出黄曲霉毒素 B_1、B_2，1 份样品同时检出黄曲霉毒素 B_1、B_2、G_1，5 份样品只检出黄曲霉毒素 B_1。依据《食品中真菌毒素限量》（GB2761－2011）标准，4 份样品黄曲霉毒素 B_1 含量超标，检出值分别为 470.8μg/kg、52.0μg/kg、45.5μg/kg 和 23.1μg/kg，超标率 13.3%。

【海产品重金属风险监测】11 个设区市在所辖县（市、区）的超市和农贸市场采集海水鱼（30 份）、海洋甲壳类（20 份）、海洋软体动物样品（20 份），开展海产品重金属风险监测，监测项目为铅、镉、铬、砷、镍、锡。结果显示，70 份样品金属铅、铬的含量均低于 GB2762－2012 标准（以下简称标准）中的限量值，总汞含量均低于 0.5mg/kg。41 份样品总砷含量高于 0.5mg/kg，无机砷检测结果均低于标准中无机砷的限量值。水产品中金属镍、锡无国家限量标准。5 份海洋甲壳类样品中镉的含量高于标准中镉的限量值。

【猪肉中禁用药物风险监测】在 11 个设区市开展针对流通环节猪肉样品中禁用药物风险监测，监测样品 53 份，监测项目为氯霉素和喹诺酮类抗生素，3 份样品检出禁用药物（氯霉素 2 份，恩诺沙星 1 份），总检出率 5.88%，2 份氯霉素检出值分别为 1.37μg/kg 和 1.80μg/kg。恩诺沙星检出值为

38.6μg/kg。其他项目沙拉沙星、达氟沙星、二氟沙星、氟甲喹、恶喹酸未检出。

【鸡肉中禁用药物风险监测】在11个设区市开展针对流通环节鸡肉样品中禁用药物风险监测，监测样品53份，监测项目为氯霉素、喹诺酮类抗生素、金刚烷胺和利巴韦林。7份鸡肉样品检出金刚烷胺，检出率13.21%。其中唐山和张家口各2份，秦皇岛、承德、邢台各1份。氯霉素、喹诺酮类抗生素和利巴韦林均未检出。

【鸡蛋中禁用药物风险监测】在11个设区市开展针对流通环节鸡蛋样品中禁用药物风险监测，监测样品53份，监测项目为喹诺酮类抗生素、金刚烷胺、利巴韦林。7份检出禁用药物，检出率13.21%，其中4份检出金刚烷胺，4份检出利巴韦林（1份同时检出金刚烷胺和利巴韦林）。金刚烷胺检出率7.55%，检出值分别为1.2μg/kg、3.4μg/kg、43.5μg/kg、17.2μg/kg。利巴韦林检出率7.55%，检出值分别为3.5μg/kg、4.6μg/kg、1.9μg/kg、7.3μg/kg。喹诺酮类抗生素未检出。

【蜂蜜中氯霉素、甲硝唑风险监测】在石家庄、保定、邯郸、邢台市开展销售蜂蜜中氯霉素和甲硝唑风险监测。监测样品20份。2份检出甲硝唑，检出率为10.0%。未检出氯霉素。

【水样监测】2015年6月，完成华北石油某小区（水箱被诺如病毒污染事件）水样重金属分析应急检测任务，检测2批共20个水样，涉及项目260余项（第一批110项次、第二批150项次），出具检验报告，提供技术支持；检测邢台市临西县村镇水源水和末梢水32份，全分析常规指标，包括感官指标、无机非金属指标、金属指标和有机物综合指标等27项。

【生物安全柜抽样调查】依据YY0569－2011《Ⅱ级生物安全柜》和GB50346－2011《生物安全实验室建筑技术规范》，完成11个设区市、10个直管县65家疾控中心和分二级以上医院共77台套生物安全柜的检测工作，免费出具检验报告。检测项目包括：烟雾实验、流入气流流速、下降气流流速、气流模式、噪声、照度、洁净度、高效过滤器完整性。

【PBDEs检测标准立项】动物性食品是人体膳食摄入PBDEs的重要源头，WHO认为人体PBDEs摄入量的90%源于饮食摄入，最高浓度出现在鱼、肉和油等脂肪含量较高的食物中。河北省作为沿海省份及传统重工业集中区，且毗连多处著名洋垃圾拆解地，多溴联苯醚在环境及食品中污染状况不容乐观。《动物源性食品中多溴联苯醚的测定》获批，建立动物性食品中PBDEs标准检测技术，对于得到真实、可靠、可比的实验数据，进一步摸清多溴联苯醚在河北省食品介质中的污染水平，保护人群健康和生命财产安全均具有重要意义。

【编写《现代仪器分析技术》】《现代仪器分析技术》通过结题验收，该书由疾控中心崔主任泽任主编，依据《中等职业学校食品质量与安全类专业教师标准》，按照《食品质量与安全》专业教师培养方案要求，就仪器设备的原理、结构、功能、操作和维护等进行编写。主要内容为仪器基础理论、基本结构、关键控制因素、定性定量分析、维护与保养、标准操作规程、应用实例、原始记录和检验报告等九个部分，共设计12个实训项目，五个自学参考项目，每章附有练习思考题和参考资料。

微生物检验

【概况】微生物检验工作由中心微生物检验所承担，主要职责是，省卫生计生委等政府部门委托的与卫生监督执法相关的食品及保健食品、生活饮用水、化妆品、日用品、涉水产品及其他相关产品和生产、生活、环境卫生质量的卫生微生物学检验及专项抽检、委托检验和仲裁检验。组织开展全省食品微生物及其致病因子风险监测，收集、汇总、分析监测数据，撰写技术报告。研究全省食源性致病菌风险趋势和规律，提供风险预警建议。开展技术培训和指导，负责全省食品微生物及其致病因子监测机构质控考核。指导并参与省内重大细菌性食物中毒事件调查与处置，食物中毒、食源性疾病、水源性疾病、突发公共卫生事件的病原学检验。全省食源性致病菌菌株的收集、鉴定、保藏和管理。拥有生物安全二级实验室（BSL－2）、全自动微生物生化鉴定与药敏仪、多功能超高倍显微镜、荧光显微镜、全自动毛细管电泳仪、实时荧光定量PCR、数字定量PCR仪（Droplet Digital. PCR）、脉冲场凝胶电泳（PFGE）、快速自动式两虫检测装置、全自动酶联免疫分析仪等先进仪器设备。现有职工9名，其中高级职称4人，中级职称5人。

【卫生微生物检验】检验保健食品24份，涉及624项次，生活饮用水及涉水产品37份156项次，卫生监督抽检委托样品27份44项次。完成正定县疾控中心送检的食物中毒样品12份（葡萄球菌肠毒素检验），辛集市疾控中心送检的6份食物中毒样品检测。

【食源性致病菌常规监测】在11个设区市171个县监测点开展流通环节食品中食源性致病菌监测，监测机构为省级、市级和31个县级疾控中心，监测食品为乳与乳制品、肉与肉制品、水产及其制品、调味品、焙烤及油炸类食品、餐饮食品、蛋及蛋制品、地方食品、网店自制食品、流动早餐共10大类16个品种。监测项目包括3种指示菌、9种食源性致病菌、4种寄生虫共16项微生物指标。共监测样品3957份，完成全省监测计划的127.6%。14种食品中检出食源性致病菌446株，生禽肉和动物性海水产品的检出率最高，分别为29.0%和23.1%。平均检出率为11.3%，生猪肉和生牛肉中未检出寄生虫，清洁鲜蛋中未检出沙门氏菌。监测的9种食源性致病菌中，除志贺氏菌和霍乱弧菌外，其余七种均有检出，其中检出率较高的为副溶血性弧菌和蜡样芽孢杆菌，检出率分别为16.1%和8.8%，寄生虫均未检出。

【北戴河暑期专项监测】与秦皇岛市、北戴河区疾控中心共同完成北戴河暑期食品安全风险专项监测。监测食品为市售鲜活海产品（贝类、甲壳类、鱼类），包装饮用水，预包装熟制水产品，预包装熟肉制品4类共320份样品，完成率100%。监测指标为诺如病毒、创伤弧菌、副溶血性弧菌（定性和定量2种方法）、沙门菌、大肠菌群、铜绿假单胞菌、金黄色葡萄球菌（定量）、致泻性大肠埃希式菌、大肠埃希氏菌O157：H7、单核细胞增生李斯特氏菌10个指标；完成北戴河暑期服务，检测8大类370份暑期特检样品，涉及3项卫生指示菌3项致病菌指标。

【技术指南编写】根据《2015年河北省食品污染和有害因素风险监测方案》要求，编制《2015年河北省微生物及其致病因子监测技术指南》，用于河北省食品微生物和致病因子监测工作，对各市的各种规定主要有以下方面，《巴氏杀菌乳和水产及其制品的补充说明》《各市监测季度进度表》《微生物监测项目及最低检出限报告方式表》《各类食品采样细则》《食品微生物及其致病因子监测采样表》《微生物及其致病因子检测工作方案实施细则》《样品及菌株编号方法》。完成第一季度、上半年、前三季及全年食品微生物及其致病因子风险监测技术报告和河北省特色食品监测报告。

【培训工作】举办河北省食品微生物及其致病因子检验培训班，讲解食品安全风险监测方案、质量控制、食源性致病菌检验、采集、数据网络直报等内容，11个设市区、辛集、定州市和30个县（市、区）130余人参加。分两期举办食品微生物及其致病因子风险监测数据网络报告培训班，培训主要内容为，食品微生物及其致病因子风险监测数据分析、样品采集存、食品和腹泻粪便标本采集、运输、食品中诺如病毒检测方法（SOP）等。

【检验方法确认】2015年开始实施的五项新标准，包括GB 4789.9－2014《食品微生物学检验 空肠弯曲菌检验》、GB 4789.11－2014《食品微生物学检验 β型溶血性链球菌检验》、GB 4789.14－2014《食品微生物学检验 蜡样芽孢杆菌检验》、GB/T18204.3－2013《公共场所卫生检验方法第3部分空气微生物》、GB/T18204.4－2013《公共场所卫生检验方法第4部分公共用品用具微生物》，对5项新标准检验方法进行确认及评价，检测能力全部符合质量控制要求。

【质控项目检测】对12个认可项目进行质量控制检验，样品类别包括化妆品、食品保健品和生物样品。通过人员比对及不同厂家产品比对的方式对Skirrow琼脂、mCCD琼脂、Bolton肉汤、MYP琼脂培养基进行质量控制，检测结果4种培养基全部合格。对所有仪器、设备进行检定和期间核查以及维护和保养，完成监督计划和监督报告4份。

【质控考核】参加中国检验检疫科学研究院测试评价中心组织的食品中金黄色葡萄球菌（定量）检测、中国食品药品检定研究院组织的保健食品益生菌检测能力验证考核，结果均为满意。组织开展河北省市级检测技术机构实验室能力比对考核，对11个设区、辛集、定州市疾控中心进行8种食源性致病菌盲样考核，结果全部满意。

【科研工作】完成河北省地方标准——食品中诺如病毒标准文本、编制说明、征求意见汇总、修改、上报等工作，于5月1日颁布实施。承担河北省地方标准《创伤弧菌检验》的制定工作，10月26～27日，在北戴河召开河北省地方标准——创伤弧菌检验专家论证会，通过了食品安全地方标准创——伤弧菌检验（初稿）。

【动物源食物链中耐药菌污染和耐药性传递机制研究】分猪育肥前期（50～90日龄）和育肥后期（120～130日龄）2次采集样品，10月31日和12月14日分别在成安县猪场二次采集育肥前、后期样品共计132份，采集样本为猪鼻腔拭子40份、猪粪40份、土壤样品8份、水体样品6份、猪舍墙壁涂抹12份、猪舍地板涂抹12份、养殖工作人员鼻腔6份、饲料8份（资料送国家食品风险评估中心）。每份样本做5项检测项目。共检出大肠杆菌308株，肠球菌410株，金黄色葡萄球菌48株，结肠弯曲菌2株，沙门氏菌15株。

健康教育

【概况】健康教育工作由中心健康教育所承担，其主要职责是承担全省健康教育工作的计划、组织、指导、实施和评价；组织协调相关业务所室开展传染病、慢性病、地方病、职业病、食品安全及突发公共卫生事件媒体宣传和大众传播活动；受卫生计生行政部门委托承担中央补助地方健康素养促进行动项目和全省无烟卫生计生系统创建工作的组织实施，提供技术支撑。现有职工14人，其中研究生2人，本科生8人；高级职称1人，中级职称4人，初级职称9人。

【河北省执行中央2014年健康素养促进行动公益广告项目】分别以科学就医和母乳喂养为主题，完成两部公益广告的拍摄和制作以及省、市、县三级投放。连续投放3个月，省级累计完成投放360次，市级1090次，县级1192次，增幅分别较去年增长42.9%、68.7%和112%以上。公益广告《母乳喂养》被国家卫生计生委宣传司评为优秀公益广告作品二等奖。设计制作2012－2014年度河北省公益广告光盘900张，将历年公益广告作品在全省医疗卫生机构范围内推广普及。

【河北省执行中央2014年健康素养促进行动健康巡讲项目】举办河北省健康巡讲师资培训班，重点就“科学就医健康教育核心信息”“如何讲好健康教育课”等内容进行培训，加强师资能力建设。以科学就医为主题，开展覆盖城乡的省、市健康专家巡讲活动。省级开展以科学就医为主题的巡讲活动11场次，受益人数3200余人次。11个设区市和定州、辛集累计开展健康巡讲活动2100余场次，受益人群达50万人次。同时，开发制作健康巡讲传播材料，包括科学就医宣传折页、宣传用无纺布袋、药盒以及雨伞等宣传品17000余份，制作宣传科普知识展板共46块，制作二手烟危害X展架共23套，围绕禽流感、SARS防控开发制作宣传折页10000张、宣传N95口罩300盒、一次性宣传口罩4500包、宣传笔筒1500个，用于各种活动的宣传。

【河北省执行中央2014年健康素养促进行动健康促进县（区）创建项目】协助省卫生计生委宣传处起草下发《河北省执行2014年中央补助地方健康促进县（区）试点项目基线调查方案》。对定州市、邢台市桥东区两个试点的调查员进行软件使用和数据分析培训，指导完成基线调查，数据的审核、汇总分析和上报；举办2015年河北省健康促进县区项目工作培训班，来自承德市、定州市、邢台市、辛集市的健康促进县（区）项目主管领导及负责人近50人参加培训，实地参观邢台桥东区新兴南社区、龙泉小学、区文体新局和眼科医院四个健康促进示范点。

【河北省执行中央2014年健康素养促进行动创建健康促进试点医院和戒烟门诊建设项目】1月20～22日，组织举办河北省戒烟门诊暨简短戒烟干预技术培训班，全省市级疾控中心健康教育科（所）长，部分市疾控中心12320卫生热线负责人及业务骨干，2013、2014年度健康促进试点医院主要负责人及戒烟门诊医生等80余人参加。组织召开全省健康促进试点医院及戒烟门诊中期经验交流会，通报项目中期督导评估结果、存在主要问题，部署下一步重点工作，组织参会代表赴石家庄市中医院和戒烟门诊现场参观学习。以第28个世界无烟日为契机，通过宣传活动、报纸、电视台、微信等多种形式宣传戒烟门诊试点医院和我省12320戒烟咨询热线，开发制作宣传折页、纸杯、纸巾等宣传资料和实物，下发到党政机关及卫生计生机构，在全省范围加大宣传力度，推广戒烟门诊。4月，组织开展河北省执行2014年中央补助地方健康促进医院及戒烟门诊试点项目中期督导，对全省18所健康促进试点医院及8所戒烟门诊试点医院创建情况开展督导评估；7月27日至8月20日，完成对石家庄、唐山、沧州、邢台、定州等五个项目市（县）共计18所健康促进试点医院的终期评估验收；截至2015年6月15日，8家戒烟门诊累计上报首诊病例717例，一周随访643例，一个月随访274例，3个月随访54例。

【河北省执行中央2014年健康素养促进行动居民健康素养监测和成人烟草流行调查项目】组织全省14个监测点调查人员参加2014年度成人烟草流行调查项目国家级培训。现场调查期间，对烟草流行监测项目的14个监测点进行工作督导和质量控制。14个监测点共完成并上报健康素养监测调查问卷3780份；完成烟草流行调查597户，所有监测电子数据全部在规定时间内上报国家。以现场复核和/或电话复核方式，对2014年居民健康素养监测调查问卷进行了复核，共复核200人；协助中国疾控中心控烟办对石家庄市、保定市3个监测点上报的成人烟草流行调查问卷进行现场复核。

【河北省执行中央2014年健康素养促进行动科学就医及合理用药健康教育项目】与河北名医网联合开展“科学就医、免疫规划、健康素养健康知识有奖竞赛”活动，知识竞赛题涉及科学就医、免疫规划、烟草控制、传染病防治、健康素养等多个领域45道问答题，共有来自六个省市累计10003人参加答题活动。7月28日完成《科学就医、免疫规划、健康素养》健康知识竞赛抽奖活动，以抽奖的形式产生一等奖2名、二等奖6名、三等奖12名、纪念奖100名，所有获奖人员名单在河北疾控网、《河北卫生计生》杂志公示。将科学就医及合理用药健康教育纳入健康促进医院创建考评细则，要求所有健康促进创建医院与“健康中国行－全民健康素养促进活动”结合，围绕“科学就医”这一主题开展健康促进活动，达到“三个一”：即制作一套传播材料、组织一场专题讲座、开展一次宣传活动。

【河北省执行中央2014年健康素养促进行动烟草控制项目】委托第三方对全省150家卫生计生行政部门、公共卫生机构和医疗机构进行了创建无烟医疗卫生机构工作暗访；举办河北省第28个世界无烟日暨健康燕赵行——2015年度无烟生活主题宣传教育活动启动仪式。省卫生计生委、省文明办、省爱卫办、省教育厅、省新闻出版广电局、团省委、省科协等七个省直部门主管领导和负责人，委直相关单位、省直医院、省卫生计生委控烟领导小组成员、驻石新闻媒体代表等相关人员共计70余人参加活动，现场发放烟草控制工具包，包括控烟海报、烟草危害及帮您戒烟宣传册、无烟环境倡导活动宣传彩页以及宣传我省戒烟门诊及12320戒烟热线的一次性纸杯和纸抽等宣传实物。组织各市参加“支持《广告法》修订，拒绝烟草广告、促销和赞助倡议书”活动，邯郸、承德、秦皇岛、石家庄、张家口、沧州、邢台、保定、廊坊、华油十家市级疾控机构和省直管定州市（县），完成支持《广告法》签名活动并上报材料，共计1007家学校参与签名。

【河北省执行中央2014年健康素养促进行动健康教育专业人员培训项目】6月30～7月3日，在秦皇岛市北戴河举办河北省健康教育专业人员能力建设培训班，邀请国家卫生计生委宣传司健康促进处、中国健康教育中心、中国疾病预防控制中心有关专家从控烟履约、健康教育与健康促进、健康传播与媒体沟通、健康素养监测等方面进行培训。来自11个设区市、华北油田和10个省直管县疾控中心主管主任和健康教育科负责人、业务骨干及2014年度健康促进试点医院主管院长、健康教育科长、戒烟门诊医生等120余人参加培训。

【河北省执行中央2015年健康素养促进行动居民健康素养监测和成人烟草流行调查项目】2015年5月和10月，分两次对河北省承担2015年度健康素养监测任务的9个设区市14个监测点疾控机构健康教育工作人员进行项目培训，重点对2015年健康素养监测和成人烟草流行调查方案、抽样和绘图列表方法、现场调查方案等重点和难点进行讲解。2015年11～12月，组织各地监测点对全省城乡居民健康素养、烟草流行情况进行调查，并对14个监测点的居民健康素养监测工作进行督导和复核，累计复核调查问卷210份，收集各监测点的健康素养监测、成人烟草流行调查调查问卷各3387份。

【河北省执行中央2015年健康素养促进行动健康巡讲项目】11月18日，以“无烟生活、健康河北”为主题，在石家庄市井陉矿区开展“健康燕赵行——2015年度省级健康巡讲启动暨世界慢阻肺宣传活动”，正式拉开“无烟生活”省级巡讲活动序幕。为积极配合各市健康巡讲活动开展，省级分别赴定州市和唐山迁西、曹妃甸区开展无烟生活健康巡讲三场次，累计覆盖800余人次。

【河北省执行中央2015年健康素养促进行动创建健康促进试点医院和戒烟门诊建设项目】对部分项目市健康促进试点医院及戒烟门诊建设项目进行技术指导。11月24日，参加张家口市执行2015年中央补助地方健康促进试点医院及戒烟门诊项目启动培训会，现场解读工作方案，培训各试点医院项目负责人。12月3日至4日，组织廊坊、邯郸、张家口、秦皇岛、定州等6所戒烟门诊试点医院的8名戒烟门诊医生参加中国疾控中心控烟办组织戒烟门诊培训班。

【2015年河北省首届疾控系统健康教育技能竞赛】2015年7月，下发《关于在全省疾控系统开展健康教育技能竞赛活动的通知》，启动健康教育技能比武竞赛活动。经过为期三个月的层层考核和前期筹备，全省疾控系统健康教育技能竞赛省级决赛于9月15日举行，共有来自11个设区市和省直管县（市）疾控系统及基层社区卫生服务机构的33名选手参赛。2015年河北省疾控系统健康教育技能竞赛省级决赛包括科普演讲、微视频科普作品展播、现场知识竞赛三部分。经激烈角逐，邯郸市代表队崭获团体总成绩一等奖，石家庄和唐山市代表队获团体总成绩二等奖，承德、保定和沧州市代表队获团体总成绩三等奖。比赛决出现场知识竞赛一等奖1名、二等奖2名、三等奖3名；2015年度河北省健康教育科普之星3名、健康教育科普标兵8名；2015年度河北省健康教育技能比武竞赛微科普作品一等奖1名、二等奖2名、三等奖3名，优

秀奖5名。为积极配合健康教育技能比武竞赛活动的开展，制作完成微科普作品1部——中医养生西游篇动漫版并参加微科普作品展播。组织全省各地制作参展的健康微视频上报参加由国家卫生计生委宣传司指导，中国健康传播大会组委会、中国疾病预防控制中心、清华大学国际传播研究中心、中国健康教育中心主办，清华大学健康传播研究所、健康微能量承办的医生微视界——2015中国健康微科普大赛。在国家评选中，河北省获二等奖三等奖各1项、纪念奖2项、科普之星——优秀团体1项、科普之星——疾控卫士1名。

【京津冀疾控携手发展 共促健康教育协同发展】10月20～23日，北京市疾控中心主办，天津市、河北省疾控中心协办的京津冀健康教育骨干健康传播技能培训班在北京举办。这是京津冀首次合作开展的高规格健康传播技能培训。中国健康教育中心主任李长宁、北京市疾控中心主任邓瑛、天津市疾控中心主任顾清、河北省疾控中心主任崔泽、世界肺健基金会技术顾问Tom Carroll等专家领导出席开幕式。来自三地疾控机构的健康教育骨干200余人参加培训。开幕式上，京津冀三地疾控中心主任共同签署了《京津冀健康教育协同发展合作框架协议》。培训班上，北京市爱卫办主任刘泽军、中国传媒大学客座教授张自力，中国人民大学新闻学院教授胡百精、世界卫生组织驻华代表处官员潘洁兰博士、世界肺健基金会技术顾问Tom Carroll和传播经理陈瑜博士、国际防痨与肺部疾病联合会媒体官员王芳等专家分别就北京市控烟条例实施及健康传播；当下中国健康传播的现实问题与出路；全媒体时代健康传播的对策；控烟传播宣传的战略规划；如何制作有效的传播材料；如何使用新闻媒体等专题作了精彩报告。三地健康教育工作人员进行了经验交流。本次培训实现了三地健康教育领域资源共享和优势互补，为提升三地健康教育工作水平和推动健康教育协同发展起到了积极的促进作用。

【媒体宣传】围绕预防接种知识，食品安全与营养，麻疹、中东综合呼吸症、诺如病毒感染性腹泻、慢性非传染性疾病等防控知识组织媒体记者召开媒体沟通会4次，协调组织相关专家接受媒体采访44次，在人民网、长城网、河北新闻网、河北日报、河北青年报、燕赵都市报、燕赵晚报、河北电视台等新闻媒体刊发报道百姓关注的相关主题防控知识281篇次。充分利用新媒体开展大众传播，利用河北疾控网、河北疾控官方微信、微博，媒体沟通群开展健康生活方式、合理膳食、合理用药、科学就医、分级诊疗等健康科普知识的宣传和信息发布。充分利用各种卫生日，联合中心各专业所室，加强科普宣传。围绕免疫规划管理工作开展一系列宣传活动，“我身边的预防接种故事”有奖征文活动共收到来自安徽、山西、河北三省15个县（市、区）的参赛作品。长城网对部分获奖作品及免疫规划相关知识进行集中展示；在《河北日报》健康周刊刊登“接种疫苗，为健康护航”专题报道及预防接种科普知识4篇；组织省级专家并带队赴沧州市妇幼保健院开展预防接种专题讲座及现场宣传活动。围绕世界防治结核病日、世界卫生日、预防接种日、疟疾防治日、防治碘缺乏病日、食品安全宣传周、世界艾滋病等卫生宣传日累计组织科普宣传13次，累计发放宣传资料5万余份，覆盖人群上万人次，各大报纸、电视台、电台、网站等媒体报道超过100余篇次。

【图文资料管理】全年提供照摄像100余次，照片3000余张，精选照片1200张，摄像1500分钟。完成11期对外橱窗宣传栏的设计制作和维护更新。完成中心专题片中英文版本及疾控之歌MV的拍摄制作并刻录光盘500张。

【摄影作品征集评选】组织全省健康教育系统参加由中国疾病预防控制中心、中国卫生摄影协会、人民网、中华预防医学会联合举办的2015年全国疾控纪实摄影大赛活动，荣获优秀组织奖。沧州市疾控中心《寻找传染源》荣获疾控发展纪实类三等奖，河北省疾控中心《经历》、唐山市疾控中心《为了“战时”打胜仗》（组照）和《防线》（组照）、沧州市疾控中心《入学第一课》、秦皇岛市疾控中心《结核病宣传进工地》荣获疾控发展纪实类优秀奖。

（李星陶）

卫生毒理

【概况】卫生毒理工作由中心卫生毒理所承担，该所是一个具有配套检测设备、技术较全面，集检测评价、教学、科研为一体，有严格规范质量管理体系的毒理专业所。具有国家相关部门认定的食品、保健食品、消毒产品、农药、化学品、涉水产品、化妆品等产品的卫生毒理学检测和安全性评价资质，是省内唯一从事以上相关产品卫生毒理学检测、评价的专业检测机构。

【技术力量及仪器设备】该所现有 11 名职工，正高职称 5 人，副高职称 2 人，中级职称 1 人，初级职称 2 人；硕士学位 3 人，大学本科 7 人。所内有生化血液检测、细胞学检测、细菌突变检测、遗传毒性检测、毒性病理、功能学检测及动物实验室等实验室。其中动物实验室总面积 982 平方米，屏障环境面积 443 平方米，普通环境面积 124 平方米。配有脉动真空灭菌器、动静式吸入染毒柜和静式吸入染毒柜、全自动生化分析仪、双单色器紫外可见分光光度计、血细胞分析仪、酶标仪、二氧化碳培养箱、高压蒸汽灭菌器、超低温冷藏箱、切片机、组织脱水机、包埋机等，其中 20 万元以上仪器 4 台件。

【业务工作】年内完成保健食品、消毒剂、化妆品、普通食品、农药、化学品、涉水产品及其他类产品 28 份，出具了相关检测评价报告，实现业务收入近 30 万元。2015 年通过河北省科技厅组织的实验动物设施现场专家评审以及食品检验机构三合一认证现场评审。

【论文及科研】全年完成论文 2 篇。

【技术人员继续教育】2 人次参加《食品安全性毒理学评价程序 GB15193 – 2014》标准宣贯。2 人次参加《食品安全性毒理学评价程序和方法》标准宣贯。2 人次参加《农药登记毒理学试验技术培训班》。

河北省中医药学会

【概况】河北省中医药学会恢复成立于 1978 年 8 月 13 日，现为第六届理事会，有理事 246 名。其主要职能是开展中医药学术交流、中医药继续教育、组织重点学术课题研究和学科考察、编辑中医药学术期刊、向有关部门推荐优秀的中医药人才及开发和推广中医药科技成果，承办政府及有关部门在转变职能中委托、交办的任务等。学会被民政厅评为首批 AAAAA 学会，被河北省科学技术协会评为“综合示范学会”，挂靠在河北省疾病预防控制中心，现任会长：段云波（代），副会长兼秘书长：武智（专职），学会办公室专职工作人员：王萍、王欢、赵欢欢。

【重要学术活动】①河北省基层常见病多发病中医药诊疗技术培训班暨传承中医药拜师大会。1 月 3 日、5 月 9 日在石家庄国源朗怡酒店，6 月 16 日在河北中医学院连续举办了三期。河北省首届十二大名中医、河北省中医药学会副会长刘亚娴教授以及省内的多位专家为来自全省各地基层的医务工作者授课。②妇产科疑难病培训班。7 月 11 日，河北省中医药学会妇科专业委员会与河北省中西医结合学会妇产科专业委员会年会暨妇产科疑难病培训班在河北省沧州中西医结合医院隆重召开，来自全省的 200 多名基层医疗工作者参加了会议。③老年病专业委员会第三届第三次会议。7 月 25 日在石家庄召开。会议围绕“健康与衰老，中医与养生”为主题展开，做了《老年医学机构模式探讨及政策导向》《传统医药对老年医学的认识》学术报告。④中医药学会“治未病”、中医药文化、中医基础理论专业委员会年会。8月29～30日在衡水召开，由河北省中医药学会主办，衡水市中医药学会和衡水市中医医院承办。来自全省的160余名中医药界的专家学者到会参与现场交流。会议特别邀请到了中国工程院院士吴以岭教授做了题为“中华传统养生与慢病防治”的学术报告。⑤风湿病学学术会议。10月17日河北省中医药学会、中西医结合学会风湿病学学术会议在唐山市召开。会议由河北省中医药学会、中西医结合学会主办，华北理工大学附属医院承办，省内196位学者参加了此次学术大会。⑥糖尿病学术年会暨第十六次中医糖尿病大会。10月23～25日在河北省石家庄市召开。由中华中医药学会主办，中华中医药学会糖尿病分会、河北省中医药学会承办。会议主题为“突出特色，立足疗效，开拓创新”，基础与临床结合，内容精彩纷呈，来自全国各地的600余名参会代表齐聚一堂，广泛而深入的交流学术经验，这是一次中医药糖尿病领域收获颇丰的盛会。⑦继发性肾脏病中西医研究新进展学术会议。10月30～31日在廊坊市召开，由河北省中医药学会主办，京东誉美中西医结合肾病医院承办。120余位专家和代表参加了此次会议。会上就继发性肾脏病中西医治疗进行了探讨，共同研究解决肾脏病治疗难题。⑧河北省中医药学会张仲景学术思想研究会年会。12月12日在石家庄市富华大酒店召开，主任委员曹东义，省中医药学会副会长裴林，副主任委员周计春、靳红微、李永民、张建强、张德英等200余人参加会议。会议主题“学仲景、说仲景、用仲景”辨证论治在临床各科以及肿瘤诊治中的指导意义。⑨河北省继续医学教育项目胃癌前病变治疗新进展研修班。12月16日于河北省中医院门诊楼五楼会议室召开。来自河北省中医院及各县（市）、区医疗卫生单位的200余名脾胃病科医师参加了会议（其中外阜人员74名）。

【京津冀合作】6月7～8日在北京市会议中心东会议厅召开京津冀一体化脾胃病学术论坛暨合作签约会议，北京中医药学会脾胃专业委员会张生声主任委员、天津中医药学会脾胃专业委员会刘华一主任委员、河北省中医药学会脾胃专业委员会刘启泉主任委员共同签署了三方合作协议。11月1日北京中医药学会会长赵静、天津市中医药学会会长张大宁、河北省中医药学会副会长兼秘书长武智在天津达成《京津冀中医药学会协同发展框架协议书》。12月5日在北京召开“2015中医传承　北京论坛”，由北京中医药学会、天津市中医药学会、河北省中医药学会联合主办，会议主题：传承　流派　文化，打造了三地中医药传承工作的管理新模式。

【人才和项目推荐】按照中华中医药学会的要求，推荐了中华中医药学会肝胆分会、外科分会等21个分会的委员候选人；推荐上报了中华中医药学会科技奖2项，分别为唐山市中医医院王清贤《刘玉洁主任医师治疗心悸的临证经验研究》、河北省沧州中西医结合医院李文东清《热祛浊胶囊治疗2型糖尿病合并代谢综合征与脂肪肝的临床研究》。

河北省中西医结合学会

【概况】河北省中西医结合学会于1981年10月成立，被河北省民政厅评为AAAA学会，挂靠在河北省疾病预防控制中心，业务主管单位是河北省科学技术协会、河北省中医药管理局，登记管理机关是河北省民政厅，本会接受河北省科学技术协会、河北省民政厅、河北省中医药管理局的业务指导和监督管理。上级学会是中国中西医结合学会。第六届会长：李佃贵；秘书长：武智（兼职）；专职副秘书长：戴明启；学会办公室专职人员：刘桂香。

【学会组织建设】按照学会章程和分支机构管理办法的要求，完成了今年的工作任务：1月30日在石家庄凯旋金悦大酒店召开河北省中西医结合学会第六届第三次全体常务理事会，7月11日在石家庄召开河北省中西医结合学会2015年专业委员会主任委员工作会议。根据学科发展的需要先后成立了脑心同治分会、检验医学分会、小儿外科分会、医学影像分会、重症肌无力分会5个分会；为了促进分会老中青相结合，增强学会的凝聚力，对皮肤性病分会、口腔分会进行换届改选。

【重要学术活动】①首届重症肌无力多学科诊疗进展国际学术研讨会。9月26日在石家庄市召开首届重症肌无力多学科诊疗进展国际学术研讨会，由河北省中西医结合学会主办、石家庄市第一医院承办。来自美国、日本、北京、广州、深圳等地的著名专家齐聚一堂，共同见证自身免疫疾病血浆疗法实训基地、重症肌无力诊疗国际协作组落户石家庄市第一医院并进行学术讲座交流，来自河北周边省份和河北各县市的300余名医师参加研讨会。河北省中医药管理局局长段云波与日本株式会社高野学先生为“自身免疫疾病血浆疗法实训基地”共同揭牌。河北省卫生计生委副主任江建明与美国加州大学旧金山医疗中心Robert Warren教授一起为“重症肌无力诊疗国际协助组”揭牌。②中西医结合北京论坛（2015）。10月23日为了响应京津冀协同发的号召，由北京中西医结合学会、天津市中西医结合学会、河北省中西医结合学会共同主办的中西医结合北京论坛（2015）在北京会议中心召开。京津冀三地的专家学者1200余人参会。会议的召开落实了国家“京津冀一体化”战略，推进了首都中西医结合学术的发展，提升了中西医结合的学术影响力。全体参会代表共同见证了京津冀三地中西医结合学会协同合作签约仪式，京津冀中医、中西医结合青年人才培养——“晨曦60”计划启动和《北京中西医结合学会回眸》图书首发式。③首届河北省中西医结合发展大会。10月30～31日在石家庄以岭健康城成功召开，来自河北省中西医结合学会理事、分会委员、会员、各市中西医结合学会代表等2200余人齐聚一堂，共同探讨我省中西医结合发展大计。此次会议由河北省中西医结合学会主办，石家庄以岭药业股份有限公司承办。本次大会以“传承创新”为宗旨，围绕“如何促进我省中医中西医结合事业的发展”为主题，进一步落实《国务院关于扶持和促进中医药事业发展的若干意见》《中医药健康服务发展规划(2015—2020年)》《河北省人民政府关于振兴中医药事业的决定》和京津冀协同发展战略和中西医结合专业学术问题等，搭建起一个高层次、多学科交叉的新平台，提出了建设性的意见和建议。大会特邀吴以岭院士、李佃贵教授、姚希贤教授、李恩教授做专题报告，受到行业和学界的广泛关注，《中国中医药报》《健康报》《河北科技日报》、《燕赵都市报》等多家主流媒体竞相报道，长城网、河北共产党员网、河北新闻网等媒体的转载、魅力中医药电视广播，在行业内外引起强烈反响，彰显了河北省中西医结合行业的凝聚力，成功构建我省中西医结合学术交流的平台，再一次扩大了河北省中西医结合学会的影响力。

【人才举荐】根据冀科协〔2015〕82号关于开展第十二届河北省青年科技奖候选人推荐与评选工作的通知要求，经我会推荐消化分会会员王娜为第十二届河北省青年科技奖获得者。

（刘桂香）

河北省针灸学会

【概况】河北省针灸学会于1986年10月成立，挂靠在河北省疾病预防控制中心，业务主管单位是河北省科学技术协会、河北省中医药管理局，登记管理机关是河北省民政厅。上级学会是中国针灸学会。会长：康锁彬；秘书长：武智（兼职）；常务副秘书长：刘桂香；副秘书长：张彬。

【组织建设】①河北省针灸学会第四次会员代表大会预备会议。1月23日19：00在国源朗怡酒店会议楼二楼召开了河北省针灸学会第四次全省会员代表大会预备会，会议由河北省针灸学会第三届会长康锁彬教授主持，会议审议通过以下事项：工作报告、财务报告、收费标准、《章程》修改说明、先进集体和先进个人等表彰决定、由武智秘书长汇报第四次会员代表大会会议日程安排、主席团名单、河北省针灸学会第四届理事会机构建议名单。②河北省针灸学会第四届第一次全体常务理事会会议。1 月 24 日理事会审议并通过了《河北省针灸学会第三届理事会工作报告》《河北省针灸学会章程（修改草案）》等系列文件。③河北省针灸学会第四届第二次全体常务理事会会议暨首届河北省针灸学会高峰论坛。5 月 17 日在石家庄召开，本次会议应到 78 人，实到 68 人，超过应到人数的三分之二，会议的召开和表决符合《河北省针灸学会章程》的有关规定。会议由康锁彬会长主持。会议审议通过以下事项：1）学会 1 ~4 月份工作总结和工作要点。与会常务理事对学会 1 ~4 月份工作给予了充分肯定，尤其是申报河北省民政厅社会团体评估；2）筹建河北省针灸学会小儿推拿专业委员会；3）成立河北省针灸学会门诊部 2 个；4）统计参加中国针灸学会年会人员；5）会议通过了发展中国针灸学会会员名额。

【学会换届】1 月 24 日召开了河北省针灸学会第四次全省会员代表大会。会议选举产生了新一届理事会：277 人当选为理事，78 人当选为常务理事；于岩、王九一 、王国明、王艳君、白志杰 、李桂林、杨志新、武智、袁军、贾春生、崔林华、谢占清当选为副会长；康锁彬任会长；秘书长武智（兼职）；刘桂香为常务副秘书长，张彬为副秘书长。会上，对第三届理事会先进专业委员会、先进会员单位、优秀工作者和优秀会员进行表彰。授予精神科专业委员会、针灸减肥美容专业委员会、经筋诊治专业委员会、特种针法灸法专业委员会 4 个专业委员会为第三届先进专业委员会；授予唐山市中医医院（分院）、廊坊市中医医院、保定慈和医院、沧州颐和中医门诊部 4 个单位为第三届先进会员单位；授予王九一、谢占清 2 位同志为第三届优秀学会工作者；授予张新亮、张海霞等 28 位同志为第三届优秀会员。

【人才举荐】11 月推荐河北中医学院佘延芬教授为第十二届河北省青年科技奖候选人。

【专业委员会活动】1. 经筋诊治分会换届改选。6 月 6 日河北省针灸学会经筋诊治分会换届在保定召开，会议由河北省针灸学会副会长崔林华主持，会议选举主任委员：谢占清；副主任委员：吴中秋、王勇、崔立民、王利春。由谢占清主任推荐，聘任赵志刚、杨国新、顿雅存、李博研为秘书。2. 小儿推拿分会成立。7 月 4 ~5 日在石家庄召开了河北省针灸学会小儿推拿分会暨学术研讨会，会议由河北省针灸学会会长康锁彬教授主持，会议选举河北中医学院李进龙教授为小儿推拿分会主委。副主任委员：吕均超、黄茂、林涛、杨丽芸、尹玉蕾、殷站花；秘书：林涛（兼）、李洁、贾蕊。随后举办了 6 场学术报告。

【社团评估】3 月份中旬，根据河北省科学技术协会、河北省民政厅民间组织管理局指导意见，按照相关参评流程，参加了社会团体评估。10 月 28 日，河北省民间组织管理局郭百服局长一行 6 人组成的考核组对学会进行实地考察。按照考核组的要求，对学会进行了有针对性的实地核查，共查验 41 项指标。经过实地核查，当场得到了省民间组织管理局考核组的初步认可和肯定。

【重要活动】为了进一步深入贯彻落实国务院《关于扶持和促进中医药事业发展的若干意见》、河北省人民政府《关于振兴中医药事业的决定》精神，提升学会三服务一加强的能力，促进优质医疗资源纵向流动，加强区域公共卫生服务资源整合。2015 年 7 月 17 日由河北省针灸学会康锁彬会长带队，一行共计 20 余人来到张家口博远中医堂义诊。活动共接待就诊咨询乡民 300 多人次，开出处方 100 多张。康锁彬教授和张会珍教授作了专题讲座。10 月 10 ~11 日在沧州召开河北省针灸学会针灸大师临床经验总结会暨河北针灸名家著作撰写启动会。会议就 2011 年获得我会首届“河北省针灸大师”荣誉称号的分别为程连瑚、康锁彬、李延芳、诸云龙、高玉、赵云生、朱淑娥、韩华明、沈志芳、张瑛，对他们的临床体会和学术思想进行编写。

河北省护理学会

【概况】河北省护理学会1978年恢复成立，2012年7月第八届理事会成立，选举产生理事149名，常务理事49名，理事长1人，常务副理事长1名，副理事长6人，秘书长1人，常务副秘书长1名，副秘书长5人，办公室设专职人员2人。

【组织建设】1月20日在石家庄市召开了河北省护理学会第八届理事会第五次常务理事会议。共计39名理事参加了会议，会议对河北省护理学会2014年工作进行了总结，布置了2015年工作计划，并听取、审议了相关组织工作相关事宜，对邯郸市、保定市、廊坊市、石家庄市理事、常务理事进行了增补和调整。1月28日在石家庄市召开了河北省护理学会专业委员会工作会议。138人参加了会议。会议对专委会工作进行了总结，布置了会员能力提升计划项目的申报工作，各专业委员会学科发展目标和计划进行了讨论。成立了护理科研、男护士、护士心理工作委员会及生殖医学护理专业学组。

【人才培养和举荐】9月18～20日在石家庄市举办了"河北省护理科研培训班"。来自全省各级医院的护理科研骨干90余人参加了培训。授课内容实用，解答了护理科研中存在的有关问题。组织了第四届中华护理学会科技奖、河北省优秀科技工作者、河北省优秀青年科技奖的评审工作。经过评选，荣获第四届中华护理学会科技奖三等奖1项，河北省科技工作者1名。向中华护理学会推荐外科专业委员会、伤口造口失禁专业委员会专家库成员各1名，国际学术交流外事专家、决策咨询专家各1名，各专业委员会青年学组成员共计21人。

【实践学会能力提升计划】按照河北省科协规定及学会工作计划，进一步加大对基层医院和会员的培训、支持力度。共选派内科、手术室、供应室专业的护理专家10余人为基层医院进行专题讲座、业务指导，涉及的县市包括：迁西、围场、内丘、唐县、魏县等，活动形式主要包括座谈、答疑、实地查房、学术讲座等。通过现场访谈、调查问卷的形式了解县级医院的现状及需求，进行有针对性的集中授课与现场指导相结合方式进行学术帮扶。1月8～10日、15～17日在石家庄市分别举办了第五期、第六期"非内分泌专业护理人员糖尿病知识培训班"，培训护理人员108名。举办9期"静脉治疗操作技术规范化培训项目"，共有3000余名护理部主任、护士长及临床静疗骨干参加了培训。

【护理科普宣传活动】与裕华区科协联合组织了健康知识进社区系列活动5期，每月一期，每期一个社区、每个社区一个主题。覆盖的社区为国际城一期、青园小区、海天社区、燕港新村社区和850社区，深受裕华区科协领导及社区居民的欢迎和好评。10月22与中华护理学会科普工作委员会合作在石家庄市金圆大厦召开了"研究、创新、提升—科普工作交流会"。召开交流会的同时，邀请中国中医科学院广安门医院张素秋主任、北京友谊医院孙燕主任到裕华区人民政府，为机关干部和周边社区的居民讲授了《老年人骨关节保护 》和《中医技术在家庭的应用的安全》，并现场教授了中医八段锦的练法。

【组织全省护理技能大赛】1月19日配合河北省卫生计生委组织了"2014年护理技能竞赛"现场决赛。理论笔试选拔出的15家三级医院，45名护士参加了竞赛。本次竞赛分为现场答题、情景模拟等方式，内容为健康评估、护理分级和静脉治疗。12月12日配合省卫生计生委，与护理质控中心一起组织了"2015年河北省护理专业技能竞赛"笔试考核，本次考核的专业为重症和儿科，儿科参加人员为916人，重症参加人员为610人，涉及全省二级以上医院170家，共设12个考点。通过笔试考核将筛选出参加技能决赛的选手。

【学术交流】1. 省际间：遵循国家京津冀协同发展战略，加强省际间的交流，北京护理学会、天津市护理学会、河北省护理学会2015年围绕护理质量与护理安全和专科建设开展了一系列的专题讲座，学术研讨、交流活动，促进了协同发展。互相了解、学习的目的。6月5~6日在北京举办“京津冀护理管理研讨会”；7月29~31日在张家口市举办“首届京津冀内科护理学术论坛”；7月31日至8月2日在石家庄市召开了“第四届华北血管论坛、第二届华北血管外科护理学术研讨会暨河北省护理学会血管外科护理学术交流会”；10月23~24日，在北京联合举办2015年“安全输液论文演讲”竞赛暨静脉治疗培训班；11月29日在北京召开“京津冀鲁静脉治疗质量安全管理与最佳实践研讨会”。

2. 国际间：积极开展国际间的交流，加大学会的影响力，2015年共邀请美国、澳大利亚及其他地区的5名专家来到我省进行交流和讲学。10月12日举办了河北省“中美肿瘤护理学术交流暨专题讲座”，特邀了美国肿瘤护理学会（ONS）前任主席玛丽M古勒特女士前来讲学。通过各种形式的对外交流活动为我省护理人员搭建了护理学术交流和沟通的平台，将进一步提升我省护理人员护理专业技能。

【继续教育和学术活动】在各专业委员会和专业学组的努力下，全年共完成学术活动33项，其中继续教育项目26项，共计培训护理人员5196人次，聘请专家223人次，其中外聘专家165人次，收到论文762篇，大会交流134篇。

【专科护士培训】为了贯彻落实《中国护理事业发展规划纲要（2005—2010年）》，进一步加强医院临床专业化护理骨干的培养，今年开展了临床护理技术性较强而且各个医院急需的：肿瘤、PICC、精神科、助产士、伤口造口失禁、ICU、糖尿病、骨科8个护理专业471名护士的培养。通过开展系统的专业培训在课程规划、师资培养、实习基地的建设等方面得到了进一步规范，为医疗机构培养了专科护理人才。每个培训班在结束时还召开了教学经验交流会，针对每个实习医院的临床带教中的做法、经验和不足进行及时的改进和完善，达到了教学相长的目的。

【5.12国际护士节纪念活动】5月11日协助省卫生计生委召开了河北省庆祝5·12国际护士节座谈会，省卫生计生委医政医管出姜建明处长，高丽君副处长到会并讲话部分驻石省直医院分管护理工作院长、驻石省直医疗机构及石家庄市有关市直医院的部分优秀护士工作者共计50人参加了座谈会。会议围绕国际护士节的主题“护士：变革的力量，高效护理与医疗成本进行了座谈，提出了许多建设性意见和建议。

河北省地方病协会

【概况】河北省地方病协会成立于2011年12月26日，是经省卫生厅同意、省民政厅批准成立的非营利性社团组织，其宗旨是团结全省地方病防治工作者及社会各界热心于地方病防治事业的人士，协助政府积极开展地方病防治工作，努力促进我省地方病防治事业的发展，为提高全省人民的健康水平服务。

【重要活动】5月15日，参加省卫生计生委主办的以“科学补碘，重在生命最初1000天”为主题的第22届“防治碘缺乏病日”宣传活动。现场摆放宣传展牌6块，发放宣传折页、宣传画、手提包、作业本等宣传品5000余份，河北电视台等多家新闻媒体进行采访报道；12月23~25日，应邀参加中国地方病协会第五届会员代表大会；协助参与省疾控中心举办的全省地防病防治技术培训班；参与克山病病情监测工作。

（杜永贵 贾丽辉）

河北省防痨协会

【概况】河北省防痨协会于2010年恢复成立，2015年届满5年，于2016年11月28日如期完成了换届工作。协会的主要职责：开展学术交流，促进本学科发展，推动防痨重点学科的自主创新，组织重点学术课题的研讨和科学考察；为本省结核病控制工作的发展战略和技术政策和决策提供咨询及合理化建议；传播先进技术，普及防痨知识，推广防痨技术成果、最新技术和先进经验。现有273名理事，36名常务理事，14名副理事长；截至年底，协会注册会员共计1576名，会员单位226个，其中医疗机构53个，疾控机构173个。驻会工作人员5名，均为大专以上学历，其中主任医师2名，中级职称2名，会计师1名。

【宣传活动】1. 召开第五次会员代表大会。河北省防痨协会第四届理事会届期已满，按照河北省防痨协会章程要求，于2015年11月28日，召开了河北省防痨协会第五次会员代表大会进行换届。来自全省各市、县结核病医疗和防治单位的领导和结防人员共226位会员代表参加了会议。大会审议并通过了“第四届理事会工作报告"、关于《河北省防痨协会章程》的说明报告、会员会费缴纳办法与标准报告以及第五届理事会理事候选人产生及资格审查报告。经全体会员代表民主选举产生了新一届理事会；新当选的曹继平理事长关于协会今后的工作他提出了7点意见：一是要继续做好协会的组织发展工作。二是我们要积极开展学术交流活动，提升学术水平。三是继续开展人员培训，加强人才培养。四是大力开展结核病防治科学知识普及，提高全民健康意识。五是要积极参加中国防痨协会组织的国际交流与合作活动，同时大力开展国内省际业务工作和学术交流活动。六是开展优秀个人、先进集体表彰工作。七是认真办好网站，及时向大家通报有关信息。会议还邀请了国家著名结核病专家屠德华教授就“结核分支杆菌感染”和“学校结核病防治”作了专题讲座。2. 参加“3·24”结核病防治宣传活动。2015年3月24日是第20个世界防治结核病日，协会与省、市、卫计委和疾控中心，在石家庄市鹿泉区职教中心联合举办了世界防治结核病日现场宣传活动，主题为：你我共同参与，依法防控结核——发现、治疗并治愈每一位患者。现场接受群众咨询、义诊和免费胸透体检，还进行了生动的结核病防治知识讲座和结核病知识有奖问答，广大师生踊跃参与，现场气氛十分热烈。省会10余家新闻媒体参加了宣传，并进行了现场采访和跟踪报道。在石的常务理事、理事全部参加了这次宣传。

【组织建设】一是按照本会章程规定和要求，加强组织建设，积极发展和壮大会员队伍，吸纳各级综合医疗机构、结核病专科医院、传染病医院和结核病防治机构、企业个人和团体参与协会组织，协会及时下发了“关于办理加入防痨协会入会手续的通知”，同时建立了专人负责会费缴纳管理制度。截至年底，会员单位比协会成立时增加了48家，注册会员增加了98人。二是为了提高会员的业务学习和学术交流，协会继续免费向市级会员单位提供《中国防痨杂志》，供大家学习交流。

【科研】2013、2014年申报的“河北省HIV感染者和艾滋病人结核病发病情况研究”和“河北省结核病耐药性监测及治疗效果研究”2个科研课题均被被列入卫计委科研计划，现场工作即将完成，认真做好现场资料的收集、汇总和分析工作，并撰写总结报告。

【其他】为了很好的总结第四届河北省防痨协会工作开展情况，6月开始组织收集2010—2015年协会开展的各种活动记录图片，进行筛选汇总，编撰成册；画册共46页，封面以“脚步”展示了协会5年来开展的活动纪实，涵盖了“协会成立、召开常务理事会、开展结核病学术及经验交流、举办结核病防治培训班、开展结核病健康教育、参加国内外活动”六个主题，124幅图片，此画册向第五次会员代表大会参会代表进行了发放，受到与会代表好评。